外国文学经典汉译评析系列 ｜ 总主编 许 钧 王克非

俄苏文学
经典汉译评析

主　编　宁　琦

编著者　刘　淼　　胡旖恺

　　　　刘金鹏　　王　梓

　　　　刘艳瑛　　吴丹凤

　　　　张梓轩

外语教学与研究出版社
北京

图书在版编目（CIP）数据

俄苏文学经典汉译评析 ／ 宁琦主编 ；刘淼等编著. —— 北京 ：
外语教学与研究出版社，2024.4
（外国文学经典汉译评析系列 ／ 许钧，王克非总主编）
ISBN 978-7-5213-5193-4

Ⅰ. ①俄… Ⅱ. ①宁… ②刘… Ⅲ. ①俄罗斯文学－文学翻译－研究
Ⅳ. ①H355.9②I046

中国国家版本馆 CIP 数据核字 (2024) 第 082489 号

出 版 人　王　芳
责任编辑　叶晓奕
责任校对　周小成
装帧设计　锋尚设计
出版发行　外语教学与研究出版社
社　　址　北京市西三环北路 19 号（100089）
网　　址　https://www.fltrp.com
印　　刷　河北虎彩印刷有限公司
开　　本　710×1000　1/16
印　　张　31
字　　数　470 千字
版　　次　2024 年 4 月第 1 版
印　　次　2024 年 4 月第 1 次印刷
书　　号　ISBN 978-7-5213-5193-4
定　　价　98.00 元

如有图书采购需求，图书内容或印刷装订等问题，侵权、盗版书籍等线索，请拨打以下电话或关注官方服务号：
客服电话：400 898 7008
官方服务号：微信搜索并关注公众号"外研社官方服务号"
外研社购书网址：https://fltrp.tmall.com

物料号：351930001

总主编的话

    "外国文学经典汉译评析"为研究性系列文学翻译教程，包括《英国文学经典汉译评析》《美国文学经典汉译评析》《俄苏文学经典汉译评析》《法国文学经典汉译评析》《德语文学经典汉译评析》《西班牙语文学经典汉译评析》和《日本文学经典汉译评析》共七册。

    文学翻译，需要有文学目光，要善于选择优秀的文学作品，在阅读中发现经典。"外国文学经典汉译评析"各册所选择、评析的文学作品，皆为各国文学经典。如果说文学的不朽，在于读者在阅读过程中可以将一部伟大的作品内化为自己的生命之流，与自己的灵魂产生共鸣，那么这套教程的每一册便构成一部具有鲜活生命、带有编者独特生命体验的国别经典文学史或语种经典文学史。

    文学翻译，需要有批评的目光，要深入到原文本中，去理解，去阐释。乔治·斯坦纳有言：阐释，即翻译。文本的意义，在阐释中不断生成。阐释与翻译，便是参与文学经典的生成，丰富原作的生命。就其根本而言，一部杰出的作品，从诞生第一天起，便呼唤着翻译，因为翻译可以在时间与空间维度上拓展其生命的长度与广度。在此意义上，这套教程的每一册都是一部融合了译者创造、具有独特个性的翻译文学史。

    "外国文学经典汉译评析"中的"经典"，具有双重意义，既是文学的经典，也是汉译的经典。编撰者把所选的外国文学杰作置于原文与译文的对比分析和相互阐发中，赋予其生动、鲜明与发展的生成之特质。作家、作品、译家、译品交相辉映，文学经典与翻译经典互为参照。需要特别指出的是，各册主编都是具有丰富翻译经验的文学翻译名家，他们精心选择经典原文与经典译文，不仅对原作的价值、风格、特质有深刻理解与准确把握，对译家在翻译过程中所秉持的原则、所遇到的障碍及其处理方法也有清醒的认识与细致、独到的分析。细读各册评析文字，我们可以深切地感受到，编撰者对于文学翻译的理解是深邃的，不然不可能对翻译之技与道做出如此具有针对性的揭示与分析。评析以原文为参照，在细致的对比分析中，看译文如何再现原作之精神、风采与文学特质，一方面展现了译家的翻译观念、翻译原则与翻译方法，另一方面也生动而具体地描绘出译家跨越文学翻译的重重障碍，一路跋山涉水所发现的独特风光。在翻译技艺分析的层面，我们特别看到，不同特质的文学经典作品的译介，为我们探索文学翻译提供了丰富的实践资源。通过编撰者精到的分析、评论与总结，"外国文学经典汉译评析"各册向我们展示了文学翻译的方方面面，构成了一部部具有很强针对性和指导性的文学翻译教程。

需要特别说明的是，"外国文学经典汉译评析"系列教程各册所选择的作家、作品和译文都非常具有代表性，编者从教学目标出发，对所选译文进行多维分析，以揭示翻译规律和有效方法，引导学生加以进一步学习、思考与探索。在此，我们谨向给予我们帮助和支持的出版社、作家和翻译家表示感谢，并致以崇高的敬意。

最后，愿"外国文学经典汉译评析"得到外国语言文学学科师生的喜爱，也得到文学界的同仁与广大文学爱好者的喜爱。

许　钧　王克非
2022年8月1日

前 言

感谢许钧教授、王克非教授的邀请，使我有机会主编"外国文学经典汉译评析"系列中的《俄苏文学经典汉译评析》。

编写《俄苏文学经典汉译评析》的整个过程令人十分难忘。根据该丛书的总体设计和要求，从文学史角度，只能选取相关国家最有代表性的作家20—25位，选取每位入选作家代表作汉译节选和对应的原文。说实话，这是一个非常艰难的选择。

众所周知，俄苏文学在世界文学中占有举足轻重的地位，有着广泛而深远的影响。俄苏文坛造就了一大批才华横溢、享誉世界的文学大师，创作出一大批脍炙人口、家喻户晓的经典名篇，以及塑造出一大批发人深省、经久不衰的经典人物形象，其经典浩若繁星，有如一座座不朽的丰碑。高尔基曾说："西方任何一国的文学在生活中出现的时候，都不曾具有这么大的力量和速度，发出了这么强烈耀眼的才智的光辉……全世界都惊讶于她的美和力量。"①

纵观俄苏文学史，18、19世纪随着俄国国力的强盛以及社会文化领域的觉醒，俄罗斯文学达到了空前的繁荣。在18世纪俄罗斯文坛出现了古典主义、感伤主义和浪漫主义等文学思潮；在19世纪迎来了俄罗斯文学的"黄金时代"，别林斯基曾说："只有从普希金起，才开始有了俄罗斯文学，因为在他的诗歌里跳动着俄罗斯生活的脉搏。"②除了普希金，俄罗斯文坛涌现出果戈理、莱蒙托夫、屠格涅夫、陀思妥耶夫斯基、列夫·托尔斯泰、契诃夫等一大批蜚声世界的文学大师。20世纪初俄罗斯文学的"白银时代"以象征主义影响最为重大，涌现出一大批有才华的作家，有蒲宁、勃洛克、别雷、巴尔

---

① 曹靖华，《俄苏文学史（第一卷）》[M]，郑州：河南教育出版社，1992年，第1页。
② Белинский В. Г. Собрание сочинений в трех томах. Т. 1, 1948, стр. 712.

蒙特、阿赫玛托娃、吉皮乌斯、马雅可夫斯基、帕斯捷尔纳克等诗人，扎米亚京、布尔加科夫等小说家。苏联建立之后，苏联文学从最初的革命浪漫主义到开创社会主义现实主义创作方法，涌现出高尔基、阿·托尔斯泰、法捷耶夫、肖洛霍夫、邦达列夫、舒克申、拉斯普京等优秀作家。而在今天，当我们翻开俄罗斯当代作家的作品，无论其以何种奇谲的形式出现，扑面而来的仍是鲜明的社会现实指向，根植于俄罗斯作家内心的精神追求与俄罗斯经典文学传统始终一脉相承。从20世纪30年代起，先后有五位作家，蒲宁、帕斯捷尔纳克、肖洛霍夫、索尔仁尼琴、布罗茨基获得诺贝尔文学奖。遗憾的是，他们当中大多在当时在自己的祖国并没有获得应有的评价和荣誉。

无论是哪个时代，人道主义精神始终是俄苏文学最显著的特点，以其幽沉深邃的内涵和直抵灵魂的力量带给读者强烈的震撼。俄苏作家直面社会现实和苦难人生，将自己的深沉情感和犀利笔锋深深探入广袤无垠、充满苦难的俄罗斯大地，对悲惨严酷的社会现实和人间百态予以无情的揭露，不虚饰、不美化，对受苦受难的社会底层的"小人物""多余人"报以同情和悲悯。俄罗斯文学在俄罗斯文化中占据绝对中心的地位，正是因为它代表着正义，代表着爱，表现了人类精神中最美好的东西。中国社科院李建军研究员是这样评价俄罗斯文学的："俄罗斯文学是人类文学最伟大的成就和经验之一。俄罗斯作家对人细腻而温柔的同情，他们的巨大的人道主义情感，让人特别感动。俄罗斯文学还有非常强烈的道德热情和宗教情怀，总是表现出朴素而丰富的诗意美。此外，俄罗斯文学还表现出尖锐而勇敢的批判性精神，以及对于迫切且沉重的问题的关注。"[①]

俄苏文学对中国的影响尤为特殊。20世纪前半叶中国以俄为师、从俄国引进革命进步的思想。当时的中国人，特别是中国的革命者，把俄苏文学比喻成他们盗取的天火[②]，从俄苏文学中吸取俄国革命的元素和思想。因此俄苏文学的翻译量在当时中国的外国文学翻译中居于首位。包括普希金、莱蒙托夫、果戈理、陀思妥耶夫斯基、托尔斯泰在内的俄国经典作家的著作几乎都

---

① 《重估俄苏文学》：二十一世纪的重读与思考 [N/OL]，载《中华读书报》，2019-02-05. http://www.chinawriter.com.cn/GB/n1/2019/0205/c404092-30614353.html.

② 曹靖华，《曹靖华译著文集（第七卷）》[M]，北京大学出版社／河南教育出版社，1992年，第160页。

有中文译本。苏联文学作品的翻译几乎紧随作品俄文版在苏联的发表，大部分在苏联境内发表的文学作品，相应的中文译本很快就能在中国找到。曾有学者做过一个统计，1919年到1949年的30年当中，译为中文的俄苏文学有1045种，其中俄国古典文学有401种，约占40%；苏联文学530种，约占50%。同时还有一些作家跨俄国和苏联两个时期，占10%，其中最著名的是高尔基，他的书在当时就翻译了114种之多。[①]中国近现代作家普遍受到俄苏文学的影响，鲁迅把俄国文学当作"导师和朋友"，巴金、曹禺、茅盾以及王蒙等人，都认为自己是"俄罗斯文学的学生"。俄苏文学一度深刻影响了整个中国的阅读习惯和精神生活，对现当代中国人的精神成长发挥过不可替代的重要作用。

面对灿若星河的俄苏文学的优秀作家和作品，无论作出什么样的选择，都是难以尽如人意的。但这也给了我们一个从自身视角理解俄苏文学的机会。在确定24位作家的过程中，我们考察和阅读了大量资料，其中包括：俄罗斯学者撰写的俄罗斯文学史、俄罗斯教育部推荐给大中小学生的文学阅读书单、俄罗斯学者编写的文学选读材料、俄罗斯七至十年级的文学教材，我国学者撰写的俄罗斯苏联文学史、编撰的文学选读材料，以确保所选取的24位作家的代表性。在排序上，主要考虑了这24位作家的出生年份和所选作品的出版时间，在两者不一致的情况下，进一步参考了上述相关资料中的作家排名，最终确定了现在的排名顺序。在作品选择过程中，原著选篇主要来自对前述资料的参考；选择译著时，我们对相关汉译本，特别是多种译本进行阅读与比较。在具体节选部分给自己留出小小的自由空间，节选出我们认为最能体现作家和作品特色的小片段，以及最能准确传达原文意蕴、带有鲜明译者风格的汉译本对照。

还有一点值得说明的是，所有参与编写的人员都是从事语言学研究的年轻学者和博士研究生，这使得本书对作家作品的评析中都有对作家及翻译家语言特色的分析与评价，这也是本书评析部分的特色所在。

刘淼编写了本书的第六章、第八章、第十一章，协助主编按计划推进编写组工作进度并负责了全书初稿的整理。胡旖恺编写了第十二章、第十三章、第二十章、第二十二章。刘金鹏编写了第二章、第七章、第二十一章、第

---

① 叶水夫，《苏联文学与中国》[R]，苏联文学学术会议发言稿，1987年。

二十四章。王梓编写了第四章、第十八章、第十九章、第二十三章。刘艳瑛编写了第一章、第三章、第五章。吴丹凤编写了第九章、第十章、第十七章。张梓轩编写了第十四章、第十五章、第十六章。

在编写过程中，所有编写者除了参考前述资料外，为更好地熟悉作者、理解作品、寻找理想的译本，不仅通读相关作家的系列作品，比较不同译本，还查阅了大量的研究文献，并且凭借深厚的语言学理论功底和对文本分析的准确把握，使得本书各章的评析部分语言明快生动、不落俗套。我相信，参与本书的编写，对每一个人都是一场心灵的洗礼，都是一次超越自我的成长，大家会带着这份收获走得很远很远。

本书的选篇思路得益于与刘洪波教授多次深入而充满激情的讨论；许钧教授全程指导本书编写，通读、通审了第三稿和第七稿，提出了非常中肯和宝贵的意见和建议，在此向他们表示诚挚的感谢和由衷的敬意。

编写本书，注定是一场挂一漏万的冒险，限于本书篇幅、选篇要求等诸多限制，以及审美标准、文学批评态度和视角的时代变化，一些著名作家和作品没有能够被本书选取评析，但我们真诚地希望这场冒险能得到读者的理解、包容和肯定。每一位读者心中都有自己的俄苏文学经典，本书旨在抛砖引玉，相信大家会由此出发，做出属于自己的俄苏文学经典评析。

宁　琦
2024年4月于燕园

目 录

第一章

普希金
《驿站长》

一、普希金与《驿站长》

1837年2月10日，一颗巨星从俄国文坛陨落，被誉为"俄国诗歌的太阳""俄国文学之父"的普希金在决斗中负伤而亡，年仅38岁。逝者虽去，却名垂青史，这位俄罗斯民族伟大的诗人、俄国文学缔造者的业绩任何人都无法抹去。可以说，普希金是永恒的。那么，普希金对于俄国文学到底意味着什么，又是什么赋予他在俄国文学史上如此重要的地位？

亚历山大·谢尔盖耶维奇·普希金（Александр Сергеевич Пушкин，1799—1837），出生于莫斯科的一个贵族之家，从小在浓厚的文学氛围中长大。热衷法国文学的父亲、写诗著书的伯父、擅长讲民间故事的奶娘、受过上流社会教育的家庭教师等，都对普希金有着良好的启蒙作用。1811年，进入皇村中学学习的普希金开始在手抄刊物上发表诗作。适逢1812年卫国战争，普希金有幸接受了法国启蒙思想的熏陶，并结识了一些后来成为十二月党人的青年军官，其崇尚自由的精神渐渐觉醒。毕业后，普希金加入了文学团体"绿灯社"，其间受十二月党人及其民主自由思想的影响，世界观开始发生质变，创作了许多充满反专制色彩的自由诗作，也因此被流放四年。1826年十二月党人起义失败后，普希金虽获赦免被召回莫斯科，但仍在新沙皇的秘密监视与控制之下，此时对当局不再抱任何幻想的他对革命理想更加忠贞不渝，坚定的信念使其得以潜心写作，直至生命最后一刻。

普希金的创作兼具浪漫主义和现实主义两大特色，这与其上述经历密不可分。他早年在皇村学习时的创作多效仿浪漫派诗人茹科夫斯基等人的风格，如《致诗友》（1814）、《皇村回忆》（1815）；毕业后，即1817年至1825年，迎来其创作巅峰，大批讴歌自由、抨击农奴制的作品问世：《自由颂》（1817）、《致恰达耶夫》（1818）、《鲁斯兰与柳德米拉》（1820）、《囚徒》（1822）、《致大海》（1824）、《茨冈》（1824）、《假如生活欺骗了你》（1825）等；十九世纪二三十年代之交在文学史上被称为"波尔金诺之秋"，这是其一生创作的丰盛期，他创作了《致西伯利亚的囚徒》（1827）、《夜莺和玫瑰》（1827）、《叶甫盖尼·奥涅金》（1828）、《别尔金小说集》（1830）、《青铜骑士》（1833）、《黑桃皇后》（1833）以及近30首抒情诗。普希金涉猎了各种文学体裁，如小说、童话、抒情诗、叙事诗、剧作，在继承古典文学优秀传统的基础上，他奠基了俄国民族文学，并开创了俄国现实主义文学先河，从而直接影响19世纪的现实主义文学浪潮。值得一提的是，他的第一部完整小说作品——《别尔金小说集》以鲜明的人道主义思想和民主意识，对小人物的同情及对其悲惨生活的呈现，对腐朽、罪恶的社会制度的批判，在俄国小说发展史上具有里程碑意义，我们探讨的短篇小说《驿站长》便是其中之一。

《驿站长》（*Станционный смотритель*）是《别尔金小说集》中最具现实主义特色、最富有批判精神的一篇。故事以一个常乘驿车出差的小官吏（别尔金）的口吻展开叙述，他先后三次经过驿站，亲眼见证主人公驿站长维林悲惨的一生。第一次见面，维林温和善良，精神健旺，女儿杜妮亚美丽聪慧，操持站务，父女二人相依为命过日子。第二次，驿舍依旧，杜妮亚却已不在。年老体衰、穷愁潦倒的维林讲述所遭遇的不幸：女儿杜妮亚如何被过路的浪子掠为己有。最后一次，驿舍已易新主，维林含恨而去。从主题上看，小说有着较为充实深刻的思想表达，作者对以维林为代表的小人物的命运寄予深切同情和怜悯，体现了深沉的人道主义精神，同时对当时黑暗、缺乏人道的俄国社会进行批判。艺术手法上，小说情节简单、结构紧凑，整体按照时间顺序将三次造访的经过串联起来，由此构成驿站长维林的一生，自然而然地表现了社会性主题。故事采用第一人称"我"直接叙述，先议论，后论证式地描写，既沟通了作者、读者和主人公之间的关系，又给人以亲切感。作品语言简练，更趋平民化，作者通过带有民间色彩的口语来展示人物的心理特征，使笔下的小人物形象栩栩如生。无怪乎，《驿站长》被视为俄国现实主义文学的开山之作，"维林"也成为俄国文学人物的先驱。

早在20世纪初，普希金的作品就已译介至中国。其中，《驿站长》最早被译为《驿吏》，由沈颖首译，1919年发表在《晨报》（副刊），第二年更名为《驿站监察吏》，被收录在北京新中国杂志社出版的《俄罗斯名家短篇小说集》。[①]还有赵诚之译本《一个驿站的站长》和陈占元译的《驿长》，分别收录在《普希金小说集》（1924）和《普式庚逝世百周年纪念集》（1937）。此后多年，戈宝权、萧珊、水夫、戴启篁、冯春等诸多翻译家对《驿站长》进行了不同程度的重译，而冯春以其翻译普希金作品数量之多、系统性之强被视为普希金完整形象的传达者。

冯春（1934—），本名郭振宗，资深俄罗斯文学翻译家，汉译十卷本《普希金文集》第一人，以数十载编译完普希金全部作品，并因此而知名。他不仅能娴熟地驾驭语言，还对原著的思想内容、文化背景等有着充分的了解，其译文准确流畅，没有夸张，没有矫饰，既好读又不失原味。在所译作品的字里行间，读者可真切感受到其独具匠心的译风、细腻的情感流露和深厚的文学修养。

---

① 平保兴，中国早期翻译的普希金小说[J]，载《寻根》，2015年第1期，第34—39页。

二、《驿站长》译文节选

谁不诅咒驿站长，谁没有和他们吵过架？谁不在盛怒的时刻向他们讨取那本要命的簿子，把自己因受冒犯、粗暴对待和怠慢而产生的徒然的怨恨统统记上去？谁不把他们当作从前那些刀笔吏，或者至少是牟罗马森林里的强盗那样的万恶之徒？可是只要我们公正一点，设身处地为他们想一想，那么，在我们责备他们的时候，也许就会宽容得多。驿站长是什么样的人呢？不折不扣的第十四等受苦人，凭着自己的官职只能免遭殴打，而且未必都能幸免（希望读者能扪心自问）。维亚泽姆斯基戏称他们为主宰者，他们的职责是什么呢？难道不是真正的服苦役吗？他们日夜不得安宁。旅客们往往把旅途寂寞而产生的怒气发泄在他们头上。天气恶劣，道路坎坷，车夫固执，马匹乏力——这全是驿站长的过错。旅客一走进他那简陋的屋子，就像对仇人一样盯着他；如果他能把不速之客尽快打发掉，那总算他幸运，但是，如果碰巧没有马呢？……天哪！那就会有什么样的谩骂，什么样的威胁劈头盖脸落在他头上！他得冒雨踏着泥泞挨家挨户去跑；在暴风雨中，在三九严寒里，他只好躲到门廊里，避开盛怒的借宿旅客的吼叫和推撞，稍稍歇一口气。要是来了一位将军，战战兢兢的驿站长就把仅有的两辆三套马车调给他，其中一辆是信差专用的。将军走了，连谢谢也不说一声。过了五分钟，又响起来车的铃声！……信差把驿马使用证往桌上一扔！……我们把这一切都仔细想一想，我们的心中就会充满真挚的同情，而不是愤怒。

……

1816年5月，我曾经顺着一条现在已经废弃的驿道经过某省。我官职卑微，只能搭每站都得换乘的驿车，付两匹马的租费。因此驿站长们对我都很不客气，我往往得费九牛二虎之力才能争取到在我看来我有权得到的待遇。

……

那是一个大热天，在离某驿站三里路时稀稀落落地下起雨来了，过了一会儿，便降下了瓢泼大雨，把我淋得浑身透湿。一到驿站，我头一件事就是赶快换衣服，其次是要一杯茶。"喂，杜妮亚！"站长叫道，"生好茶炊，再去拿些鲜奶油。"话音刚落，一个十四岁模样的小姑娘从隔板后面走出来，跑进门廊里去。她的美貌使我深为吃惊。"这是你的女儿？"我问驿站长。"是小女，"他非常得意地回答，"她是那么聪明，那么伶俐，完全像她故世的妈妈。"这时他动手登记我的驿马使用证，我便欣赏他那些用来布置简朴而整洁的房间的图画。这些图画画的是一个浪子的故事：第一幅画的是一个可敬的老人，他头戴睡帽，身穿晨衣，正在送走一个不安分的青年，那青年匆匆接受老人的祝福和钱袋。第二幅用鲜明的笔触画着年轻人的放荡行为：他坐在桌旁，身边围着一群虚伪的朋友和无耻的女人。接着一幅是，挥霍殆尽的年轻人穿着破衣烂衫，戴着三角帽，正在放猪，与猪争食，脸上露出深深悲痛和悔恨的神色。最后一幅画的是儿子回到父亲身边，善良的老人仍戴着睡帽，穿着晨衣，正跑出去迎接儿子。那浪子跪在地上；后面，一个厨师正在宰肥牛犊，哥哥在询问仆人为什么这样高兴。在每一幅画下面我都读到一首相应的德文诗。所有这一切也像那一盆盆的凤仙花、挂着花布帐子的床以及我周围的其他物品一样，至今仍铭记在我的头脑中。就像在眼前一样，我还清清楚楚地记得那位五十来岁、面色红润、精神矍铄的主人，记得他那件绿色的长礼服，上面别着三枚缀在褪色缎带上的奖章。

我还在给那老车夫付钱的时候，杜妮亚已经端着茶炊回来。这机灵姑娘从第二眼起就看出她给了我什么印象。她垂下那对浅蓝色的大眼睛，我便和她聊起天来，她像一个见过世面的姑娘那样，一点都不害羞地回答我的问题。我请她父亲喝一杯潘趣酒，递给杜妮亚一杯茶，我们三个人就像老朋友一样闲聊起来。

……

"你还认得我吗？"我问他，"我们可是老相识了。""也许是吧，"他忧郁地答道，"这是一条大路，我这儿来来往往的旅客多着哪。""你的杜妮亚好吗？"我接着问。老人皱起眉头。"谁知道。"他回答。"这么说，她出嫁了？"我说。老人装作没听见我的问话，继续轻轻念着我的驿马使用证。我不再问他，叫他给我送茶来。我真想知道究竟是怎么回事，心里好不焦急，于是指望潘趣酒能打开我这位老相识的话匣子。

　　我没有想错：老人没有拒绝喝酒。我发觉酒驱散了他脸上的乌云。喝到第二杯，他的话就多起来了。他记起或者装作记起了我的样子，于是我从他那儿听到一个当时使我极感兴趣、又使我深深感动的故事。

　　"这么说，您认识我的杜妮亚啰？"他开始说，"其实还有谁不认识她呀？唉，杜妮亚，杜妮亚！她原是个多好的姑娘啊！过去，不管谁到这儿来，都要夸奖她，没有一个人会责备她。太太们常常送东西给她，有的送一块手帕，有的送一对耳环。过路的老爷们故意留下来，似乎是为了吃一顿午饭或晚饭，其实只是为了多看她几眼。往往有这种情况：来了个老爷，不管他脾气多大，只要她在场，他就会安静下来，心平气和地和我谈话。先生，信不信由您，那些信差、信使和她一谈就是半个小时。这个家全靠她撑着：收拾屋子，准备个什么，她都弄得舒舒齐齐。可我这个老傻瓜，对她总是看不够，疼不够。我还能不爱我的杜妮亚吗？我能不疼自己的孩子吗？难道她的日子还过得不快活吗？可是不，灾难是躲也躲不了的，在劫难逃啊！"于是他就详详细细地向我诉起苦来。三年前，一个冬天的傍晚，站长正在一本新簿册上面划线，女儿在隔板后面缝衣服，这时来了一辆三套马车，那旅客戴着契尔克斯帽，穿着军大衣，裹着围巾，走进来要马。那时所有的马都派出去了。

　　……

　　第二天，骠骑兵病得更重了。他的仆人骑上马，进城去请医生。杜妮亚用一块浸醋的手帕扎在他的头上，坐在他的床边缝衣服。病人在站长面前呻吟着，几乎没说过一句话，可是喝了两杯咖啡，还哼哼着要了一份午饭。杜妮亚寸步不离地守着他。他不时要水喝，杜妮亚总是给他端来一大杯亲手做的柠檬水。病人只用嘴唇沾了一下，每次把杯子还给杜妮亚时都要用那只虚弱的手握握杜妮亚的手，表示感谢。午饭前，医生来了。他按按病人的脉搏，用德语和他谈了一会儿话，然后用俄语说，病人只需静养，过两天就可以上路了。骠骑兵付给他二十五卢布诊金，并邀请他吃午饭；医生同意了。两人吃得津津有味，还喝了一瓶葡萄酒，最后高高兴兴地分手了。

　　……

可怜的站长弄不懂，他怎么能亲自允许杜妮亚和骠骑兵一起乘车去，他怎么会这样糊涂，当时他的理智上哪儿去了。不到半个小时，他心里便愈来愈烦闷，焦急得坐立不安。他终于忍耐不住，亲自到教堂去了。他走近教堂时，发现做礼拜的人都走了，但是杜妮亚既不在院子里，也不在教堂门口。他慌忙走进教堂，神父正从祭坛后面走出来，教堂管事在吹灭蜡烛，两个老太婆还在角落里祈祷，可是杜妮亚却不在教堂里。可怜的父亲好容易下定决心去问那个管事，杜妮亚来做过礼拜没有。管事说她没有来过。站长半死不活地回到家里。他剩下一个希望：杜妮亚年轻好动，也许想起要到下一站她教母那里去。他心急如焚地等待她乘坐的那辆三套马车回来。车夫没有回来。傍晚前他终于独自醉醺醺地回来，带来一个叫人悲痛欲绝的消息："杜妮亚和骠骑兵又从那一站往前走了。"

老人经不起这样的打击，他立即倒在年轻的骗子头天睡过的那张床上。这时站长回想起这两天的情况，明白骠骑兵的病是假装的。可怜的老人发起高烧来，他被送到C城去看病，他的工作暂时由别人代替。给他看病的就是那个给骠骑兵看过病的医生。他肯定地对站长说，年轻人完全没有病，还说，他当时就猜到那骠骑兵的险恶用心，但他慑于他的鞭子，不敢作声。不管德国人说的是真话，还是想炫耀他有先见之明，都丝毫不能安慰可怜的病人。驿站长身体刚刚康复，就向C城的邮政局长请了两个月假，没跟任何人吐露自己的打算，步行去找女儿。他从驿马使用证上知道，骑兵上尉明斯基是从斯摩棱斯克到彼得堡去的。给他赶过车的车夫说，杜妮亚一路上都在哭，虽然看样子她是自愿跟他走的。站长想："也许我能把我那迷途的羔羊带回家吧。"

……

"老爷！"老人继续说，"泼出去的水收不回来了，您至少得把我苦命的杜妮亚还给我。您已经把她玩够了，您别白白糟蹋了她。""木已成舟，无可挽回了，"年轻人狼狈不堪地说，"我对不起你，愿意请求你的宽恕。不过你不要以为我会扔掉杜妮亚，她会过上好日子的，我向你保证。你要她干什么？她爱我，她已经不习惯过原来那种生活了。你也好，她也好，都不要忘了已经发生的事情。"接着他把一卷东西往站长袖子里一塞，打开房门，站长自己也不明白是怎么回事，已经站在街上了。

……

门紧锁着，他拉了拉铃，焦急不安地等了几秒钟。响起开锁声，门开了。"阿芙多季娅·萨姆松诺夫娜住在这儿吗？"他问道。"住在这儿，"一个年轻的女仆回答，"你找她有什么事？"站长没答话就走进大厅。"不行，不行！"女仆在他后面叫起来，"阿芙多季娅·萨姆松诺夫娜有客人。"但站长毫不理会，径自往前走。头两个房间黑咕隆咚的，第三个房间有灯光。他走到一扇开着的门前面站住。在这个布置得十分豪华的房间里，明斯基坐在那儿沉思默想，杜妮亚穿着华丽时髦的服装坐在他那把圈椅的扶手上，就像一个坐在英国式马鞍上的女骑士。她含情脉脉地望着明斯基，把他乌黑的鬈发绕在自己凝脂般的手指上。苦命的驿站长！他从来没有觉得女儿长得这么漂亮，便不由自主地欣赏起她来。"谁在那儿？"她没有抬起头，问道。他仍旧默不作声。杜妮亚没有听到回答便抬起头……接着大叫一声倒在地毯上。明斯基吃了一惊，跑过去扶她，突然他看见老站长站在房门口，便放下杜妮亚，走到他跟前，愤怒得浑身颤抖。"你要干什么？"他咬牙切齿地对老站长说，"你干吗像强盗似的处处跟着我？你是不是想杀了我？滚出去！"他用一只有力的手抓住老人的衣领，把他推下楼梯。

……

这就是我的朋友老驿站长的故事。在讲故事的过程中，他总是泣不成声，常常把故事打断，令人感动地用衣襟擦去眼泪，就像德米特里耶夫那首优美的叙事诗中真诚的捷连季奇一样。这些眼泪在某种程度上是由于他在讲故事的过程中喝了五杯潘趣酒引起的，但不管怎么说，还是使我十分感动。和他分手后，我久久不能忘记老站长，久久地怀念着可怜的杜妮亚……

……

（节选自冯春译《驿站长》，四川人民出版社，1997年，第44—55页）

附：*Станционный смотритель* 选段原文

Кто не проклинал станционных смотрителей, кто с ними не

бранивался? Кто, в минуту гнева, не требовал от них роковой книги, дабы вписать в оную свою бесполезную жалобу на притеснение, грубость и неисправность? Кто не почитает их извергами человеческого рода, равными покойным подьячим или, по крайней мере, муромским разбойникам? Будем однако справедливы, постараемся войти в их положение и, может быть, станем судить о них гораздо снисходительнее. Что такое станционный смотритель? Сущий мученик четырнадцатого класса, огражденный своим чином токмо от побоев, и то не всегда (ссылаюсь на совесть моих читателей). Какова должность сего диктатора, как называет его шутливо князь Вяземский? Не настоящая ли каторга? Покою ни днем, ни ночью. Всю досаду, накопленную во время скучной езды, путешественник вымещает на смотрителе. Погода несносная, дорога скверная, ямщик упрямый, лошади не везут – а виноват смотритель. Входя в бедное его жилище, проезжающий смотрит на него как на врага; хорошо, если удастся ему скоро избавиться от непрошеного гостя; но если не случится лошадей?.. боже! какие ругательства, какие угрозы посыплются на его голову! В дождь и слякоть принужден он бегать по дворам; в бурю, в крещенский мороз уходит он в сени, чтоб только на минуту отдохнуть от крика и толчков раздраженного постояльца. Приезжает генерал; дрожащий смотритель отдает ему две последние тройки, в том числе курьерскую. Генерал едет, не сказав ему спасибо. Чрез пять минут – колокольчик!.. и фельдъегерь бросает ему на стол свою подорожную!... Вникнем во всё это хорошенько, и вместо негодования сердце наше исполнится искренним состраданием.

...

В 1816 году, в мае месяце, случилось мне проезжать через губернию, по тракту, ныне уничтоженному. Находился я в мелком чине, ехал на перекладных и платил прогоны за две лошади. Вследствие сего смотрители со мною не церемонились, и часто бирал я с бою то, что, во мнении моем, следовало мне по праву.

...

День был жаркий. В трех верстах от станции стало накрапывать, и через минуту проливной дождь вымочил меня до последней нитки. По приезде на станцию, первая забота была поскорее переодеться, вторая спросить себе чаю, – Эй, Дуня! – закричал смотритель, – поставь самовар да сходи за сливками. При сих словах вышла из-за перегородки девочка лет четырнадцати и побежала в сени. Красота ее меня поразила. – Это твоя дочка? – спросил я смотрителя. – Дочка-с, – отвечал он с видом довольного самолюбия, – да такая разумная, такая проворная, вся в покойницу мать. Тут он принялся переписывать мою подорожную, а я занялся рассмотрением картинок, украшавших его смиренную, но опрятную обитель. Они изображали историю блудного сына: в первой почтенный старик в колпаке и шлафорке отпускает беспокойного юношу, который поспешно принимает его благословение и мешок с деньгами. В другой яркими чертами изображено развратное поведение молодого человека: он сидит за столом, окруженный ложными друзьями и бесстыдными женщинами. Далее, промотавшийся юноша, в рубище и в треугольной шляпе, пасет свиней и разделяет с ними трапезу; в его лице изображены глубокая печаль и раскаяние. Наконец представлено возвращение его к отцу; добрый старик в том же колпаке и шлафорке выбегает к нему навстречу: блудный сын стоит на коленях; в перспективе повар убивает упитанного тельца, и старший брат вопрошает слуг о причине таковой радости. Под каждой картинкой прочел я приличные немецкие стихи. Всё это доныне сохранилось в моей памяти, также как и горшки с бальзамином, и кровать с пестрой занавескою, и прочие предметы, меня в то время окружавшие. Вижу, как теперь, самого хозяина, человека лет пятидесяти, свежего и бодрого, и его длинный зеленый сюртук с тремя медалями на полинялых лентах.

Не успел я расплатиться со старым моим ямщиком, как Дуня возвратилась с самоваром. Маленькая кокетка со второго взгляда заметила впечатление, произведенное ею на меня; она потупила большие голубые глаза; я стал с нею разговаривать, она отвечала мне безо всякой робости, как девушка, видевшая свет. Я предложил отцу ее стакан пуншу; Дуне подал я чашку чаю, и мы втроем начали беседовать, как будто век были знакомы.

　　...

– Узнал ли ты меня? – спросил я его, – мы с тобою старые знакомые. – Может статься, – отвечал он угрюмо, – здесь дорога большая; много проезжих у меня перебывало. – Здорова ли твоя Дуня? – продолжал я. Старик нахмурился. – А бог ее знает, – отвечал он. – Так видно она замужем? – сказал я. Старик притворился, будто бы не слыхал моего вопроса, и продолжал пошептом читать мою подорожную. Я прекратил свои вопросы и велел поставить чайник. Любопытство начинало меня беспокоить, и я надеялся, что пунш разрешит язык моего старого знакомца.

Я не ошибся: старик не отказался от предлагаемого стакана. Я заметил, что ром прояснил его угрюмость. На втором стакане сделался он разговорчив: вспомнил или показал вид, будто бы вспомнил меня, и я узнал от него повесть, которая в то время сильно меня заняла и тронула.

– Так вы знали мою Дуню? – начал он. – Кто же и не знал ее? Ах, Дуня, Дуня! Что за девка-то была! Бывало, кто ни проедет, всякий похвалит, никто не осудит. Барыни дарили ее, та платочком, та сережками. Господа проезжие нарочно останавливались, будто бы пообедать, аль отужинать, а в самом деле только чтоб на нее подолее поглядеть. Бывало барин, какой бы сердитый ни был, при ней утихает и милостиво со мною разговаривает. Поверите ль, сударь: курьеры, фельдъегеря с нею по получасу заговаривались. Ею дом держался: что прибрать, что приготовить, за всем успевала. А я-то, старый дурак, не нагляжусь, бывало, не нарадуюсь; уж я ли не любил моей Дуни, я ль не лелеял моего дитяти; уж ей ли не было житье? Да нет, от беды не отбожишься; что суждено, тому не миновать. Тут он стал подробно рассказывать мне свое горе. – Три года тому назад, однажды, в зимний вечер, когда смотритель разлиневывал новую книгу, а дочь его за перегородкой шила себе платье, тройка подъехала, и проезжий в черкесской шапке, в военной шинели, окутанный шалью, вошел в комнату, требуя лошадей. Лошади все были в разгоне.

...

На другой день гусару стало хуже. Человек его поехал верхом в город за лекарем. Дуня обвязала ему голову платком, намоченном уксусом, и села с своим шитьем у его кровати. Больной при смотрителе охал и не говорил почти ни слова, однако ж выпил две чашки кофе и охая заказал себе обед. Дуня от него не отходила. Он поминутно просил пить, и Дуня подносила ему кружку ею заготовленного лимонада. Больной обмакивал губы и всякий раз, возвращая кружку, в знак благодарности слабою своей рукою пожимал Дунюшкину руку. К обеду приехал лекарь. Он пощупал пульс больного, поговорил с ним по-немецки, и по-русски объявил, что ему нужно одно спокойствие и что дни через два ему можно будет отправиться в дорогу. Гусар вручил ему двадцать пять рублей за визит, пригласил его отобедать; лекарь согласился; оба ели с большим аппетитом, выпили бутылку вина и расстались очень довольны друг другом.

...

Бедный смотритель не понимал, каким образом мог он сам позволить своей Дуне ехать вместе с гусаром, как нашло на него ослепление, и что тогда было с его разумом. Не прошло и получаса, как сердце его начало ныть, ныть, и беспокойство овладело им до такой степени, что он не утерпел и пошел сам к обедне. Подходя к церкви, увидел он, что народ уже расходился, но Дуни не было ни в ограде, ни на паперти. Он поспешно вошел в церковь: священник выходил из алтаря; дьячок гасил свечи, две старушки молились еще в углу; но Дуни в церкви не было. Бедный отец насилу решился спросить у дьячка, была ли она у обедни. Дьячок отвечал, что не бывала. Смотритель пошел домой ни жив, ни мертв. Одна оставалась ему надежда: Дуня по ветрености молодых лет вздумала, может быть, прокатиться до следующей станции, где жила ее крестная мать. В мучительном волнении ожидал он возвращения тройки, на которой он отпустил ее. Ямщик не возвращался. Наконец к вечеру приехал он один и хмелен, с убийственным известием: – Дуня с той станции отправилась далее с гусаром.

Старик не снес своего несчастия; он тут же слег в ту самую постель, где накануне лежал молодой обманщик. Теперь смотритель, соображая все обстоятельства, догадывался, что болезнь была притворная. Бедняк занемог сильной горячкою; его свезли в С*** и на его место определили на время другого. Тот же лекарь, который приезжал к гусару, лечил и его. Он уверил смотрителя, что молодой человек был совсем здоров и что тогда еще догадывался он о его злобном намерении, но молчал, опасаясь его нагайки. Правду ли говорил немец, или только желал похвастаться дальновидностию, но он нимало тем не утешил бедного больного. Едва оправясь от болезни, смотритель выпросил у С почтмейстера отпуск на два месяца и, не сказав никому ни слова о своем намерении, пешком отправился за своею дочерью. Из подорожной знал он, что ротмистр Минский ехал из Смоленска в Петербург. Ямщик, который вез его, сказывал, что всю дорогу Дуня плакала, хотя, казалось, ехала по своей охоте. – Авось, – думал смотритель, – приведу я домой заблудшую овечку мою.

...

— Ваше высокоблагородие! — продолжал старик, — что с возу упало, то пропало: отдайте мне по крайней мере бедную мою Дуню. Ведь вы натешились ею; не погубите ж ее понапрасну. — Что сделано, того не воротишь, — сказал молодой человек в крайнем замешательстве, — виноват перед тобою и рад просить у тебя прощения; но не думай, чтоб я Дуню мог покинуть: она будет счастлива, даю тебе честное слово. Зачем тебе ее? Она меня любит; она отвыкла от прежнего своего состояния. Ни ты, ни она – вы не забудете того, что случилось. Потом, сунув ему что-то за рукав, он отворил дверь, и смотритель, сам не помня как, очутился на улице.

...

Двери были заперты; он позвонил, прошло несколько секунд в тягостном для него ожидании. Ключ загремел, ему отворили. — Здесь стоит Авдотья Самсоновна? — спросил он. — Здесь, — отвечала молодая служанка, — зачем тебе ее надобно? Смотритель, не отвечая, вошел в залу. — Нельзя, нельзя! — закричала вслед ему служанка, — у Авдотьи Самсоновны гости. Но смотритель, не слушая, шел далее. Две первые комнаты были темны, в третьей был огонь. Он подошел к растворенной двери и остановился. В комнате, прекрасно убранной, Минский сидел в задумчивости. Дуня, одетая со всею роскошью моды, сидела на ручке его кресел, как наездница на своем английском седле. Она с нежностью смотрела на Минского, наматывая черные его кудри на свои сверкающие пальцы. Бедный смотритель! Никогда дочь его не казалась ему столь прекрасною; он поневоле ею любовался. — Кто там? — спросила она, не подымая головы. Он всё молчал. Не получая ответа, Дуня подняла голову... и с криком упала на ковер. Испуганный Минский кинулся ее подымать и, вдруг увидя в дверях старого смотрителя, оставил Дуню и подошел к нему, дрожа от гнева. — Чего тебе надобно? — сказал он ему, стиснув зубы, — что ты за мною всюду крадешься, как разбойник? или хочешь меня зарезать? Пошел вон! — и сильной рукою, схватив старика за ворот, вытолкнул его на лестницу.

...

Таков был рассказ приятеля моего, старого смотрителя, рассказ, неоднократно прерываемый слезами, которые живописно отирал он своею полою, как усердный Терентьич в прекрасной балладе Дмитриева. Слезы сии отчасти возбуждаемы были пуншем, коего вытянул он пять стаканов в продолжении своего повествования; но как бы то ни было, они сильно тронули мое сердце. С ним расставшись, долго не мог я забыть старого смотрителя, долго думал я о бедной Дуне...

...

(Пушкин А.С. *Станционный смотритель.* М.: Детгиз, 1949, стр. 1-22)

三、译文评析

————— ❦ —————

　　冯春的汉译本《驿站长》总体来说是非常成功的，不仅把握了作者的思想感情，使人物形象跃然纸上，在一些细节的处理上更是灵活巧妙，从而实现了作者与读者之间的顺利对话。我们选取了部分精彩片段，从三方面着手择要分析。

1．对原作主题思想和艺术形象的准确复现

　　普希金的小说创作朴素、准确、简洁，在内容和风格上均不同于同时代的其他作家，似乎一开始就提出了现实主义的要求。就《驿站长》来说，它的情节并不罕见，讲述了贵族阶级代表明斯基巧取豪夺、"诱拐"底层平民，破坏驿站长维林和女儿原本宁静和幸福的生活，使其失去精神支柱最终抑郁至死的故事。值得一提的是，普希金并不关注年轻人的爱情纠葛，而是着力表现驿站长维林的不幸。在他的笔下，驿站长维林是现实生活中有血有肉的形象，和平民百姓在思想感情、言谈举止上毫无区别，同时他的命运又是俄国众多驿站长缩影中真实的一个，并非概念化人物。唯其真实，才具有震撼人心的艺术力量，才能激起读者对作品主人公的怜悯和对当时社会的批判。可以说，该部作品深刻地反映了社会现实，揭露了当时的主要社会矛盾——统治阶级与底层平民的关系，洞察了人性。维林

的悲剧，很难用超阶级、超时代的抽象感情来解释。作为小人物，他们在命运面前既怯弱又无奈，无情的社会吞噬了他们，而这归根结底是专制社会的不平等造成的。试想，一个身处社会底层的人，当生存权利得不到应有保障，那他的生活极有可能会因某个"上等人"的心血来潮而毁于一旦。小说具有明显的批判倾向，这类情节在普希金笔下就成了同情"小人物"悲惨命运、批判社会不公的现实题材。我们细读冯春的译文就会发现，他切实地了解该部作品的创作背景，不仅在内容上忠于原作，更是再现了小说的主题和精髓。

在我们看来，译者把握住了普希金善于选取人物鲜明特征来刻画形象的艺术特色。普希金对笔下的小人物有着独特的心理描写手法，他的小说中，几乎没有大片的人物内心独白，而是以人物的动作或表情等折射其内心世界，从而达到深入剖析人物心理的目的。这种描写方法的典型特点是客观、含蓄，如实描写人物内心活动在外部的折射，而不在人物心理上强加作者的主观分析和评价。屠格涅夫曾指出，"诗人应当是心理学家，但必须是隐蔽的心理学家：他应当了解和感受现象的根源，但仅呈现现象本身——呈现其兴盛和衰退的状态"[1]。与通常的自我解剖或内心独白不同，普希金小说中人物典型的塑造正是依赖于心理描写，而心理描写由作者通过人物的神态和行为或动作来表现。例如，二次探访驿站长维林时，别尔金发现杜妮亚已不在驿舍，在好奇心的驱使下，他一连串问了许多问题："Здорова ли твоя Дуня？（你的杜妮亚好吗？）""Так видно она замужем？（这么说，她出嫁了？）"作者写道："老人装作没听见我的问话，继续轻轻念着（и продолжал пошептом читать）我的驿马使用证。"维林没有答复，而是"轻轻念着……"，这里译者充分把握了维林的情感活动，将其译为"轻轻念着"，巧妙至极，或许维林内心是拒绝回答的，他不愿提及痛处。而且，驿马使用证通常看一眼即可，无需念出来，说明"轻声念"只为用"念"的行为来集中自己的注意力，回避这一连串令他伤心的问题，该词的使用可以说是一字之功，神情毕肖，将维林遭受精神打击后恍惚不

---

[1] Пустовой П.Г. И.С. Тургенев – художник слова[M]. М.: Издательство Московского университета, 1987, стр. 14.

安的样子展现得淋漓尽致，读者在理解上不仅毫无障碍，还能引起共鸣。诚如屠格涅夫所言，该部作品中普希金恰恰表现出他是一个出色的"隐蔽型心理学家"。再看一例，作者对杜妮亚着墨并不多，叙述者别尔金只见过她一次，而且主要是转述她的故事，因此无法直接描写她的内心世界，此时正是通过杜妮亚的外部神态或行为等折射其心理，将她的内心活动准确真实地表现出来。当她看到一路寻她而来的父亲时，她来不及说话便"大叫一声倒在地毯上（с криком упала на ковер）"，其实不难想象，杜妮亚当时是一种极度慌乱、不知所措、羞愧的复杂心理。小说最后，杜妮亚回到曾经的驿舍探望父亲，当听闻父亲抑郁至死时，"她马上哭了起来（она заплакала）"。应该说，哭这一行为，既是对父亲的怀念和热爱，也是内心的一种自责和愧疚。

2．对原作语言表现力的巧妙传达

普希金通过《驿站长》里塑造的"小人物"的悲剧，来直接抨击造成这种悲剧的社会制度。作者对驿站长维林的遭遇充满同情，对其形象的刻画流露出对黑暗社会的强烈谴责，同时也暗示专制主义等级社会下悲剧的发生绝不仅仅是维林这一例，还有千千万万的底层平民，他们都是当时俄国腐朽制度的牺牲品。在农奴社会，阶级是不可逾越的鸿沟，贵族和平民之间等级森严，而这正是不可避免的社会悲剧，甚至是时代的悲剧。小说的成功不仅有基于朴素生动的语言勾勒出的难忘故事情节及篇章结构的巧妙安排，还有对小人物的典型塑造。作者虽同情驿站长维林，但并没有将其理想化。恩格斯在《大陆上社会改革运动的进展》（1843）一文中说："之前国王和王子一度是这类作品中的主人公，而现在却是穷人和被统治阶级，而且正是这些人生活中的酸甜苦辣、喜怒哀乐构成了主要内容。"[①]这说明小人物在文学殿堂的出现，同当时反对沙皇专制、反对农奴制的社会情绪不断高涨紧密相连。

普希金曾指出：准确和简洁是小说的首要优点，小说要有思想，没有

---

① 马克思、恩格斯著，中共中央马克思恩格斯列宁斯大林著作编译局编译，《马克思恩格斯全集（第1卷）》[M]，北京：人民出版社，2006年，第585页。

思想，再华丽的辞藻也毫无意义。[①]先是开篇的三个反问排比句形式"кто не... кто не... кто не..."，看似批判，给读者带来先入为主的感觉，实则后面话锋一转开始抒情议论，作者高度概括了像驿站长这样的底层人民在俄国不计其数，驿站长是费力不讨好的活儿。译者抓住了作者在故事开始前对他们深表同情这样的感情基调，恰如其分地以"谁不……谁没有……谁不（кто не... кто не... кто не...）""扪心自问（ссылаться на совесть）""充满真挚的同情（исполниться искренним состраданием）"等将此表达出来。这不仅有利于增强作品在译语世界的感染力，也能激起读者情感上的共鸣。为了达到语言准确、简洁的目的，不仅作者，译者也要做到精益求精。例如，驿站长偷偷到彼得堡看望女儿时，对她反应的描写："便抬起头……接着大叫一声倒在地毯上（подняла голову...и с криком упала на ковер）"。同时，小说中冗长的复合句也极少出现，常常简洁到只有主语和谓语，即名词和动词的搭配，且不带任何修饰成分。作者善于使用动词，即以人物的动作来刻画人物性格，表现其心理。例如："слезы негодования, он **сжал** бумажки в комок, **бросил** их наземь, **притоптал** каблуком и **пошел**...**отошел** несколько шагов, он **остановился**, **подумал**... и **воротился**..."这段描写里只有一处修饰语——"слезы негодования（愤怒的泪水）"和一个表心理活动的动词"подумал（想了想）"，其余动词（见黑体部分）均表示外部肢体动作，整个画面正是由这一系列连续不断的动作构成，译者巧妙地译为"他把钞票**捏**成一团，**扔**在地上，用鞋跟狠狠**踩**了几下，**走**了……他走了几步，**停下**，**想了想**……**转回去**……"。除了驿站长的举止，这里把他的神态，即从愤怒到动摇的心理变化过程也完美呈现，使读者身处其中，如见其人。驿站长是普通人，有缺点在所难免。当他发现衣袖里是明斯基塞进的钱时，果断将钱扔在地上，然而几经思考，他又想把钱捡回来。这一段人物描写可以说是非常精彩。对于生活在金钱至上的社会中的驿站长来说，怒火平息后，既然女儿已无法挽回，那为了维持原本的生活，金钱到底是有诱惑力的，一番犹豫不决的动作表明驿站长维

---

① Пушкин А.С. Собр. соч. в 10 тт. Т. 6, Статьи и заметки (1824–1836)[C]. М.: ТИХЛ, 1959–1962, стр. 256.

林在做思想斗争，即使自尊心受到极大伤害，即使金钱意味着明斯基对驿站长维林的羞辱和对感情的践踏。

3．对归化译法的恰当运用与精彩呈现

冯春的译文还有一大亮点表现在运用大量的四字形容词及语言形式的转换上，这使语言更加生动，感情更丰富。翻译作为二度创作，译者在符合原作风格的前提下，能做的就是尽可能将原作风格在译语语境中表达出来，使译语通顺自然，增强可读性，如：непрошеные гости（不速之客）、посыпаться（劈头盖脸地）、в крещенский мороз（三九严寒）、дрожащий（战战兢兢）、с бою（九牛二虎之力）、свежий（面色红润）、что суждено, тому не миновать（在劫难逃）、от него не отходить（寸步不离）、убийственный（悲痛欲绝）、похвастаться дальновидность（先见之明）、заблудшая овечка（迷途羔羊）、что сделано, того не воротишь（木已成舟）、с нежностью（含情脉脉）、стиснуть зубы（咬牙切齿）……译者简洁的语言及其精准恰当的用词使译文更符合汉语表达习惯，更加生动自然，朗朗上口，言简意丰，从而巧妙地将原作的语言表现力传达出来。另一方面，俄语和汉语分属不同的语系，翻译过程中难免涉及语法及语义上的不对等，此时进行形式上的转换会显得不那么生搬硬套，使译文更加通顺流畅，便于读者理解。例如："**Испуганный** Минский кинулся ее подымать и, вдруг увидя в дверях старого смотрителя."这里是被动形动词充当定语修饰明斯基，但译者将其处理为一个句子"明斯基吃了一惊……"，如此便和后面一系列动词"跑过去……放下……走到……"相照应，加强了语句间的联系，实现语义连贯。还有一例和词类变换有关，"Наконец представлено **возвращение его** к отцу"，原文的动名词被调整为动词，从主语变为谓语，译为"最后一幅画的是**儿子回到父亲身边**"。

此外，从艺术手法来看，小说所呈现出的艺术手法类似于我们常说的"白描"，即以朴素简练的文字刻画人物。正所谓"清水出芙蓉、天然去雕饰"，无论是描写人物，还是在叙事状物上，作者的语言都尽显朴素、简练和准确，没有任何渲染烘托而富有真实感，可以说是惜墨如金。而译者也准确地把握了这一点，除了尽可能使译语简洁凝练外，还遵循原作对

形象刻画的非静止描写，通过他们在情节发展过程中的言行来展开。同时，恰如其分地对译文的语言进行形式转换，使其更符合汉语表达习惯。例如：在描写驿舍时，普希金仅使用了"смиренный, но опрятный"两个形容词，与此对应，译文为"简朴而整洁"；"горшки с бальзамином"译为"一盆盆的凤仙花"，"кровать с пестрой занавескою"译为"挂着花布帐子的床"，"картинки изображали историю блудного сына"译为"关于浪子故事的图画"等。寥寥几笔却传递着丰富内容，我们似乎看到了维林家简朴却温馨的生活。驿舍的整洁和摆放的凤仙花，使杜妮亚这个漂亮、聪明、勤快的少女形象仿佛就站在读者面前，这对杜妮亚的形象塑造十分重要。同时，这些细节和后面第二次访问时的描写前后呼应，使整个叙述得以衔接。

整体来看，冯春的译文基本传达出原作风格，复现了小说的主题思想、人物形象和语言表现力。他在准确把握小说语言和内容的基础上，对选词用句细细斟酌，使译文不仅条理清晰、自然流畅，更发挥了汉语优势，提高了译文的可读性。

第二章

果戈理
《死魂灵》

一、果戈理与《死魂灵》

尼古拉·瓦西里耶维奇·果戈理（Николай Васильевич Гоголь，1809—1852）是19世纪俄国著名文学家、思想家，出生于乌克兰的一个地主家庭。果戈理上承浪漫主义和普希金开创的现实主义倾向及民族性追求，下启俄国批判现实主义流派，促进了俄国民族意识的觉醒。果戈理的创作生涯从关涉乌克兰民族风情的奇思妙想逐渐过渡到对社会现实的深刻反映，独特的幽默讽刺风格几乎贯穿其所有小说和剧作。以浪漫主义笔法完成的中篇小说集《狄康卡近乡夜话》（1831）被普希金称赞为"真正的欢乐，真诚的、自由自在的欢乐，没有矫揉造作……富有诗意。"①《密尔哥罗德》（1835）和《小品文集》（1835）将幽默的笔调与揭露社会丑恶黑暗相结合的风格，标志着果戈理写作风格转向批判现实主义。别林斯基将果戈理称为"（继普希金之后的）文坛盟主"。②喜剧《钦差大臣》（1835）

---

① 尼·瓦·果戈理著，周启超、吴晓都译，《果戈理全集·附卷·生活中的果戈理》[M]，合肥：安徽文艺出版社，1999年，第50页。
② 郑体武主编，《俄罗斯文学辞典·作家与作品》[M]，上海：复旦大学出版社，2013年，第170页。

对外省官僚辛辣的讽刺，以及长篇小说《死魂灵》（第一部）（1842）、短篇小说《外套》（1842）开启了俄国文学的批判现实主义阶段。米尔斯基认为"仅就创造力而言，果戈理是最伟大的俄国作家……不逊于莎士比亚，可以坦然地与拉伯雷比肩。无论是普希金还是托尔斯泰，均无这样火山一般的想象创造力。"[①]

《死魂灵》（Мёртвые души）的创作素材是普希金搜集并提供给果戈理的。这部巨著前后耗时七年，最终以《乞乞科夫奇遇记，又名死魂灵》的书名出版。这部史诗是"果戈理文学事业的巅峰，实际上亦为其文学创作事业之终结"。[②]《死魂灵》是对新兴的、唯利是图的资本家以及腐朽的沙皇俄国官僚和地主的巨大讽刺。主人公乞乞科夫乘坐轻便马车来到N城，以上流绅士形象结交官员和地主。"不管遇到什么场合，他总显得是一个非常正派的人。"[③]随着乞乞科夫对五位地主的拜访，作家逐步撕去他身上"非常正派"的伪装，展示其虚伪、贪婪、粗鲁的本质。五位地主则是俄国不同类型的地主的恶的提炼和总结。玛尼洛夫夫妇虚伪、懒散、甜腻、耽于幻想、不切实际，话风充满感伤主义文学的特点；寡妇柯罗博奇卡吝啬且愚钝，最终毁掉了乞乞科夫的如意算盘；诺兹德廖夫是脾气暴躁的恶棍，撒谎、欺骗、赌博、暴力；索巴凯维奇像一头熊，笨重且粗鲁，他不信任何官员，能精准地理解乞乞科夫的需要以获取利益，是保守的反动势力的体现；普柳什金超越了庸俗本身，体现了地主阶级的腐朽和人性的彻底毁灭，他超越了文本本身，成为世界文学史上最经典的吝啬鬼形象之一。某种程度上五位地主所展示的恶可以说存在于所有时代、所有社会。换言之，果戈理描写、嘲笑的是人本身所固有的弱点，人性中所固有的恶。因此，《死魂灵》超越了沙皇俄国、超越了19世纪，其中的形象具有不朽的普世性和永恒的魅力。

本章节选的是乞乞科夫拜访玛尼洛夫夫妇片段，故事情节相对简单，乞乞科夫抵达玛尼洛夫卡村，在造作的"欧式"交谈之后，乞乞科夫与玛

---

① 德·斯·米尔斯基著，刘文飞译，《俄国文学史》[M]，北京：商务印书馆，2020年，第204页。
② 同①，第201页。
③ 尼·瓦·果戈理著，满涛、许庆道译，《死魂灵》[M]，北京：人民文学出版社，2004年，第15页。

尼洛夫一家共同进餐，随后与玛尼洛夫在书房里交谈购买死农奴名单的生意。在节选中，果戈理透过玛尼洛夫夫妇展示出了自己的幽默和"世人见不到的、没有尝味过的泪"①——愤恨地表达对扭曲人性的嘲笑，痛斥人的堕落。玛尼洛夫的典型性催生了俄罗斯人普遍认同的固定表达——玛尼洛夫性格（маниловщина），用来说明"对周围的一切持空想、消极的态度，无理由的自满"。②

我国学界对果戈理的关注和研究可以追溯到20世纪初期，鲁迅称果戈理的创作是"含泪的笑"，"以不可见之泪痕悲色，震其邦人"，③这与索罗金的评价如出一辙："（果戈理）嘴角挂着微笑，眼中含着热泪，心中充满叹息……为人类的苦难和可怕的堕落而感到痛苦悲伤。"④1935年，鲁迅应郑振铎编辑的《世界文库》之邀，根据德国人奥托·布克（Otto Buek）的译本将《死魂灵》（第一部）译为中文，这是首个中文译本，由上海文化生活出版社出版发行。虽为转译，但该译本基本保证了忠实原著，与当时随意意译和删改原文的翻译方式形成了鲜明的对比，在20世纪30年代中后期产生了十分积极的影响。左翼文坛对果戈理批判现实主义的写作风格十分推崇。继鲁迅评价并译介《死魂灵》之后，不同时代的翻译家对果戈理这部作品始终保持着浓厚的兴趣。截至目前，我国出版发行的中文译本已逾十种，绝大多数都沿用了鲁迅所译的书名——《死魂灵》。1983年，人民文学出版社出版了满涛与许庆道根据莫斯科国家文学出版社（Гослитиздат）1949年出版的《果戈理选集（第5卷）》合作译出的译本。近40年来，该版本不断再版、重印，成为最为读者所熟知的译本。

满涛（1916—1978），原名张万杰、张逸侯，曾使用过另一个笔名——方晓白，通晓俄、英、日、法、德五种语言，主要翻译俄苏文学和文学理论著作。除《死魂灵》之外，他还翻译过契诃夫的《樱桃园》以及《别林斯基选集》等。有学者指出，满涛"在中国现代翻译史上与朱生豪、

---

① 尼·瓦·果戈理著，满涛、许庆道译，《死魂灵》[M]，北京：人民文学出版社，2004年，第144页。

② Ушаков Д.Н. Большой толковый словарь русского языка. Современная редакция[M]. М.: Дом Славянской книги, 2014, стр. 312.

③ 转引自：彭甄，"Мертвые души"译名：语义选择与文本重构——鲁迅译著《死魂灵》题名汉译的研究[J]，载《中国比较文学》，2010年第3期，第30—37页。

④ 袁晚禾、陈殿兴编选，《果戈理评论集》[C]，上海：复旦大学出版社，1993年，第89页。

傅雷齐名"，"是中国知识界公认的接受俄国革命民主主义思想的重要媒介人物"。①许庆道（1933—2012）是满涛的表弟，华东师范大学俄罗斯语言文学教授，翻译家，其译作还有萨尔蒂科夫-谢德林的《外省散记》。满涛与许庆道合译的《死魂灵》不仅忠实于原著，而且语言明白晓畅，兼顾了原汁原味的俄国特色和汉语表达习惯，充分表明"汉语完全可以曲尽其妙又精密细致地传达外国语的'神韵'"。②

二、《死魂灵》译文节选

……玛尼洛夫卡村因为所处的地点关系能够吸引来访的人不多。老爷宅第孤零零地耸立在开阔的空地上，也就是在一处丘岗上，随便刮起什么风，这丘岗都能够刮得着；丘岗的斜坡被修剪得短短的草皮覆盖着。在那块斜坡上，按照英国方式点缀着三两个花坛，里面栽的是紫丁香和黄色的金合欢；五六棵白杨树分散在几处，扬着叶子细小的、稀疏的树梢。在其中两棵树下面可以看见一个绿色扁圆顶、蓝色木头圆柱的凉亭，上面刻着题词："沉思冥想之神殿"；往下走几步，就是一个覆盖着绿色浮萍的池塘，不过，这种池塘在俄国地主的英国式花园里并不是罕见的。

……

"巴维尔·伊凡诺维奇！"当乞乞科夫从马车里跨出来的时候，他终于叫了起来，"您总算记起我们来啦！"

两个朋友热烈地接过了吻，于是玛尼洛夫把客人领到屋里去。他们走过门廊、前厅和餐厅虽然要不了多大工夫，但我们却想试试能不能借这片

---

① 桂清扬，胡风对满涛、吕荧等翻译家的影响研究[J]，载《中国翻译》，2016年第6期，第17—24页。

② 李今，《二十世纪中国翻译文学史（三四十年代·俄苏卷）》[M]，天津：百花文艺出版社，2009年，第247页。

刻工夫关于屋主人说上几句话。可是，作者于此必须承认，这件事是很难办到的。如果描写一个性格突出的人物，那就容易得多；你只需随手把颜料涂到画布上去就行：一双漆黑的、燃烧般的眼睛，挂下来的眉毛，皱纹纵横的前额，搭在肩膀上的黑色的或者火红色的斗篷，肖像就画成了；可是，像眼前这样的一些先生，在世间却是为数众多的，他们从外表上看来都很相似，然而你再仔细看看，就会看出许多十分难于捉摸的特征来，——这些先生就很难描画啦。这就必须把注意力高度集中起来，方才能够使一切细微的、几乎看不见的特征突现在眼前，总之，非用那已经精于探索的眼光去深入地挖掘不可。

只有老天爷才能够说得出玛尼洛夫是一种什么样性格的人。有这么一种人，他们被说成是：平平常常，不好也不坏。如俗话所说，既非城里的包格丹，又非乡下的谢里方。玛尼洛夫也许应该归在这一类里吧。外表上，他是一个很体面的人；他的相貌不乏亲切可爱之处，可是，在这亲切可爱里面，仿佛过多地掺杂进一些甜味儿；他的举止和措辞带着一股子要讨人喜欢、攀个交情的阿谀谄媚劲儿。他动人地微笑着，长着一头淡黄头发，一双蓝眼睛。在跟他谈话的头一分钟里，你不禁要说："一个多么令人愉快的善良的人啊！"在下一分钟里，你就一句话都不想说了，再过一分钟，你就要说："鬼知道他是个什么玩意儿！"于是远远地走了开去；即使不走开，你也会感到忍无可忍的厌倦无聊。……一到傍晚，桌上就摆出一只暗铜制的、挺漂亮的烛台，上面饰有古色古香的希腊三女神的雕像和漂亮的螺钿托板，而旁边放着的一只烛台却是瘸腿的，歪歪斜斜，积满油垢，虽然对这一点，不管是主人也好，主妇也好，仆人也好，大家都满不在乎。他的妻子……不过，他们互相是十分满意的。尽管他们结缡以来已经过了八年多，可是，他们还时常要敬给对方吃一片苹果、一颗糖或者一颗胡桃，用一种表示十分恩爱的、温柔动人的声音说道："宝贝，张开你的小嘴，我要把这一小块放进你的嘴里去。"不用说，这样一来，小嘴自然就妩媚地张开了。逢到生日，一件意想不到的礼物，如小玻璃珠子穿成的小牙签套之类的东西，总准备好了。常常会有这样的事：两人原来好端端地坐在长沙发上，忽然完全不知道为了什么原因，一个放下了自己的长烟杆，而另外一个放下了手里的针线活儿，互相拥抱起来接了一个情意绵绵的长吻，长得足足有可以从从容容吸完一小支雪茄烟的工夫。总而言之，他们是所谓洪福齐天的一对儿。

……

"赏个脸吧，别这样费心和我谦让，让我在后头走。"乞乞科夫说道。

"不行，巴维尔·伊凡诺维奇，不行，您是客人。"玛尼洛夫一边用手向他指着门，一边说。

"别客气，请您别客气啦。请吧，请您先走。"乞乞科夫说。

"那可不行，请原谅，我绝不能让这么一位令人愉快的、教养有素的客人在后头走。"

"哪里说得上教养有素？……请吧，您先请。"

"嗳，还是您先请。"

"那怎么敢当？"

"嗳，这理所当然嘛！"玛尼洛夫浮起令人愉快的微笑，说道。

最后，两个朋友侧着身子，相互稍微挤了一下，同时走进了门去。

"请容许我向您介绍一下贱内。"玛尼洛夫说道，"宝贝！这位是巴维尔·伊凡诺维奇！"

经这么一说，乞乞科夫的确看到了一位先前他跟玛尼洛夫一起在门口弯腰鞠躬时完全没有注意到的太太。她长得不难看，衣着和她的人品挺相称。一件浅色绸布长袍穿在她的身上挺有模样；她的纤纤玉手把一件什么东西急忙往桌上一扔，抓起一块角上绣花的麻纱手绢儿。她本来坐在一只长沙发上，这时站了起来。乞乞科夫不无快感地走近去亲了亲她的小手。玛尼洛夫太太就说开啦，她甚至有点咬舌头，不能把P这个音发清楚，她说，贵客光临使他们夫妇十分高兴，又说，她的丈夫没有一天不想到他。

"是呀，"玛尼洛夫补充说，"她老是问我：'你那位朋友怎么不来呀？'再等一等，宝贝，他会来的。'好啦，现在您终于赏光驾临寒舍啦。这真是给我们带来了极大的快乐，是五月的阳光，心灵的节日……"

乞乞科夫听见对方说出心灵的节日云云一类的话，倒觉得有点不好意思起来，于是就谦逊地答道，他既没有响亮的名望，甚至也没有显赫的官衔。

"您一切都有，"玛尼洛夫浮现出这样令人愉快的微笑，打断他说，"您一切都有，甚至还不止这些哩。"

"您觉得我们这座城市怎么样?"玛尼洛夫太太问道,"您在那儿过得愉快吗?"

"那是一座很好的城市,非常出色的城市,"乞乞科夫答道,"时间过得挺愉快:我碰见的都是一些非常和蔼而有礼貌的人。"

"您觉得我们的省长怎么样?"玛尼洛夫太太问道。

"他不是一个最可尊敬、最和蔼可亲的人吗?"玛尼洛夫补充说。

"说得完全对,"乞乞科夫说道,"一个最可尊敬的人。再说,他对自己的职务研究得多么精深,理解得多么透彻啊!应该希望多有一些像他这样的人才才好。"

"他是多么善于这样地,您知道,恰如其分地接待每一个人,处世为人多么讲究礼仪呀。"玛尼洛夫浮现出微笑,补充说,高兴得几乎把眼睛完全眯缝了起来,活像一只被人在耳朵背后搔了一下的猫。

"一个挺有礼貌的、令人愉快的人,"乞乞科夫接茬儿说下去,"一双手又多么灵巧啊!这是我甚至怎么也料想不到的。他把各种各样的家庭刺绣绣得多么好啊!他给我看了他做的钱包:很少有一位太太能够绣得这么精致的。"

……

"你们是常住在乡下的吗?"终于轮到乞乞科夫来提出问题了。

"大部分时间是在乡下,"玛尼洛夫答道,"不过,我们有时也到城里去,只是为了要跟教养有素的人见见面。您知道,一个人如果老是过着幽闭生活,是会变得孤僻粗野起来的。"

"对极啦,对极啦。"乞乞科夫说道。

"当然,"玛尼洛夫继续说下去,"如果左右四周都是些好邻居,那就是另外一回事啦。比方说,如果有这么一个人,你多少可以跟他谈谈以礼待人的美德,谈谈良好的风度,探讨一门什么学问,借此震撼一下灵魂,激发一种所谓精神上的翱翔……"他说到这儿,还想表达些什么,可是想到已经扯得太远了,就只是把手在空中转动了一下,继续说下去:"那么,当然,乡村和离群索居的生活还是会有许多愉快欢乐之处的。可是,架不住根本没有这么一个人呵……你只能偶或读一读《祖国之子》[1]。"

乞乞科夫对这一点表示完全同意,还补充说,再不可能有比幽居乡下，欣赏欣赏大自然的景色，偶或翻读一本什么书更愉快的事了……

"可是，您得知道，"玛尼洛夫补充说道，"如果没有一位朋友可以分担您的欢乐和患难，那总是……"

"哦，您说得对，说得完全对！"乞乞科夫打断他的话头，"如果是那样的话，那么，世上纵有奇珍异宝，又算得了什么呢？一位圣贤说过这样的话：'纵然身无分文，愿交天下豪杰。'"

"您知道，巴维尔·伊凡诺维奇！"玛尼洛夫说道，脸上显露出一种不仅甜蜜、甚至是甜得发腻的表情，这种表情酷似一位周旋于上流人士之间的、机灵圆滑的医生狠命地给加上甜味、想让病人高高兴兴喝下肚里去的一种药水，"那时候，你就会感觉到一种多少是精神上的喜悦……比方说，现在，当我有一种可以说是幸运之极的机会向您请教，一享畅聆宏论之乐……"

"不敢当，哪里是什么宏论哟？……我是一个微末不足道的人，仅此而已。"乞乞科夫答道。

"哦，巴维尔·伊凡诺维奇，请容许我跟您说句肺腑之言：我心甘情愿献出我的一半财产，只要我能够拥有一部分您所拥有的那些优点！……"

"恰恰相反，我倒认为这是我这方面的最大最大的……"

如果不是一个仆人进来禀报午餐已经准备就绪的话，真不知道这两位朋友会互相披肝沥胆到什么地步。

"我恳请您赏脸，"玛尼洛夫说道，"请您原谅我，如果我们不能用像在京城金碧辉煌的大厅里那样的盛大宴会来招待您；我们只能简简单单，按照俄国习惯，招待您吃一点白菜汤，不过这却是出于一片诚心诚意。我恳请您赏脸。"

这当口，他们又花费了一些时候争论哪一个人先请，临了，乞乞科夫侧着身子先走进了饭厅。

在饭厅里，已经站着两个孩子，那是玛尼洛夫的儿子，他们到了已经可以上桌吃饭的年纪，但还必须坐高脚椅。他们身旁站着一个家庭教师，那教师微笑着，谦恭地弯腰鞠了一躬。女主人走到汤盘前面就座；客人被让到男主人和女主人中间的位子上坐下，仆人给孩子们脖子上围上餐巾。

"多么可爱的孩子，"乞乞科夫瞧着他们说道，"几岁啦？"

"大的八岁，小的昨天刚满六岁。"玛尼洛夫太太说道。

"费米斯托克留斯[2]！"玛尼洛夫把脸转向大儿子叫了一声，大儿子这时正竭力要把自己的下巴颏从仆人给系上的餐巾里挣脱出来。乞乞科夫听到这个多少带点希腊味道的名字，——玛尼洛夫不知道为什么给加上了"留斯"的结尾——不禁稍微抬了一下眉毛，可是立刻就使脸恢复了原来的状态。

"费米斯托克留斯，告诉我，法国最好的城市叫什么？"

这时，那教师把全部注意力集中到费米斯托克留斯的脸上，并且看来拼命想跳进他的眼睛里去，可是，听到费米斯托克留斯回答出了"巴黎"，他总算完全放下心来，点了点头。

"那么，我们国内最好的城市叫什么？"玛尼洛夫又问道。

教师又把注意力凝注了起来。

"彼得堡。"费米斯托克留斯答道。

"还有一个叫什么？"

"莫斯科。"费米斯托克留斯答道。

"真是个聪明孩子，好宝贝，"听到这里，乞乞科夫说道，"不过，说也奇怪……"这当口他带着几分惊奇的神气，把脸转向玛尼洛夫夫妇，继续往下说，"这么小的年纪，已经有这么渊博的知识！我必须对你们说，这孩子将来会大有才干的。"

"哦，您还不知道他哩，"玛尼洛夫答道，"他机智有过人之处。那个小的，亚尔基德[3]，那个小家伙可就没有大的那么机灵啦。可是，那个大的，不管他碰见个什么东西，碰到一只小甲虫，一只龙虱，他的两只小眼睛就会骨碌碌地直打转；他就会跟着跑过去，把它看个仔细。我指望他将来当上个外交官。费米斯托克留斯，"接着他再一次转过脸去问那个大儿子，"你要当公使吗？"

"要当。"费米斯托克留斯一边啃着面包，把脑袋左右地摆动着，一边回答道。

这时候，站在后面的仆人给公使擦了擦鼻子，他这一擦非常及时，要不然，相当大的、多余的一滴就要掉落到汤里去了。饭桌上开始谈到平静生活的乐趣，间或被女主人关于城里戏院以及演员们的意见所打断。教师非常细心地端详着参加谈话的人们，一看到他们要笑，他立刻就张开了嘴，尽心竭力地笑起来。他大概是一个感恩图报的人，想以此报答给他良好待遇的主人。不过，有一次他板起了脸，把眼睛直勾勾地朝坐在对面的两个孩子望着，用餐叉严厉地敲起桌子来。这正敲在节骨眼儿上，因为费米斯托克留斯把亚尔基德的耳朵咬了一口，亚尔基德把眼睛眯缝了起来，咧开嘴，准备怪可怜相地大哭起来，可是，他立刻感觉到，这么一来恐怕就很容易要吃不成盘子里的菜，于是就把小嘴恢复了先前的样子，开始噙着眼泪啃嚼起羊骨头来，把两边的腮帮都弄得油光锃亮。女主人频频转过脸去对乞乞科夫说："您简直什么也不吃，您吃得太少啦。"乞乞科夫每次总是回答说："万分感谢，我吃得太饱啦，愉快的谈话胜似一切佳肴美馔哪。"

　　饭已吃罢，大家从饭桌边站起身来。玛尼洛夫志得意满之极，把一只手轻轻按在客人的背上，准备就这么着伴送他到客厅里去，忽然客人脸上露出一种意味深长的样子，宣称他有意跟主人谈一件挺重要的事情。

　　"既然是这样，那么，请容许我带您到我的书房里去坐一会儿。"玛尼洛夫说着便领客人走到一个不大的房间里去，那房间的窗户正对着一片灰蓝的树林子。"这就是我修身养性的陋室。"玛尼洛夫说道。

　　"真是一个令人愉快的房间哪！"乞乞科夫对这房间瞧了一眼，说。

　　……

───────

译注：

[1]　一种综合性刊物，创办于1812年，自1820年起逐步倾向反动。

[2]　古希腊一位统帅名叫忒米斯托克留斯。俄国类似的名字为费米斯托克利。

[3]　古希腊神话中的英雄赫尔库列，又名亚尔基德。

　　（节选自满涛、许庆道译《死魂灵》，人民文学出版社，2004年，第20—30页）

附: *Мертвые души* 选段原文

<...> Деревня Маниловка немногих могла заманить своим местоположением. Дом господский стоял одиночкой на юру, то-есть на возвышении, открытом всем ветрам, каким только вздумается подуть; покатость горы, на которой он стоял, была одета подстриженным дерном. На ней были разбросаны по-английски две-три клумбы с кустами сиреней и желтых акаций; пять-шесть берез небольшими купами кое-где возносили свои мелколистные жиденькие вершины. Под двумя из них видна была беседка с плоским зеленым куполом, деревянными голубыми колоннами и надписью «храм уединенного размышления»; пониже пруд, покрытый зеленью, что, впрочем, не в диковинку в аглицких садах русских помещиков.

<...>

– Павел Иванович! – вскричал он наконец, когда Чичиков вылезал из брички. – Насилу вы таки нас вспомнили!

Оба приятеля очень крепко поцеловались, и Манилов увел своего гостя в комнату. Хотя время, в продолжение которого они будут проходить сени, переднюю и столовую, несколько коротковато, но попробуем, не успеем ли как-нибудь им воспользоваться и сказать кое-что о хозяине дома. Но тут автор должен признаться, что подобное предприятие очень трудно гораздо легче изображать характеры большого размера: там просто бросай краски со всей руки на полотно, черные палящие глаза, нависшие брови, перерезанный морщиною лоб, перекинутый через плечо черный или алый, как огонь, плащ, – и портрет готов; но вот эти все господа, которых много на свете, которые с вида очень похожи между собою, а между тем, как приглядишься, увидишь много самых неуловимых особенностей, – эти господа страшно трудны для портретов. Тут придется сильно напрягать внимание, пока заставишь перед собою выступить все тонкие, почти невидимые черты, и вообще далеко придется углублять уже изощренный в науке выпытывания взгляд.

Один бог разве мог сказать, какой был характер Манилова. Есть род людей, известных под именем: люди так себе, ни то, ни се, ни в городе Богдан, ни в селе Селифан, по словам пословицы. Может быть, к ним следует примкнуть и Манилова. На взгляд он был человек видный; черты лица его были не лишены приятности, но в эту приятность, казалось, чересчур было передано сахару; в приемах и оборотах его было что-то, заискивающее расположения и знакомства. Он улыбался заманчиво, был белокур, с голубыми глазами. В первую минуту разговора с ним не можешь не сказать: какой приятный и добрый человек! В следующую за тем минуту ничего не скажешь, а в третью скажешь: чорт знает, что такое! и отойдешь подальше; если ж не отойдешь, почувствуешь скуку смертельную. <...> Ввечеру подавался на стол очень щегольской подсвечник из темной бронзы с тремя античными грациями, с перламутным щегольским щитом, и рядом с ним ставился какой-то просто медный инвалид, хромой, свернувшийся на сторону и весь в сале, хотя этого не замечал ни хозяин, ни хозяйка, ни слуги. Жена его... впрочем, они были совершенно довольны друг другом. Несмотря на то, что минуло более восьми лет их супружеству, из них все еще каждый приносил другому или кусочек яблочка, или конфетку, или орешек и говорил трогательно-нежным голосом, выражавшим совершенную любовь: «Разинь, душенька, свой ротик, я тебе положу этот кусочек». – Само собою разумеется, что ротик раскрывался при этом случае очень грациозно. Ко дню рождения приготовляемы были сюрпризы: какой-нибудь бисерный чехольчик на зубочистку. И весьма часто, сидя на диване, вдруг, совершенно неизвестно из каких причин, один оставивши свою трубку, а другая работу, если только она держалась на ту пору в руках, они напечатлевали друг другу такой томный и длинный поцелуй, что в продолжение его можно бы легко выкурить маленькую соломенную сигарку. Словом, они были то, что говорится счастливы.

    <...>

    – Сделайте милость, не беспокойтесь так для меня, я пройду после, – говорил Чичиков.

    – Нет, Павел Иванович, нет, вы гость, – говорил Манилов, показывая ему рукою на дверь.

    – Не затрудняйтесь, пожалуйста, не затрудняйтесь. Пожалуйста, проходите, – говорил Чичиков.

    – Нет уж извините, не допущу пройти позади такому приятному, образованному гостю.

    – Почему ж образованному?.. Пожалуйста, проходите.

    – Ну, да уж извольте проходить вы.

    – Да отчего ж?

– Ну, да уж оттого! – сказал с приятною улыбкою Манилов.

Наконец оба приятеля вошли в дверь боком и несколько притиснули друг друга.

– Позвольте мне вам представить жену мою, – сказал Манилов. – Душенька, Павел Иванович!

Чичиков, точно, увидел даму, которую он совершенно было не приметил, раскланиваясь в дверях с Маниловым. Она была недурна, одета к лицу. На ней хорошо сидел матерчатый шелковый капот бледного цвета, тонкая небольшая кисть руки ее что-то бросила поспешно на стол и сжала батистовый платок с вышитыми уголками. Она поднялась с дивана, на котором сидела; Чичиков не без удовольствия подошел к ее ручке. Манилова проговорила, несколько даже картавя, что он очень обрадовал их своим приездом и что муж ее, не проходило дня, чтобы не вспоминал о нем.

– Да, – примолвил Манилов, – уж она бывало всё спрашивает меня: «Да что же твой приятель не едет?» «Погоди, душенька, приедет». А вот вы наконец и удостоили нас своим посещением. Уж такое, право, доставили наслаждение, майский день, именины сердца...

Чичиков, услышавши, что дело уже дошло до именин сердца, несколько даже смутился и отвечал скромно, что ни громкого имени не имеет, ни даже ранга заметного.

– Вы всё имеете, – прервал Манилов с тою же приятною улыбкою, – всё имеете, даже еще более.

– Как вам показался наш город? – примолвила Манилова. – Приятно ли провели там время?

– Очень хороший город, прекрасный город, – отвечал Чичиков, – и время провел очень приятно: общество самое обходительное.

– А как вы нашли нашего губернатора? – сказала Манилова.

– Не правда ли, что препочтеннейший и прелюбезнейший человек? – прибавил Манилов.

– Совершенная правда, – сказал Чичиков, – препочтеннейший человек. И как он вошел в свою должность, как понимает ее! Нужно желать побольше таких людей.

– Как он может этак, знаете, принять всякого, наблюсти деликатес в своих поступках, – присовокупил Манилов с улыбкою и от удовольствия почти совсем зажмурил глаза, как кот, у которого слегка пощекотали за ушами пальцем.

– Очень обходительный и приятный человек, – продолжал Чичиков, – и какой искусник! я даже никак не мог предполагать этого. Как хорошо вышивает разные домашние узоры. Он мне показывал своей работы кошелек редкая дама может так искусно вышить.

<...>

– Вы всегда в деревне проводите время? – сделал наконец, в свою очередь, вопрос Чичиков.

– Больше в деревне, – отвечал Манилов. – Иногда, впрочем, приезжаем в город для того только, чтобы увидеться с образованными людьми. Одичаешь, знаете, если будешь всё время жить взаперти.

– Правда, правда, – сказал Чичиков.

– Конечно, – продолжал Манилов, – другое дело, если бы соседство было хорошее, если бы, например, такой человек, с которым бы в некотором роде можно было поговорить о любезности, о хорошем обращении, следить какую-нибудь этакую науку, чтобы этак расшевелило душу, дало бы, так сказать, паренье этакое...

Здесь он еще что-то хотел выразить, но, заметивши, что несколько зарапортовался, ковырнул только рукою в воздухе и продолжал: – тогда, конечно, деревня и уединение имели бы очень много приятностей. Но решительно нет никого... Вот только иногда почитаешь «Сын Отечества».

Чичиков согласился с этим совершенно, прибавивши, что ничего не может быть приятнее, как жить в уединеньи, наслаждаться зрелищем природы и почитать иногда какую-нибудь книгу...

– Но знаете ли, – прибавил Манилов; – всё, если нет друга, с которым бы можно поделиться...

– О, это справедливо, это совершенно справедливо! – прервал Чичиков; – что? все сокровища тогда в мире! Не имей денег, имей хороших людей для обращения, сказал один мудрец.

– И знаете, Павел Иванович, – сказал Манилов, явя в лице своем выражение не только сладкое, но даже приторное, подобно той микстуре, которую ловкий светский доктор засластил немилосердно, воображая ею обрадовать пациента, – тогда чувствуешь какое-то, в некотором роде, духовное наслаждение... Вот как, например, теперь, когда случай мне доставил счастие, можно сказать образцовое, говорить с вами и наслаждаться приятным вашим разговором...

— Помилуйте, что ж за приятный разговор?.. Ничтожный человек, и больше ничего, — отвечал Чичиков.

— О! Павел Иванович, позвольте мне быть откровенным: я бы с радостию отдал половину всего моего состояния, чтобы иметь часть тех достоинств, которые имеете вы!..

— Напротив, я бы почел с своей стороны за величайшее...

Неизвестно, до чего бы дошло взаимное излияние чувств обоих приятелей, если бы вошедший слуга не доложил, что кушанье готово.

— Прошу покорнейше, — сказал Манилов.

— Вы извините, если у нас нет такого обеда, какой на паркетах и в столицах; у нас просто, по русскому обычаю, щи, но от чистого сердца. Покорнейше прошу.

Тут они еще несколько времени поспорили о том, кому первому войти, и наконец Чичиков вошел боком в столовую.

В столовой уже стояли два мальчика, сыновья Манилова, которые были в тех летах, когда сажают уже детей за стол, но еще на высоких стульях. При них стоял учитель, поклонившийся вежливо и с улыбкою. Хозяйка села за свою суповую чашку; гость был посажен между хозяином и хозяйкою, слуга завязал детям на шею салфетки.

— Какие миленькие дети, — сказал Чичиков, посмотрев на них, — а который год?

— Старшему осьмой, а меньшему вчера только минуло шесть, — сказала Манилова.

— Фемистоклюс! — сказал Манилов, обратившись к старшему, который старался высвободить свой подбородок, завязанный лакеем в салфетку. Чичиков поднял несколько бровь, услышав такое отчасти греческое имя, которому, неизвестно почему, Манилов дал окончание на юс, но постарался тот же час привесть лицо в обыкновенное положение.

— Фемистоклюс, скажи мне, какой лучший город во Франции?

Здесь учитель обратил всё внимание на Фемистоклюса и, казалось, хотел ему вскочить в глаза, но наконец совершенно успокоился и кивнул головою, когда Фемистоклюс сказал: «Париж».

— А у нас какой лучший город? — спросил опять Манилов.

Учитель опять настроил внимание.

— Петербург, — отвечал Фемистоклюс.

— А еще какой?

— Москва, — отвечал Фемистоклюс.

— Умница, душенька! — сказал на это Чичиков. — Скажите, однако ж... — продолжал он, обратившись тут же с некоторым видом изумления к Маниловым, — в такие лета и уже такие сведения! Я должен вам сказать, что в этом ребенке будут большие способности.

— О, вы еще не знаете его! — отвечал Манилов.

— У него чрезвычайно много остроумия. Вот меньшой, Алкид, тот не так быстр, а этот сейчас, если что-нибудь встретит, букашку, козявку, так уж у него вдруг глазенки и забегают; побежит за ней следом и тотчас обратит внимание. Я его прочу по дипломатической части. Фемистоклюс! — продолжал он, снова обратясь к нему, — хочешь быть посланником?

— Хочу, — отвечал Фемистоклюс, жуя хлеб и болтая головой направо и налево.

В это время стоявший позади лакей утер посланнику нос и очень хорошо сделал, иначе бы канула в суп препорядочная посторонняя капля. Разговор начался за столом об удовольствии спокойной жизни, прерываемый замечаниями хозяйки о городском театре и об актерах. Учитель очень внимательно глядел на разговаривающих и, как только замечал, что они были готовы усмехнуться, в же минуту открывал рот и смеялся с усердием. Вероятно, он был человек признательный и хотел заплатить этим хозяину за хорошее обращение. Один раз, впрочем, лицо его приняло суровый вид, и он строго застучал вилкою по столу, устремив глаза на сидевших насупротив его детей. Это было у места, потому что Фемистоклюс укусил за ухо Алкида, и Алкид, зажмурив глаза и открыв рот, готов был зарыдать самым жалким образом, но, почувствовав, что за это легко можно было лишиться блюда, привел рот в прежнее положение и начал со слезами грызть баранью кость, от которой у него обе щеки лоснились жиром. Хозяйка очень часто обращалась к Чичикову с словами: «Вы ничего не кушаете, вы очень мало взяли». На что Чичиков отвечал всякий раз: «Покорнейше благодарю, я сыт, приятный разговор лучше всякого блюда».

Уже встали из-за стола. Манилов был доволен чрезвычайно и, поддерживая рукою спину своего гостя, готовился таким образом препроводить его в гостиную, как вдруг гость объявил с весьма значительным видом, что он намерен с ним поговорить об одном очень нужном деле.

– В таком случае позвольте мне вас попросить в мой кабинет, – сказал Манилов и повел в небольшую комнату, обращенную окном на синевший лес. – Вот мой уголок, – сказал Манилов.

– Приятная комнатка, – сказал Чичиков, окинувши ее глазами.

<...>

(Гоголь Н. В. *Мертвые души*. Глава II. СПб.: Азбука, Азбука-Аттикус, 2015, стр. 50-60)

三、译文评析

———————— ❧ ————————

乞乞科夫对每一位地主的拜访都是一个相对独立、完整的故事。果戈理在不长的篇幅里通过环境描写、大量的对话描写和行为描写凸显人物性格特点，完成了对人物形象的塑造。满涛、许庆道译本切实把握了原作风格，准确诠释了果戈理打造的批判现实主义主题；使用谦辞和敬辞，对体现人物性格的幽默讽刺手法实现了巧妙的传递；译本多处使用四字词语、副文本，兼顾了归化和异化的翻译原则。

1．对现实主义风格的准确传译

《死魂灵》是果戈理最具盛名的代表作之一，其惊心动魄的批判现实主义风格近两百年来备受赞誉。В.Ф. 彼列韦尔泽夫指出，果戈理"力图根据文学再现生活；不是生活为他提供词语，而是词语提供生活形象"。①具体而言，果戈理的批判现实主义风格主要表现在对沙俄时期地主阶层的细致入微的观察，以粗犷的线条对典型形象、典型性格进行漫画式的塑造。

———————————

① 袁晚禾、陈殿兴编选，《果戈理评论集》[C]，上海：复旦大学出版社，1993年，第322页。

满涛与许庆道的译文生动地再现了原文的批判现实主义色彩。

首先，译文再现了玛尼洛夫身上所集聚的地主阶层空想、庸俗的典型特征。"只有老天爷才能够说得出玛尼洛夫是一种什么样性格的人。有这么一种人，他们被说成是：平平常常，不好也不坏。如俗话所说，既非城里的包格丹，又非乡下的谢里方。玛尼洛夫也许应该归在这一类里吧。外表上，他是一个很体面的人；他的相貌不乏亲切可爱之处，可是，在这亲切可爱里面，仿佛过多地掺杂进一些甜味儿；他的举止和措辞带着一股子要讨人喜欢、攀个交情的阿谀谄媚劲儿。他动人地微笑着，长着一头淡黄头发，一双蓝眼睛。在跟他谈话的头一分钟里，你不禁要说：'一个多么令人愉快的善良的人啊！'在下一分钟里，你就一句话都不想说了，再过一分钟，你就要说：'鬼知道他是个什么玩意儿！'于是远远地走了开去；即使不走开，你也会感到忍无可忍的厌倦无聊。"这段对玛尼洛夫性格特点的刻画采用了评价与描写相结合的手法，通过三个成语定下基调，逐步推进，最终得出"忍无可忍的厌倦无聊"的结论。其中对三个熟语的翻译，译者采取了不同的策略：将"так себе"译为叠词"平平常常"，增强了形象性，为最终结论埋下了伏笔；将"ни то ни се"译作"不好也不坏"，剔除了本身包含的贬义色彩，抹掉了原文的否定态度，增强了描写的悬念；对于"ни в городе Богдан, ни в селе Селифан"采用了对仗直译的方式，保留了玛尼洛夫的异域色彩。三个熟语相结合，一位乏善可陈的异域地主形象现出了朦胧的轮廓。然后，译文恰切地使用了汉语中独特的量词和儿化音，如"一股子""攀个交情""一头""是个""阿谀谄媚劲儿"，增强了玛尼洛夫形象的生动性和画面感，以汉语俗语"什么玩意儿"作为最终评价，既体现了原文中对玛尼洛夫的否定态度，又降低了该形象因时空因素所具有的陌生感和疏离感，提高了形象的真实性，拉近了读者与文本的距离。

其次，译者在人物对话及环境描写的翻译中使用了大量的语气词。如："Не затрудняйтесь, пожалуйста, не затрудняйтесь.（别客气，请您别客气啦。）""Ну да уж извольте проходить вы.（嗳，还是您先请。）""Всё имеете, даже еще более.（您一切都有，甚至还不止这些哩。）""Но решительно нет никого...（可是，架不住根本没有这么一个人呵……）""Приятная комната.

（真是一个令人愉快的房间哪！）"语气词一方面增强了对话的口语色彩，给读者一种如临其境的感受；另一方面，语气词增强了玛尼洛夫着力于情感表达以及乞乞科夫虚伪地曲意逢迎的人物性格特点，提高了人物形象的饱满度。

再次，译者在翻译过程中注重使用副文本手段。如"祖国之子"的注释再现了沙俄时代的历史文化语境，增强了小说的现实主义特色，加强了读者如临其境的真实感。"费米斯托克留斯"和"亚尔基德"的注释则补充了西方文化的背景知识，尤其是前者的注释增强了玛尼洛夫不学无术却附庸风雅的性格特点的典型性。

2．对讽刺风格的精准把握

果戈理在写作中，善于将对人类的恶行及缺点的辛辣讽刺和愤怒控诉包裹在滑稽可笑的幽默外壳内。具体而言，果戈理善于使用圆周句，通过把最想告诉读者的信息放置在最后，以制造悬念和滑稽的手法达到幽默讽刺的效果。在对玛尼洛夫家的景物描写中就使用了圆周句。比如："Под двумя из них видна была беседка с плоским зеленым куполом, деревянными голубыми колоннами и надписью: «Храм уединенного размышления». (在其中两棵树下面可以看见一个绿色扁圆顶、蓝色木头圆柱的凉亭，上面刻着题词："沉思冥想之神殿"。)""Ввчеру подавался на стол очень щегольской подсвечник из темной бронзы с тремя античными грациями, с перламутным щегольским щитом, и рядом с ним ставился какой-то просто медный инвалид, хромой, свернувшийся на сторону и весь в сале. (一到傍晚，桌上就摆出一只暗铜制的、挺漂亮的烛台，上面饰有古色古香的希腊三女神的雕像和漂亮的螺钿托板，而旁边放着的一只烛台却是瘸腿的，歪歪斜斜，积满油垢。)"译者对果戈理幽默讽刺的写作风格深有体会，兼顾了原文的风格和汉语的习惯表达，精准凝练，"沉思冥想""神殿""螺钿""古色古香"等词具有较强的书面语色彩，再现了原文的庄重感和高雅。选择中性色彩的量词"一个"而非较为书面的"一座"，"歪歪斜斜""积满油垢"增添了景物的画面感和动态感，与庄重感形成强烈对比，营造了冲突和张力，同时呼应和讽刺庄园主人的懒散无能、附庸风雅。对圆周句的使用并不局限于景物描写，在乞乞科夫和玛尼洛夫对省长的评价中也使用了该修辞手段："一个最可尊敬的人……对自己的职务研究得多么精深，理解得多么透彻啊！""多么善于……恰如其分地接待每一个人，处世为人多么讲究礼仪呀。""一个挺有礼貌的、令人愉快的人……他把各种各样的家庭刺绣绣得多么好啊！"译文"精深""透彻"是对原文 как 感叹句的补译，与形容词最高级构成和谐的整体，进一步拉大与省长精于刺绣的特点之间的反差，使讽刺效果更为丰满。

除了翻译果戈理圆周句制造幽默讽刺效果之外，译者还根据情境对原文意译，以恰当的汉语表达还原幽默效果。比如，在叙述完玛尼洛夫夫妇之间琐碎甜腻的浓情蜜意之后，果戈理评价"Словом, они были то, что говорится **счастливы**.（总而言之，他们是所谓洪福齐天的一对儿。）"很显然，琐碎的浓情蜜意并不足以支撑起对 счастливы 的评价，译文中选择了与情爱几乎不相关的"洪福齐天"进行对应，以夸张的表达再现了原文中的幽默感。又如，接续费米斯托克留斯想当公使的回答，"В это время стоящий позади лакей утер **посланнику** нос, и **очень хорошо** сделал...（这时候，站在后面的仆人给公使擦了擦鼻子，他这一擦非常及时……）"这句话中仆人擦鼻涕的行为与"公使"形象形成了巨大反差。将程度副词"очень хорошо"意译为形容词"非常及时"，与名词词组"他这一擦"构成了偏正短语，将原文中急迫的动态场景转换成评价色彩更浓的偏静态句式，更符合中文表达习惯，下意识地把中译本读者放在了"冷眼旁观"式的第三人称视角，仿佛读者就在围观这一"擦鼻涕"的动作，凸显出原文中的批判、嘲讽的意味，同时增加了滑稽的效果。

3. 对归化翻译方法的恰当使用

面向广大的中国读者，除忠实原文的现实主义和幽默讽刺风格之外，译文的归化同样十分重要。译者在翻译过程中运用了很多修辞方法，如使用汉语中的谦辞与敬语、四字格等。

玛尼洛夫金玉其外、败絮其中的性格特点在对话中充分表现，他惯于使用感伤主义文学作品的表达方式（形容词和副词最高级、程度副词以及感叹句）以及贵族沙龙语言。

选段中口语色彩的词句和拿腔捏调的浓厚书面语色彩词句交替出现。首先，除了果戈理使用的具有鲜明口语色彩的指小表爱词汇 ротик, кусочек, душенька，中文译本中采用"小嘴""一小块""宝贝"等表示亲昵色彩的词之外，鉴于玛尼洛夫过度讲究礼节和谦卑的特点，译者将指小词 уголок 译作更符合语境和人物性格的"陋室"。

对于非指小词的处理则更显出译文的归化程度。果戈理在创造玛尼洛夫形象的过程中使用了极难翻译的语言手段，比如姓氏本身。Манилов 是动词 манить 的同根词，内含"引诱"之意，甚至可以引申出"制造假象"的意涵。通常，我们对于外国人姓名会选择音译，这无疑会导致其在源语言中所携带的语义的流失，削弱原文中所刻画的人物性格特点。译者根据果戈理原文中所塑造的人物性格特点，在翻译中采用中文所习惯的语言表达方式进行了补救。比如："Позвольте мне вам представить **жену мою**.（请容许我向您介绍一下贱内。）" "А вот вы наконец и удостоили нас своими посещением（好啦，现在您终于赏光驾临寒舍啦。）" "...говорить с вами и наслаждаться приятным вашим разговором...（……向您请教，一享畅聆宏论之乐……）" "...если у нас нет такого обеда, какой на паркетах и в столицах; у нас просто, по русскому обычаю, щи, но от чистого сердца.（如果我们不能用像在京城金碧辉煌的大厅里那样的盛大宴会来招待您；我们只能简简单单，按照俄国习惯，招待您吃一点白菜汤，不过这却是出于一片诚心诚意。）"原文中 жена，мы，говорить，приятный разговор，обед，паркет，чистое сердце 等在俄语中属于感情色彩偏中性的普通日常词汇，中文译文在尊重原意的情况下，择取了符合玛尼洛夫性格特点的词。"贱内""寒舍""诚心诚意"表现出玛尼洛夫对客人的谦卑态度；"请教""畅聆宏论"体现出对乞乞科夫的抬高、奉承；增译"吃一点""金碧辉煌的大厅"使玛尼洛夫的语言更具生动性，更加符合汉语的表达习惯。

四字格是一种修辞格，也称四字词组或成语，是汉语特殊的词汇现象，结构精炼，富有形象性，生动有力。一般认为，在信息传递准确的前提下，四字格使用越多，则越符合汉语的表达习惯，译文越归化。译者善于将原作中的对话、行为及人物评价翻译成四字格。比如："教师非常细心地端详着参加谈话的人们，一看到他们要笑，他立刻就张开了嘴，尽心竭力地笑起来。他大概是一个感恩图报的人，想以此报答给他良好待遇的主人。……（亚尔基德）开始噙着眼泪啃嚼起羊骨头来，把两边的腮帮都弄得油光锃亮。女主人频频转过脸去对乞乞科夫说：'您简直什么也不吃，您吃得太少啦。'乞乞科夫每次总是回答说：'万分感谢，我吃得太饱啦，愉快的谈话胜似一切佳肴美馔哪。'（ Учитель очень внимательно глядел на разговаривающих и, как только замечал, что они были готовы усмехнуться, в же минуту открывал рот и смеялся с усердием. Вероятно, он был человек признательный и хотел заплатить этим хозяину за хорошее обращение... (Алкид) начал со слезами грызть баранью кость, от которой у него обе щеки лоснились жиром. Хозяйка очень часто обращалась к Чичикову с словами: «Вы ничего не кушаете, вы очень мало взяли». На что Чичиков отвечал всякий раз: «Покорнейше благодарю, я сыт, приятный разговор лучше всякого блюда». ）"译文用"尽心竭力""感恩图报""油光锃亮"描写教师和小儿子亚尔基德的形象，一方面反映出人物的性格特点，另一方面表达了讽刺。"佳肴美馔"一方面贴合乞乞科夫对玛尼洛夫夫人的奉承，另一方面贴近读者的认知，此外还赋予了整句话俗语色彩，制造出了不伦不类的滑稽效果。

　　综上所述，满涛和许庆道译本恰如其分地保留了果戈理的现实主义风格与幽默讽刺的语言特色，保证了人物形象的丰满；与此同时，兼顾了汉语的表达习惯，贴合读者的审美认知，拉近了读者与文本之间的时空距离。因此，该译作经受住了时光的磨洗，备受赞誉。

第三章

莱蒙托夫
《当代英雄》

一、莱蒙托夫与《当代英雄》

　　米哈伊尔·尤里耶维奇·莱蒙托夫（Михаил Юрьевич Лермонтов，1814—1841）是俄罗斯"黄金时代"文学史上影响力仅次于普希金的一位伟大诗人。他出身贵族，从小就表现出极高的文学天赋，1837年因悼念普希金的长诗《诗人之死》一举成名，但也因在诗中揭露了沙皇政权的阴谋而被流放到高加索地区，中间曾有一段时间得以重返首都彼得堡，但后来又因与人决斗而被二次流放，最后在一场决斗中不幸丧生。尽管莱蒙托夫的一生只有短短的27年，但他却创作出了大量脍炙人口的抒情诗和长篇叙事诗，《帆》《云》《一朵小小的金色云彩》《在荒凉的北国有一棵青松》《我独自一人出门启程》《别了，藏污纳垢的俄罗斯》等优秀作品，一直以作品精巧的语言和丰富的内涵陶冶着一代代读者的思想情操。

　　莱蒙托夫首先是伟大的浪漫主义诗人，同时也是一位成就斐然的小说家。早在大学时期，他就尝试创作一部以普加乔夫起义为题材的长篇小说《瓦季姆》（1833—1834），但最后没有完成。他的第二部篇幅较长的小说《里戈夫斯卡娅公爵夫人》（1836—1837）同样也未完成，但其中已经出现了后来的杰作《当代英雄》中的主人公形象的雏形。①后来他还写过一些短篇小说或小说片段，如民间故事《歌手阿希克·凯里布》（1837）、带有都市传说色彩的《什托斯》（1841）等，但影响都不大。1840年的长篇小说《当代英雄》（*Герой нашего времени*）标志着莱蒙托夫小说创作的最高成就。这部小说由五个可独立成篇的章节——《贝拉》（*Белла*）、《马克西姆·马克西梅奇》（*Максим Максимыч*）、《塔曼》（*Тамань*）、《梅丽公爵小姐》（*Княжня Мэри*）和《宿命论者》（*Фаталист*）组成，塑造了继普希金笔下的叶甫盖尼·奥涅金之后的第二位"多余人"——青年贵族军官毕巧林的形象。此人风华正茂，精力充沛，身强力壮，头脑聪明，还具有刚强的意志力和敏锐的洞察力，但却在现实中不断做出种种荒唐无聊、损人不利己的行为，最终没有取得任何成就。毕巧林的形象集中反映了19世纪初俄国贵族知识分子走投无路的悲剧。他们空有一腔热血和才华，却无法在现实中看到任何出路，苦闷彷徨之余只能把精力用于寻欢作乐或追求刺激，最终被黑暗的社会所葬送。《当代英雄》继承和发扬了《叶甫盖尼·奥涅金》的心理描写传统，加强了对人物心理的刻画，是俄罗斯文学史上一部较早的社会心理小说，还启发了大文豪列夫·托尔斯泰的"心灵辩证法"。②小说具有独特的组织结构和灵活多变的叙事方式，将五个具有先后关系的故事打乱重排，以服务于对主人公形象的塑造。此外，书中对人物肖像和高加索自然风景的描写也体现了作者高超的艺术技巧。

早在清末民初，莱蒙托夫的著作就已经被介绍到我国，最早翻译成中文的作品恰是《当代英雄》中的《贝拉》（吴梼译，商务印书馆，1907年；当时的译名为《银纽碑》）。《当代英雄》的第一个全译本是1930年（杨晦译，上海北新书局）从英译本转译而来的，首次采用了与现行统译一致的书名；第二个全译本出现在1943年（小畏译，重庆星球出版社），这一版确定的作者译名"莱蒙托夫"和主人公译名"毕巧林"一直沿用至今。③新中国成立后莱蒙托夫研究和译介进入新时期，由此诞生出不少由俄语大家翻译的、高质量的《当代英雄》译本。主要包括：翟松年译本（1950

---

① 曹靖华等，《俄苏文学史（第一卷）》[M]，郑州：河南教育出版社，1992年，第190—191页。
② 任子峰，《俄国小说史》[M]，北京：北京大学出版社，2010年，第135页。
③ 姜训禄，中国的莱蒙托夫译介与研究[J]，载《俄罗斯文艺》，2014年第3期，第160—161页。

年，上海平明出版社），草婴译本（1978年，上海译文出版社），吕绍宗译本（1994年，译林出版社），周启超译本（1995年，漓江出版社），盛震江、莫科伟译本（1998年，湖南文艺出版社），冯春译本（1998年，上海译文出版社），徐振亚译本（2000年，外语教学与研究出版社），张小川译本（2000年，南方出版社），力冈译本（2015年，黄山书社），王宗琥译本（2019年，生活·读书·新知三联书店）等，其中有几部多次再版或被收入各种《莱蒙托夫文集》。

　　本章我们选用的是冯春译本。冯春（1934—），原名郭振宗，是我国老一辈著名的俄苏文学翻译家，二十多年潜心从事普希金译介工作，是我国翻译普希金全部作品的第一人。其他主要译著还包括莱蒙托夫的《当代英雄》，屠格涅夫的《猎人笔记》以及与普希金、冈察洛夫、屠格涅夫、陀思妥耶夫斯基等作家相关的一系列文学研究论文。冯春具有深厚的俄语造诣，其翻译以精益求精而著称，在反复推敲琢磨之下形成兼具严谨和创造性的译文风格，故其翻译的《当代英雄》数次再版，直到今天都深受广大读者的喜爱。

　　本章节选了《当代英雄》第五篇《宿命论者》的主要部分。其主要情节是：毕巧林和几位军官讨论人是否"死生有命"，并跟中尉乌里奇打赌说乌里奇今天就要死，结果乌利奇虽然在用枪指着太阳穴发射的赌局中毫发无伤，却在回家路上撞见一个醉酒逞凶的哥萨克人，最终死于非命；最后毕巧林怀抱着"试试自己的命运"的想法冒险活捉了负隅顽抗的罪犯。小说中反复讨论"命运"，但其基调并不是宿命论的，而是怀疑论的，其中也流露出了作者的某种悲观情绪。

二、《当代英雄》译文节选

————— ✿ —————

　　有一次我碰巧在左翼哥萨克镇上住了两礼拜，那边驻扎着一个步兵营。军官们每天晚上轮流在各人的营房里赌牌。

有一天，我们打腻了波士顿[1]，把牌扔在桌下，在C少校那边闲聊了好久；谈话一反常情，进行得很热闹。大家谈到，伊斯兰教相信人的命运是上天注定的，这种说法在我们基督徒中也有很多人相信；每个人都说了各种奇闻轶事，表示 pro 或 contra[2]。

"诸位，你们说的这些例子都不足以证明，"一个岁数较大的少校说，"毕竟你们用以证明自己看法的那些奇事，你们当中谁也没有亲眼见过……"

"当然没有人亲眼见过！"许多人说，"但我们是听一些信得过的人说的……"

"这些都是胡说八道！"有人说，"哪儿有见过生死簿的所谓信得过的人呢？……如果真有什么定数的话，那我们还要意志和理性干什么？为什么我们还得对我们的行为负责？……"

这时一个坐在角落里的军官站起身来，慢慢走到桌子旁边，平静而庄重地对所有的人看了一眼。他是塞尔维亚人，从他的名字就看得出。

乌里奇中尉的外貌和他的性格完全一致，高高的个子，黝黑的脸色，乌黑的头发，明亮的黑眼睛，他的民族特有的端正的大鼻子，永远挂在嘴上的忧郁而冷漠的微笑，所有这一切似乎都是为了赋予他一个与众不同的人物的外表，他之所以与众不同，就因为他不善于和命运安排给他的同事交流思想感情。

他性格剽悍，话说得很少，但很尖刻，从来不向任何人谈起内心和家庭的秘密，几乎滴酒不沾，从来不追逐哥萨克少女——没有见过这些哥萨克少女的人是很难想象出她们的姿色的。可是，据说，上校太太对他那双表情丰富的眼睛早就不能无动于衷。但是如果有人向他暗示这一点，他便会大发雷霆。

他只有一种嗜好，对此他并不隐瞒，这就是赌博。一坐到绿呢台子旁边，他便忘掉了一切，而且一般都是赌输的，但是经常输钱反而使他更加执迷不悟。据说，有一次部队出去打仗，一天夜里他在枕头上做庄，他的运气特别好。突然响起枪声，拉起警报。大家急忙跳起来，奔过去拿枪。"下注啊！"乌里奇并不站起来，却对一个最热衷于赌钱的同伴嚷嚷着。

"我押七。"那个人边跑边回答。尽管兵营里乱哄哄的，乌里奇还是把这一局打完。结果牌押中了。

他跑到散兵线的时候，双方正在激战，乌里奇并不把子弹和车臣人的马刀放在心上，他只一心去找那个幸运的赌伴。

"七押中了！"他终于在尖兵的散兵线上看见他的赌伴，这时那一队尖兵正把敌人逼出树林，他走过去，掏出钱袋和皮夹子，一边叫一边要把钱付给他，尽管那赌伴反对他在这种不适宜的场合付钱。尽了这个不愉快的责任以后，他才带领士兵向前冲去，一直到战斗结束，他都始终极其沉着地和车臣人对射。

当乌里奇中尉走到桌子旁边时，大家都默不作声，看他会想出什么怪主意来。

"诸位，"他说（他的声音很平静，尽管音调比平时低），"诸位，毫无事实根据，光争论有什么意思？你们都想要证据：我建议大家在自己身上做个试验，看看一个人能不能随心所欲地支配自己的生命，或者每个人的死期都是预先注定的……谁愿意？"

"我不干，我不干！"大家异口同声地嚷道，"真是个怪人！亏他想得出！……"

"我敢打赌。"我开玩笑说。

"打什么赌？"

"我认为不存在什么定数。"我把口袋里的二十枚金币悉数撒在桌上，说。

"好吧，"乌里奇用低沉的声音回答。"少校，您来做裁判。这是十五枚金币，您还欠我五枚金币，看在朋友的份上，您帮我凑齐吧。"

"行，"少校说，"不过，我真的还不明白是怎么一回事……你们准备怎样解决这个争论……"

乌里奇默默地走进少校的房间，我们也跟着走进去。他走到墙壁跟前，墙上挂着武器，他从挂在钉子上的各种口径手枪中随便拿下一支，我们仍不明白他的用意。但是当他扳上枪机，往火药池里装火药的时候，许多人便不由自主地叫起来，抓住他的手。

"你要干什么？听着，你这简直是发疯啦！"大家对他嚷道。

"诸位，"他把手挣脱出来，慢条斯理地说，"谁愿意替我付这二十枚金币？"

大家都不作声，走开了。

乌里奇走到隔壁房间，在桌子旁坐下。大家跟着走出来，他做了个手势，让我们围着他坐下。我们都默默地听从他：在这种时候，他拥有一种神秘的力量，让我们服从他的安排。我对他的眼睛注视了一会儿，但他用平静沉着的目光迎接我的审视，苍白的嘴唇微笑了一下。但是，尽管他很冷静，我觉得，从他苍白的脸上我还是看出了死亡的迹象：我觉察到，而且许多老战士都肯定我的发现：在一个几小时以后将要死去的人的脸上，往往会出现一种劫数难逃的奇怪迹象，对此，一双经验丰富的眼睛是难得看错的。

"您今天会死掉的。"我对他说。他迅速朝我转过身来，但慢慢地泰然回答我：

"也许是，也许不是……"

然后他朝少校转过脸去，问他子弹装好没有。少校慌忙中已记不清了。

"算了吧，乌里奇！"有人嚷道，"既然挂在床头上，肯定装好子弹啦……开什么玩笑啊！……"

"真是个愚蠢的玩笑。"另一个人附和着。

"我拿五十卢布赌五卢布，枪里没有子弹！"又一个人嚷道。

人们又打起赌来。

这种拖拖拉拉的作风使我厌烦透了。

"大家听好，"我说，"要么快点开枪，要么把枪挂回原处，大家睡觉去。"

"对啊，"许多人喊叫起来，"大家睡觉去。"

"诸位，我请大家不要动。"乌里奇把枪口对准太阳穴说。大家一下子呆住了。

"彼乔林先生，"他补充了一句，"请您拿一张纸牌，往上扔。"

现在我还记得，我从桌上拿了一张红心A往上扔去：大家都紧张得屏住气，所有的眼睛都现出恐惧和一种说不清的好奇心，大家的视线都从手枪移向那张在空中飘忽不定、慢慢落下、注定一个人命运的红心A上面。

牌一落到桌面上，乌里奇便扣动扳机……子弹"臭"了！

"荣耀归于上帝，"大家都叫起来，"没装子弹……"

"让我们再看看吧，"乌里奇说。他又拉了一下扳机，瞄准一顶挂在窗上的军帽——枪响了，整个房间里弥漫着硝烟！等到烟雾散去以后，他摘下军帽；军帽的正当中被打穿了，子弹深深地打进墙壁里。

有那么两三分钟没有一个人说过一句话。乌里奇若无其事地把我的金币全部装进他的钱袋里。

大家都在议论，为什么手枪第一次没有发火。有人认为火药池堵塞了，另一些人私下里在议论，说起初火药是潮湿的，后来乌里奇倒了新的火药进去，但是我肯定，后一种推测是不公正的，因为我始终注视着那把手枪。

"您的赌运真好。"我对乌里奇说……

"我这是有生以来第一次，"他洋洋自得地微笑着回答，"这比我打邦克或什托斯好玩。"

"可是危险些。"

"怎么，您开始相信定数了吗?"

"我相信……不过我现在还不明白，为什么我总觉得您今天一定会死……"

同样是这个人，刚才还那么镇定地瞄准自己的太阳穴，现在却突然发起火来，并显得心神不定。

"好啦，好啦，"他站起身来，说，"我们的赌局结束了，我觉得您现在再说这种话是不合适的……"他拿起帽子走了。我觉得有点蹊跷——其实，事出有因！……

一会儿大家都各自回去，一路上议论着乌里奇的乖戾行为，他们一致认为我是个利己主义者，因为我居然和一个准备自杀的人打赌，仿佛我不和他打赌，他就找不到一个适当的机会！……

我拐弯抹角经过镇上空无一人的小巷回住处去；一轮满月像火光一样鲜红，从高高低低的房屋后面冉冉升起；星星在湛蓝的天穹中恬静地放射着光芒。我想起一些古代圣贤，他们认为天上的星辰也参与我们这些渺小的人类为一小块土地或为某些臆想的权利而进行的争论，不禁感到好笑！……结果怎么样呢？这些天灯，照他们的说法，只是用来照耀他们的战斗和胜利庆典的，今天却仍然放射着昔日的光辉，而他们的欲望和希冀早就和他们的肉体一起化为灰烬，就像那些逍遥自在的流浪汉在树林边上点燃的灯火早已熄灭一样。然而，他们认为整个天空连同那上面的无数星辰会忠贞不渝，怀着默默的同情注视着他们，这种信念曾给他们的意志增添了多么巨大的力量啊！……可是我们，他们可怜的后裔，却在这人世间东奔西走，没有信念，没有自尊心，也没有欢乐和恐惧，有的只是一想到不可避免的结局就不由自主地产生的揪心的忧虑；我们既不能为人类的福利，甚至也不能为自己的幸福作出巨大的牺牲，因为我们知道这是做不到的；因此我们无动于衷地从一次怀疑走向另一次怀疑，就像我们的祖先从一次迷误走向另一次迷误一样，并且也和他们同样，既不怀有希望，心灵也享受不到在同人或命运的斗争中产生的虽然说不清却还是真正的欢乐。

还有很多诸如此类的思想在我的脑子里出现，我把它们一一放过了，因为我不喜欢停留在抽象的思维上。再说，进行这种思维有什么用？……在我青春年少的时候，我是个幻想家：骚动不安和渴求知识的想象力常常为我描绘出种种有时是阴郁有时是五彩缤纷的形象，我喜欢轮番抚爱它们。但是这种幻想给我留下了什么？——只是一种犹如夜晚在噩梦中折腾之后的心力交瘁，一种充满遗憾的模糊回忆。在这种徒劳无益的搏斗中，我耗尽了心灵的热情和为现实生活所必需的意志。我步入现实生活，而这种生活我思想上早已经历过，因此感到无聊和厌烦，就像一个人在读一本他早已熟读的书的拙劣摹本一样。

这天晚上发生的事给了我极其深刻的印象，使我感到激动。我说不清现在我是否相信定数，但这天晚上我是确信不疑的：证据令人吃惊，我尽管嘲笑过祖先和他们热心为人们效劳的星相术，却不由自主地重蹈了他们的覆辙；但是我在这条危险的道路上及时停住了脚步，并且遵循既不绝对否定什么也不盲目相信什么的原则，把玄学丢在一边，开始注意脚下的道路。这种提防不测的想法来得很及时，我绊在一堆又肥又软、显然不是活物的东西上面，差点摔一跤。我弯下身去看看究竟是什么东西——这时月亮正好照在路面上，我面前躺着一头死猪，它是被马刀砍成两半的……我刚刚看清楚，就听见一阵脚步声：两个哥萨克人从巷子里跑过来，一个走到我跟前，问我是不是看见一个喝醉的哥萨克人，他正在追赶一头猪。我对他说没有遇到什么哥萨克人，并把那死在他疯狂的野蛮行为下的不幸牺牲品指给他看。

"这个强盗！"另一个哥萨克人说，"他一灌饱酒，就出来闯祸，看见什么砍什么。我们再去找他，叶烈梅伊奇，得把他捆起来，不然……"

他们走远了，我更加小心翼翼地继续走我的路，终于太平无事走到我的住所。

我住在一个年纪颇大的军士家里，我喜欢他，因为他脾气好，尤其是因为他家有个相当漂亮的女儿，叫娜斯嘉。

她裹着一件皮袍，照例在篱笆门旁边等我。月亮照耀着她那被夜晚的寒气冻得发青的可爱嘴唇。她一看见我，便莞尔一笑，但是我顾不上和她多说话，只说了一句"再见，娜斯嘉"，便从她身旁走过。她想回答句什么，但只是叹了一口气。

我随手关上房门，点燃蜡烛，扑到床上；但是这一夜我久久不能入梦，我刚睡着，东方已经开始发白。看样子上天注定这一夜我不能睡个够。凌晨四点钟，就有两个拳头来擂我的窗门。我霍地跳起来，问是怎么回事……"快起来，穿好衣服！"几个声音同时对我喊叫着。我急忙穿好衣服走出去。"你知道出什么事了吗？"三个来找我的军官异口同声对我说，他们的脸色苍白得像死人。

"什么事？"

"乌里奇被杀死了。"

我简直惊呆了。

"是的，被杀死了，"他们继续说，"快走。"

"到哪儿去？"

"路上你会知道的。"

我们走了。他们把刚刚发生的事原原本本告诉我，并且加上他们对奇怪定数的种种评论，就是这种定数在他死前半小时把他从必死无疑的状况中救了出来。昨天晚上，乌里奇单独在黑漆漆的街上走着，那个喝醉酒砍死猪的哥萨克人遇到他，也许他并没有注意到乌里奇会从他身旁走过去，可是乌里奇突然喊住他，对他说："老兄，你在找谁啊？""找你！"那哥萨克人回答着，一刀把他从肩膀劈到心窝上……那两个遇见我的哥萨克人还在追寻凶手，他们赶到出事的地方，扶起伤员，但他已经奄奄一息，他只说了一句话："他说得对！"只有我一个人懂得这句话的意思，这是指我对他说过的话。我无意中对这个可怜人预言了他的命运；我的直觉没有欺骗我，我确实从他起了变化的脸色上看到他临近死亡的迹象。

……

经历了这一切之后，一个人怎能不成为宿命论者呢？但又有谁确切知道，他应该相信些什么……而我们把感情的欺骗和理性的失误当作信念不也是常有的事吗？……

我喜欢怀疑一切：这种想法并不妨碍性格的果断，恰好相反，对我来说，即使前途渺茫，我也总是勇往直前。因为大不了是死，而人人都有一死，谁也避免不了！

我回到要塞，把我的经历和见闻都告诉了马克西姆·马克西梅奇，想了解一下他对定数的看法。起初他不明白这个词的含义，但我尽可能向他解释清楚，于是他意味深长地摇摇头说：

"是啊！当然啰！这问题很深奥！不过这种亚洲式的手枪常常不发火，如果没有搽好油，或者手指扣得不够有劲的话。说实话，我也不喜欢切尔克斯步枪，这种枪用起来不顺手，枪托太短，弄得不好就灼痛鼻子……可是他们的马刀，那我可佩服啦！……"

后来，他想了想又说：

"是啊，那倒霉蛋真可怜……鬼使神差，才让他去和那醉鬼说话！……不过，这显然也是他前世注定的……"

从他嘴里我再也听不到什么了，因为他对玄学问题毫无兴趣。

译注：

[1] 一种牌戏。

[2] 拉丁语：赞成或反对。

（节选自冯春译《当代英雄》，上海译文出版社，1998年，第416—427页）

附：*Герой нашего времени* 选段原文

Мне как-то раз случилось прожить две недели в казачьей станице на левом фланге; тут же стоял батальон пехоты; офицеры собирались друг у друга поочередно, по вечерам играли в карты.

Однажды, наскучив бостоном и бросив карты под стол, мы засиделись у майора С*** очень долго; разговор, против обыкновения, был занимателен. Рассуждали о том, что мусульманское поверье, будто судьба человека написана на небесах, находит и между нами, христианами, многих поклонников; каждый рассказывал разные необыкновенные случаи pro или contra.

– Все это, господа, ничего не доказывает, – сказал старый майор, – ведь никто из вас не был свидетелем тех странных случаев, которыми подтверждаете свои мнения?

– Конечно, никто, – сказали многие, – но мы слышали от верных людей...

– Все это вздор! – сказал кто-то, – где эти верные люди, видевшие список, на котором назначен час нашей смерти?... И если точно есть предопределение, то зачем нам дана воля, рассудок? почему мы должны давать отчет в наших поступках?

В это время один офицер, сидевший в углу комнаты, встал, и медленно подойдя к столу, окинул всех спокойным взглядом. Он был родом серб, как видно было из его имени.

Наружность поручика Вулича отвечала вполне его характеру. Высокий рост и смуглый цвет лица, черные волосы, черные проницательные глаза, большой, но правильный нос, принадлежность его нации, печальная и холодная улыбка, вечно блуждавшая на губах его, – все это будто согласовалось для того, чтоб придать ему вид существа особенного, не способного делиться мыслями и страстями с теми, которых судьба дала ему в товарищи.

Он был храбр, говорил мало, но резко; никому не поверял своих душевных и семейных тайн; вина почти вовсе не пил, за молодыми казачками, – которых прелесть трудно достигнуть, не видав их, он никогда не волочился. Говорили, однако, что жена полковника была неравнодушна к его выразительным глазам; но он не шутя сердился, когда об этом намекали.

Была только одна страсть, которой он не таил: страсть к игре. За зеленым столом он забывал все, и обыкновенно проигрывал; но постоянные неудачи только раздражали его упрямство. Рассказывали, что раз, во время экспедиции, ночью, он на подушке метал банк, ему ужасно везло. Вдруг раздались выстрелы, ударили тревогу, все вскочили и бросились к оружию. – Поставь ва-банк! – кричал Вулич, не подымаясь, одному из самых горячих понтеров. – Идет семерка, – отвечал тот, убегая. Несмотря на всеобщую суматоху, Вулич докинул талью, карта была дана.

Когда он явился в цепь, там была уж сильная перестрелка. Вулич не заботился ни о пулях, ни о шашках чеченских: он отыскивал своего счастливого понтера.

– Семерка дана! – закричал он, увидав его наконец в цепи застрельщиков, которые начинали вытеснять из лесу неприятеля, и, подойдя ближе, он вынул свой кошелек и бумажник и отдал их счастливцу, несмотря на возражения о неуместности платежа. Исполнив этот неприятный долг, он бросился вперед, увлек за собою солдат и до самого конца дела прехладнокровно перестреливался с чеченцами.

Когда поручик Вулич подошел к столу, то все замолчали, ожидая от него какой-нибудь оригинальной выходки.

– Господа! – сказал он (голос его был спокоен, хотя тоном ниже обыкновенного), – господа! К чему пустые споры? Вы хотите доказательств: я вам предлагаю испробовать на себе, может ли человек своевольно располагать своею жизнью, или каждому из нас заранее назначена роковая минута... Кому угодно?

– Не мне, не мне! – раздалось со всех сторон, – вот чудак! придет же в голову!..

– Предлагаю пари! – сказал я шутя.

– Какое?

– Утверждаю, что нет предопределения, – сказал я, высыпая на стол десятка два червонцев – все, что было у меня в кармане.

– Держу, – отвечал Вулич глухим голосом. Майор, вы будете судьею; вот пятнадцать червонцев, остальные пять вы мне должны, и сделайте мне дружбу прибавить их к этим.

– Хорошо, – сказал майор, – только не понимаю, право, в чем дело и как вы решите спор?..

Вулич вышел молча в спальню майора; мы за ним последовали. Он подошел к стене, на которой висело оружие, и наудачу снял с гвоздя один из разнокалиберных пистолетов; мы еще его не понимали; но когда он взвел курок и насыпал на полку пороху, то многие, невольно вскрикнув, схватили его за руки.

– Что ты хочешь делать? Послушай, это сумасшествие! – закричали ему.

– Господа! – сказал он медленно, освобождая свои руки, – кому угодно заплатить за меня двадцать червонцев?

Все замолчали и отошли.

Вулич вышел в другую комнату и сел у стола; все последовали за ним: он знаком пригласил нас сесть кругом. Молча повиновались ему: в эту минуту он приобрел над нами какую-то таинственную власть. Я пристально посмотрел ему в глаза; но он спокойным и неподвижным взором встретил мой испытующий взгляд, и бледные губы его улыбнулись; но, несмотря на его хладнокровие, мне казалось, я читал печать смерти на бледном лице его. Я замечал, и многие старые воины подтверждали мое замечание, что часто на лице человека, который должен умереть через несколько часов, есть какой-то странный отпечаток неизбежной судьбы, так что привычным глазам трудно ошибиться.

– Вы нынче умрете! – сказал я ему.

Он быстро ко мне обернулся, но отвечал медленно и спокойно:

– Может быть, да, может быть, нет...

Потом, обратясь к майору, спросил: заряжен ли пистолет? Майор в замешательстве не помнил хорошенько.

– Да полно, Вулич! – закричал кто-то, – уж, верно, заряжен, коли в головах висел, что за охота шутить!..

– Глупая шутка! – подхватил другой.

– Держу пятьдесят рублей против пяти, что пистолет не заряжен! – закричал третий.

Составились новые пари.

Мне надоела эта длинная церемония.

– Послушайте, – сказал я, – или застрелитесь, или повесьте пистолет на прежнее место, и пойдемте спать.

– Разумеется, – воскликнули многие, – пойдемте спать.

– Господа, я вас прошу не трогаться с места! – сказал Вулич, приставя дуло пистолета ко лбу. Все будто окаменели.

– Господин Печорин, – прибавил он, – возьмите карту и бросьте вверх.

Я взял со стола, как теперь помню, червонного туза и бросил кверху: дыхание у всех остановилось; все глаза, выражая страх и какое-то неопределенное любопытство, бегали от пистолета к роковому тузу, который, трепеща на воздухе, опускался медленно; в ту минуту, как он коснулся стола, Вулич спустил курок... осечка!

– Слава Богу! – вскрикнули многие, – не заряжен...

– Посмотрим, однако ж, – сказал Вулич. Он взвел опять курок, прицелился в фуражку, висевшую над окном; выстрел раздался – дым наполнил комнату. Когда он рассеялся, сняли фуражку: она была пробита в самой середине и пуля глубоко засела в стене.

Минуты три никто не мог слова вымолвить. Вулич пересыпал в свой кошелек мои червонцы.

Пошли толки о том, отчего пистолет в первый раз не выстрелил; иные утверждали, что, вероятно, полка была засорена, другие говорили шепотом, что прежде порох был сырой и что после Вулич присыпал свежего; но я утверждал, что последнее предположение несправедливо, потому что я во все время не спускал глаз с пистолета.

– Вы счастливы в игре, – сказал я Вуличу...

– В первый раз от роду, – отвечал он, самодовольно улыбаясь, – это лучше банка и штосса.

– Зато немножко опаснее.

– А что? вы начали верить предопределению?

– Верю; только не понимаю теперь, отчего мне казалось, будто вы непременно должны нынче умереть...

Этот же человек, который так недавно метил себе преспокойно в лоб, теперь вдруг вспыхнул и смутился.

– Однако же довольно! – сказал он, вставая, – пари наше кончилось, и теперь ваши замечания, мне кажется, неуместны... – Он взял шапку и ушел. Это мне показалось странным – и недаром!..

Скоро все разошлись по домам, различно толкуя о причудах Вулича и, вероятно, в один голос называя меня эгоистом, потому что я держал пари против человека, который хотел застрелиться; как будто он без меня не мог найти удобного случая!..

Я возвращался домой пустыми переулками станицы; месяц, полный и красный, как зарево пожара, начинал показываться из-за зубчатого горизонта домов; звезды спокойно сияли на темно-голубом своде, и мне стало смешно, когда я вспомнил, что были некогда люди премудрые, думавшие, что светила небесные принимают участие в наших ничтожных спорах за клочок земли или за какие-нибудь вымышленные права!.. И что ж? эти лампады, зажженные, по их мнению, только для того, чтобы освещать их битвы и торжества, горят с прежним блеском, а их страсти и надежды давно угасли вместе с ними, как огонек, зажженный на краю леса беспечным странником! Но зато какую силу воли придавала им уверенность, что целое небо со своими бесчисленными жителями на них смотрит с участием, хотя немым, но неизменным!.. А мы, их жалкие потомки, скитающиеся по земле без убеждений и гордости, без наслаждения и страха, кроме той невольной боязни, сжимающей сердце при мысли о неизбежном конце, мы не способны более к великим жертвам ни для блага человечества, ни даже для собственного счастия, потому знаем его невозможность и равнодушно переходим от сомнения к сомнению, как наши предки бросались от одного заблуждения к другому, не имея, как они, ни надежды, ни даже того неопределенного, хотя и истинного наслаждения, которое встречает душа во всякой борьбе с людьми или судьбою...

И много других подобных дум проходило в уме моем; я их не удерживал, потому что не люблю останавливаться на какой-нибудь отвлеченной мысли. И к чему это ведет?.. В первой молодости моей я был мечтателем, я любил ласкать попеременно то мрачные, то радужные образы, которые рисовало мне беспокойное и жадное воображение. Но что от этого мне осталось? одна усталость, как после ночной битвы с привидением, и смутное воспоминание, исполненное сожалений. В этой напрасной борьбе я истощил и жар души, и постоянство воли, необходимое для действительной жизни; я вступил в эту жизнь, пережив ее уже мысленно, и мне стало скучно и гадко, как тому, кто читает дурное подражание давно ему известной книге.

Происшествие этого вечера произвело на меня довольно глубокое впечатление и раздражило мои нервы; не знаю наверное, верю ли я теперь предопределению или нет, но в этот вечер я ему твердо верил: доказательство было разительно, и я, несмотря на то, что посмеялся над нашими предками и их услужливой астрологией, попал невольно в их колею; но я остановил себя вовремя на этом опасном пути и, имея правило ничего не отвергать решительно и ничему не вверяться слепо, отбросил метафизику в сторону и стал смотреть под ноги. Такая предосторожность была очень кстати: я чуть-чуть не упал, наткнувшись на что-то толстое и мягкое, но, по-видимому, неживое. Наклоняюсь – месяц уж светил прямо на дорогу – и что же? предо мною лежала свинья, разрубленная пополам шашкой... Едва я успел ее осмотреть, как услышал шум шагов: два казака бежали из переулка, один подошел ко мне и спросил, не видал ли я пьяного казака, который гнался за свиньей. Я объявил им, что не встречал казака, и указал на несчастную жертву его неистовой храбрости.

– Экой разбойник! – сказал второй казак, – как напьется чихиря, так и пошел крошить все, что ни попало. Пойдем за ним, Еремеич, надо его связать, а то...

Они удалились, а я продолжал свой путь с большей осторожностью и наконец счастливо добрался до своей квартиры.

Я жил у одного старого урядника, которого любил за добрый его нрав, а особенно за хорошенькую дочку Настю.

Она, по обыкновению, дожидалась меня у калитки, завернувшись в шубку; луна освещала ее милые губки, посиневшие от ночного холода. Узнав меня, она улыбнулась, но мне было не до нее. – Прощай, Настя, – сказал я, проходя мимо. Она хотела что-то отвечать, но только вздохнула.

Я затворил за собою дверь моей комнаты, засветил свечку и бросился на постель; только сон на этот раз заставил себя ждать более обыкновенного. Уж восток начинал бледнеть, когда я заснул, но – видно, было написано на небесах, что в эту ночь я не высплюсь. В четыре часа утра два кулака застучали ко мне в окно. Я вскочил: что такое?.. – Вставай, одевайся! – кричало мне несколько голосов. Я наскоро оделся и вышел. – Знаешь, что случилось? – сказали мне в один голос три офицера, пришедшие за мною; они были бледны как смерть.

– Что?

– Вулич убит.

Я остолбенел.

– Да, убит – продолжали они, – пойдем скорее.

– Да куда же?

– Дорогой узнаешь.

Мы пошли. Они рассказали мне все, что случилось, с примесью разных замечаний насчет странного предопределения, которое спасло его от неминуемой смерти за полчаса до смерти. Вулич шел один по темной улице: на него наскочил пьяный казак, изрубивший свинью и, может быть, прошел бы мимо, не заметив его, если б Вулич, вдруг остановясь, не сказал: – Кого ты, братец, ищешь –Тебя! – отвечал казак, ударив его шашкой, и разрубил его от плеча почти до сердца... Два казака, встретившие меня и следившие за убийцей, подоспели, подняли раненого, но он был уже при последнем издыхании и сказал только два слова: – Он прав! Я один понимал темное значение этих слов: они относились ко мне; я предсказал невольно бедному его судьбу; мой инстинкт не обманул меня: я точно прочел на его изменившемся лице печать близкой кончины.

<...>

После всего этого как бы, кажется, не сделаться фаталистом? Но кто знает наверное, убежден ли он в чем или нет?.. и как часто мы принимаем за убеждение обман чувств или промах рассудка!..

Я люблю сомневаться во всем: это расположение ума не мешает решительности характера – напротив, что до меня касается, то я всегда смелее иду вперед, когда не знаю, что меня ожидает. Ведь хуже смерти ничего не случится – а смерти не минуешь!

Возвратясь в крепость, я рассказал Максиму Максимычу все, что случилось со мною и чему был я свидетель, и пожелал узнать его мнение насчет предопределения. Он сначала не понимал этого слова, но я объяснил его как мог, и тогда он сказал, значительно покачав головою:

– Да-с! конечно-с! Это штука довольно мудреная!.. Впрочем, эти азиатские курки часто осекаются, если дурно смазаны или не довольно крепко прижмешь пальцем; признаюсь, не люблю я также винтовок черкесских; они как-то нашему брату неприличны: приклад маленький, того и гляди, нос обожжет... Зато уж шашки у них – просто мое почтение!

Потом он примолвил, несколько подумав:

– Да, жаль беднягу... Черт же его дернул ночью с пьяным разговаривать!..

Впрочем, видно, уж так у него на роду было написано...

Больше я от него ничего не мог добиться: он вообще не любит метафизических прений.

(Лермонтов М. Ю. *Полное собрание сочинений и писем в 30 томах*. Т. 6. М.: Воскресенье, 2002, стр. 356-366)

三、译文评析

—————— ❧ ——————

通过对比原文和译文，我们认为冯春的翻译中有三点值得分析：

1. 对莱蒙托夫的浪漫主义和现实主义风格的生动再现

长久以来，研究者对于莱蒙托夫前期创作中浓郁的浪漫主义色彩几无异议，但对于成熟期创作（1835—1841），特别是《当代英雄》的艺术风格则存在三种意见：一种认为诗人的创作始终是浪漫主义的，包括《当代英雄》在内；一种认为其成熟期的作品表现出充分和完全的现实主义；还有一种则认为这一时期的作品具有过渡性质，其中各种创作倾向、浪漫主义和现实主义的因素是并存和相互影响的。[①]这里我们赞同第三种观点：小说中一方面存在明显的浪漫主义手法，如典型的浪漫主义主人公（具有崇高的理想和丰富的情感世界）、对人物主观感受的大量描写和诗意的语言等；另一方面也具有现实主义文学的特点，如对重大社会问题的真实反映以及对人物肖像和行为的细致描写等。

按我国著名莱蒙托夫研究专家顾蕴璞所言，《当代英雄》"是一部借助于浪漫主义笔法来塑造深刻反映时代矛盾的典型的现实主义作品"。[②]这

---

① 古列维契、柯洛文著，吕宁思译，莱蒙托夫创作中的浪漫主义和现实主义问题[J]，载《文艺研究理论》，1984年第1期，第96页。
② 顾蕴璞，《莱蒙托夫》[M]，北京：华夏出版社，2002年，第135页。

就要求译者准确把握这两种因素错综复杂地相互影响的特点，恰如其分地再现原文的风格。一方面，小说浪漫主义的特点集中体现在对景色的描写上。"месяц, полный и **красный**, как зарево пожара, начинал показываться из-за **зубчатого** горизонта домов; звезды **спокойно** сияли на **темно-голубом** своде... "对应的译文是："一轮满月像火光一样鲜红，从高高低低的房屋后面冉冉升起；星星在湛蓝的天穹中恬静地放射着光芒。"译者充分领会了原文的意境，选用"鲜红"和"湛蓝"（这里使用了表颜色的区别词，比对应的形容词"红""蓝"表现力更强）、"恬静"（拟人化）、"高高低低"和"冉冉"（叠词增强描摹性，其中"冉冉"是根据语境补出的）等语词，令原文中优美动人的景物更笼罩上了一层浪漫情调。另外，还体现在对主人公内心世界的描写上："я любил **ласкать попеременно** то мрачные, то **радужные** образы, которые рисовало мне **беспокойное** и жадное воображение. "对应的译文为："骚动不安和渴求知识的想象力常常为我描绘出种种有时是阴郁有时是五彩缤纷的形象，我喜欢轮番抚爱它们。"极具表现力的用词"骚动不安""五彩缤纷""轮番抚爱"等更加突出了原文中强烈的主观色彩。

另一方面，小说的现实主义特点体现在对人物肖像的描写上。例如："Высокий рост и смуглый цвет лица, черные волосы, черные проницательные глаза, большой, но правильный нос, принадлежность его нации, печальная и холодная улыбка, вечно блуждавшая на губах его... "对应的译文为："高高的个子，黝黑的脸色，乌黑的头发，明亮的黑眼睛，他的民族特有的端正的大鼻子，永远挂在嘴上的忧郁而冷漠的微笑。"原文抓住乌利奇的几个相貌特点，简明扼要、不加夸饰地塑造出了他的形象。而译文的处理也十分恰当，用朴素的几个修饰词准确传达了原文的风格。综上可见，译者对《当代英雄》艺术风格的把握是精到的，由此方能创造出准确反映原文浪漫主义和现实主义要素的译文。

2. 对原文深刻而细腻的心理描写的准确传达

《当代英雄》之所以被称为"社会心理小说"，这自然应归功于作者深刻又细腻的心理描写，他不仅在对人物形象的外部塑造中采取心理分析的原则，还充分利用第一人称的叙述角度直接、充分地展现主人公的内心世界。顾蕴璞指出："莱蒙托夫通过毕巧林日记这种原始心理资料，成功地剖析了主人公深层心理，给毕巧林作了一幅惟妙惟肖的心灵肖像画。他的成功之处在于按具有复杂思维活动的人的本来面目描写人，写出了人的心灵的复杂性、立体感和变幻感。"①而在《宿命论者》中，毕巧林对人生、宇宙和命运进行了大量的思考，这种心理描写特点在文中得到了集中的体现。试看一例：

А мы, их жалкие потомки, скитающиеся по земле без убеждений и гордости, без наслаждения и страха, кроме той невольной боязни, сжимающей сердце при мысли о неизбежном конце, мы не способны более к великим жертвам ни для блага человечества, ни даже для собственного счастия, потому знаем его невозможность и равнодушно переходим от сомнения к сомнению, как наши предки бросались от одного заблуждения к другому, не имея, как они, ни надежды, ни даже того неопределенного, хотя и истинного наслаждения, которое встречает душа во всякой борьбе с людьми или судьбою...

　　……可是我们，他们可怜的后裔，却在这人世间东奔西走，没有信念，没有自尊心，也没有欢乐和恐惧，有的只是一想到不可避免的结局就不由自主地产生的揪心的忧虑；我们既不能为人类的福利，甚至也不能为自己的幸福作出巨大的牺牲，因为我们知道这是做不到的；因此我们无动于衷地从一次怀疑走向另一次怀疑，就像我们的祖先从一次迷误走向另一次迷误一样，并且也和他们同样，既不怀有希望，心灵也享受不到在同人或命运的斗争中产生的虽然说不清却还是真正的欢乐。

　　这一大段心理描写充分反映了毕巧林竭力思索却看不到出路的苦闷情绪，类似的片段分布在本章乃至全书中，对表现主旨和塑造人物形象发挥了重要作用。在翻译中，译者一方面采用了一些增强语势和表现力的手法，如四字格（"东奔西走""不由自主""无动于衷"等）和排比结构（"没有信念，没有自尊心，也没有欢乐和恐惧"，比原文多了一个"没

① 顾蕴璞，《莱蒙托夫》[M]，北京：华夏出版社，2002年，第127—128页。

有"），这有助于营造出思潮澎湃的印象；另一方面，使用了几个长定语结构（"一想到不可避免的结局就不由自主地产生的揪心的忧虑""在同人或命运的斗争中产生的虽然说不清却还是真正的欢乐"），虽然长定语不太符合汉语传统的表达习惯，但也具有周详细密、一气呵成的优点，用在此处揭示主人公内心复杂的思维活动反倒十分合适。类似的手法在其他地方也能见到，如小说结尾写毕巧林心理时使用的反问句（"而我们把感情的欺骗和理性的失误当作信念不也是常有的事吗？"）以及四字格（"前途渺茫""勇往直前"等），这都有助于恰如其分地传达出原文深刻而细腻的心理描写。

3．对无等值词和无等值表达的恰当处理

"无等值词"（безэквивалентная лексика）是翻译工作者都十分熟悉的一个概念，它指的是源语言的某些词汇在目标语言中没有等值物，或者说在目标语言的权威词典中找不到对应的词汇。无等值词通常是一些具有民族文化特点的词汇，如历史名词、反映民俗的名词、民间文学中的词汇、成语等等。作为翻译中的一大难点，无等值词在不同译者的笔下也有多种处理方法，大体可分为音译法（加注释或不加注释）和意译法两大类；[①]前者的优点在于再现原文，后者的优点在于便于理解，也可以说是分别对应了"异化"和"归化"这两种不同的翻译策略。《当代英雄》的故事发生在遥远的高加索山区，涉及19世纪初旧俄军队和贵族的生活，其中自然有不少对汉语而言不存在等值的词汇和表达。从这篇译文中可以看出，译者采用的主要策略是"异化"，即多用音译加注，尽量不改变原词汇的特点：在译文的两条注释中，一条解释的都是我们不太熟悉的纸牌游戏，而牌戏的名称（бостон）都直接作了音译（波士顿）；一条解释的是拉丁语 pro 和contra，考虑到拉丁语词在俄语的原文中本来就已经是"异化"的，译者选择不译，将其原汁原味地搬到译文中。体现出这种"异化"的还有一个成语性表达—— Слава Богу，这个成语经常被翻译成"感谢老天""谢天谢地"，

---

① 周沛瑶、徐涛，无等值词汇翻译难题的文化成因及应对措施——以《俄罗斯国家史》翻译为例[J]，载《今古文创》，2021年第3期，第110页。

严格来说并不是完全的对应，而这里用了一个颇不常见的直译"荣耀归于上帝"，把俄语的思考和表达方式直接呈现在读者眼前。总的来看，"异化"的处理更好地保存了原文的风味，令读者感受到浓郁的异国特征和时代气息。

同时，我们也注意到译者并非一味追求"异化"，而是以"异化"为主，在适当的地方也采用"归化"。试举一例，有个军官在讨论生死时提到"список, на котором назначен час нашей смерти"，字面意思是"记载了死期的清单"，而译者采用了一个颇具东方特色的名词——"生死簿"（出自中国古代神话和民间传说），在形式上有所照应（список 大致对应"簿"）的同时也令读者倍感熟悉。类似的处理还有把 метафизический（标准译法是"形而上学的"）译成"玄学（的）"，用中国古代哲学的术语来传达西方哲学的概念。这种对不同翻译策略的灵活采用，体现出译者深厚的语言功底和翻译技巧，也使得译文在还原性和易读性之间找到了一个较好的平衡。

综上所述，冯春翻译的《当代英雄》具有多方面的优点，不仅给读者带来了思想和审美上的享受，也为翻译工作者提供了可资借鉴的范例。

第四章

屠格涅夫
《阿霞》

一、屠格涅夫与《阿霞》

19世纪的俄罗斯文坛涌现出了许多巨匠，伊万·谢尔盖耶维奇·屠格涅夫（Иван Сергеевич Тургенев，1818—1883）便是其中最杰出的代表之一。屠格涅夫出身富裕的贵族家庭，早年曾创作过一些浪漫主义风格的诗歌，但真正使他一鸣惊人的还是1847年刊登在《现代人》杂志上的随笔《霍尔与卡里内奇》。后来几年中他又连续发表20余篇类似的作品并结集成册，这便是他最早的代表作《猎人笔记》（1847—1851）。19世纪50年代，屠格涅夫的创作重点开始转向小说，创作出了脍炙人口的中篇小说《木木》（1852）和《阿霞》（1858），长篇小说《罗亭》（1856）和《贵族之家》（1859）等，60年代更是以描写平民知识分子的长篇小说《前夜》（1860）和《父与子》（1862）在俄国社会引起了激烈的争论。屠格涅夫的晚年大部分时间在西欧度过，结交了许多著名的文学家如福楼拜、左拉、都德、莫泊桑等，[1]促进了俄罗斯文学与欧洲文学的交流，也因此成为"俄罗斯第一位

---

① 任子峰，《俄国小说史》[M]，北京：北京大学出版社，2010年，第242页。

获得欧洲声誉的杰出作家"；①这一时期他的主要作品有中篇小说《春潮》（1872）、长篇小说《处女地》（1872—1876）和八十多篇散文诗（1878—1882）等。

屠格涅夫首先是一位伟大的现实主义作家，其创作被称为19世纪40年代至80年代的俄国社会"思想史"，②得到别林斯基、车尔尼雪夫斯基、杜勃罗留波夫等民主派文学批评家的高度肯定，他本人也被西欧许多文学界人士尊为"现实主义派的领袖之一"。③《猎人笔记》是俄罗斯文学史上第一部通过真实、大量地描写俄罗斯农民的日常生活和人物形象来反映社会现实的作品，④作家在赞颂人民的智慧和创造力的同时，也对扼杀这种才能的农奴制予以了深刻的否定；其中后期作品则敏锐把握了时代的脉搏，集中关注贵族知识分子和平民知识分子在俄国社会变革中的命运和历史作用，由此塑造出的罗亭、拉甫列茨基和巴扎罗夫等都成了俄罗斯文学画廊中经典的"多余人"或"新人"形象。另一方面，屠格涅夫具有卓越的抒情和写景技巧，他擅长诗情画意地描摹大自然的种种细节，以情景交融的方式渲染气氛和心境，细腻地刻画人物微妙的心理活动，往往能把平淡的情节写得富于哲理、意蕴隽永，赋予其作品极强的艺术感染力，故他的创作风格又被称为"诗意的现实主义"⑤；这一点在他的中短篇作品中体现得尤其明显。也正是由于这个原因，他的《树林和草原》《麻雀》《俄罗斯语言》等随笔散文常被选作文学阅读材料，陶冶着一代代读者的审美情操。

中篇小说《阿霞》（Ася）是屠格涅夫自传性的"青春记忆小说"之一⑥，也是一部颇能反映其创作特色的优秀作品。小说的主题是"爱情悲剧"：一位俄国青年在德国漫游期间结识了一对兄妹，并与其中的少女阿霞在短短的几天内相熟相恋，然而到了需要决断的关头，面对阿霞热烈告白的青年却胆怯、退缩了，未能经受住爱情的考验，留给他的只剩绵

① 任光宣主编，《俄罗斯文学简史》[M]，北京：北京大学出版社，2016年，第120页。
② 蓬生，屠格涅夫小说艺术中的宣教倾向[J]，载《外国文学评论》，1993年第3期，第123页。
③ 丰一吟，猎人笔记《前言》[A] // 屠格涅夫著，丰子恺译，《猎人笔记》[M]，北京：人民文学出版社，2019年，第11页。
④ 参见：Пруцков Н. И. и др. ред. История русской литературы в четырех томах (т. 3) [M]. М.: Наука, 1982, стр. 120.
⑤ 任光宣主编，《俄罗斯文学简史》[M]，北京：北京大学出版社，2016年，第126页。
⑥ 张建华，屠格涅夫全新的爱情审美言说[A] // 屠格涅夫著，萧珊译，《阿霞》[M]，北京：人民文学出版社，2019年，第1页。

绵不绝的悔恨。这部小说虽不具备宏大的社会主题，还带有爱情幻灭的
惆怅和悲哀的宿命论色彩，但它在艺术上的成就是无可置疑的：成功地
塑造了阿霞和"我"这两个形象，前者是性格矛盾但又天真、质朴、高
尚、坦诚、勇于追求爱情和理想的"屠格涅夫式的少女"（тургеневская
девушка），后者则是被车尔尼雪夫斯基撰文批判的又一位"多余人"
（лишний человек）①。小说具有典型的屠格涅夫式的简洁，即情节时间跨
度甚短且毫不复杂，甚至多少有点偶然和随意，但丝毫不显得枯燥乏味，
反而"像一份没有拆开的电报一样令人兴味盎然"②。其语言细腻，文笔优
美，对风景、肖像和心理的刻画均引人入胜，被著名诗人涅克拉索夫形容
为"洋溢着心灵青春的气息——像纯金那样富有诗意"③，给读者以高度的
审美享受。

屠格涅夫的作品在我国有将近110年的译介史，其中最早被引进的是
四篇散文诗（刘半农译，1915年），20世纪20年代起中长篇小说开始被译
介，许多著名的文学家如耿济之、茅盾、鲁迅、巴金、郭沫若、郁达夫等
都参与过翻译工作；④这也使得屠格涅夫成为我国读者了解最早、最为熟
知的俄罗斯作家之一。我国首次翻译的《Ася》是1928年春潮社出版的《爱
西亚》（涤尘、斯曛译），之后数年内还出现过四五个译本（译名包括《阿
细亚》《阿丝雅》《阿霞姑娘》《爱莎》等），⑤但这些译本都没有流传下来。
今天我们选取的《阿霞》是以1953年平明出版社的译本为基础的⑥。

译者萧珊（1917—1972），原名陈蕴珍，著名作家，也是文豪巴金的
妻子。萧珊并非专职的翻译家，其译著数量不多，仅有普希金和屠格涅夫
的几部中短篇小说，但其文笔具有女性纤细灵巧、情感丰满的特点，与屠
格涅夫富于诗意的语言颇为相宜，连俄文造诣极深的巴金也不失严格地

---

① 参见：高文风编译，《屠格涅夫论》[M]，沈阳：辽宁文学出版社，1986年，第10—25页。
② 任光宣主编，《俄罗斯文学简史》[M]，北京：北京大学出版社，2016年，第126页。
③ 任子峰，《俄国小说史》[M]，北京：北京大学出版社，2010年，第250页。
④ 李兆林、叶乃方编，《屠格涅夫研究》[M]，上海：上海译文出版社，1989年，第1—2页；王立业，屠格涅夫小说在中国的百年研读[J]，载《解放军外国语学院学报》，2016年第11期，第138—139页。
⑤ 高文风编译，《屠格涅夫论》[M]，沈阳：辽宁文学出版社，1986年，第7—9页。
⑥ 原译名《阿细亚》，后收入萧珊、巴金合译的《屠格涅夫中短篇小说集》（人民文学出版社，1959年）时改名为《阿霞》；最新的《屠格涅夫全集》（人民文学出版社，2019年）中收录的也是这个译本。参见：高文风编译，《屠格涅夫论》[M]，沈阳：辽宁文学出版社，1986年，第10—11页。

称赞道："我很喜欢她翻译的普希金和屠格涅夫的小说。虽然译文并不恰当，也不是普希金和屠格涅夫的风格，它们却是有创造性的文学作品，阅读它们对我是一种享受。"①这或许也是该译本能脱颖而出，并流传至今的主要原因。

下面节选的是"我"与加京兄妹相遇的情节、"我"逃避阿霞告白后的一小段情节以及故事的结局。

二、《阿霞》译文节选

2

……

那个被他叫作妹妹的少女，第一眼看起来非常漂亮。她那张略带褐色的圆脸上有着美丽的、细小的鼻子，差不多带孩子气的脸颊和明亮的黑眼睛：这个脸型里有一种独特的、特殊的东西。她的身材优美，但似乎尚未发育完全。她一点儿也不像她的哥哥。

"您愿不愿意到我们家里去？"加京问我道。"我想我们已经看够这些德国人了。真的，要是我们的年轻人的话，早就该打碎玻璃、摔坏椅子了，然而这些年轻人过于拘谨。你看怎么样，阿霞，我们可以回家吗？"

少女同意地点了点头。

"我们住在城外，"加京接下去说，"在葡萄园那儿高地上一所单独的小宅子里。那边风景好极了，去看看吧。房东太太答应给我们准备一些酸奶。现在天快黑了，您最好在月光下渡莱茵河。"

我们动身了。穿过低矮的城门（城的四周围着圆石砌成的古墙，连墙

---

① 巴金，怀念萧珊——《萧珊文存》代序一[A] // 萧珊，萧珊文存[C]，上海：上海人民出版社，2009，第8页。

上的望楼都还没有完全崩塌），我们走入田野，顺着石墙走了大约一百步光景，就在一扇窄小的门前停下来。加京开了门，引我们从一条很陡的小路上山。路的两边的平台上种满了葡萄；太阳刚落下去，一抹淡淡的红光依旧照在绿色葡萄藤的高茎上，照在铺满了大小石板的干燥的地上，还照在一所有着倾斜的黑色横梁和四扇明窗的小宅子的白墙上。这所宅子就直立在我们正在攀登的山顶上。

"这就是我们的住处！"我们刚走近那所宅子，加京就大声地说。"看，房东太太拿酸奶来了。Guten Abend, Madame……我们马上就坐下来吃晚饭；但是首先，"他接着又说，"先看看四周。您对这一片景致有什么说的？"

风景的确美极了。绿色的两岸中间银白的莱茵河躺在我们的脚底下。有一个地方的河水在落日的金辉下闪耀着红光。你能看到聚集在岸边的小城的所有的街道和房屋，那边过去一点，展开一片广阔的田野和群山。下面的风景的确很美，但更美的还是在天上：给我印象最深的是天空的明净和深邃，空气清朗透明。新鲜的、轻盈的空气静静地像波浪似的摇荡着，滚动着，似乎在高处它也感到更加自由了。

"您选了一所很好的住宅。"我说。

"是阿霞找到的。"加京回答道。"喂，阿霞，"他接着说，"你去安排一下。把东西全拿到这儿来，我们要在露天吃晚饭。这儿我们可以听到那边飘来的音乐。您注意到没有，"他转过来对我说下去，"华尔兹舞曲近处听起来一点儿意思也没有——不过是粗俗无聊的声音；可是远远地听起来，它就好得不得了！它能够唤起您所有的浪漫的情绪。"

阿霞（她的真名是安娜，然而加京叫她阿霞，所以你们也得让我这样叫她）这时候已经到宅子里去了，不久就跟房东太太一块儿回来。她们两个人抬着一个大茶盘，盘里盛着一罐牛奶，还有碟子、调羹、糖、草莓和面包。我们坐下来，开始晚餐。阿霞取掉帽子，她的一头黑发剪得短短的，像男孩子那样梳着，浓浓的鬈发披在颈项上和耳边。起初她对我非常害羞，但是加京跟她说：

"阿霞，你怕什么呢？他又不会咬人！"

她微微地笑了笑，过了一会儿她主动跟我谈起来。我从没有见过比她更好动的人。她从来也没有安静地坐过一阵；她一会儿站起来，跑进宅子里去，又跑出来，低声唱歌，一会儿她笑起来，而且笑得非常古怪：她好像并不是在笑她所听到的，只是为了跑进她脑子里面的种种思想笑着。她的大眼睛发亮地、大胆地直望着你，但有时她的眼睑微微地低垂，于是她的眼光立刻变成深沉而温柔的了。

我们闲谈了两个多钟头。白天早已过去，而黄昏（起初完全像火一样，然后明亮而通红，再后变成暗淡而朦胧，）也渐渐地消失、融化在黑夜里了。可是我们一直像我们周围的空气那样和平地、安静地谈下去。加京叫人拿了一瓶莱茵葡萄酒来，我们安闲地喝酒。音乐仍然飘到我们这儿来，音调似乎比先前更悦耳、更柔和了。城里亮起了灯光，河面上也有了灯光。阿霞忽然埋下了头，她的鬈发就遮住了她的眼睛；她不作声，叹息了一声。后来她跟我们说，她瞌睡了，就回到宅子里面去了。可是我看见她并不点燃蜡烛，却在关着的窗前站了好久。最后月亮升起来了，照在莱茵河上。这四周的一切有的发光，有的变暗，全变化了；连我们的刻花玻璃杯里的酒也放出神秘的光彩。风停了，好像它也收起翅膀静息了。散发浓香的夜间的暖气轻柔地从地面上升起来了。

"该走了！"我大声说道，"不然，我可能找不到摆渡的船夫。"

"是该走了。"加京也说了一遍。

我们从小路下山。突然间有几个小石子跟在我们的身后滚了下来：原来是阿霞赶上来了。

"你还没有睡?"她哥哥问道。可是她并不理他，她跑到我们前面去了。

小旅馆花园里大学生们点的最后几盏灯的将灭的灯光，从山下照着树叶，给树叶添了一种欢乐的、奇幻的样子。我们在河边找到了阿霞，她正在跟摆渡的船夫谈话。我跳上了渡船，便跟我的两位新朋友告辞了。加京答应明天来看我；我握过他的手，也向阿霞伸出手去，她却只是望着我，摇摇头。船离开了岸，向急流的江心漂去。强健的老船夫把桨浸入黑暗的河水里，用力划着。

"您走进月光里面，您把它打碎了。"阿霞在我身后喊着。

我埋下眼睛，黑色的波浪在渡船的四周跳荡。

"再见！"我又一次听到阿霞的声音。

"明儿见。"加京也跟着她说。

渡船靠拢岸。我跳出船来，隔岸望去。对岸看不见一个人了。月光像一道金桥似的伸到河对面。有一曲兰纳的华尔兹的老舞曲飘了过来，好像是送别。加京说得对，我感觉到我的心弦应和着那诱人的旋律在颤抖了。我慢慢地呼吸着夜晚的芬芳的空气，穿过黑暗的田野，走回家去；我回到自己的小屋子以后，仍然感到这种无对象、无目的的期望的带甜味的烦闷。我觉得我是幸福的……但为什么我是幸福的呢？我什么都不需要，我什么都不想……我是幸福的。

我心里满溢着快活和轻松的感情，几乎要笑出声来，我睡在床上，早已闭上了眼睛，我忽然记起了整个夜晚我连一次也没有想到我那位残酷的美人。"这是什么意思呢？"我问我自己，"我是不是又在恋爱了？"可是我就在问过自己这个问题之后，立刻像孩子在他的摇篮里似的睡着了。

……

19

我很快地穿过葡萄园走下山径，到城里去。我急急地穿过所有的街道，到处张望，连路易斯太太的窗户也望过了，我又回到莱茵河边，顺了岸跑着……我间或看到一个女人的影子，可是我始终看不见阿霞的影子。现在不再是烦恼折磨着我，——却是一种隐秘的恐惧使我痛苦，我不仅感到恐惧……不，我还感到悔恨，我还感到极大的同情，我还感到爱——是的！——那种最温柔的爱情！我绞着我的双手，在越来越浓的夜色里唤着阿霞，起先轻轻地唤，可是后来唤声一次比一次更高了。我反复地说了几百遍我爱她，我发誓永远不离开她，我宁愿放弃世界上的一切，只为了再握到她那冰冷的手，再听到她那轻柔的声音，再看到她在我的面前……她曾经近在我的身边，她曾经抱着极大的决心，怀着万分天真无邪的心灵与感情来到我的面前，她带给我她那完全纯洁的青春……可是，我并没有把它紧紧地拥在我的怀里，我把我自己本可以得到的那种至上的幸福，那种看到她那亲爱的小脸上闪耀着欢乐和宁静的狂喜至上幸福失去了……这些思想使我快发狂了。

"她会到了哪儿去呢？她会不会做出什么事来？"我带着那种无能为力

的绝望的苦恼唤着……有一样白色的东西突然在河岸上闪现了。我知道那个地方——那边，就是在那个七十多年前淹死的男人的墓上，立着一个一半埋在地里、刻着古老墓铭的石头十字架。我的心停止了跳动……我跑到十字架跟前，那个白色的东西不见了。我喊着："阿霞！"我的狂叫声让我自己也害怕了——然而没有人回答我……

我决定去问加京，究竟找到她没有。

……

22

在科隆我探听到加京他们的行踪，我知道他们到伦敦去了。我追踪他们到伦敦。但是在伦敦任凭我怎样找寻都没有用。我好久都不愿意放弃我的追寻，我好久都坚持着要找到他们，可是后来，我不得不完全断念了。

我再也没有看到他们了——我再也没有看到阿霞了。虽然我偶尔还听到关于她的不确实的传闻，可是对于我她永远消失了。我连她是不是还活着都不知道。过了几年，有一次我在外国，在一列开行的火车车窗里看到一个女人的脸，使我鲜明地想起那个我永远忘不了的面容……但是我可能被偶然的相似欺骗了。在我的记忆里，阿霞始终是我一生中最好的时期里所认识的那个少女，始终是我最后一次看到的靠在一把矮矮的木椅子背上的那个样子。

不过我应该承认，我并没有为她悲伤太久：我甚至觉得命运阻止我跟阿霞结婚，这是一个很好的安排。我还用这种思想来安慰我自己：有着这样的一个妻子，我可能不会幸福。那时候我年轻——我还把将来，这短促、易逝的将来认为是无限的。我想着，"难道发生过的事情就不可能再来，就不可能比从前更好，更美吗？……"我认识了别的一些女人，——但是在我的心里被阿霞所唤起的那种感情，那种热烈的、温柔的、深沉的感情，我再也不能感到了。不！没有一对眼睛可以代替那一对曾经充满了爱情望着我的眼睛，没有一颗偎在我的胸前的心，使我的心感受那么欢乐、那么甜蜜的陶醉！我命中注定做没有家室的流浪者，在孤独的生活里度着沉闷的岁月，然而我像保存神圣的纪念品似的保存着她那些短简，那枝枯了的天竺花——就是她有一次从窗口丢给我的那枝花。那枝花至今还留着淡淡的芬芳，可是那只掷花给我的手，那只我只有一次能够紧紧地按在我嘴唇上的手，也许早已在坟墓里腐烂了……而我自己呢——我的结果怎么样呢？那些幸福的日子，那些悲愁的日子，那些长着翅膀的希望和抱负留给我一些什么呢？一枝无足轻重的小草的淡淡的气息却比一个人所有的欢乐、所有的哀愁存在得更长久——甚至比人本身还要存在得更长久呢。

（节选自萧珊译《阿霞》，人民文学出版社，2019年，第11—17页，第123—124页，第137—138页）

附：*Ася* 选段原文

II

...

Девушка, которую он назвал своей сестрою, с первого взгляда показалась мне очень миловидной. Было что-то свое, особенное, в складе ее смугловатого круглого лица, с небольшим тонким носом, почти детскими щечками и черными, светлыми глазами. Она была грациозно сложена, но как будто не вполне еще развита. Она нисколько не походила на своего брата.

– Хотите вы зайти к нам? – сказал мне Гагин, – кажется, довольно мы насмотрелись на немцев. Наши бы, правда, стекла разбили и поломали стулья, но эти уж больно скромны. Как ты думаешь, Ася, пойти нам домой?

Девушка утвердительно качнула головой.

– Мы живем за городом, – продолжал Гагин, – в винограднике, в одиноком домишке, высоко. У нас славно, посмотрите. Хозяйка обещала приготовить нам кислого молока. Теперь же скоро стемнеет, и вам лучше будет переезжать Рейн при луне.

Мы отправились. Чрез низкие ворота города (старинная стена из булыжника окружала его со всех сторон, даже бойницы не все еще обрушились) мы вышли в поле и, пройдя шагов сто вдоль каменной ограды, остановились перед узенькой калиткой. Гагин отворил ее и повел нас в гору по крутой тропинке. С обеих сторон, на уступах, рос виноград; солнце только что село, и алый тонкий свет лежал на зеленых лозах, на высоких тычинках, на сухой земле, усеянной сплошь крупным и мелким плитняком, и на белой стене небольшого домика, с косыми черными перекладинами и четырьмя светлыми окошками, стоявшего на самом верху горы, по которой мы взбирались.

– Вот и наше жилище! – воскликнул Гагин, как только мы стали приближаться к домику, – а вот и хозяйка несет молоко. Guten Abend, Madame!... Мы сейчас примемся за еду; но прежде, – прибавил он, – оглянитесь... каков вид?

Вид был, точно, чудесный. Рейн лежал перед нами весь серебряный, между зелеными берегами; в одном месте он горел багряным золотом заката. Приютившийся к берегу городок показывал все свои дома и улицы; широко разбегались холмы и поля. Внизу было хорошо, но наверху еще лучше: меня особенно поразила чистота и глубина неба, сияющая прозрачность воздуха. Свежий и легкий, он тихо колыхался и перекатывался волнами, словно и ему было раздольнее на высоте.

– Отличную вы выбрали квартиру, – промолвил я.

– Это Ася ее нашла, – отвечал Гагин, – ну-ка, Ася, – продолжал он, – распоряжайся. Вели всё сюда подать. Мы станем ужинать на воздухе. Тут музыка слышнее. Заметили ли вы, – прибавил он, обратясь ко мне, – вблизи иной вальс никуда не годится – пошлые, грубые звуки, – а в отдаленье, чудо! так и шевелит в вас все романтические струны.

Ася (собственно имя ее было Анна, но Гагин называл ее Асей, и уж вы позвольте мне ее так называть) – Ася отправилась в дом и скоро вернулась вместе с хозяйкой. Они вдвоем несли большой поднос с горшком молока, тарелками, ложками, сахаром, ягодами, хлебом. Мы уселись и принялись за ужин. Ася сняла шляпу; ее черные волосы, остриженные и причесанные, как у мальчика, падали крупными завитками на шею и уши. Сначала она дичилась меня; но Гагин сказал ей:

– Ася, полно ежиться! он не кусается.

Она улыбнулась и немного спустя уже сама заговаривала со мной. Я не видал существа более подвижного. Ни одно мгновенье она не сидела смирно; вставала, убегала в дом и прибегала снова, напевала вполголоса, часто смеялась, и престранным образом: казалось, она смеялась не тому, что слышала, а разным мыслям, приходившим ей в голову. Ее большие глаза глядели прямо, светло, смело, но иногда веки ее слегка щурились, и тогда взор ее внезапно становился глубок и нежен.

Мы проболтали часа два. День давно погас, и вечер, сперва весь огнистый, потом ясный и алый, потом бледный и смутный, тихо таял и переливался в ночь, а беседа наша всё продолжалась, мирная и кроткая, как воздух, окружавший нас. Гагин велел принести бутылку рейнвейна; мы ее роспили не спеша. Музыка по-прежнему долетала до нас, звуки ее казались слаще и нежнее; огни зажглись в городе и над рекою. Ася вдруг опустила голову, так что кудри ей на глаза упали, замолкла и вздохнула, а потом сказала нам, что хочет спать, и ушла в дом; я, однако, видел, как она, не зажигая свечи, долго стояла за нераскрытым окном. Наконец луна встала и заиграла по Рейну; всё осветилось, потемнело, изменилось, даже вино в наших граненых стаканах заблестело таинственным блеском. Ветер упал, точно крылья сложил, и замер; ночным, душистым теплом повеяло от земли.

– Пора! – воскликнул я, – а то, пожалуй, перевозчика не сыщешь.

– Пора, – повторил Гагин.

Мы пошли вниз по тропинке. Камни вдруг посыпались за нами: это Ася нас догоняла.

– Ты разве не спишь? – спросил ее брат, но она, не ответив ему ни слова, пробежала мимо.

Последние умиравшие плошки, зажженные студентами в саду гостиницы, освещали снизу листья деревьев, что придавало им праздничный и фантастический вид. Мы нашли Асю у берега: она разговаривала с перевозчиком. Я прыгнул в лодку и простился с новыми моими друзьями. Гагин обещал навестить меня на следующий день; я пожал его руку и протянул свою Асе; но она только посмотрела на меня и покачала головой. Лодка отчалила и понеслась по быстрой реке. Перевозчик, бодрый старик, с напряжением погружал весла в темную воду.

– Вы в лунный столб въехали, вы его разбили, – закричала мне Ася.

Я опустил глаза: вокруг лодки, чернея, колыхались волны.

– Прощайте! – раздался опять ее голос.

– До завтра, – проговорил за нею Гагин.

Лодка причалила. Я вышел и оглянулся. Никого уж не было видно на противоположном берегу. Лунный столб опять тянулся золотым мостом через всю реку. Словно на прощание примчались звуки старинного ланнеровского вальса. Гагин был прав: я почувствовал, что все струны сердца моего задрожали в ответ на те заискивающие напевы. Я отправился домой через потемневшие поля, медленно вдыхая пахучий воздух, и пришел в свою комнату весь разнеженный сладостным томлением беспредметных и бесконечных ожиданий. Я чувствовал себя счастливым... Но отчего я был счастлив? Я ничего не желал, я ни о чем не думал... Я был счастлив.

Чуть не смеясь от избытка приятных и игривых чувств, я нырнул в постель и уже закрыл было глаза, как вдруг мне пришло на ум, что в течение вечера я ни разу не вспомнил о моей жестокой красавице... – Что же это значит? – спросил я самого себя. – Разве я не влюблен? Но, задав себе этот вопрос, я, кажется, немедленно заснул, как дитя в колыбели....

...

XIX

Я проворно спустился с виноградника и бросился в город. Быстро обошел я все улицы, заглянул всюду, даже в окна фрау Луизе, вернулся к Рейну и побежал по берегу... Изредка попадались мне женские фигуры, но Аси нигде не было видно. Уже не досада меня грызла, – тайный страх терзал меня, и не один страх я чувствовал... нет, я чувствовал раскаяние, сожаление самое жгучее, любовь – да! самую нежную любовь. Я ломал руки, я звал Асю посреди надвигавшейся ночной тьмы, сперва вполголоса, потом всё громче и громче; я повторял сто раз, что я ее люблю, я клялся никогда с ней не расставаться; я бы дал всё на свете, чтобы опять держать ее холодную руку, опять слышать ее тихий голос, опять видеть ее перед собою... Она была так близка, она пришла ко мне с полной решимостью, в полной невинности сердца и чувств, она принесла мне свою нетронутую молодость... и я не прижал ее к своей груди, я лишил себя блаженства увидать, как ее милое лицо расцвело бы радостью и тишиною восторга... Эта мысль меня с ума сводила.

– Куда могла она пойти, что она с собою сделала? – восклицал я в тоске бессильного отчаяния... Что-то белое мелькнуло вдруг на самом берегу реки. Я знал это место; там, над могилой человека, утонувшего лет семьдесят тому назад, стоял до половины вросший в землю каменный крест с старинной надписью. Сердце во мне замерло... Я подбежал к кресту: белая фигура исчезла. Я крикнул: – Ася! Дикий голос мой испугал меня самого – но никто не отозвался...

Я решился пойти узнать, не нашел ли ее Гагин.

...

XXII

В Кёльне я напал на след Гагиных; я узнал, что они поехали в Лондон; я пустился вслед за ними; но в Лондоне все мои розыски остались тщетными. Я долго не хотел смириться, долго упорствовал, но я должен был отказаться, наконец, от надежды настигнуть их.

И я не увидел их более – я не увидел Аси. Темные слухи доходили до меня о нем, но она навсегда для меня исчезла. Я даже не знаю, жива ли она. Однажды, несколько лет спустя, я мельком увидал за границей, в вагоне железной дороги, женщину, лицо которой живо напомнило мне незабвенные черты... но я, вероятно, был обманут случайным сходством. Ася осталась в моей памяти той самой девочкой, какою я знавал ее в лучшую пору моей жизни, какою я ее видел в последний раз, наклоненной на спинку низкого деревянного стула.

Впрочем, я должен сознаться, что я не слишком долго грустил по ней; я даже нашел, что судьба хорошо распорядилась, не соединив меня с Асей; я утешался мыслию, что я, вероятно, не был бы счастлив с такой женой. Я был тогда молод – и будущее, это короткое, быстрое будущее, казалось мне беспредельным. Разве не может повториться то, что было, думал я, и еще лучше, еще прекраснее?... Я знавал других женщин, – но чувство, возбужденное во мне Асей, то жгучее, нежное, глубокое чувство, уже не повторилось. Нет! ни одни глаза не заменили мне тех, когда-то с любовию устремленных на меня глаз, ни на чье сердце, припавшее к моей груди, не отвечало мое сердце таким радостным и сладким замиранием! Осужденный на одиночество бессемейного бобыля, доживаю я скучные годы, но я храню, как святыню, ее записочки и высохший цветок гераниума, тот самый цветок, который она некогда бросила мне из окна. Он до сих пор издает слабый запах, а рука, мне давшая его, та рука, которую мне только раз пришлось прижать к губам моим, быть может, давно уже тлеет в могиле... И я сам – что сталось со мною? Что осталось от меня, от тех блаженных и тревожных дней, от тех крылатых надежд и стремлений? Так легкое испарение ничтожной травки переживает все радости и все горести человека – переживает самого человека.

(Тургенев И. С. *Полное собрание сочинений и писем в 30 томах*. Т. 5. М.: Наука, 1979, стр. 153-156, 190-191, 194-195)

三、译文评析

————— ❧ —————

通过对比原文和译文，我们认为萧珊女士的翻译中有三点值得分析。

1．对原文的现实主义风格和浪漫主义风格的忠实反映

如前所述，屠格涅夫的创作中兼具现实主义和浪漫主义的特点：一方面，他有着敏锐的艺术嗅觉，善于捕捉俄国社会生活中的重要问题和典型人物，并及时地在自己的创作中反映出来；另一方面，他的写作手法具有浓厚的浪漫主义气息，善于表现人物的主观精神世界，用充满诗意的语言和精雕细琢的笔触描摹现实。因此，要想将其作品的特点传达给读者，译者就必须准确把握这两种风格相互结合的关系。总体来看，《阿霞》这部小说的浪漫主义色彩更突出一些。例如，作者使用了大量具有强烈主观感受的字眼或表达方式来叙事、写景和状物："– Вы в лунный столб **въехали**, вы его **разбили**, – закричала мне Ася."阿霞的这句话充满了想象力，具有鲜明的感性色彩，而译者对句中涉及的两个动作的翻译也是准确而生动的："'您走进月光里面，您把它打碎了。'阿霞在我身后喊着。"——将一个少女活泼的形象以及她丰富的主观感受充分

表现了出来。此外，译者还注意到原文中的种种修辞手法并予以忠实再现，例如："и вечер, сперва весь огнистый, потом ясный и алый, потом бледный и смутный, тихо таял и переливался в ночь. (黄昏〔起初完全像火一样，然后明亮而通红，再后变成暗淡而朦胧，〕也渐渐地消失、融化在黑夜里了。)" "Лунный столб опять тянулся золотым мостом через всю реку. (月光像一道金桥似的伸到河对面。)" "Что осталось от меня, от тех блаженных и тревожных дней, от тех крылатых надежд и стремлений? (那些幸福的日子，那些悲愁的日子，那些长着翅膀的希望和抱负留给我一些什么呢?)" 等等，都是对浪漫主义风格的忠实再现。

　　另一方面，对浪漫主义的偏爱并不意味着拒斥现实主义，而是以浪漫主义为主，以现实主义为辅。小说中的现实主义要素主要体现在对人物肖像的描写上：众所周知，屠格涅夫写人并不像他写景那样工笔雕琢，而是擅长用写意的手法勾勒人物的鲜明特点，①使得人物形象突出的同时又没有失去真实感，这属于现实主义手法的典型特征。例如在描写阿霞的肖像时，作者写道："Девушка, которую он назвал своей сестрою, с первого взгляда показалась мне очень миловидной. Было что-то свое, особенное, в складе ее смугловатого круглого лица, с небольшим тонким носом, почти детскими щечками и черными, светлыми глазами. Она была грациозно сложена, но как будто не вполне еще развита. Она нисколько не походила на своего брата." 对应的译文为："那个被他叫作妹妹的少女，第一眼看起来非常漂亮。她那张略带褐色的圆脸上有着美丽的、细小的鼻子，差不多带孩子气的脸颊和明亮的黑眼睛：这个脸型里有一种独特的、特殊的东西。她的身材优美，但似乎尚未发育完全。她一点儿也不像她的哥哥。" 不难看出，译者没有对原文进行过多的补充和修饰，而是简洁地重现了阿霞外貌中的几个基本点——"略带褐色"的圆脸、"美丽的、细小的"鼻子、"带孩子气的"脸庞、"明亮的"黑眼睛、"优美的"身材、"未发育完全"等，很好地传达出了原文的现实主义风格。由此可见，译者对原文整体风格的把握和反映是比较精到的。

---

① 任子峰，《俄国小说史》[M]，北京：北京大学出版社，2010年，第275页。

2．以诗情画意的笔触对原文风景描写的再现

屠格涅夫是一位描摹风景的大师。他享有"俄罗斯大自然的歌手"和"纤图画家"（作家亨利·詹姆斯语）的美称，其写景技巧之高超、成就之斐然，让列夫·托尔斯泰都为之赞叹："这是他的拿手本领，以至在他之后，没有人敢下手碰这样的对象——大自然。两三笔一勾，大自然就发出芬芳的气息。"①不管是散文诗、随笔、中篇小说还是长篇小说，其中都能找到精彩的风景描写，这使得他的作品几乎总是充满了诗情画意。此外，作家也并非为了写景而写景，而是将景物与人物的内心世界结合起来，起到情景交融、相互映衬的效果，创造出"物我一体"的境界。由此可见，如果要将屠格涅夫的艺术特色传达给读者，译文就必须着力再现原文的风景描写。

《阿霞》的故事发生在风光秀丽的莱茵河畔，当地的夕阳、河面、古堡、山丘、碧草、鲜花……种种景物在作家笔下被组合成一幅幅精美绝伦的风景画，作为"我"与阿霞的爱情从萌生到幻灭的背景，这显然是有所用意的。而译者用极富诗情画意的笔调，创造性地再现了原文的风景描写，很好地传达出了情景交融的意境。例如写"我"初遇加京兄妹时有这样一小段对夕阳的描写："...солнце только что село, и **алый тонкий свет** лежал на зеленых лозах, на высоких тычинках, на сухой земле, усеянной сплошь крупным и мелким плитняком, и на белой стене небольшого домика, с косыми черными перекладинами и четырьмя светлыми окошками..." 对应的译文是："太阳刚落下去，一抹淡淡的红光依旧照在绿色葡萄藤的高茎上，照在铺满了大小石板的干燥的地上，还照在一所有着倾斜的黑色横梁和四扇明窗的小宅子的白墙上。"这里译者为"红光"添加了数量词"一抹"，相比不加数量词的译法赋予了景物更强的形象性，此外还加上了两个"照在"，与原本就有的一处"照在"形成排比结构，增强了静态铺陈和抒情的效果；这两处添加严格来说是原文所没有的，但对于再现原文的写景效果颇有助益。

选段中还有一处极为动人的风景描写："Наконец луна встала и заиграла

---

① 任子峰，《俄国小说史》[M]，北京：北京大学出版社，2010年，第278页。

по Рейну; всё осветилось, потемнело, изменилось, даже вино в наших граненых стаканах заблестело таинственным блеском. Ветер упал, точно крылья сложил, и замер; ночным, душистым теплом повеяло от земли." 对应的译文是："最后月亮升起来了，照在莱茵河上。这四周的一切有的发光，有的变暗，全变化了；连我们的刻花玻璃杯里的酒也放出神秘的光彩。风停了，好像它也收起翅膀静息了。散发浓香的夜间的暖气轻柔地从地面上升起来了。"我们注意到，译者没有将"всё осветилось, потемнело, изменилось"直接按字面译为"一切都照亮了，黯淡了，变化了"。不妨设想一下月光照着莱茵河的情景：水面上波光粼粼，随着波浪的起伏和朝向月亮的角度不同而时亮时暗，这岂不正是"有的发光，有的变暗，全变化了"？！可见译者虽然人不在景中，对景的体会却是非常精到的。此外，译者还忠实地传达了原文具有表现力的比较结构（Ветер упал, точно крылья сложил, и замер. "风停了，好像它也收起翅膀静息了。"），并将动词 повеяло 翻译成"轻柔地升起来了"——添补的副词"轻柔"与"暖气"的组合可谓是恰如其分。[①]这都是译文中可圈可点的地方。

　　不过译文也并非十全十美，例如对动词 заиграла 的处理便有损原文神韵：虽然这个词确有"照亮、闪烁"之意，但这个转义与本义"开始玩耍"（前缀 за- 表示"开始"，词干 играть 义为"玩耍"）是密不可分的，简单地翻译成"照在"便完全失去了"嬉闹"的活泼和灵动。此处译为"照在莱茵河上闪闪发亮"或"月光在莱茵河上闪动"或更符合原意，也更能实现屠格涅夫笔下的景物"动静相间、动静互衬"[②]的意境。但无论如何，瑕不掩瑜，应该认为译者对《阿霞》中风景描写的特征有着较为准确的把握，并通过巧妙的遣词造句实现了原文写景的再现。

3．对原文细腻的心理描写的生动传达

　　除开写景，屠格涅夫在心理描写上的成就同样为人津津乐道，这些细腻的描写基于作者本人的真情实感，又与他的抒情风格相得益彰，形成其

---

① повеять 本身有"吹拂"的意思，作无人称动词时表示"散发""具有……气氛"等。
② 李兆林、叶乃方编，《屠格涅夫研究》[M]，上海：上海译文出版社，1989年，第369页。

创作的一个标志性特点。前人的研究大多指出其作品中的心理描写的两大特点：一是简洁，屠格涅夫坚持"隐蔽的心理学"（тайная психология）的原则（这一点使他明显有别于陀思妥耶夫斯基和列夫·托尔斯泰），认为"诗人应当是心理学家，但必须是隐蔽的心理学家：他应当了解和感受现象的根源，但仅呈现现象本身——呈现其兴盛和衰退中的状态"[①]；也就是说，他通常不过多刻画人物心理变化过程，而是注重写心理变化的结果，即通过语言、动作、表情等外在表现来反映心理。[②]二是优美，特别是对女性恋爱心理的描写总是充满柔情且细致入微，如杜勃罗留波夫所言："我们在他的故事中能够感觉到她的处女胸怀的波动、悄悄的叹息、温和的眼光，能够听到激动的心灵的每一下跳动。"[③]而《阿霞》这部作品极为典型地反映了上述两个特点：作为一部爱情小说，其重中之重正在于表现人物的心理和情感——无论是阿霞那起初略带羞涩、后来却转为热烈奔放的初恋情感，还是叙述者"我"面对这种情感时的矛盾心理以及多年后回顾往事时的惆怅，都是作家细笔描摹的重点对象。

试举一例。阿霞初次见到"我"时"非常害羞"，但她的态度很快就发生了变化，只见作家写道："Она улыбнулась и немного спустя уже сама заговаривала со мной. Я не видал существа более подвижного. Ни одно мгновенье она не сидела смирно; **вставала**, **убегала** в дом и **прибегала** снова, **напевала** вполголоса, часто смеялась, и престранным образом: казалось, она смеялась не тому, что слышала, а разным мыслям, приходившим ей в голову. Ее большие глаза **глядели прямо, светло, смело,** но иногда веки ее **слегка** щурились, и тогда взор ее внезапно становился **глубок и нежен**."此处没有任何直接的心理描写，却让人自然而然地感受到少女丰富的内心世界，可见这便是以外在反映内在、以结果反映过程的典型的屠格涅夫式手法，这些细致的动作描写对表现人物心理具有关键作用。相应的译文为："她微微地笑了笑，过了一会儿她主动

---

① Пустовойт П. Г. И. С.Тургенев – художник слова [M]. М.: Издательство Московского университета, 1987, стр. 14.
② 任子峰，《俄国小说史》[M]，北京：北京大学出版社，2010年，第278页。
③ 任子峰，《俄国小说史》[M]，北京：北京大学出版社，2010年，第280页。转引自：杜勃罗留波夫，《杜勃罗留波夫选集（第2卷）》，上海：上海译文出版社，1983年，第291页。

跟我谈起来。我从没有见过比她更好动的人。她从来也没有安静地坐过一阵；她一会儿站起来，跑进宅子里去，又跑出来，低声唱歌，一会儿她笑起来，而且笑得非常古怪：她好像并不是在笑她所听到的，只是为了跑进她脑子里面的种种思想笑着。她的大眼睛发亮地、大胆地直望着你，但有时她的眼睑微微地低垂，于是她的眼光立刻变成深沉而温柔的了。"此处译文的生动性集中体现在对一连串未完成体动词（вставала... убегала... прибегала... напевала... смеялась）的处理上：未完成体动词表示反复发生数次的行为，故译者没有局限于逐字对译，而是添加连接词"一会儿……一会儿"和副词"又"，强调了行为的反复性，间接表现出阿霞快活而又略带紧张的心情。而对于写阿霞目光的、描摹性很强的最后一句，译者则通过直译三个并列的副词"发亮地、大胆地直望"（对应 глядели прямо，светло, смело）以及采用词汇手段"微微地"（对应 слегка；叠词增加生动性）、"深沉而温柔的"（对应 глубок и нежен；用"而"连接形容词构成并列结构略带文语色彩）来传达这种描摹性，令隐藏在这种目光背后的少女心思跃然纸上。

　　再以小说的结局为例。与前面对阿霞心理的间接表现不同，此处直接描写"我"的心理，语言凄婉动人，是小说抒情性的集中体现。译者显然也意识到了这一点，故译文风格不同于之前的简洁生动，特别采用排比式的定语加复指增强语势（– но чувство, возбужденное во мне Асей, то **жгучее, нежное, глубокое** чувство, уже не повторилось。"但是在我的心里被阿霞所唤起的那种感情，那种热烈的、温柔的、深沉的感情，我再也不能感到了"；Что осталось от меня, от тех **блаженных и тревожных** дней, от тех **крылатых** надежд и стремлений？"那些幸福的日子，那些悲愁的日子，那些长着翅膀的希望和抱负留给我一些什么呢？"），将字里行间蕴含着的丰沛情感通过句法手段忠实地传达了出来。由此可见，译者对于《阿霞》心理描写的传达非常精准，成功地将人物细腻的心理活动和丰富的情感波动展现在读者眼前。

　　综上所述，萧珊翻译的《阿霞》是一个出色的译本，或许如巴金所言，算不得完美无瑕，但依然值得翻译工作者学习和借鉴。

第五章

冈察洛夫《奥勃洛莫夫》

一、冈察洛夫与《奥勃洛莫夫》

伊凡·亚历山德罗维奇·冈察洛夫（Иван Александрович Гончаров，1812—1891），俄国19世纪批判现实主义作家。自1832年首次发表文学作品——法国长篇小说《阿塔-居尔》的译文以来，冈察洛夫在近六十年的创作生涯中贡献了许多传世佳作，在俄国文学史上具有举足轻重的地位。概括起来，冈察洛夫的创作活动有四个阶段：19世纪30年代的文学尝试阶段，40至60年代的创作黄金期，70年代撰写文学评论的阶段以及80年代的创作文艺随笔的时期。可以说，冈察洛夫的创作是其所处时代的反映和产物。尤其在其作品高产期，轰动文坛的三部长篇小说《平凡的故事》（1847）、《奥勃洛莫夫》（1859）、《悬崖》（1869）和一部长篇游记《战舰"巴拉达"号》（1858）相继问世。当时正值农奴制改革前后，他热爱国家，关心人民，坚信文学艺术的社会教育力量，将创作视为人民免受奴役、反对农奴专制的有力武器。冈察洛夫描写的全部人物和景象，均来自真实的俄国社会。他竭力在作品中再现这样的生活，并把它看作自己的社会义务和爱国义务。因此，冈察洛夫是一位极具俄罗斯民族性格的作家，其创作反映的主题现实性、生活描述的逼真度、社会冲突的复杂性以及典型性格的塑造，都为他赢得了世界声誉。高尔基曾称冈察洛夫为"文学巨匠"，并将其名字置于俄国伟大的文学大师之列。①

冈察洛夫最具代表性的作品当属《奥勃洛莫夫》(Обломов)，在他为数不多的长篇小说中，《奥勃洛莫夫》以内容最深刻、批判旧制度最有力而著称。作品主人公"奥勃洛莫夫"形象成为俄国贵族知识分子"多余人"画廊中的又一新典型，作家塑造的"奥勃洛莫夫性格"也成为懒惰、颓废、寄生的代名词。小说讲述了贵族地主阶级青年奥勃洛莫夫生活在俄国农奴制即将崩溃的前期，他慵懒，愚昧落后，无所事事地生活。他生性善良，受过良好教育，但却认为工作是一种惩罚。于是，失去兴趣和意志的他每日躺在沙发上浑浑噩噩。与之形成鲜明对比的是他的朋友——积极进取的企业家希托尔兹。希托尔兹为了改变他，撮合他与奥利卡相恋。与奥利卡相恋后，奥勃洛莫夫试图改变现状，积极参与社交，管理领地，但是很快又厌倦了，认为爱情同样会使他感到烦闷。最终奥利卡离他而去，而奥勃洛莫夫依然每天躺在沙发上，爱情、友情皆无法令他振作，最终其精神逐渐走向死亡，他默默离开人世。小说揭示了农奴制改革前腐朽没落的俄国，一片死气沉沉、毫无生机，描写了奥勃洛莫夫这样的贵族不思进取、因循守旧、无所作为的状态。通过对人物精神死亡全过程的细腻描写，表达了底层社会强烈的反专制情绪，并说明了专制主义农奴制必然灭亡的历史趋势。作者的构思精细翔实，语言纯洁优美，在结构严密、客观平稳的情节发展中，他着重以奥勃洛莫夫的生活环境来刻画其性格和心理，深刻揭示了环境对人物性格的影响，这也是冈察洛夫艺术技巧的一个根本特点。

在我国，《奥勃洛莫夫》同样受到广泛关注。国内对该部作品的评议最早可追溯至五四时期的《俄罗斯文学之思潮一瞥》(田汉 1919)。之后的几十年里，对它的研究和评价受思想解放、时代思潮的影响不断出现新视角。从田汉笔下视为俄国人民弱点的"奥勃洛莫夫气质"，到郑振铎《俄国文学史略》(1924)所认为的当时俄国最对症的一剂良药、瞿秋白《十月革命前的俄国文学》(1927)中空谈不实干最终梦一场的"多余人"，

① 郑体武主编，《俄罗斯文学辞典·作家与作品》[M]，上海：复旦大学出版社，2013年，第145页。

再到张洪榛《冈察洛夫和他的长篇小说》（1968）笔下的"死魂灵"，各种观点不断涌现。从作品翻译来看，我国最早的《奥勃洛莫夫》汉译本要属方译之所译，1939年刊登在《文学集林》上；1943年，林产伦所译的部分章节被刊于《艺业》双月刊上；次年，齐蜀夫译文的前两部由桂林远方出版社出版；1946年，齐蜀夫译文后两部由上海新知书店出版，全译本最终问世。新中国成立后，该作品的翻译工作在俄国文学译介的浪潮下得到推进，历经多次改版重印。1997年，人民文学出版社还出版了陈馥、郑揆的合译本及陈馥的插图本，深受读者欢迎。

陈馥（1934—），著名俄国文学翻译家，译作有《奥勃洛莫夫》《蒲宁中短篇小说选》《普希金抒情诗选》《列斯科夫中短篇小说选》《大堂神父》等。其译作以朴实严谨著称，语言流畅通达，耐人寻味，能够艺术地传达原著风格。不同翻译家有自己独特的译风，陈馥尤其强调情感在文学翻译中的重要性及在描绘人世间悲欢离合中的作用，主张在精神艺术层面投入感情，打动读者。或许，情感的沟通正是其作品广受喜爱的重要原因。

二、《奥勃洛莫夫》译文节选

......

奥勃洛莫夫在梦中忽然光临的就是这样一个地方。

三四个村子疏疏落落地分布在这里，其中一个叫松树庄，一个叫瓦维洛夫村，彼此相隔一俄里。

松树庄和瓦维洛夫村都是奥勃洛莫夫家的世袭领地，因此统称奥勃洛莫夫庄园。

奥勃洛莫夫家的大宅院在松树庄。离松树庄约五俄里有一个小村子，外加几户散居农民，叫韦尔赫廖沃村，原先也是奥勃洛莫夫家的，早就归了别人。

　　现在韦尔赫廖沃村属于一个富裕地主，这位老爷把他的地产交给一个德国人经管，自己从不到乡下来。

　　这一带的地理环境就是如此。

　　奥勃洛莫夫早上在他的小床上醒来。他才七岁。他的心情是那么轻松愉快。

　　他是个长相多么可爱，脸色多么红润的胖娃娃啊！双颊圆鼓鼓的，有些小淘气就是故意去鼓也鼓不到这个程度。

　　嬷嬷在床边等着，看见他醒来就给他穿袜子。他不肯穿，两只小腿乱蹬，淘气了一阵，嬷嬷终于抓住了他的脚，两个人都笑个不停。

　　最后嬷嬷总算把他抱下床来，给他洗脸，梳头，然后带他去见母亲。

　　奥勃洛莫夫看见了早已过世的母亲，虽然在梦中，还是高兴得不得了，对母亲的热烈的爱使得睡梦中的他眼皮底下慢慢冒出两大滴热泪，一动不动地停在那里。

　　母亲搂着他使劲吻了又吻，接着仔仔细细地检查一番，看他的小眼睛是否清亮有神，问他有没有什么地方不舒服，又盘问嬷嬷：孩子睡得可安稳？夜里醒过吗？踢不踢被子？发不发烧？然后才拉起他的小手，把他带到圣像前面。

　　母亲跪下，一只手搂着他，领着他念祈祷文。

　　孩子心不在焉地跟着母亲念，两眼望着窗外，一股清凉的气流和丁香花的香味袭来。

　　"妈妈，今天我们出去玩儿不？"他忽然打断了祈祷问。

　　"去，宝贝儿。"母亲连忙回答说，眼睛仍旧望着圣像，赶着把最后几句祈祷词念完。

　　孩子无精打采地跟着念，母亲却是一心一意的。

　　接着他们就去给父亲请安，然后吃早茶。

　　孩子在茶桌旁看到的是一位和他们在一起生活的八十岁的老姑婆，她不停地埋怨她的女仆，那女仆已经衰老得颤颤巍巍的，还要站在她身后伺候她。另外有三位老姑娘，是父亲的远房亲戚；一位有点疯傻的男子，是父亲的兄弟；一位有七名农奴的地主，姓切克梅尼奥夫，是来做客的。还有几个老婆子和老头子。

奥勃洛莫夫家的成员和常客纷纷过来抱伊利亚·伊利奇，又是亲来又是夸。孩子忙不迭地擦去脸上那些不受他欢迎的吻痕。

接着就有人来喂他吃面包、面包干、酸奶油。

早茶吃完以后，母亲再和他亲热亲热才放他去花园、庭院和草地上玩，并且严厉叮嘱嬷嬷不能丢下孩子不管，不能让他靠近马、狗、山羊，不能让他离家太远，尤其不能让他到山沟里去，那可是这一带人人嫌恶的最可怕的地方。

一天，有人在这个山沟里发现一条狗，等大家拿了木叉和斧子去打的时候，那狗竟然跑到山那边不见了。大家就根据这一点认为那是一条疯狗。谁家死了牲畜也拉来扔在这个山沟里。据说这里还有强盗，野狼，以及其他稀奇古怪的动物，是这一带乃至人世间从未见过的。

孩子不等母亲嘱咐完毕，早已跑到外面去了。

他仿佛是有生以来第一次怀着惊喜的心情绕着父母的大宅跑了一圈，观看了一遍。大门歪斜了，木屋顶中央已经塌陷，上面长出一层嫩绿的青苔，屋前的木台阶也摇摇晃晃的，屋旁和屋上又加盖了一些房子，还有一座荒芜了的大花园。

他特别想跑到环绕大宅整整一圈的悬垂式回廊上去瞭望流经这一带的小河，但是这回廊的木头朽了，勉强支持着，只有"下人"才得在上面走动，主人是不到那里去的。

他不顾母亲的三令五申，正要登上那诱人的扶梯，这时候嬷嬷出现在台阶上，好不容易才抓住了他。

他挣脱了，向干草垛那边跑，想爬上一架很陡的梯子。嬷嬷刚追到草垛边，又必须赶快去打消他要爬鸽子窝、进牲畜院的念头。他还想——上帝保佑！——到山沟里去呢。

"主啊！瞧这孩子，跟陀螺似的！你就不能乖乖地坐一会儿，少爷？真丢人！"嬷嬷说。

嬷嬷日夜都在忙乱，奔跑，为孩子受罚，为孩子欢喜，为孩子担惊受怕：生怕他摔倒碰破鼻子，也为孩子表露出的天真的爱而动情，或者为他将来的前途黯然神伤——嬷嬷挂心的只有这一件事，只有为他担心这老婆子的血液才热得起来，使她那毫无生气的生活借以维持下去，否则她恐怕早就不在人世了。

这孩子并不是总在淘气，有的时候他忽然会静静地坐在嬷嬷身边，专注地观察周围的一切。他的小脑袋在研究眼前发生的事情，把印象深深地埋入心田，那些印象就和他一起成长发育起来。

清晨是美妙的，空气凉爽，太阳还不高。大宅、树木、鸽舍、回廊，一切都投下长长的黑影。花园里和庭院中都有一些阴凉的角落，引人冥思，使人瞌睡。只有远处的黑麦田像着了火一样，小河也在骄阳下闪着刺目的光。

"嬷嬷，为什么这儿黑，那儿亮，过一会儿那儿也要亮了?"孩子问。

"少爷，因为太阳去接月亮，可是总看不见月亮，所以沉着脸子。要是远远地看见了呢，就眉开眼笑了。"

孩子思索着，观察着周围的一切。他看见，安季普赶着水车去取水，而他身边还有一个安季普在地上行走，比真的安季普大十倍，那水桶的影子与大宅一般大，马的影子把整个草地都遮盖了，可是这影子只在草地上走了两步，不等安季普离开院子，它已经跑到山那边去了。

孩子也跨出两步三步，他的影子也到山那边去了。

他很想到山那边去，看看那马的影子究竟跑到哪儿去了。他刚朝大门外走就听见母亲的声音从窗户里传出来:

"嬷嬷!你没看见孩子跑到太阳地里去了吗?把他领到阴凉处来，晒了头孩子会不舒服，恶心，吃不下饭。你不看着，他会跑到山沟里去!"

"唉，小祖宗!"嬷嬷一面低声抱怨，一面把他拉到台阶上。

孩子以目光锐利、敏于接受的眼睛看着大人的一举一动，注意他们早上都做些什么。

没有一件小事、一个细节逃得过孩子的探究的目光。家庭日常生活的情景刻在他的心坎上，永远抹不掉。他的稚嫩的头脑吸取了许许多多活生生的实例，不自觉地按照他周围的生活模式勾画着他自己的生活蓝图。

不能说，奥勃洛莫夫家早上是在虚度光阴。厨房里剁肉切菜的声音甚至能传到村子里。

可以听见下人房里有纺锤旋转的声音，还有一个女仆的细弱的嗓音，让人难以判断她是在哭呢，还是在编一首凄凉的无词歌。

安季普刚刚拉回来一大桶水，好几个女仆、车夫就提着小桶，抱着水罐子，端着洗衣盆从各个角落里走出来，迎上前去。

一个老婆子从粮仓里拿了一碗面粉和好些鸡蛋到厨房去，厨子突然往窗外泼水，浇在名叫阿拉普卡的狗身上，这只狗一个早上目不转睛地盯着厨房的窗户摇尾巴舔嘴唇。

老奥勃洛莫夫也并非无事可做。他一个早上坐在窗前严密监视庭院中的一切活动。

"喂，是伊格纳什卡吗？你拿的是什么，蠢货？"他问一个从院子里走过的男仆。

"是刀子，拿到下房去磨。"那个男仆回答说，看也没看老爷一眼。

"去吧，去吧，小心，磨快点！"

接着他又叫住一个女仆，问她：

"喂，婆娘，婆娘！上哪儿去了？"

"去地窖了，老爷，"那女仆停下来，手打遮阳望着窗户这边说，"取晌午要吃的牛奶。"

"走吧，走吧！"老爷说，"小心，别把牛奶洒了。"

"嘿，扎哈尔卡，你这个淘气鬼，又往哪儿跑？"他吼道，"我叫你跑！我瞧着呢，这是你第三次乱跑了。给我回外室去！"

于是扎哈尔卡又回到外室去打盹儿。

……

孩子要去学校的那天早上，家里人想尽办法让他足吃一顿，还要给他烤许多小白面包，拿许多腌菜、饼干、果酱，以及各种各样干的和湿的甜食美味，甚至粮食，叫他带走，因为他们预见到，在德国人家里是不会有许多东西吃的。

"吃那儿的饭长不了肉，"奥勃洛莫夫庄园的人说，"中饭给一道汤、一道煎肉加土豆，午茶给一点奶油，晚饭就什么也不给了。"

不过奥勃洛莫夫梦见的星期一多半听不到瓦西卡叫人套花马的声音，而是看见母亲面带微笑坐在茶桌边等他，告诉他一个好消息：

"今天你不去上学了，星期四是个大节，何必为三天跑这一趟？"有的时候母亲忽然向他宣布："今天祭祖周到了，没工夫念书，我们要烙饼。"

不然就是母亲星期一早上把他仔仔细细打量一番以后说：

"今天你的眼睛不大精神。是不是不舒服？"她说完摇摇头。狡猾的孩子虽然身体健康，却不作声。

"这星期你就在家待着吧，"母亲说，"到时候再看。"

家里人也都深信，星期六祭祖无论如何是不兴念书的，或者说，星期四那个节非过不可，这个星期当然就不能念书了。

只有在某个男仆或者女仆代小少爷受过的时候才会听见他们埋怨说：

"哼，娇气包！不知道要赖到什么时候才上你德国老师那儿去。"此外，安季普也会在一周的当中或者开头突然赶着那匹他熟悉的花马到德国老师那儿去接他，说是玛丽亚·萨维什娜，或者纳塔利娅·法捷耶夫娜，或者库佐夫科夫一家子来了，请少爷回去。

少爷在家一待就是三个星期，到时候一看，再过几天就是基督受难周了，接着是复活节，家里有人不知为什么认为，复活节后的圣多马周也不兴念书。这样一来，只剩两个星期就入夏了，不值得再去。夏天连德国老师自己也要休息，不如等秋天再去。

一转眼，少爷在家已经玩了半年，在这段时间里他长高了多少、胖了多少啊！觉也睡得足极了！那样子真叫家里人看不够，不像从前星期六从学校回来的时候那样又瘦又苍白。

"照那样下去要不了多久这孩子就完了！"父亲对母亲说，"书什么时候念都跑不了，健康可是买不来的，人生最宝贵的是健康。瞧，他从学校回来就跟病人刚出院似的，身上的油水全没了，瘦成那个样子……还淘气得不得了，跑来跑去没个够！"

"嗯，"父亲指出，"念书这事儿可不讲情面，不管你是谁都得乖乖地受那份罪！"

慈爱的双亲继续寻找各种借口把儿子留在家中。除了过节，能找到的借口还有的是。冬天他们觉得出门太冷，夏天又太热，有的时候是天要下雨了，秋天道路泥泞难走。有的时候是安季普叫他们放心不下，人醉不像醉，可是眼神不对，万一让车子陷进泥坑里，或者翻下山去，那可不行。

……

（节选自陈馥译《奥勃洛莫夫》，人民文学出版社，2008年，第109—114页，第143—144页）

附：*Обломов* 选段原文

...

Таков был уголок, куда вдруг перенесся во сне Обломов.

Из трех или четырех разбросанных там деревень была одна Сосновка, другая Вавиловка, в одной версте друг от друга.

Сосновка и Вавиловка были наследственной отчиной рода Обломовых и оттого известны были под общим именем Обломовки.

В Сосновке была господская усадьба и резиденция. Верстах в пяти от Сосновки лежало сельцо Верхлёво, тоже принадлежавшее некогда фамилии Обломовых и давно перешедшее в другие руки, и еще несколько причисленных к этому же селу кое-где разбросанных изб.

Село принадлежало богатому помещику, который никогда не показывался в свое имение: им заведовал управляющий из немцев.

Вот и вся география этого уголка.

Илья Ильич проснулся утром в своей маленькой постельке. Ему только семь лет. Ему легко, весело.

Какой он хорошенький, красненький, полный! Щечки такие кругленькие, что иной шалун надуется нарочно, а таких не сделает.

Няня ждет его пробуждения. Она начинает натягивать ему чулочки; он не дается, шалит, болтает ногами; няня ловит его, и оба они хохочут.

Наконец удалось ей поднять его на ноги; она умывает его, причесывает головку и ведет к матери.

Обломов, увидев давно умершую мать, и во сне затрепетал от радости, от жаркой любви к ней: у него, у сонного, медленно выплыли из-под ресниц и стали неподвижно две теплые слезы.

Мать осыпала его страстными поцелуями, потом осмотрела его жадными, заботливыми глазами, не мутны ли глазки, спросила, не болит ли что-нибудь, расспросила няньку, покойно ли он спал, не просыпался ли ночью, не метался ли во сне, не было ли у него жару? Потом взяла его за руку и подвела его к образу.

Там, став на колени и обняв его одной рукой, подсказывала она ему слова молитвы.

Мальчик рассеянно повторял их, глядя в окно, откуда лилась в комнату прохлада и запах сирени.

– Мы, маменька, сегодня пойдем гулять? – вдруг спрашивал он среди молитвы.

– Пойдем, душенька, – торопливо говорила она, не отводя от иконы глаз и спеша договорить святые слова.

Мальчик вяло повторял их, но мать влагала в них всю свою душу.

Потом шли к отцу, потом к чаю.

Около чайного стола Обломов увидал живущую у них престарелую тетку, восьмидесяти лет, беспрерывно ворчавшую на свою девчонку, которая, тряся от старости головой, прислуживала ей, стоя за ее стулом. Там и три пожилые девушки, дальние родственницы отца его, и немного помешанный деверь его матери, и помещик семи душ, Чекменев, гостивший у них, и еще какие-то старушки и старички.

Весь этот штат и свита дома Обломовых подхватили Илью Ильича и начали осыпать его ласками и похвалами; он едва успевал утирать следы непрошеных поцелуев.

После того начиналось кормление его булочками, сухариками, сливочками.

Потом мать, приласкав его еще, отпускала гулять в сад, по двору, на луг, с строгим подтверждением няньке не оставлять ребенка одного, не допускать к лошадям, к собакам, к козлу, не уходить далеко от дома, а главное, не пускать его в овраг, как самое страшное место в околотке, пользовавшееся дурною репутацией.

Там нашли однажды собаку, признанную бешеною потому только, что она бросалась от людей прочь, когда на нее собрались с вилами и топорами, исчезла где-то за горой; в овраг свозили падаль; в овраге предполагались и разбойники, и волки, и разные другие существа, которых или в том краю, или совсем на свете не было.

Ребенок не дождался предостережений матери: он уж давно на дворе.

Он с радостным изумлением, как будто в первый раз, осмотрел и обежал кругом родительский дом, с покривившимися набок воротами, с севшей на середине деревянной кровлей, на которой рос нежный зеленый мох, с шатающимся крыльцом, разными пристройками и надстройками и с запущенным садом.

Ему страсть хочется взбежать на огибавшую весь дом висячую галерею, чтоб посмотреть оттуда на речку: но галерея ветха, чуть-чуть держится, и по ней дозволяется ходить только «людям», а господа не ходят.

Он не внимал запрещениям матери и уже направился было к соблазнительным ступеням, но на крыльце показалась няня и кое-как поймала его.

Он бросился от нее к сеновалу, с намерением взобраться туда по крутой лестнице, и едва она поспевала дойти до сеновала, как уж надо было спешить разрушать его замыслы влезть на голубятню, проникнуть на скотный двор и, чего боже сохрани! – в овраг.

– Ах ты, господи, что за ребенок, за юла за такая! Да посидишь ли ты смирно, сударь? Стыдно! – говорила нянька.

И целый день и все дни и ночи няни наполнены были суматохой, беготней: то пыткой, то живой радостью за ребенка, то страхом, что он упадет и расшибет нос, то умилением от его непритворной детской ласки или смутной тоской за отдаленную его будущность: этим только и билось сердце ее, этими волнениями подогревалась кровь старухи, и поддерживалась кое-как ими сонная жизнь ее, которая без того, может быть, угасла бы давным-давно.

Не все резв, однакож, ребенок: он иногда вдруг присмиреет, сидя подле няни, и смотрит на все так пристально. Детский ум его наблюдает все совершающиеся перед ним явления; они западают глубоко в душу его, потом растут и зреют вместе с ним.

Утро великолепное; в воздухе прохладно; солнце еще не высоко. От дома, от деревьев, и от голубятни, и от галереи – от всего побежали далеко длинные тени. В саду и на дворе образовались прохладные уголки, манящие к задумчивости и сну. Только вдали поле с рожью точно горит огнем да речка так блестит и сверкает на солнце, что глазам больно.

– Отчего это, няня, тут темно, а там светло, а уже будет и там светло? – спрашивал ребенок.

– Оттого, батюшка, что солнце идет навстречу месяцу и не видит его, так и хмурится; а уж как завидит издали, так и просветлеет.

Задумывается ребенок и все смотрит вокруг: видит он, как Антип поехал за водой, а по земле, рядом с ним, шел другой Антип, вдесятеро больше настоящего, и бочка казалась с дом величиной, а тень лошади покрыла собой весь луг, тень шагнула только два раза по лугу и вдруг двинулась за гору, а Антип еще и со двора не успел съехать.

Ребенок тоже шагнул раза два, еще шаг – и он уйдет за гору.

Ему хотелось бы к горе, посмотреть, куда делась лошадь. Он к воротам, но из окна послышался голос матери:

– Няня! Не видишь, что ребенок выбежал на солнышко! Уведи его в холодок; напечет ему головку – будет болеть, тошно сделается, кушать не станет. Он этак у тебя в овраг уйдет!

– У! Баловень! – тихо ворчит нянька, утаскивая его на крыльцо.

Смотрит ребенок и наблюдает острым и переимчивым взглядом, как и что делают взрослые, чему посвящают они утро.

Ни одна мелочь, ни одна черта не ускользает от пытливого внимания ребенка; неизгладимо врезывается в душу картина домашнего быта; напитывается мягкий ум живыми примерами и бессознательно чертит программу своей жизни по жизни, его окружающей.

Нельзя сказать, чтоб утро пропадало даром в доме Обломовых. Стук ножей, рубивших котлеты и зелень в кухне, долетал даже до деревни.

Из людской слышалось шипенье веретена да тихий, тоненький голос бабы: трудно было распознать, плачет ли она или импровизирует заунывную песню без слов.

На дворе, как только Антип воротился с бочкой, из разных углов поползли к ней с ведрами, корытами и кувшинами бабы, кучера.

А там старуха пронесет из амбара в кухню чашку с мукой да кучу яиц; там повар вдруг выплеснет воду из окошка и обольет Арапку, которая целое утро, не сводя глаз, смотрит в окно, ласково виляя хвостом и облизываясь.

Сам Обломов – старик тоже не без занятий. Он целое утро сидит у окна и неукоснительно наблюдает за всем, что делается на дворе.

– Эй, Игнашка? Что несешь, дурак? – спросит он идущего по двору человека.

– Несу ножи точить в людскую, – отвечает тот, не взглянув на барина.

– Ну неси, неси; да хорошенько, смотри, наточи!

Потом остановит бабу:

– Эй, баба! Баба! Куда ходила?

– В погреб, батюшка, – говорила она, останавливаясь, и, прикрыв глаза рукой, глядела на окно, – молока к столу достать.

– Ну иди, иди! – отвечал барин. – Да смотри, не пролей молоко-то.

– А ты, Захарка, постреленок, куда опять бежишь? – кричал потом. – Вот я тебе дам бегать! Уж я вижу, что ты это в третий раз бежишь. Пошел назад, в прихожую!

И Захарка шел опять дремать в прихожую.

...

Не знают, чем и накормить его в то утро, напекут ему булочек и крендельков, отпустят с ним соленья, печенья, варенья, пастил разных, и других всяких сухих и мокрых лакомств и даже съестных припасов. Все это отпускалось в тех видах, что у немца не жирно кормят.

– Там не разъешься, – говорили обломовцы, – обедать-то дадут супу, да жаркого, да картофелю, к чаю масла, а ужинать-то морген фри – нос утри.

Впрочем, Илье Ильичу снятся больше такие понедельники, когда он не слышит голоса Васьки, приказывающего закладывать пегашку, и когда мать встречает его за чаем с улыбкой и с приятною новостью:

– Сегодня не поедешь; в четверг большой праздник: стоит ли ездить взад и вперед на три дня?

Или иногда вдруг объявит ему: – Сегодня родительская неделя, – не до ученья: блины будем печь.

А не то так мать посмотрит утром в понедельник пристально на него, да и скажет:

– Что-то у тебя глаза несвежи сегодня. Здоров ли ты? – и покачает головой.

Лукавый мальчишка здоровехонек, но молчит.

– Посиди-ка ты эту недельку дома, – скажет она, – а там – что бог даст.

И все в доме были проникнуты убеждением, что ученье и родительская суббота никак не должны совпадать вместе, или что праздник в четверг – неодолимая преграда к ученью на всю неделю.

Разве только иногда слуга или девка, которым достанется за барчонка, проворчат:

– У, баловень! Скоро ли провалишься к своему немцу?

В другой раз вдруг к немцу Антипка явится на знакомой пегашке, среди или в начале недели, за Ильей Ильичом.

– Приехала, дескать, Марья Савишна или Наталья Фаддеевна гостить или Кузовковы со своими детьми, так пожалуйте домой!

И недели три Илюша гостит дома, а там, смотришь, до страстной недели уж недалеко, а там и праздник, а там кто-нибудь в семействе почему-то решит, что на фоминой неделе не учатся; до лета остается недели две – не стоит ездить, а летом и сам немец отдыхает, так уж лучше до осени отложить.

Посмотришь, Илья Ильич и отгуляется в полгода, и как вырастет он в это время! Как потолстеет! Как спит славно! Не налюбуются на него в доме, замечая, напротив, что, возвратясь в субботу от немца, ребенок худ и бледен.

– Долго ли до греха? – говорили отец и мать. – Ученье-то не уйдет, а здоровья не купишь; здоровье дороже всего в жизни. Вишь, он из ученья как из больницы воротится: жирок весь пропадает, жиденький такой... да и шалун: все бы ему бегать!

Да, – заметит отец. – Ученье-то не свой брат: хоть кого в бараний рог свернет!

И нежные родители продолжали приискивать предлоги удерживать сына дома. За предлогами, и кроме праздников, дело не ставало. Зимой казалось им холодно, летом по жаре тоже не годится ехать, а иногда и дождь пойдет, осенью слякоть мешает. Иногда Антипка что-то сомнителен покажется: пьян не пьян, а как-то дико смотрит: беды бы не было, завязнет или оборвется где-нибудь.

...

(Гончаров И.А. *Обломов: роман в четырёх частях.* **М.: Московский рабочий, 1981, стр. 93-97, 122-123)**

三、译文评析

　　节选部分为《奥勃洛莫夫》中的重要一章——《奥勃洛莫夫的梦》。首先，它通过梦境介绍了主人公从小长大的故乡的自然地理环境；其次，以梦的形式描绘了主人公的生活，即奥勃洛莫夫庄园的饮食与起居；最后，借此揭示农奴制的腐朽、落后，及其对人的异化。陈馥译本深得原作精髓，主要表现在以下三方面：

1. 对原作主题思想的准确把握

在《奥勃洛莫夫的梦》一章中，奥勃洛莫夫的家乡——村庄是一个集丰饶与贫穷、懒惰与无聊于一体的神奇地方。在这里地主和农民的生活沉闷无趣，使得"死亡般的寂静"不得不与睡眠状态联系起来，成为奥勃洛莫夫庄园的主要特征，这便是冈察洛夫笔下的村庄。奥勃洛莫夫庄园的人们有着相似的特点。例如，都有自欺欺人的不切实际的幻想，将生活范围锁定在这个离奇怪诞的地方，整日妄想不劳而获。从思想性来看，该部著作无疑是时代的征兆，它对日常生活中的现象予以新的评价，一定程度促进了社会活动的进程。小说中，俄国生活得到了真实且深刻的反映，呈现在读者面前的是俄国无情的严厉与真实。冷漠、懒散是主人公奥勃洛莫夫的主要性格特征，而这一切恰恰是"周围环境"造成的。按照评论家的观点，这些特征一方面在于农奴制社会奥勃洛莫夫家族的贵族地位，另一方面在于其所处的特殊环境。

本章开篇偏僻的环境描写其实就是没落的农奴制俄国的缩影，它清楚地说明了奥勃洛莫夫性格的养成因素。他有将近三百个"扎哈尔卡"无偿为他服务，使其脱离了必要的劳动。如此一来，在终日饱食的安乐窝里，奥勃洛莫夫受的便是娇生惯养的教育。小说塑造的奥勃洛莫夫性格也就成为因循冷漠、寄生懒散的代名词。正是这种落后的农奴制度，使其从儿时起就养成了好逸恶劳的习惯，长大后对任何活动都感到厌恶。换言之，奥勃洛莫夫的童年，就是在这样一个村庄里度过的。他潜移默化地接受了这里的生活态度和生活哲学。而他对劳动的厌恶和逃避，也源于奥勃洛莫夫庄园的影响。

现实主义的任务之一便是通过心理描写表现人物的内心活动。冈察洛夫不仅做到了这一点，还细心观察到人物性格的形成原因。主题在文学创作过程中发挥着重要作用，因为它在很大程度上决定了作品的社会作用。该部作品中，奥勃洛莫夫性格的形成原因无疑是重要的主题之一。但是，如果要达到吸引读者的目的，并使其满怀激情地关注情节的发展，进而完全被作品吸引，仅仅一个主题还不够，题材的安排和叙述也是非常重要的。可见，译者对作者的写作技巧和作品本身的艺术形式的充分理解意义重大，这些都反映在对作品情节、结构、人物形象的刻画、语言特色等的把控上。

2. 对原作语言和人物形象的真实再现

冈察洛夫擅长用冷静、客观的笔调来描述生活。他几乎不以强烈的感情来阐述个人观点，而是以翔实细腻的描写，将现实环境客观地传达给读者。同时，这样一种现实环境无时无刻不渗透至人物典型的心理世界和精神世界，营造出你中有我、我中有你的氛围，从而产生独特深沉的情绪感染力。所以说，作者塑造的独具个性的奥勃洛莫夫形象是有着深厚生活根基的。另一特点是心理描写，作者擅长以肖像、代表性事物等细节描写来突出表现人物的精神状态及其内心世界。

值得注意的是，《奥勃洛莫夫的梦》一章中，作者巧妙地利用奥勃洛莫夫的梦，描绘了其童年以及奥勃洛莫夫庄园的生活情景。这对于理解奥勃洛莫夫的性格养成和心理状态来说十分关键。其中我们发现，主人公和其他人物形象在小说中通过三方面展现出来，而在此之前，需说明"形象典型化"。形象的典型化是现实主义文学创作方法的重要特征之一。根据恩格斯的界定："现实主义指除细节真实外，还要真实地再现典型环境中的典型人物。"[1]显然，该定义包含三点内容，分别是细节真实、人物典型真实和环境典型真实，这些都在《奥勃洛莫夫》中得到了完美体现。

作者整体把握主人公的完整形象，然后加以塑造。为了直接突出奥勃洛莫夫形象的典型性，作者试图赋予一闪而过的偶然形象以典型地位，从而使其具有普遍意义。人物典型的性格又总是离不开其所处的典型环境，与此同时，典型环境又促成了人物性格的养成。这就是说，作者只有在完全忠于周围现实时，才能做到所谓人物形象的真实。本章中，译者对日常细节描写的翻译展现了卓越技巧。其所呈现的奥勃洛莫夫庄园的当下生活，使读者仿佛置身其中，而这种生活正是冈察洛夫用鲜明且富有表现力的色调来描绘的。例如，对奥勃洛莫夫的溺爱："Няня ждет его пробуждения, она начинает натягивать ему чулочки.（嬷嬷在床边等着，看见他醒来就给他穿袜子。）""И целый день и все дни и ночи няни наполнены были суматохой, беготней.（嬷嬷日夜都在忙乱，奔跑。）"又如奥勃洛莫夫

---

① 北京大学中文系文艺理论教研室，《马克思恩格斯列宁斯大林毛泽东论文艺》[M]，北京：人民文学出版社，1980年，第171页。

庄园："запущенный сад. В саду и на дворе образовались прохладные уголки, манящие к задумчивости и сну.（花园里和庭院中都有一些阴凉的角落，引人冥思，使人瞌睡。）"还有总是没精打采的扎哈尔卡："И Захарка шел опять дремать в прихожую.（于是扎哈尔卡又回到外室去打盹儿）"等——所有这一切都呈现了生活的真实与自然。

冈察洛夫的语言色调鲜明、朴实清晰，具有纯洁和晓畅的特点。这些语言特征在《奥勃洛莫夫》译文中表现得尤其明显。首先是以庄园日常生活为基本素材的朴素表达，如："Какой он хорошенький, красненький, полный.（他是个长相多么可爱，脸色多么红润的胖娃娃啊！）""Покойно ли он спал, не просыпался ли ночью, не метался ли во сне, не было ли у него жару.（孩子睡得可安稳？夜里醒过吗？踢不踢被子？发不发烧？）"等，尽显语言的通俗化。其次，作为小说动人插曲的人物对话也运用得非常出色，而译者也准确把握到了这一点，如："– Няня, не видишь, что ребенок выбежал на солнышко. Уведи его в холодок.（嬷嬷！你没看见孩子跑到太阳地里去了吗？把他领到阴凉处来。）""– Эй, Игнашка. Что несешь, дурак.（喂，是伊格纳什卡吗？你拿的是什么，蠢货？）""– Ну иди, иди, да смотри, не пролей молоко-то.（走吧，走吧！小心，别把牛奶洒了）"等，都使读者情不自禁地被吸引着。

3．对归化译法的巧妙运用

陈馥在准确把握原作主题思想，真实再现原作语言和人物形象的同时，也非常注重译文的归化，以使其符合汉语的表达习惯。例如：句式转换、称谓语、委婉语、叠词等，都是该部小说中常见的修辞方法。以节选部分的称谓语为例，有 душенька（宝贝儿）、девчонка（女仆）、старушки и старички（老婆子和老头子）、«люди» и «господа»（下人和主人）、господи（主）、сударь（少爷）、батюшка（少爷）、баловень（小祖宗）、дурак（蠢货）、барина（老爷）、баба（婆娘）等。不同文化群体对同一事物的认识有所不同，因而在本民族语言中存在特有的称谓方式以及有些空缺性表达常常不可译而又不得不译，这是译者必须面对的困难，但陈馥对归化译法的巧妙运用使得这一问题迎刃而解。对译文的甄别和评价，通常以拉特舍夫提出的翻译等值类型为标准，即内容等值和功能等值。其中，功能等值指的是"原文和译文在意义内容上不完全等值，但在功能上等值"，而内容等值则指"原文和译文在功能和内容上均等值"。[①]因此，译者既要理解原作中称谓的真正含义，更需要考虑称谓背后的文化因素，因为翻译过程不可避免地有所损失，完全等值是不可能实现的，要尽可能做到接近等值。其根本原因在于俄汉两民族对世界的观察有所不同，具有不同的社会文化。此外，从这些称谓语所处的上下文可知，不但要找到意义和情感上最接近等值的词汇，还要把握其整体性。也就是说，充分理解它在全文中的作用才能确保段落乃至语篇整体的连贯。这样，对于«люди» 和 «господа»（下人和主人）、дурак（蠢货）等称谓就不难理解了，因为其交际功能被赋予优先地位。

与此同时，陈馥的译文还经常使用四字格，以贴近读者认知的方式描写人物心理或塑造典型。如：三令五申（запрещение）、担惊受怕（страх）、黯然神伤（смутная тоска）、一举一动（что делают взрослые, чему посвящают они утро）、目不转睛（не сводя глаз, смотрит...）、不讲情面（не свой брат）等。四字格为汉语特有，具有极强的表现力。对于文学翻译来说，二度创作自然要具备一定的可读性，保证语言平实自然，易于读者理解。陈馥熟悉且精通汉语和俄语，选择了最好的处理方式还原原文的形式与内容，不仅提高了译文质量，其艺术价值也相应提升。需要注意的是，二度创作过程中也要避免四字格的过度使用，以免造成过度归化，使译文与原作显得不那么等值。

从整体来看，陈馥在把握该部作品主题思想、语言风格、塑造形象等方面抓住了原作的精髓，实现了精准传译。

---

① 吴克礼，《俄苏翻译理论流派述评》[M]，上海：上海外语教育出版社，2006年，第188页。

第六章

陀思妥耶夫斯基
《卡拉马佐夫兄弟》

一、陀思妥耶夫斯基与《卡拉马佐夫兄弟》

费奥多尔·米哈伊洛维奇·陀思妥耶夫斯基（Фёдор Михайлович Достоевский，1821—1881）是俄国19世纪著名作家，是世界文坛最耀眼的巨星之一，被奥地利作家茨威格誉为"对我们这一时代的文学和文化能产生深远影响的人"。陀思妥耶夫斯基的作品以细腻、深刻、病态的心理描写闻名于世，其小说在叙事结构、人物塑造、叙事视角、时间维度上独树一帜，达到了他人难以企及的深度与高度，对文学理论发展做出了重要贡献；他的作品是俄罗斯著名文艺学家巴赫金"复调理论"的源头，对心理学、宗教、哲学等学科也颇具借鉴和启示意义。陀氏作品中的人物总是置身于剧烈的矛盾冲突和激烈的心理斗争之中，在一种近乎变态和疯狂的状态下完成对他人的拯救和对自我的救赎。正如鲁迅所说："陀思妥耶夫斯基是人类灵魂的伟大审问者，他把小说中的男男女女，放在万难忍受的境遇里，来试炼他们，不但剥去表面的洁白，拷问出藏在底下的罪恶，而且还有拷问出藏在那罪恶之下的真正洁白来。而且还不肯爽快地处死，竭力要放他们活得长久。"陀思妥耶夫斯基一生创作了大量优秀作品，主要著有小说《穷人》（1845）、《被侮辱与被损害的人》（1861）、《死屋手记》

（1861）、《罪与罚》（1866）、《白痴》（1868）、《群魔》（1871—1872）、《卡拉马佐夫兄弟》（1880）等。

《卡拉马佐夫兄弟（*Братья Карамазовы*）》是陀思妥耶夫斯基创作于1879—1880年的作品，也是他一生中创作的最后一部长篇小说。这部小说集中反映了作家的创作思想，其主要特点是叙事结构恢宏庞大、心理刻画入木三分、人性探索贯穿始终。小说根据一桩真实的弑父案写成。书中主要人物是卡拉马佐夫一家：父亲老卡马拉佐夫、大儿子德米特里、二儿子伊万、三儿子阿廖沙。老卡拉马佐夫贪婪、好色，霸占妻子留给儿子们的遗产，并且与德米特里为一个女人争风吃醋。德米特里对父亲极其厌恶，多次扬言要杀死他。有一天夜晚，老卡拉马佐夫被杀死了，德米特里因此被捕。但实际的弑父者是老卡拉马佐夫的私生子斯梅尔佳科夫。他是卡拉马佐夫家的农奴，在受压迫、受剥削的悲惨环境中长大。斯梅尔佳科夫受到伊万"什么都可以做"的"理论"鼓动，冷酷地谋杀了自己的父亲。故事的结局是悲剧性的：德米特里被判刑，斯梅尔佳科夫自杀，伊万精神错乱，阿廖沙离家远行。《魔鬼·伊万·费奥多罗维奇的噩梦》是《卡拉马佐夫兄弟》中的精彩片段，全章描述了伊万的梦境，在梦里伊万与"他本人的化身"魔鬼进行了一次深刻而疯狂的对话，伊万认为魔鬼代表了自己"最恶劣、最混账的思想和感情"，他在和魔鬼的一次次交锋中、在善与恶的斗争中痛苦地挣扎。通过对伊万梦境的描写，陀氏深刻探讨了人性和神性的关系。《卡拉马佐夫兄弟》触及了人精神领域的最深处，他竭力把真实的人展现在读者面前。苏联文艺理论家格罗斯曼曾经这样评价这部作品："如果站在艺术家本人立场上，按照他自己制定的结构去评价《卡拉马佐夫兄弟》，那么展现在人们面前的最后一部作品，乃是对他艺术道路的真正总结，对他的艺术创作经验的完整概括，是把长篇叙事小说扩展为长篇史诗的尝试。陀氏在垂暮之年，以其旺盛的精力和意志创作了一部类似悲剧大合唱的纪念碑式的小说，这部小说成了他整个朝气蓬勃的创作活动集大成的多声部的尾声。"[①]

① 格罗斯曼著，王健夫译，《陀思妥耶夫斯基传》[M]，北京：外国文学出版社，1987年，第751页。

　　《卡拉马佐夫兄弟》在我国的译介始于20世纪上半叶。根据考证，《卡拉马佐夫兄弟》的第一个汉译本（当时译名为《兄弟们》）是由翻译家耿济之于20世纪30年代末从俄语原文翻译、1941年由上海良友复兴图书印刷公司出版发行的。当时仅出版了第一部并于1943年再版了一次。随后太平洋战争爆发，良友复兴图书出版公司停业，该书剩余译稿的出版被迫中断。直至1947年，在赵家璧的努力下，《卡拉马佐夫兄弟》（当时译名为《卡拉马助夫兄弟们》）的全四部译文由晨光出版公司出版，著名作家、诗人、翻译家郑振铎作序。遗憾的是，耿济之当时已因病去世，未能亲眼看到这部书的完整译著出版。继耿济之的译本之后，1953年文光书店出版社出版了韦丛芜翻译的《陀斯妥耶夫斯基选集5：卡拉马卓夫兄弟（上下册）》。20世纪中后期至21世纪初，先后出版了十几种译本，其中比较有代表性的是徐振亚和冯增义、荣如德、臧仲伦等人的译本，其中臧仲伦的译本以其准确的内容翻译、丰富的注释系统和地道的汉语表达深受赞誉，被广大读者所喜爱。

　　臧仲伦（1931—2014），著名文学翻译家，北京大学教授，中国作家协会会员，中国翻译协会"资深翻译家"荣誉称号获得者。他于1955年开始发表作品，数十年笔耕不辍，翻译出版了陀思妥耶夫斯基的主要作品，包括中短篇小说《穷人》《双重人格》《白夜》《伪君子及其崇拜者》《地下室手记》等，长篇小说《被侮辱与被损害的人》《死屋手记》《罪与罚》《白痴》《群魔》《卡拉马佐夫兄弟》等。此外，他还翻译了普希金、果戈理、列夫·托尔斯泰、亚·奥斯特洛夫斯基、屠格涅夫和高尔基等俄罗斯经典作家的作品，其中包括与巴金合作翻译的赫尔岑的《往事与随想》，总译稿近一千万字。其文学译作取义精准，神形兼备，行文流畅，意指丰厚，既准确地把握了原著的内在精神、风格特点，又体现了汉语深邃博大、文采蕴集的诗性特征，具有很高的审美价值[1]。可以说，臧仲伦的译文充分体现了译者的"主体性"，是在准确理解原著客观内容和主观情态基础上的再创造，为译文赋予了最可贵的"灵魂"。

---

① 参：翻译的人生——著名文学翻译家臧仲伦先生侧记[N/OL]，北京大学新闻网，2009-06-03。

二、《卡拉马佐夫兄弟》译文节选

------- ❀ -------

魔鬼。伊万·费奥多罗维奇的噩梦

我不是大夫，但是我觉得现在已经到了必须向读者多少说明一下伊万·伊奥多罗维奇到底生了什么病的时候了。我要提前交代的只有一点：现在，这天晚上，他恰巧处在发作酒狂症[1]的前夜，其实他的身体早就感到不适，但是他顽强地抵抗着，现在这病终于把他的身体彻底压垮了。我虽然对医学是门外汉，但是我还是想冒险地说一说我的揣测，也许，他凭着自己的顽强意志，的确把疾病发作暂时推迟了，并幻想，不用说，能够完全战胜它。他知道自己身体欠佳，但是他非常不愿意赶在这时候生病，因为即将到来的这一时刻是他一生中决定命运的时刻，在这关键时刻，他必须在场，勇敢而且果断地说出自己应该说的话，自己"在自己面前为自己辩白"。然而有一次他去看刚从莫斯科来的那位大夫（也就是卡捷琳娜·伊万诺芙娜由于我在上面已经提到过的她的一个幻想，写信去请来的那位大夫）。大夫听了他的主诉和检查了他的身体之后，认定他的脑子似乎略有损伤，因此对他以一种厌恶之情向他所作的坦白丝毫也不感到奇怪。"从您的病情看，很可能是产生幻觉了，"大夫认定，"虽然必须经过检查后才能最后确定……总之，必须立即开始认真治疗，一分钟也不能耽误，否则就不好啦。"但是，伊万·费奥多罗维奇从他那儿出来后，并没有执行这个明智的医嘱，对卧床就医不屑一顾："我不是还能走路吗，暂时还有力气嘛，一旦倒下——另作别论，那时候谁来治疗都可以。"他挥了挥手暗自认定。他现在坐着，几乎自己也意识到他正处在谵妄状态，正如我已经说过的那样，眼睛死盯着对面靠墙沙发上的一件什么东西。蓦地发现，那儿坐着一个人，上帝知道他是怎么进来的，因为伊万·费奥多罗维奇从斯梅尔佳科夫那儿回来走进屋子的时候，屋里并没有这个人。这是一位先生，或者不如说是某一类俄国绅士，年纪已经不轻，正如法国人所说，"Qui frisait la cinquantaine"①，深色的头发长得相当长和浓密，蓄着一部修剪过的山羊胡子，须发略现斑白。他身穿棕色西服上衣，显然它出于上等裁缝之手，但是已经穿旧了，做了大概有两三年了吧，这种式样已经完全不时兴了，富裕的上等人中已经有两年没人穿了。内衣以及围巾状的长长的领带，一切都跟衣冠楚楚的绅士一样，但是细细一看，就会发现内衣是脏的，而且宽围巾已经围得很旧了。这客人的带格的裤子笔挺而且非常合身，但是颜色又显得太浅了点，裤腿也似乎太窄了点，这种式样现在已经没人穿了，一如那顶柔软的白绒帽，这客人现在还戴着，也显得太不合时令了。一句话，虽然囊中羞涩，但是外表看去仍旧衣冠楚楚。这位绅士看上去颇像是农奴制时代曾经一度春风得意的那类四体不勤的地主；此人显然见过世面，也曾出入过上流社会，从前出头露面，曾有过很好的上层关系，说不定至今还保持着这种关系，但是因为在青年时代寻欢作乐和不久前的废除农奴制，因而家道中落，竟仿佛变成了一名高等食客，四处漂泊，往来于一些好心的老朋友家，而这些老朋友之所以接待他，无非因为他性格随和，易于相处，还由于他总算是个上等人，不管谁来做客，让他在一旁作陪，总还拿得出去，当然，也只能忝陪末座。这类食客，这类性格随和的绅士，善于谈天说地，打牌时可凑个牌局，但是却很不喜欢人家硬托他们去办任何事——这类人通常形单影只，或者是光棍，或者是鳏夫，或许还有子女，但是他们的子女总是寄养在很远的什么地方，在什么姑妈家或者姨妈家，而这位绅士几乎从来在上流社会不提起她们，好像因有这样的亲戚不无羞耻似的。至于孩子们，他们就慢慢地完全疏远了，只在自己过命名日和过圣诞节的时候才偶尔收到他们的一两封贺信，有时候他甚至也回信。这位不速之客不仅容貌和蔼可亲，而且性格十分随和，随时准备（视情况而定）作出任何亲切有礼的表示。他身上没有怀表，却用黑缎带挂着一只带柄的单眼镜。右手中指上赫然戴着一枚很大的金戒指，上面镶着一枚并不贵重的蛋白石。伊万·费奥多罗维奇赌气不作声，不想开口说话。客人坐在那里等着，完全像名食客刚从楼上指定给他住的房间里下来陪主人喝茶，但是因为主人心里有事，正在皱着眉头想心事，所以

———————
① 法语：年近半百。

他只好规规矩矩地不作声；然而只要主人一开口，他就准备随时开始做任何亲切有礼的对答。蓦地，他脸上表现出某种似乎不胜忧虑的样子。

"我说，"他向伊万·费奥多罗维奇开口道，"对不起，我只是想提醒你：你不是刚去找过斯梅尔佳科夫，想打听一下卡捷琳娜·伊万诺芙娜的情况吗？可是你却什么也没打听出来就走了，大概忘了吧……"

"啊，对了！"伊万蓦地脱口道，脸上布满乌云，十分焦虑，"是的，我忘了……不过，现在反正也无所谓了，一切到明天再说吧。"他自言自语地咕哝道。"而你，"他怒气冲冲地对客人道，"这是我自己立刻就会想起来的，因为我正是为这件事感到烦恼！你跳出来指手画脚，难道我就会相信这是你提醒我的，而不是我自己想起来的吗？"

"你尽可以不信，"那位绅士亲切地微微一笑，"强迫信仰，这又算什么信仰呢？何况在信仰上是任何证据也帮不了忙的，尤其是物证。多马之所以信仰上帝，并不是因为他看见了基督的复活，而是因为他本来就愿意信。再比如相信招魂术的人……我很喜欢他们……你想想，他们自以为他们有益于信仰，因为他们亲见魔鬼从阴曹地府向他们露出双角[2]。他们说：'这就是所谓物证，证明阴曹地府是存在的。'又是阴曹地府，又是物证，啊呀，这些人呀！说到底，即使证明有魔鬼，也不见得就证明有上帝呀！我真想报名参加唯心主义协会，做他们的反对派，我要说：'我是现实主义者，而不是唯物主义者，嘿嘿！'"

"我说，"伊万·费奥多罗维奇忽然从桌旁站起来。"我现在就好像处在谵妄状态中……没错，正是处在谵妄状态中……你尽管胡说八道好了，我无所谓！你不会像上回那样使我勃然大怒的。我只是对什么事感到羞愧……我想在屋里走走……有时候我看不见你，甚至也听不见你说话的声音，就跟上回那样，不过我永远猜得出你在废话连篇，因为你就是我，'我自己在说话'而不是你在说话！不过我不知道上回我是睡着了还是醒着的时候看见你的，要是我马上用冷水浸湿毛巾，敷在头上，说不定你就会化成一道烟，烟消云散了。"

……

"住嘴，要不我杀死你！"

"你要杀死我？不，对不起，我偏要说。我到这里来的目的，就是要使自己享受这份快乐。噢，我就爱那些血气方刚、渴望生活的我的年轻朋友的幻想！还在去年春天，你动身到这里来的时候，你就认定：‘那里有新人，他们打算破坏一切，从人吃人开始。真是一帮糊涂虫，也不先向我请教一下！我看，什么也无须破坏，只要在人类中破坏关于上帝的观念就成，当务之急是干这个！应当从这点，从这点做起——噢，这帮什么也不懂的睁眼瞎呀！只要人类人人摒弃上帝（我相信这个时期就像出现各个地质时期一样必将出现），无须人吃人，过去的整个世界观，尤其是过去的整个道德观必将自动崩塌，那时必将万象更新。人们定将联合起来，向生活索取生活可能给予的一切，但目的一定仅仅是为了求得现世的幸福和快乐[3]。人必将因同时具有上帝和提坦神[4]的自豪精神而扬名天下，出现人神[5]。人凭借自己的意志和科学每时每刻都在战胜自然，而且永无止境，因而他也将每时每刻感到一种高度的愉悦，从而以此代替他那过去对天国幸福的向往。任何人都知道他终有一死，而且死后不可能复活，但是他一定会像上帝一样骄傲而又平静地接受死亡。他出于自豪定将懂得，他丝毫不必抱怨生命犹如白驹过隙，转瞬即逝，他定将爱自己的兄弟，而不期望得到任何报酬。爱只适合于短暂的生命，但是正因为意识到爱的短暂，他将使爱的火焰烧得更旺，然而这爱从前徒然消耗在对人死后的永恒的爱的向往中……’如此等等，不一而足。实在太妙了！”

伊万坐在那里，用两手捂住耳朵，两眼望着地面，但浑身发抖。那声音仍在继续。

“我那位年轻的思想家认为，现在的问题在于这样的时期会不会到来？如果一定会到来，那就好办了，人类就会彻底走上这轨道。但是因为人类根深蒂固的愚蠢，也许在未来的一千年中也走不上这轨道，那任何一个现在就已认识真理的人就不妨自便，用新的原则来安排自己的未来。就这个意义说，他可以‘为所欲为’。不仅如此：如果这一时期永远不会来，但是因为上帝和灵魂不死毕竟是没有的，那这新人就不妨成为人神，甚至于，哪怕整个世界只有他一人如此，也无伤大雅，自然，这时他的身份可能会变，他可以毫不犹豫地跨过从前的奴隶人不敢逾越的任何道德障碍，如果有此必要的话。对于神，法律是不存在的，神无论出现在哪儿，哪儿就是神统治的地方！我无论出现在哪儿，哪儿就是首善之区……可以‘为所欲为',这就足矣!这一切简直妙不可言;不过你既然要招摇撞骗,又何必要真理批准呢?但是,我们的当代俄国人就是这样:不经批准连招摇撞骗都不敢,我们俄国人爱真理竟爱到了这般地步……"

客人说话时分明对自己的口才感到十分得意,嗓门越提越高,而且嘲笑地望着主人;但是他没有能把话说完:伊万突然从桌上抓起一只玻璃杯使劲向这个口若悬河的混账东西扔过去。

"Ah, mais c'est bête enfin![①]"这人叫道,从沙发上跳起来,用手指赶紧拂去身上的茶水,"居然想起了路德的墨水瓶![6]他自己既然认为我是梦,又用玻璃杯向梦扔去!简直是娘们儿的做法!我本来就疑心,你不过装出一副塞住耳朵的样子,其实在听……"

这时突然从院子里传来急促的敲窗声。伊万·费奥多罗维奇从沙发上一跃而起。

"听见啦,快去开门,"客人叫道,"我来告诉你吧,这是令弟阿廖沙,他带来了一个完全出人意料的、令人饶有兴趣的消息!"

"住嘴,骗子,我比你先知道来的是阿廖沙,我早就预感到他会来,当然,他来不是无缘无故的,当然带来了'消息'!……"伊万狂怒地喝道。

"快去开门吧,快去给他开门吧。外面在刮暴风雪,他可是你弟弟呀。Monsieur, sait-il le temps qu'il fait? C'est à ne pas mettre un chien dehors[②]……"

敲窗声仍在继续。伊万本来想立刻跑到窗口去,但是有什么东西似乎突然捆住了他的手脚。他使劲挣扎,似乎想要挣脱捆住他的绳索,但是劳而无功。敲窗声越来越响,越来越急促。绳索突然断了,伊万·费奥多罗维奇在沙发上猛地坐了起来。他仓皇四顾。两支小蜡烛几乎已经燃尽,他刚才扔向自己客人的那只玻璃杯,仍旧放在他面前的桌上,而对面长沙发上什么人也没有。敲窗声虽然仍在继续,而且仍很急促,但根本不像他刚才在梦中隐约听到的那样响,相反,很有节制。

"这不是梦!不,我敢起誓,刚才不是梦,这一切确曾发生过!"伊

---

① 法语:啊呀,但是这就太蠢啦!
② 法语:先生,你知道吗,外面是什么天气?这样的天气连狗也不能赶到院子里去的。

万·费奥多罗维奇叫道，他奔向窗口，打开气窗。

"阿廖沙，我不是叫你不要来找我的吗!"他向弟弟狂叫，"就说两句话，你有什么事? 就说两句，听见了吗?"

"一小时前，斯梅尔佳科夫上吊了。"阿廖沙从院子里回答道。

"快上来，我立刻给你开门。"伊万说道，说罢便去给阿廖沙开门。

————————

译注:

[1] 一种由酒精中毒引起的伴随有谵妄和幻觉的疾病。

[2] 俄国人迷信说法中的魔鬼的形象与人的形象大致相同，但前者长有双角、四蹄和尾巴。

[3] 人可以完全不要上帝而得到人世的幸福，一直是陀思妥耶夫斯基笔下的斯塔夫罗金(《魔鬼》)和韦尔希洛夫(《少年》)的理想。

[4] 提坦神是希腊神话中的老一代神，是天和地的子孙。

[5] "人神"指虽然是人，却具有神的特性。

[6] 路德(1483—1546)，德国宗教改革家。他相信存在魔鬼。据传，他在翻译《圣经》时，魔鬼去诱惑他，他便拿起墨水瓶向魔鬼扔去。路德修道室的白粉墙上有一块很大的深色斑痕，一直被信徒们认为是那只墨水瓶摔碎后留下的墨迹。

（选自臧仲伦译《卡拉马佐夫兄弟》，译林出版社，2021年，第888—913页）

附: *Братья Карамазовы* 选段原文

Черт. Кошмар Ивана Федоровича

Я не доктор, а между тем чувствую, что пришла минута, когда мне решительно необходимо объяснить хоть что-нибудь в свойстве болезни Ивана Федоровича читателю. Забегая вперед, скажу лишь одно: он был теперь, в этот вечер, именно как раз накануне белой горячки, которая наконец уже вполне овладела его издавна расстроенным, но упорно сопротивлявшимся болезни организмом. Не зная ничего в медицине, рискну высказать предположение, что действительно, может быть, ужасным напряжением воли своей он успел на время отдалить болезнь, мечтая, разумеется, совсем преодолеть ее. Он знал, что нездоров, но ему с отвращением не хотелось быть больным в это время, в эти наступающие роковые минуты его жизни, когда надо было быть налицо, высказать свое слово смело и решительно и самому «оправдать себя пред собою». Он, впрочем, сходил однажды к новому, прибывшему из Москвы доктору, выписанному Катериной Ивановной вследствие одной ее фантазии, о которой я уже упоминал выше. Доктор, выслушав и осмотрев его, заключил, что у него вроде даже как бы расстройства в мозгу, и нисколько не удивился некоторому признанию, которое тот с отвращением, однако, сделал ему. «Галлюцинации в вашем состоянии очень возможны, решил доктор, – хотя надо бы их и проверить... вообще же необходимо начать лечение серьезно, не теряя ни минуты, не то будет плохо». Но Иван Федорович, выйдя от него, благоразумного совета не исполнил и лечь лечиться пренебрег: «Хожу ведь, силы есть пока, свалюсь – дело другое, тогда пусть лечит кто хочет», – решил он, махнув рукой. Итак, он сидел теперь, почти сознавая сам, что в бреду, и, как уже и сказал я, упорно приглядывался к какому-то предмету у противоположной стены на диване. Там вдруг оказался сидящим некто, бог знает как вошедший, потому что его еще не было в комнате, когда Иван Федорович, возвратясь от Смердякова, вступил в нее. Это был какой-то господин или, лучше сказать, известного сорта русский джентльмен, лет уже не молодых, «qui frisait la cinquantaine»[①], как говорят французы, с не очень сильною проседью в темных, довольно длинных и густых еще волосах и в стриженой бородке клином. Одет он был в какой-то коричневый пиджак, очевидно от лучшего портного, но уже поношенный, сшитый примерно еще третьего года и совершенно уже вышедший из моды, так что из светских достаточных людей таких уже два года никто не носил. Белье, длинный галстук в виде шарфа, всё было так, как и у всех шиковатых джентльменов, но белье, если вглядеться ближе, было грязновато, а широкий шарф очень потерт. Клетчатые панталоны гостя сидели превосходно, но были опять-таки слишком светлы и как-то слишком узки, как теперь уже перестали носить, равно как и мягкая белая пуховая шляпа, которую уже слишком не по сезону притащил с собою гость. Словом, был вид порядочности при

---

① «Под пятьдесят» (франц.).

весьма слабых карманных средствах. Похоже было на то, что джентльмен принадлежит к разряду бывших белоручек-помещиков, процветавших еще при крепостном праве; очевидно, видавший свет и порядочное общество, имевший когда-то связи и сохранивший их, пожалуй, и до сих пор, но мало-помалу с обеднением после веселой жизни в молодости и недавней отмены крепостного права обратившийся вроде как бы в приживальщика хорошего тона, скитающегося по добрым старым знакомым, которые принимают его за уживчивый складный характер, да еще и ввиду того, что всё же порядочный человек, которого даже и при ком угодно можно посадить у себя за стол, хотя, конечно, на скромное место. Такие приживальщики, складного характера джентльмены, умеющие порассказать, составить партию в карты и решительно не любящие никаких поручений, если их им навязывают, – обыкновенно одиноки, или холостяки, или вдовцы, может быть и имеющие детей, но дети их воспитываются всегда где-то далеко, у каких-нибудь теток, о которых джентльмен никогда почти не упоминает в порядочном обществе, как бы несколько стыдясь такого родства. От детей же отвыкает мало-помалу совсем, изредка получая от них к своим именинам и к рождеству поздравительные письма и иногда даже отвечая на них. Физиономия неожиданного гостя была не то чтобы добродушная, а опять-таки складная и готовая, судя по обстоятельствам, на всякое любезное выражение. Часов на нем не было, но был черепаховый лорнет на черной ленте. На среднем пальце правой руки красовался массивный золотой перстень с недорогим опалом. Иван Федорович злобно молчал и не хотел заговаривать. Гость ждал и именно сидел как приживальщик, только что сошедший сверху из отведенной ему комнаты вниз к чаю составить хозяину компанию, но смирно молчавший ввиду того, что хозяин занят и об чем-то нахмуренно думает; готовый, однако, ко всякому любезному разговору, только лишь хозяин начнет его. Вдруг лицо его выразило как бы некоторую внезапную озабоченность.

– Послушай, – начал он Ивану Федоровичу, – ты извини, я только чтобы напомнить: ты ведь к Смердякову пошел с тем, чтоб узнать про Катерину Ивановну, а ушел ничего об ней не узнав, верно забыл...

– Ах да! – вырвалось вдруг у Ивана, и лицо его омрачилось заботой, – да, я забыл... Впрочем, теперь всё равно, всё до завтра, – пробормотал он про себя. – А ты, – раздражительно обратился он к гостю, – это я сам сейчас должен был вспомнить, потому что именно об этом томило тоской!

Что ты выскочил, так я тебе и поверю, что это ты подсказал, а не я сам вспомнил?

– А не верь, – ласково усмехнулся джентльмен. – Что за вера насилием? Притом же в вере никакие доказательства не помогают, особенно материальные. Фома поверил не потому, что увидел воскресшего Христа, а потому, что еще прежде желал поверить. Вот, например, спириты... я их очень люблю... вообрази, они полагают, что полезны для веры, потому что им черти с того света рожки показывают. «Это, дескать, доказательство уже, так сказать, материальное, что есть тот свет». Тот свет и материальные доказательства, ай-люли! И наконец, если доказан черт, то еще неизвестно, доказан ли бог? Я хочу в идеалистическое общество записаться, оппозицию у них буду делать: «дескать реалист, а не материалист, хе-хе!»

– Слушай, – встал вдруг из-за стола Иван Федорович. – Я теперь точно в бреду... и, уж конечно, в бреду... ври что хочешь, мне всё равно! Ты меня не приведешь в исступление, как в прошлый раз. Мне только чего-то стыдно... Я хочу ходить по комнате... Я тебя иногда не вижу и голоса твоего даже не слышу, как в прошлый раз, но всегда угадываю то, что ты мелешь, потому что это я, я сам говорю, а не ты! Не знаю только, спал ли я в прошлый раз или видел тебя наяву? Вот я обмочу полотенце холодною водой и приложу к голове, и авось ты испаришься.

<...>

– Молчи, или я убью тебя!

– Это меня-то убьешь? Нет, уж извини, выскажу. Я и пришел, чтоб угостить себя этим удовольствием. О, я люблю мечты пылких, молодых, трепещущих жаждой жизни друзей моих! «Там новые люди, – решил ты еще прошлою весной, сюда собираясь, — они полагают разрушить всё и начать с антропофагии. Глупцы, меня не спросились! По-моему, и разрушать ничего не надо, а надо всего только разрушить в человечестве идею о боге, вот с чего надо приняться за дело! С этого, с этого надобно начинать – о слепцы, ничего не понимающие! Раз человечество отречется поголовно от бога (а я верю, что этот период – параллель геологическим периодам – совершится), то само собою, без антропофагии, падет всё прежнее мировоззрение и, главное, вся прежняя нравственность, и наступит всё новое. Люди совокупятся, чтобы взять от жизни всё, что она может дать, но непременно для счастия и радости в одном только здешнем мире. Человек возвеличится духом божеской, титанической гордости и явится человеко-бог. Ежечасно побеждая уже без границ природу, волею своею и наукой, человек тем самым ежечасно будет ощущать наслаждение столь высокое, что оно заменит ему все прежние упования наслаждений небесных. Всякий узнает, что он смертен весь, без воскресения, и примет смерть гордо и спокойно, как бог. Он из гордости поймет, что ему нечего роптать за то, что жизнь есть мгновение, и возлюбит брата своего уже безо всякой мзды. Любовь будет удовлетворять лишь мгновению жизни, но одно уже сознание ее мгновенности усилит огонь ее настолько, насколько прежде расплывалась она в упованиях на любовь загробную и бесконечную»... ну и прочее, и прочее в том же роде. Премило!

Иван сидел, зажав себе уши руками и смотря в землю, но начал дрожать всем телом. Голос продолжал:

— Вопрос теперь в том, думал мой юный мыслитель: возможно ли, чтобы такой период наступил когда-нибудь или нет? Если наступит, то всё решено, и человечество устроится окончательно. Но так как, ввиду закоренелой глупости человеческой, это, пожалуй, еще и в тысячу лет не устроится, то всякому, сознающему уже и теперь истину, позволительно устроиться совершенно как ему угодно, на новых началах. В этом смысле ему «всё позволено». Мало того: если даже период этот и никогда не наступит, но так как бога и бессмертия все-таки нет, то новому человеку позволительно стать человеко-богом, даже хотя бы одному в целом мире, и, уж конечно, в новом чине, с легким сердцем перескочить всякую прежнюю нравственную преграду прежнего раба-человека, если оно понадобится. Для бога не существует закона! Где станет бог – там уже место божие! Где стану я, там сейчас же будет первое место... «всё дозволено», и шабаш! Всё это очень мило; только если захотел мошенничать, зачем бы еще, кажется, санкция истины? Но уж таков наш русский современный человечек: без санкции и смошенничать не решится, до того уж истину возлюбил...

Гость говорил, очевидно увлекаясь своим красноречием, всё более и более возвышая голос и насмешливо поглядывая на хозяина; но ему не удалось докончить: Иван вдруг схватил со стола стакан и с размаху пустил в оратора.

— Ah, mais c'est bête enfin!① – воскликнул тот, вскакивая с дивана и

———————————

① Ах, но это же глупо, наконец! (франц.)

смахивая пальцами с себя брызги чаю, – вспомнил Лютерову чернильницу! Сам же меня считает за сон и кидается стаканами в сон! Это по-женски! А ведь я так и подозревал, что ты делал только вид, что заткнул свои уши, а ты слушал...

В раму окна вдруг раздался со двора твердый и настойчивый стук. Иван Федорович вскочил с дивана.

– Слышишь, лучше отвори, – вскричал гость, – это брат твой Алеша с самым неожиданным и любопытным известием, уж я тебе отвечаю!

– Молчи, обманщик, я прежде тебя знал, что это Алеша, я его предчувствовал, и, уж конечно, он недаром, конечно с «известием»!... – воскликнул исступленно Иван.

– Отопри же, отопри ему. На дворе метель, а он брат твой. Monsieur, sait-il le temps qu'il fait? C'est à ne pas mettre un chien dehors...①

Стук продолжался. Иван хотел было кинуться к окну; но что-то как бы вдруг связало ему ноги и руки. Изо всех сил он напрягался как бы порвать свои путы, но тщетно. Стук в окно усиливался всё больше и громче. Наконец вдруг порвались путы, и Иван Федорович вскочил на диване. Он дико осмотрелся. Обе свечки почти догорели, стакан, который он только что бросил в своего гостя, стоял пред ним на столе, а на противоположном диване никого не было. Стук в оконную раму хотя и продолжался настойчиво, но совсем не так громко, как сейчас только мерещилось ему во сне, напротив, очень сдержанно.

– Это не сон! Нет, клянусь, это был не сон, это всё сейчас было! – вскричал Иван Федорович, бросился к окну и отворил форточку.

– Алеша, я ведь не велел приходить! – свирепо крикнул он брату. – В двух словах: чего тебе надо? В двух словах, слышишь?

– Час тому назад повесился Смердяков, – ответил со двора Алеша.

– Пройди на крыльцо, сейчас отворю тебе, – сказал Иван и пошел отворять Алеше.

(Достоевский Ф.М. *Братья Карамазовы*. М.: Издательство художественной литературы, 1973, стр. 646-663)

---

① Известно ли мсье, какая стоит погода? В такую погоду и собаку на двор не выгоняют... (франц.)

三、译文评析

《魔鬼。伊万·费奥多罗维奇的噩梦》选自《卡拉马佐夫兄弟》第四部第十一卷第九章。这一章通过伊万与魔鬼的对话深刻剖析了伊万内心的矛盾、痛苦和挣扎。原文语言精练，行文流畅，逻辑严密，以精彩的心理刻画和对话描写见长。臧仲伦译本通过其地道的汉语表达生动传译了陀氏的人物心理描写和夸张雄辩的语言风格，用高度归化、贴近汉语表达习惯的译作使原文在中国读者心中得到了一次"新生"。

1．对人物心理描写的生动传译

复杂而矛盾的心理描写是陀氏作品的鲜明特征。陀氏在作品中擅于运用心理刻画的方法揭示主人公的内心世界。心理描写是陀氏塑造人物形象、推动情节发展的重要手段，它不仅出现在主人公的所思所想中，还出现在主人公的表情、动作和语言中。《魔鬼。伊万·费奥多罗维奇的噩梦》是对伊万梦境的描写，从某种程度上来说，整章都可以被看作伊万的心理活动。译者在翻译这章时，努力将伊万复杂矛盾的心理活动精确地再现出来，在译文中大量使用了感情色彩鲜明的评价性语言手段，并对主人公的表情动作描写进行了生动的传译。在评价性语言手段的运用上，译者经常增译语气和逻辑副词，或将小句分译为更短小的句子。如："Это меня-то убьешь? Нет, уж извини, выскажу. Я и пришел, чтоб угостить себя этим удовольствием. О, я люблю мечты пылких, молодых, трепещущих жаждой жизни друзей моих!（你要杀死我？不，对不起，我**偏**要说。我到这里来的目的，**就**是要使自己享受这份快乐。噢，我**就**爱那些血气方刚、渴望生活的我的年轻朋友的幻想！）"在本例中，译者增译了语气副词"偏"和"就"，勾勒了魔鬼洋洋自得、不容挑战的傲慢姿态。又如："Стук в окно усиливался всё больше и громче. Наконец вдруг порвались путы, и Иван Федорович вскочил на диване. Он дико осмотрелся.（敲窗声越来越响，越来越急促。绳索突然断了，伊万·费奥多罗维奇在沙发上猛地坐了起来。他仓皇四顾。）"本例中，译者在翻译"вскочил на диване"时，在译文中增加了副词"猛地"，突出了当时伊万内心的惊惶和恐惧。同时，译者将原文中的第一句分译为了两小句："敲窗声越来越响，越来越急促。"这种拆分可以为译文营造更紧张的氛围，从而突出主人公伊万当时紧张焦虑的心情。在主人公的表情动作翻译方面，译者尤其注重小句和短句的运用。如："Иван сидел, зажав себе уши руками и смотря в землю, но начал дрожать всем телом.（伊万坐在那里，用两手捂住耳朵，两眼望着地面，但浑身发抖。）"本例中，译者将原文中的"зажав себе уши руками и смотря в землю"分译为两个小句："用两手捂住耳朵，两眼望着地面"。尤其需要指出的是，此处译者还将原文中的副动词"зажав"和"смотря"译为了谓语动词"捂住"和"望着"，这样既可以增加伊万动作的连贯性和整体性，还能使译文更加简洁并贴近汉语表述。

2．对陀氏夸张和雄辩语言风格的精彩传译

陀氏非常擅长对话描写，喜欢在紧张激烈的对话中呈现人物的心理斗争和情感挣扎。在《魔鬼。伊万·费奥多罗维奇的噩梦》中，陀氏通过大量的对话描写，营造了一种充满张力、异常紧张的氛围。这场对话的描写多用夸张的修饰性词语，以短句为主，思想输出源源不断，逻辑分析环环相扣，给读者一种滔滔不绝、激昂雄辩的感觉。面对语言特点如此清晰的原文，译者主要从两个方面力求传译出原文语言的核心特征。第一，大量使用书面语色彩强烈的成语，且多以词组排比、小句排比的形式出现。同时多用小句短句，使魔鬼的思想排山倒海般涌向读者，给读者一种震撼的阅读体验。如："Он из гордости поймет, что ему нечего роптать за то, что жизнь есть мгновение, и возлюбит брата своего уже безо всякой мзды. Любовь будет удовлетворять лишь мгновению жизни, но одно уже сознание ее мгновенности усилит огонь ее настолько, насколько прежде расплывалась она в упованиях на любовь загробную и бесконечную»... ну и прочее, и прочее в том же роде. Премило!（他出于自豪定将懂得，他丝毫不必抱怨生命犹如**白驹过隙**，**转瞬即逝**，他定将爱自己的兄弟，而不期望得到任何报酬。爱只适合于短暂的生命，但是正因为意识到爱的短暂，

他将使爱的火焰烧得更旺，然而这爱从前徒然消耗在对人死后的永恒的爱的向往中……'**如此等等，不一而足。实在太妙了！**)"这个例子中，作者将原文中的"мгновение"扩译为两个汉语成语："白驹过隙、转瞬即逝"，将句子"ну и прочее, и прочее в том же роде"译为"如此等等，不一而足"，巧妙地翻译了原文中两个重复出现的词"прочее"，使译文得以工整对仗，朗朗上口。译者将本例中的最后一个词"премило!"翻译为"实在太妙了！"，借助副词"实在"和"太"的增译使魔鬼充满自信、口若悬河的形象跃然纸上，也使他的雄辩之词大为增色。在这里，译者借助修辞的方式成功实现了翻译文本再创作，使译文呈现出很强的归化特征。第二，译者擅长连续运用多个成语翻译原文中用于描写人物外貌及心理的形容词、副词和动词，不仅生动传译了陀氏对夸张化、修饰性词语的偏爱，而且使译文具备了可以比拟汉语原创文学的节奏感和韵律感。如："Словом, был вид порядочности при весьма слабых карманных средствах. Похоже было на то, что джентльмен принадлежит к разряду бывших белоручек-помещиков, процветавших еще при крепостном праве...（一句话，虽然**囊中羞涩**，但是外表看去仍旧**衣冠楚楚**。这位绅士看上去颇像是农奴制时代曾经一度**春风得意**的那类**四体不勤**的地主……)"在这里，译者将名词词组"вид порядочности"译为成语"衣冠楚楚"，将前置词词组"при весьма слабых карманных средствах"译为了"囊中羞涩"。在下句中，将形动词"процветавших"译为"（一度）春风得意"，又将名词"белоручек"译为"四体不勤"。在短短的两句话中，译者共译出了4个成语，不仅丰富了译文的语言表达手段，而且赋予了译文更强的可读性。又如："И вот единственно по долгу службы и по социальному моему положению я принужден был задавить в себе хороший？ момент и остаться при пакостях. Честь добра кто-то берет всю себе, а мне оставлены в удел только пакости. Но я не завидую чести жить на шаромыжку, я не честолюбив.（所以仅仅为了**克尽厥职**，仅仅为了我的社会地位，我也不得不压下我心头的好的方面，仍旧**为非作歹**。有人把行善的荣誉全部攫为己有，而把为非作歹的事全交给我去干。然而我并不羡慕**寄人篱下**当帮闲的荣誉，我一向**淡泊名利**。)"在这里，译者用4个成语翻译了原文中出现的多种类型、充当不同句子成分的单词和词组，如将原因状语"по долг службы"译为"（为了）克尽厥职"，将谓语"остаться при пакостях"译为"为非作歹"，将"жить на шаромыжку"译为"寄人篱下"，将短尾形容词"не честолюбив"译为"淡泊名利"。综合以上示例，我们可以发现，译者通过对译成语和四字词语的方法，既传神地翻译出了陀氏的夸张化描写，也使译文充满诗一样的节律感，读起来朗朗上口。

3．对译文归化的极致追求

从上文的分析中已不难看出，译者有着深厚的文学功底和细致缜密的翻译态度。臧仲伦曾经说过："让读者感觉不到是在读外国小说，是我毕生的追求。"我们可以从以下三个方面来总结臧仲伦译本的强归化特征。第一，译者使用了大量的汉语传统修辞方法，其中最典型的是成语谚语和句式排比。据统计，在《卡拉马佐夫兄弟》一书中，译者共使用了5000多个四字格①，这个数字是非常惊人的，而且其中成语的数量也非常多。同时，译文的句子短小精悍。第二，译者非常关注原文的语体风格和情态倾向。《魔鬼。伊万·费奥多罗维奇的噩梦》的主要情节在对话中展开，一方面译者使用上文论及的修辞手法传译出了魔鬼带有书面语色彩的长篇大论，另一方面译者也非常注重保留对话的口语化色彩，希望能在两者之间找到一种平衡。取得这种平衡的方法之一就是语气词和高度口语化词汇的使用，其中语气词用于表达说话人的多种情态，如陈述、疑问和祈使等。同时，语气词在一定的上下文中有着弱化句子语气和强化交际意图的作用。让我们来看两个例子："Отопри же, отопри ему. На дворе метель, а он брат твой.（快去开门吧，快去给他开门吧。外面在刮暴风雪，他可是你弟弟呀。）"又如："Позволь, позволь, я тебя уличу: давеча у фонаря, когда ты вскинулся на Алешу и закричал ему: «Ты от него узнал! Почему ты узнал, что он ко мне ходит?» Это ведь ты про меня вспоминал. Стало быть, одно маленькое мгновеньице ведь верил же, верил, что я действительно

---

① 四字格是修辞上的一种辞格，也称四字词组或成语，是汉语特殊的词汇现象，结构精炼，言简意赅，富有形象性，生动有力。

есмь...（**慢，慢**，我要戳穿你：方才在路灯下，你冲阿廖沙嚷嚷：'你是从他那里知道的！你怎么知道他常来看我**呢**？'这是因为你想起了我。可见，有这么小小的一刹那你不是相信了**吗**，相信我是真实存在的……）"在这两个例句中，译者通过对口语化词汇（慢，慢）和语气词（呢，呀）的恰当使用，不仅在译文中实现了书面语和口语的平顺衔接，而且能够创设出作者与读者之间的对话氛围，给读者具有一种身临其境的亲历感。第三，译者倾向于使用具有中国文化特色的词语，以强化译文的归化效果。例如："他们说：'这就是所谓物证，证明**阴曹地府**（**свет**）是存在的。'又是**阴曹地府**（**свет**），又是物证，啊呀，这些人呀！""我的朋友，我认识一位非常有魅力、非常可爱的俄国**少爷**（**русский барчонок**）：一位年轻的思想家和非常喜爱文学和美术的人，他是一篇大有希望的长诗的作者……"这种颇具古文特色的词语选择是此译本的一大特色，如纵观《卡拉马佐夫兄弟》全文，则还会读到"公子""敝县""此公"等词，它们使译文呈现出一种与汉语原创小说之间的亲密"血缘关系"。

综上所述，译者在《魔鬼。伊万·费奥多罗维奇的噩梦》的翻译中表现出了一名翻译家的高超语言素养。这种素养不仅体现在对原文写作语言和创作风格的精准把握上，更体现在其深厚的中文功底中。同时，译者以一颗认真负责、实事求是的谦逊之心，查阅大量资料，钻研和考证译文的每一个细微之处，其丰富细致的注释让人叹为观止。一名好的译者，一定是一名出色的语言大师，能够给予译文第二次生命。

第七章

托尔斯泰
《复活》

一、托尔斯泰与《复活》

列夫·尼古拉耶维奇·托尔斯泰（Лев Николаевич Толстой, 1828—1910）出生于俄国古老的贵族家族，是19世纪俄国伟大的批判现实主义作家、思想家。巴金称托尔斯泰为"19世纪世界的良心"。托尔斯泰在各个阶段的小说中展示自己的亲身经历以及对社会理想、人生理想的思考，其创作所反映出的沙皇俄国社会现实的深度和广度都大大超越了前人，推动了俄国现实主义文学的发展。不同于其他现实主义作家展现日常生活民俗细节的写作风格，托尔斯泰致力于心理描写。车尔尼雪夫斯基将托尔斯泰这种描写人物心理变化过程的手法称之为"心灵辩证法"。

托尔斯泰长逾半个世纪的创作生涯大体可分为早期、成熟期和世界观激变期三个阶段。早期主要作品包括自传性三部曲《童年》（1852）、《少年》（1854）、《青年》（1857），反映塞瓦斯托波尔保卫战的《塞瓦斯托波尔故事》（1856），讽刺西方文明反人道本质的短篇小说《卢塞恩》（1857）。《战争与和平》（1869）和《安娜·卡列尼娜》（1877）标志着托尔斯泰的创作进入成熟期。其中《战争与和平》通过对战争场面与和平场景的交替描写展现19世纪初期的俄国情况，涉及社会、经济、文化、政治、哲学、道德等多个方面，米尔斯基称之为"整个俄国现实主义小说中最重要的一部作品……一部超前的先锋之作，它极大地拓展了小说的领域和疆界。"①《安娜·卡列尼娜》反映了1861年农奴制改革之后的俄国旧式道德体系和传统观念土崩瓦解的现实，展示了"不幸的家庭各有各的不幸"的社会悲剧，表达了托尔斯泰对现实的彷徨以及对"道德自我完善""'爱'的乌托邦理论"等宗教观念的渴求与宣扬。19世纪70年代末开始，俄国阶级矛盾空前激化，托尔斯泰的世界观发生了翻天覆地的转变，《忏悔录》（1880）标志着他与上层地主阶级彻底决裂。在他最后20余年的大多数作品，如中篇小说《伊万·伊里奇之死》（1886）、《克莱采奏鸣曲》（1891）、《哈吉穆拉特》（1904）以及他最后一部长篇小说《复活》（1899）之中均表现出了他对沙皇俄国腐败、黑暗的无情批判，同时又表达了他不以暴力抗恶的思想。托尔斯泰一生著作等身，除小说之外还有若干剧本、哲学论文、文艺论文、寓言、书信等多种体裁作品流传于世，他的作品初版俄文版全集达到90卷之多。

《复活》（*Воскресение*）是托尔斯泰一生中最后一部长篇小说，整部小说被分为三部分。在这部小说中作家站在宗法制农民立场上对俄国现实生活进行艺术概括，以最强烈的愤怒鞭挞国家和社会的黑暗与罪恶，被誉为19世纪俄国批判现实主义小说的巅峰②。罗曼·罗兰认为《复活》是"歌颂人类同情的最美的诗，——最真实的诗……在本书中比在他别的任何作品中更清楚地看到托尔斯泰清明的目光。"③整部小说涉及两位主人公——公爵聂赫留朵夫和沦为妓女的农奴玛斯洛娃（卡秋莎），两者命运轨迹相同，都经历了精神道德从纯真到堕落、从"死亡"到"复活"的阶段。小说以对玛斯洛娃冤案的审理以及发配西伯利亚服苦役的判决为开端，一方面展现了法庭诸位官员、陪审员的昏聩无能、草菅人命。另一方面刺激了久处上流社会、已习惯骄奢淫逸生活的聂赫留朵夫公爵的忏悔与觉醒。托尔斯泰以倒叙、追叙、补叙的手法简要交代了聂赫留朵夫和玛斯洛娃各自

---

① 德·斯·米尔斯基著，刘文飞译，《俄国文学史》[M]，北京：商务印书馆，2020年，第350页。
② 曹靖华主编，《俄国文学史（上卷）（修订版）》[M]，北京：北京大学出版社，2007年，第351页；陈燊，论《复活》的主人公形象[J]，载《苏联文学》，1980年第4期，第129—137页。
③ 罗曼·罗兰著，傅雷译，《托尔斯泰传》[M]，北京：商务印书馆，1995年，第98页。

的堕落过程，或者说是道德死亡的进程。然而两者道德死亡的原因并不相同，贵族聂赫留朵夫的堕落是因社会风气的浸染，天真烂漫的农奴玛斯洛娃的堕落则是被聂赫留朵夫以及整个剥削阶级欺骗坑害的结果。道德死亡原因的迥异造就了不同的道德复活表现。聂赫留朵夫公爵的复活主要是在为玛斯洛娃积极奔走求情，以期减轻她的厄运。在赎罪过程中发现官僚体系和地主阶级的罪恶，进而为劳动阶层大胆辩护，与自己所处的阶层决裂。简言之，聂赫留朵夫公爵的复活进程是摒弃旧我，而非复归青年时期的纯洁与良善。玛斯洛娃的复活主要是因聂赫留朵夫公爵探监和赎罪的渴望所勾起的对往事的回忆以及进而生发出的回归清白自由生活的热望。她关心同样身陷囹圄的犯人，为改善他人处境而努力。与政治犯接触并熟悉之后，玛斯洛娃兼具了复活的道德感和对于受压迫阶级境况的清醒认识。简言之，玛斯洛娃的复活亦是一种对旧我的超越。总体而言，《复活》所讲述的是黑暗现实环境中男女主人公精神道德的复活与升华。我们节选的是《复活》第一部第四十一至四十四节——聂赫留朵夫第一次探监的情节，该部分是聂赫留朵夫思想觉醒的初始阶段，内心中尚存在摇摆。托尔斯泰借助聂赫留朵夫的眼睛和心理活动完成了对沙皇俄国末期监狱环境、不同囚犯与探监者的描写，对玛斯洛娃饱受生活摧残之后所呈现出来的状态的刻画，表达了对现实的控诉与讽刺。

　　《复活》在我国的译介可以追溯至20世纪初。1914年9月，马君武所译的《心狱》（《复活》第一部）由上海中华书局出版，1932年第四版的封面上写着"发人深省，有功社会之作，不仅作小说观也"。可见，对《复活》的翻译一直本着启迪民智、有功社会的目标。1922年，耿济之从俄语原文翻译的全本《复活》由商务印书馆出版，是我国第一部完整译本。1935年，田汉改编的《复活》六幕剧由上海杂志公司出版。1943年，夏衍改编的《复活》多幕剧由美学出版社出版。此外，1937年，商务印书馆出版了陈绵翻译的法国作家亨利·巴塔伊（Henry Bataille）改编的五幕剧《复活》。截至1949年10月1日，可查的小说译本、剧本译本及改编本有七八种之多。中华人民共和国成立至今，学者和翻译家们对《复活》的兴趣长盛不衰，目前已有十余种译本，其中比较有代表性的包括汝龙、草婴、力冈、乔振绪等翻译家的译本。其中草婴翻译的《复活》因高度贴合托尔斯泰的语言风格、精准再现了原作的艺术美，同时恰切地跳出原作形式束缚，保障了汉语译本的流畅等特点，深受广大读者的喜爱。

草婴（1923—2015），原名盛峻峰，著名俄苏文学翻译家，中国翻译协会"翻译文化终身成就奖"获得者（2010）。曾获苏联及俄罗斯颁发的高尔基文学奖（1987）、高尔基勋章（2006）、"俄罗斯作家协会荣誉会员"称号（2006）等。草婴自翻译发表普拉东诺夫的短篇小说《老人》起，在60余年的翻译生涯中笔耕不辍。除翻译列夫·托尔斯泰全集之外，还翻译了肖洛霍夫著名长篇小说《静静的顿河》，一生译著近千万字。对于文学翻译，草婴始终坚持自己的标准："形象活泼，动作清楚，对话生动，节奏明快，音调铿锵"[①]。其译作简洁流畅，兼顾归化与异化的翻译原则，以地道的汉语表达表现了俄语原著中人物形象的鲜活性、原文的音韵美，具有极高的审美价值。

二、《复活》译文节选

四十一

……

昨晚下了第一场温暖的春雨。凡是没有修马路的地方一下子都长出了嫩绿的青草。花园里的桦树枝上布满了翠绿的绒毛，稠李和杨树抽出了芳香的细长叶子。住宅和商店都卸去了套窗，把窗子擦得干干净净。在聂赫留朵夫乘车经过的旧货市场上，一座座货棚旁边密密麻麻地挤满了人。有些衣服褴褛的人腋下夹着皮靴，肩上搭着熨得笔挺的长裤和背心，在市场

[①] 转引自：陈有生、王占林，硕果累累勤耕耘——访文学翻译家草婴[J]，载《中国翻译》，1983年第12期，第36—38页。

上走来走去。

……

大街上，左面半边路面没有照到阳光，还很潮湿阴凉，中间的路面已经干了。沉重的载货马车不停地在街上隆隆驶过，四轮轻便马车辘辘地行驶着，公共马车不断发出叮当的响声。

……

聂赫留朵夫走到探监的人群那里，人群中走出一个人，衣服褴褛，帽子揉皱，光脚上套着一双破鞋，脸上布满一道道伤痕，向监狱走去。

"你往哪儿溜？"持枪的哨兵对他吆喝道。

"你嚷嚷什么呀？"衣服褴褛的人全没被哨兵的吆喝吓倒，顶嘴说，然后走回来，"你不放，我等着就是。何必大声嚷嚷？简直像个将军似的。"

……

聂赫留朵夫慢吞吞地走着，让急于探监的人走在前面。他百感交集，想到关在这里的恶人就感到不寒而栗，对昨天的男孩和卡秋莎那样的无辜者则满怀同情，而想到即将同卡秋莎见面，不禁又觉得胆怯和爱怜。

……

四十二

……

"我要见玛丝洛娃。"

"她是政治犯吗？"副典狱长问。

"不，她只不过是……"

"她怎么，判决了吗？"

"是的，她前天判决了。"聂赫留朵夫恭顺地回答，生怕破坏这个似乎同情他的副典狱长的情绪。

"既然您要探女监，那就请到这里来。"副典狱长说，显然从聂赫留朵夫的外表上看出为他效劳是值得的。"西多罗夫，"他吩咐胸前挂着几个奖章的留小胡子军士说，"把这位先生带到女监探望室去。"

"是，长官。"

这当儿，铁栅栏那边传来一阵令人心碎的痛哭声。

聂赫留朵夫觉得一切都很古怪，而最古怪的是，他还得感激典狱长和看守长，感谢在这座房子里干着种种暴行的人，还得认为他承受了他们的恩惠。

看守长把聂赫留朵夫从男监探望室领到走廊里，随即打开对面的房门，又把他领进女监探望室。

……在女犯中没见到玛丝洛娃。但在那一边，在那些女犯后面还站着一个女人。聂赫留朵夫立刻悟到那个女人就是她，他的心怦怦直跳，气都快喘不过来了。生死攸关的时刻到了。他走到铁丝网旁边，认清了是她，她站在蓝眼睛的费多霞后面，笑眯眯地听她说话。她不像前天那样穿着囚袍，只穿着一件腰带紧束的白上衣，高耸着胸部。头巾里露出鬈曲的黑发，就像那天在法庭上一样。

"马上就要摊牌了，"他暗自想，"我该怎么称呼她呢？也许她会自动过来吧？"

但她并没有走过来。她在等克拉拉，根本没有想到这个男人是来找她的。

"您要找谁？"那个在铁丝网中间踱步的女看守走到聂赫留朵夫跟前问。

"玛丝洛娃。"聂赫留朵夫好容易才说出口。

"玛丝洛娃，有人找你！"女看守叫道。

四十三

玛丝洛娃转过身，抬起头，挺起胸部，带着聂赫留朵夫所熟悉的温顺表情，走到铁栅栏跟前，从两个女犯中间挤过来，惊讶地盯着聂赫留朵夫，却没有认出他来。

不过，她从衣衫上看出他是个有钱人，就嫣然一笑。

"您找我吗？"她问，把她那张眼睛斜睨的笑盈盈的脸凑近铁栅栏。

"我想见见……"聂赫留朵夫不知道该用"您"还是"你"，但随即决定用"您"。他说话的声音并不比平时高。"我想见见您……我……"

"你别跟我啰唆了，"他旁边那个衣衫褴褛的男人叫道，"你到底拿过没有？"

"对你说，人都快死了，你还要什么？"对面有一个人嚷道。

玛丝洛娃听不清聂赫留朵夫在说些什么，但他说话时脸上的那副神情使她突然想起了他。但她不相信自己的眼睛。不过，她的笑容消失了，眉头痛苦地皱起来。

"您说什么，我听不见。"她叫起来，眯细眼睛，眉头皱得更紧了。

"我来是……"

"对，我在做我该做的事，我在认罪。"聂赫留朵夫想。他一想到这里，眼泪就夺眶而出，喉咙也哽住了，他用手指抓住铁栅栏，说不下去，竭力控制住感情，免得哭出声来。

"对你说：你去管闲事干什么……"这边有人喝道。

"老天爷在上，我连知道也不知道。"那边有个女犯大声说。

玛丝洛娃看到聂赫留朵夫激动的神气，认出他来了。

"您好像是……但我不敢认。"玛丝洛娃眼睛不看他，叫道。她那涨红的脸突然变得阴沉了。

"我来是要请求你饶恕！"聂赫留朵夫大声说，但声调平得像背书一样。

他大声说出这句话，感到害臊，往四下里张望了一下。但他立刻想到，要是他觉得羞耻，那倒是好事，因为他是可耻的。于是他高声说下去："请你饶恕我，我在你面前是有罪的……"他又叫道。

她一动也不动地站着，斜睨的目光盯住他不放。

他再也说不下去，就离开铁栅栏，竭力忍住翻腾着的泪水，不让自己哭出声来。

把聂赫留朵夫领到女监来的副典狱长，显然对他产生了兴趣，这时走了过来。他看见聂赫留朵夫不在铁栅栏旁边，就问他为什么不同他要探望的女犯谈话。聂赫留朵夫擤了擤鼻涕，提起精神，竭力让自己平静下来，回答说："隔着铁栅栏没法说话，什么也听不见。"

副典狱长沉思了一下，"嗯，好吧，把她带到这儿来一下也行。"

"马丽雅·卡尔洛夫娜！"他转身对女看守说，"把玛丝洛娃带到外边来。"

过了一分钟，玛丝洛娃从边门走出来，她步履轻盈地走到聂赫留朵夫跟前站住，皱着眉头看了他一眼。乌黑的鬓发也像前天那样一圈圈飘在额上，苍白而微肿的脸有点病态，但很可爱，而且十分镇定，她那双乌黑发亮的斜睨眼睛在浮肿的眼皮下显得特别有神。

"可以在这里谈话。"副典狱长说完就走开了。

聂赫留朵夫走到靠墙的长凳旁边。

玛丝洛娃困惑地瞧了瞧副典狱长，然后仿佛感到惊讶，耸耸肩膀，跟着聂赫留朵夫走到长凳那儿，理了理裙子，在他旁边坐下。

"我知道要您饶恕我很困难，"聂赫留朵夫开口说，但又停住，觉得喉咙哽住了，"过去的事既已无法挽回，那么现在我愿尽最大的努力去做。您说说……"

"您是怎么找到我的？"她不理他的话，径自问。她那双斜睨的眼睛又像在瞧他，又像不在瞧他。

"上帝呀！你帮助我，教教我该怎么办！"聂赫留朵夫望着她那张变丑的脸，暗自说。

"前天您受审的时候，我在做陪审员，"他说，"您没有认出我来吧？"

"没有，没有认出来。我没有工夫认人。当时我根本没有看。"玛丝洛娃说。

"不是有过一个孩子吗？"聂赫留朵夫问，感到脸红了。

"赞美上帝，他当时就死了。"她气愤地简单回答，转过眼睛不去看他。

"真的吗？是怎么死的？"

"我当时自己病了，差一点也死掉。"玛丝洛娃说，没有抬起眼睛来。

"姑妈她们怎么会放您走的？"

"谁还会把一个怀孩子的女佣人留在家里呢？她们一旦发现这事，就会把我赶出来。说这些干什么呀！我什么都不记得，全都忘了。那事早完了。"

"不，没有完。我不能丢下不管。哪怕到今天我也要赎我的罪。"

"没有什么罪可赎的。过去的事都过去了，全完了。"玛丝洛娃说。接着，完全出乎他的意料，她忽然瞟了他一眼，又嫌恶又妖媚又可怜地微微一笑。

玛丝洛娃怎么也没想到会看见他，特别是在此时此地，因此最初一刹那，他的出现使她震惊，使她回想起她从不回想的往事。最初一刹那，她模模糊糊地想起那个充满感情和理想的新奇天地，这是那个热爱她并为她所热爱的迷人青年给她打开的。然后她想到了他那难以理解的残酷，想到了接二连三的屈辱和苦难，这都是紧接着那些醉人的幸福降临和由此而产生的。她感到痛苦，但她无法理解这事。她就照例把这些往事从头脑里驱除，竭力用堕落生活的特种迷雾把它遮住。此刻她就是这样做的。最初一刹那，她把坐在她面前的这个人同她一度爱过的那个青年联系起来，但接着觉得太痛苦了，就不再这样做。现在这个衣冠楚楚、脸色红润、胡子上洒过香水的老爷，对她来说，已不是她所爱过的那个聂赫留朵夫，而是一个截然不同的人。那种人在需要的时候可以玩弄像她这样的女人，而像她这样的女人也总要尽量从他们身上多弄到些好处。就因为这个缘故，她向他妖媚地笑了笑。她沉默了一会儿，考虑着怎样利用他弄到些好处。

“那事早就完了，”她说，“如今我被判决，要去服苦役了。”

她说出这句悲痛的话，嘴唇都哆嗦了。

“我知道，我相信，您是没有罪的。”聂赫留朵夫说。

“我当然没有罪。我又不是小偷，又不是强盗。这儿大家都说，一切全在于律师，”她继续说，“大家都说应该上诉，可是得花很多钱……”

“是的，一定要上诉，”聂赫留朵夫说，“我已经找过律师了。”

“别舍不得花钱，得请一个好律师。”她说。

“我一定尽力去办。”

接着是一阵沉默。

她又像刚才那样微微一笑。

“我想请求您……给些钱，要是您答应的话。不多……只要十个卢布就行。”她突然说。

“行，行！”聂赫留朵夫窘态毕露地说，伸手去掏皮夹子。

她急促地瞅了一眼正在屋里踱步的副典狱长。

“当着他的面别给，等他走开了再给，要不然会被他拿走的。”

等副典狱长一转过身去，聂赫留朵夫就掏出皮夹子，但他还没来得及把十卢布钞票递给她，副典狱长又转过身来，脸对着他们。他把钞票团在手心里。

"这个女人已经丧失生命了。"他心里想，同时望着这张原来亲切可爱、如今饱经风霜的浮肿的脸，以及那双妖媚的乌黑发亮的斜睨眼睛——这双眼睛紧盯着副典狱长和聂赫留朵夫那只紧捏着钞票的手。他的内心刹那间发生了动摇。

昨晚迷惑过聂赫留朵夫的魔鬼，此刻又在他心里说话，又竭力阻止他思考该怎样行动，却让他去考虑他的行动会有什么后果，怎么才能对他有利。

"这个女人已经无可救药了，"魔鬼说，"你只会把石头吊在自己脖子上，活活淹死，再也不能做什么对别人有益的事了。给她一些钱，把你身边所有的钱全给她，同她分手，从此一刀两断，岂不更好？"他心里这样想。

不过，他同时又感到，他的心灵里此刻正要完成一种极其重大的变化，他的精神世界这会儿仿佛搁在不稳定的天平上，只要稍稍加一点力气，就会向这边或者那边倾斜。他花了一点力气，向昨天感到存在于心灵里的上帝呼救，果然上帝立刻响应他。他决定此刻把所有的话全向她说出来。

"卡秋莎！我来是要请求你的饶恕，可是你没有回答我，你是不是饶恕我，或者，什么时候能饶恕我。"他说，忽然对玛丝洛娃改称"你"了。

她没有听他说话，却一会儿瞧瞧他那只手，一会儿瞧瞧副典狱长。等副典狱长一转身，她连忙把手伸过去，抓住钞票，把它塞在腰带里。

"您的话真怪！"她鄙夷不屑地——他有这样的感觉——微笑着说。

聂赫留朵夫觉得她身上有一样东西，同他水火不相容，使她永远保持现在这种样子，并且不让他闯进她的内心世界。

不过，说也奇怪，这种情况不仅没有使他疏远她，反而产生一种特殊的新的力量，使他去同她接近。聂赫留朵夫觉得他应该在精神上唤醒她，这虽然极其困难，但正因为困难就格外吸引他。他现在对她的这种感情，是以前所不曾有过的，对任何人都不曾有过，其中不带丝毫私心。他对她毫无所求，只希望她不要像现在这样，希望她能觉醒，能恢复她的本性。

"卡秋莎，你为什么说这样的话？你要明白，我是了解你的，我记得当时你在巴诺伏的样子……"

"何必提那些旧事。"她冷冷地说。

"我记得这些事是为了要改正错误，赎我的罪，卡秋莎。"聂赫留朵夫开了头，本来还想说他要同她结婚，但接触到她的目光，发觉其中有一种粗野可怕、拒人于千里之外的神色，他不敢开口了。

这时候，探监的人纷纷出去。副典狱长走到聂赫留朵夫跟前，说探望的时间结束了。玛丝洛娃站起来，顺从地等待人家把她带回牢房。

"再见，我还有许多话要对您说，可是，您看，现在没时间了，"聂赫留朵夫说着伸出一只手，"我还要来的。"

"话好像都已说了……"

她伸出一只手，但是没有同他握。

"不，我要设法找个可以说话的地方再同您见面，我还有些非常重要的话要对您说。"聂赫留朵夫说。

"好的，那您就来吧。"她说，做出一种要讨男人喜欢的媚笑。

"您对我来说比妹妹还亲哪！"聂赫留朵夫说。

"真怪！"她又说了一遍，接着摇摇头，向铁栅栏那边走去。

四十四

第一次重逢的时候，聂赫留朵夫以为卡秋莎见到他，知道他要为她出力并且感到悔恨，一定会高兴，一定会感动，一定又会恢复原来那个卡秋莎的面目。他万万没有料到，原来的那个卡秋莎已经不存在了，只剩下了一个现在的玛丝洛娃。这使他感到又惊奇又恐惧。

使他感到惊奇的，主要是玛丝洛娃不仅不以自己的身份为耻（不是指她囚犯的身份，当囚犯她是感到羞耻的，而是指她妓女的身份），似乎还觉得，甚至引以为荣。不过话也得说回来，一个人处在这样的地位的，也就非如此不可。不论什么人，倘若要活动，必须自信他的活动是重要的，有益的。因此，一个人，不论地位怎样，他对人生必须具有这样的观点，使他觉得他的活动是重要的，有益的。

……

（节选自草婴译《复活》，上海译文出版社，1983年，第163—179页）

附：*Воскресение* 选段原文

XLI

<...>

Накануне был первый теплый весенний дождь. Везде, где не было мостовой, вдруг зазеленела трава; березы в садах осыпались зеленым пухом, и черемуха и тополя расправляли свои длинные пахучие листья, а в домах и магазинах выставляли и вытирали рамы. На толкучем рынке, мимо которого пришлось проезжать Нехлюдову, кишела около выстроенных в ряд палаток сплошная толпа народа и ходили оборванные люди с сапогами под мышкой и перекинутыми через плечо выглаженными панталонами и жилетами.

<...>

По улицам, прохладным и влажным еще с левой стороны, в тени, и высохшим посередине, не переставая гремели по мостовой тяжелые воза ломовых, дребезжали пролетки и звенели конки.

<...>

Нехлюдов отошел к толпе дожидающихся. Из толпы выделился в оборванной одежде и смятой шляпе, в опорках на босу ногу человек с красными полосами во все лицо и направился к тюрьме.

– Ты куда лезешь? – крикнул на него солдат с ружьем.

– А ты чего орешь? – нисколько не смущаясь окриком часового, ответил оборванец и вернулся назад. – Не пускаешь – подожду. А то кричит, ровно енерал.

<...>

Нехлюдов шел медленным шагом, пропуская вперед себя спешивших посетителей, испытывая смешанные чувства ужаса перед теми злодеями, которые заперты здесь, состраданья к тем невинным, которые, как вчерашний мальчик и Катюша, должны быть здесь, и робости и умиления перед тем свиданием, которое ему предстояло.

<...>

XLII

<...>

– Мне нужно видеть Екатерину Маслову.

– Она политическая? – спросил помощник смотрителя.

– Нет, она просто...

– Она, что же, приговоренная?

– Да, третьего дня она была приговорена, – покорно отвечал Нехлюдов, боясь как-нибудь попортить настроение смотрителя, как будто принявшего в нем участие.

– Коли в женскую, так сюда пожалуйте, – сказал смотритель, очевидно решив по внешности Нехлюдова, что он стоит внимания. – Сидоров, – обратился он к усатому унтер-офицеру с медалями, – проводи вот их в женскую.

– Слушаю-с.

В это время у решетки послышались чьи-то раздирающие душу рыдания.

Все было странно Нехлюдову, и страннее всего то, что ему приходилось благодарить и чувствовать себя обязанным перед смотрителем и старшим надзирателем, перед людьми, делавшими все те жестокие дела, которые делались в этом доме.

Надзиратель вывел Нехлюдова из мужской посетительской в коридор и тотчас же, отворив дверь напротив, ввел его в женскую комнату для свиданий.

<...> В числе их Масловой не было. Но позади арестанток, на той стороне, стояла еще одна женщина, и Нехлюдов тотчас же понял, что это была она, и тотчас же почувствовал, как усиленно забилось его сердце и остановилось дыхание. Решительная минута приближалась. Он подошел к сетке и узнал ее. Она стояла позади голубоглазой Федосьи и, улыбаясь, слушала то, что она говорила. Она была не в халате, как третьего дня, а в белой кофте, туго стянутой поясом и высоко подымавшейся на груди. Из-под косынки, как на суде, выставлялись вьющиеся черные волосы.

–Сейчас решится, – думал он. – Как мне позвать ее? Или сама подойдет?

Но сама она не подходила. Она ждала Клару и никак не думала, что этот мужчина к ней.

– Вам кого нужно? – спросила, подходя к Нехлюдову, надзирательница, ходившая между сетками.

– Екатерину Маслову, – едва мог выговорить Нехлюдов.

– Маслова, к тебе! – крикнула надзирательница.

XLIII

Маслова оглянулась и, подняв голову и прямо выставляя грудь, с своим, знакомым Нехлюдову, выражением готовности, подошла к решетке, протискиваясь между двумя арестантками, и удивленно-вопросительно уставилась на Нехлюдова, не узнавая его.

Признав, однако, по одежде в нем богатого человека, она улыбнулась.

— Вы ко мне? — сказала она, приближая к решетке свое улыбающееся, с косящими глазами лицо.

— Я хотел видеть... — Нехлюдов не знал, как сказать: «вас» или «тебя», и решил сказать «вас». Он говорил не громче обыкновенного. — Я хотел видеть вас... я...

— Ты мне зубы-то не заговаривай, — кричал подле него оборванец. — Брала или не брала?

— Говорят тебе, помирает, чего ж еще? — кричал кто-то с другой стороны.

Маслова не могла расслышать того, что говорил Нехлюдов, но выражение его лица в то время, как он говорил, вдруг напомнило ей его. Но она не поверила себе. Улыбка, однако, исчезла с ее лица, и лоб стал страдальчески морщиться.

— Не слыхать, что говорите, — прокричала она, щурясь и все больше и больше морща лоб.

— Я пришел...

— Да, я делаю то, что должно, я каюсь, — подумал Нехлюдов. И только что он подумал это, слезы выступили ему на глаза, подступили к горлу, и он, зацепившись пальцами за решетку, замолчал, делая усилие, чтобы не разрыдаться.

— Я говорю: зачем встреваешь, куда не должно... — кричали с одной стороны.

— Верь ты Богу, знать не знаю, — кричала арестантка с другой стороны.

Увидав его волнение, Маслова узнала его.

— Похоже, да не признаю, — закричала она, не глядя на него, и покрасневшее вдруг лицо ее стало еще мрачнее.

— Я пришел затем, чтобы просить у тебя прощения, — прокричал он громким голосом, без интонации, как заученный урок.

Прокричав эти слова, ему стало стыдно, и он оглянулся. Но тотчас же пришла мысль, что если ему стыдно, то это тем лучше, потому что он должен нести стыд. И он громко продолжал:

– Прости меня, я страшно виноват перед... – прокричал он еще.

Она стояла неподвижно и не спускала с него своего косого взгляда.

Он не мог дальше говорить и отошел от решетки, стараясь удержать колебавшие его грудь рыдания.

Смотритель, тот самый, который направил Нехлюдова в женское отделение, очевидно, заинтересованный им, пришел в это отделение и, увидав Нехлюдова не у решетки, спросил его, почему он не говорит с той, с кем ему нужно. Нехлюдов высморкался и, встряхнувшись, стараясь иметь спокойный вид, отвечал:

– Не могу говорить через решетку, ничего не слышно.

Смотритель задумался.

– Ну, что же, можно вывести ее сюда на время. Марья Карловна! – обратился он к надзирательнице. – Выведите Маслову наружу.

Через минуту из боковой двери вышла Маслова. Подойдя мягкими шагами вплоть к Нехлюдову, она остановилась и исподлобья взглянула на него. Черные волосы, так же как и третьего дня, выбивались вьющимися колечками, лицо, нездоровое, пухлое и белое, было миловидно и совершенно спокойно; только глянцевито-черные косые глаза из-под подпухших век особенно блестели.

– Можно здесь говорить, – сказал смотритель и отошел.

Нехлюдов придвинулся к скамье, стоявшей у стены.

Маслова взглянула вопросительно на помощника смотрителя и потом, как бы с удивлением пожав плечами, пошла за Нехлюдовым к скамье и села на нее рядом с ним, оправив юбку.

– Я знаю, что вам трудно простить меня, – начал Нехлюдов, но опять остановился, чувствуя, что слезы мешают, – но если нельзя уже поправить прошлого, то я теперь сделаю все, что могу. Скажите...

– Как это вы нашли меня? – не отвечая на его вопрос, спросила она, и глядя и не глядя на него своими косыми глазами.

– Боже мой! Помоги мне. Научи меня, что мне делать! – говорил себе Нехлюдов, глядя на ее такое изменившееся, дурное теперь лицо.

– Я третьего дня был присяжным, – сказал он, – когда вас судили. Вы не узнали меня?

– Нет, не узнала. Некогда мне было узнавать. Да я и не смотрела, – сказала она.

– Ведь был ребенок? – спросил он и почувствовал, как лицо его покраснело.

– Тогда же, слава Богу, помер, – коротко и злобно ответила она, отворачивая от него взгляд.

– Как же, от чего?

– Я сама больна была, чуть не померла, – сказала она, не поднимая глаз.

– Как же тетушки вас отпустили?

– Кто ж станет горничную с ребенком держать? Как заметили, так и прогнали. Да что говорить, – не помню ничего, все забыла. То все кончено.

– Нет, не кончено. Не могу я так оставить этого. Я хоть теперь хочу искупить свой грех.

– Нечего искупать; что было, то было и прошло, – сказала она, и, чего он никак не ожидал, она вдруг взглянула на него и неприятно, заманчиво и жалостно улыбнулась.

Маслова никак не ожидала увидать его, особенно теперь и здесь, и потому в первую минуту появление его поразило ее и заставило вспомнить о том, чего она не вспоминала никогда. Она в первую минуту вспомнила смутно о том новом, чудном мире чувств и мыслей, который открыт был ей прелестным юношей, любившим ее и любимым ею, и потом об его непонятной жестокости и целом ряде унижений, страданий, которые последовали за этим волшебным счастьем и вытекали из него. И ей сделалось больно. Но, не будучи в силах разобраться в этом, она поступила и теперь, как поступала всегда: отогнала от себя эти воспоминания и постаралась застлать их особенным туманом развратной жизни, так что она сделала и теперь. В первую минуту она соединила теперь сидящего перед ней человека с тем юношей, которого она когда-то любила, но потом, увидав, что это слишком больно, она перестала соединять его с тем. Теперь этот чисто одетый, выхоленный господин с надушенной бородой был для нее не тот Нехлюдов, которого она любила, а только один из тех людей, которые, когда им нужно было, пользовались такими существами, как она, и которыми такие существа, как она, должны были пользоваться как можно для себя выгоднее. И потому она заманчиво улыбнулась ему. Она помолчала, обдумывая, чем бы воспользоваться от него.

– То все кончено, – сказала она. – Теперь вот осудили в каторгу.

И губы ее задрожали, когда она выговорила это страшное слово.

– Я знал, я уверен был, что вы не виноваты, – сказал Нехлюдов.

– Известно, не виновата. Разве я воровка или грабительница. У нас говорят, что все от адвоката, – продолжала она. – Говорят, надо прошение подать. Только дорого, говорят, берут...

– Да, непременно, – сказал Нехлюдов. – Я уже обратился к адвокату.

– Надо не пожалеть денег, хорошего, – сказала она.

– Я все сделаю, что возможно.

Наступило молчание.

Она опять так же улыбнулась.

– А я хочу вас просить... денег, если можете. Немного... десять рублей, больше не надо, – вдруг сказала она.

– Да, да, – сконфуженно заговорил Нехлюдов и взялся за бумажник.

Она быстро взглянула на смотрителя, который ходил взад и вперед по камере.

– При нем не давайте, а когда он отойдет, а то отберут.

Нехлюдов достал бумажник, как только смотритель отвернулся, но не успел передать десятирублевую бумажку, как смотритель опять повернулся к ним лицом. Он зажал ее в руке.

– Ведь это мертвая женщина, – думал он, глядя на это когда-то милое, теперь оскверненное пухлое лицо с блестящим нехорошим блеском черных косящих глаз, следящих за смотрителем и его рукою с зажатой бумажкой. И на него нашла минута колебания.

Опять тот искуситель, который говорил вчера ночью, заговорил в душе Нехлюдова, как всегда, стараясь вывести его из вопросов о том, что должно сделать, к вопросу о том, что выйдет из его поступков и что полезно.

– Ничего ты не сделаешь с этой женщиной, – говорил этот голос, – только себе на шею повесишь камень, который утопит тебя и помешает тебе быть полезным другим. Дать ей денег, всё, что есть, проститься с ней и кончить все навсегда? – подумалось ему.

Но тут же он почувствовал, что теперь, сейчас, совершается нечто самое важное в его душе, что его внутренняя жизнь стоит в эту минуту как бы на колеблющихся весах, которые малейшим усилием могут быть перетянуты в ту или другую сторону. И он сделал это усилие, призывая того Бога, которого он вчера почуял в своей душе, и Бог тут же отозвался в нем. Он решил сейчас сказать ей все.

– Катюша! Я пришел к тебе просить прощения, а ты не ответила мне, простила ли ты меня, простишь ли ты меня когда-нибудь, – сказал он, вдруг переходя на «ты».

Она не слушала его, а глядела то на его руку, то на смотрителя. Когда смотритель отвернулся, она быстро протянула к нему руку, схватила бумажку и положила за пояс.

– Чуднб, что говорите, – сказала она, презрительно, как ему показалось, улыбаясь.

Нехлюдов чувствовал, что в ней есть что-то прямо враждебное ему, защищающее ее такою, какая она теперь, и мешающее ему проникнуть до ее сердца.

Но, удивительное дело, это его не только не отталкивало, но еще больше какой-то особенной, новой силой притягивало к ней. Он чувствовал, что ему должно разбудить ее духовно, что это страшно трудно; но самая трудность этого дела привлекала его. Он испытывал к ней теперь чувство такое, какого он никогда не испытывал прежде ни к ней, ни к кому-либо другому, в котором не было ничего личного: он ничего не желал себе от нее, а желал только того, чтобы она перестала быть такою, какою она была теперь, чтобы она пробудилась и стала такою, какою она была прежде.

– Катюша, зачем ты так говоришь? Я ведь знаю тебя, помню тебя тогда, в Панове...

– Что старое поминать, – сухо сказала она.

– Я вспоминаю затем, чтобы загладить, искупить свой грех, Катюша, – начал он и хотел было сказать о том, что он женится на ней, но он встретил ее взгляд и прочел в нем что-то такое страшное и грубое, отталкивающее, что не мог договорить.

В это время посетители стали выходить. Смотритель подошел к Нехлюдову и сказал, что время свидания кончилось. Маслова встала, покорно ожидая, когда ее отпустят.

– Прощайте, мне еще многое нужно сказать вам, но, как видите, теперь нельзя, – сказал Нехлюдов и протянул руку. – Я приду еще.

– Кажется, все сказали...

Она подала руку, но не пожала.

– Нет, я постараюсь видеться с вами еще, где бы можно переговорить, и тогда скажу очень важное, что нужно сказать вам, – сказал Нехлюдов.

– Что же, приходите, – сказала она, улыбаясь той улыбкой, которой улыбалась мужчинам, которым хотела нравиться.

– Вы ближе для меня, чем сестра, – сказал Нехлюдов.

– Чуднб, – повторила она и, покачивая головой, ушла за решетку.

XLIV

При первом свидании Нехлюдов ожидал, что, увидав его, узнав его намерение служить ей и его раскаяние, Катюша обрадуется и умилится и станет опять Катюшей, но, к ужасу своему, он увидал, что Катюши не было, а была одна Маслова. Это удивило и ужаснуло его.

Преимущественно удивляло его то, что Маслова не только не стыдилась своего положения – не арестантки (этого она стыдилась), а своего положения проститутки, – но как будто даже была довольна, почти гордилась им. А между тем это и не могло быть иначе. Всякому человеку, для того чтобы действовать, необходимо считать свою деятельность важною и хорошею. И потому, каково бы ни было положение человека, он непременно составит себе такой взгляд на людскую жизнь вообще, при котором его деятельность будет казаться ему важною и хорошею.

<...>

(Толстой Л.Н. *Воскресение.* **Часть первая, XLI-XLIV, СПб.: Азбука, Азбука-Аттикус, 2015, стр. 183-201)**

三、译文评析

作为托尔斯泰晚期的重要作品,《复活》中对主人公心理变化的描写突出地反映了作家"肉身观察者"的写作风格。我们选择的四十一至四十四节是《复活》第一部中聂赫留朵夫第一次探监的片段,该片段是聂赫留朵

夫向纸醉金迷的堕落生活进行实质性告别的起点。托尔斯泰借助聂赫留朵夫的目光对环境、探监者及犯人进行概括性描写，通过对主人公神态和心理活动的描写展现其性格特点。与此同时，因为聂赫留朵夫的身份地位，作家选择使用大量更为符合公爵身份、更为严谨、逻辑关系更为清晰的主从复合句和并列复合句，这对译者而言是很大的挑战。草婴译本不仅传译出了符合原文人物形象的语言特点，保证了人物形象的鲜活性和真实性，而且不拘泥于原著句子形式的束缚，大胆追求译文的流畅性，贴合了原著风格。总体而言，草婴译本体现了对原文风格的精准理解和地道的汉语表达水平。

1. 对现实主义特色的准确还原

《复活》作为现实主义流派最负盛名的作品，其现实主义特色主要表现为符合社会现实的环境描写与人物语言。这两点为读者营造出身临其境的现实感和人物的立体感。草婴在传译的过程中准确还原了原著营造的真实感和俄罗斯特色。这首先体现在景物描写之中。比如："昨晚下了第一场温暖的春雨。凡是没有修马路的地方一下子都长出了嫩绿的青草。花园里的桦树枝上布满了翠绿的绒毛，稠李和杨树抽出了芳香的细长叶子。住宅和商店都卸去了套窗，把窗子擦得干干净净。（Накануне был первый теплый весенний дождь. Везде, где не было мостовой, вдруг зазеленела трава; березы в садах осыпались зеленым пухом, и черемуха и тополя расправляли свои длинные пахучие листья, а в домах и магазинах выставляли и вытирали рамы.）"在这段译文中，草婴进行了补充性翻译，为原著中的"绿"分别增添了"嫩""翠"等修饰语，为原著中形容叶片的"长"增补了"细"，将原文中的береза（桦树）译为"桦树枝"，既忠实于原文环境描写的真实感，又增添了描写的层次感，显得更为丰满。又如："大街上，左面半边路面没有照到阳光，还很潮湿阴凉，中间的路面已经干了。沉重的载货马车不停地在街上隆隆驶过，四轮轻便马车辘辘地行驶着，公共马车不断发出叮当的响声。（По улицам, прохладным и влажным еще с левой стороны, в тени, и высохшим посередине, не переставая гремели по мостовой тяжелые воза ломовых, дребезжали пролетки и звенели конки.）"在此段译文中，草婴将俄语中表示声响的动词 греметь/дребезжать/звенеть 译为拟声词，同时增添了动词"驶过""行驶着"和副词"不断"，既保证了原文中所描写的动态声响效果，又使译文符合汉语的表达习惯。其次，俄语口语中常用不完全句营造生动、自然、无拘束的感觉，草婴在翻译人物言行时，通过语气词、副词、儿化音、叠词等词汇手段实现了对原文中不完全句表现力的保留。比如："你往哪儿溜？""你嚷嚷什么呀？""你不放，我等着就是。何必大声嚷嚷……"句中通过儿化音、语气词"呀""就是"和常用于口语体的叠词"嚷嚷"保证了原文的口语风格，同时表现出看守与探监者之间的紧张关系、看守对探监者的不耐烦。探监者对看守有些惧怕，同时又坚持找补面子以缓解尴尬的鲜活形象跃然纸上。此外，对一些对话的翻译，草婴考虑情节或人物形象的需要，对原文的情态进行了微调。例如，"您好像是……但我不敢认（Похоже, да не признаю）"，增译的"不敢"既承接了上文已然认出聂赫留朵夫的震惊错愕，又表现出了玛斯洛娃的谨慎求证态度。又如"您对我来说比妹妹还亲哪！（Вы ближе для меня, чем сестра...）"将原文中的陈述句译作感叹句，既增强了语句感情色彩，又表现出了聂赫留朵夫在时间紧迫的情况下急于表达的形象。概而言之，草婴对环境描写和人物语言的翻译在尊重原文的基础上，通过增译的方法还原了现实主义特色，为读者呈现出了真实的场景。

2. 对心理描写和表情描写的巧妙传译

托尔斯泰擅长心理描写和反映人物心理的表情描写。首先，不同于简单句彼此独立、互不依赖的特点，复合句通常可以更严谨、清晰地表现思想间的联系。作家多用复合句对聂赫留朵夫进行心理描写，体现主人公心理活动的层次性和流动性。复合句内容丰富、形式较为复杂、富于表现力，对译者要求较高。草婴尊重托尔斯泰的心理描写风格，同时兼顾汉语思维方式和表达习惯，在必要的情况下对一些复杂的长句进行了拆译。比如："聂赫留朵夫觉得一切都很古怪，而最古怪的是，他还得感激典狱长和看守长，感谢在这座房子里干着种种暴行的人，还得认为他承受了他们的恩惠。（Все было странно Нехлюдову, и страннее всего то, что ему приходилось благодарить и чувствовать себя обязанным перед смотрителем и старшим надзирателем, перед людьми, делавшими все те жестокие дела, которые делались в этом доме.)"草婴将原文中连用的动词 благодарить 和 чувствовать 拆解到三个小句之中，同时调整了句序。虽然译文中三个小短句并列，但是最后一个短句中的宾语"他们"是对前两个短句宾语的总结，如此保障了句子的整体性和心理活动的层次性。又如："不过，他同时又感到，他的心灵里此刻正要完成一种极其重大的变化，他的精神世界这会儿仿佛搁在不稳定的天平上，只要稍稍加一点力气，就会向这边或者那边倾斜。(Но тут же он почувствовал, что теперь, сейчас, совершается нечто самое важное в его душе, что его внутренняя жизнь стоит в эту минуту как бы на колеблющихся весах, которые малейшим усилием могут быть перетянуты в ту или другую сторону.)"原文中以嵌套限定从句的说明从句连缀的方式表现聂赫留朵夫的心理活动，译者化繁为简，将限定从句译作条件关系"只要……就"，更加符合汉语表达习惯，同时保留了原文中顺畅的心理活动描写。其次，在我们的节选片段中，托尔斯泰对玛斯洛娃的表情着墨不少，不长的篇幅里玛斯洛娃"笑"了八次之多。第一次笑是听狱友费多霞讲话时的伴随状态 улыбаясь，译本使用"笑眯眯地"表现玛斯洛娃的放松与本真，与后文中的笑形成了鲜明对比。面对聂赫留朵夫的笑，托尔斯泰或铺垫情景，或直接使用副词进行修饰，每一次的笑都表明了玛斯洛娃的态度和当时当刻的心理活动，草婴深刻地理解了原文，以不同感情色彩的汉语词汇对微笑进行了翻译，从一开始的媚笑逐渐转向鄙夷的笑，保证了玛斯洛娃心理活动的流动性和人物的丰满。比如"不过，她从衣衫上看出他是个有钱人，就嫣然一笑。(Признав, однако, по одежде в нем богатого человека, она улыбнулась.)"打量衣着后的"嫣然一笑"既符合妓女的人物设定，又将媚态展示得恰到好处。"又嫌恶又妖媚又可怜地微微一笑（ неприятно, заманчиво и жалостно улыбнулась)"此处原文为形容不同心理状态的副词连用，草婴以"又……又……又"进行传译，使三个层次紧密相连，体现了笑容内涵的复杂，同时笑也变成了淡然勉强的"微微一笑"。当玛斯洛娃平复好心情，将聂赫留朵夫视作客人时，她的笑只留下了迎客的妖媚，不过即便如此，笑容也不再如开始一般嫣然，变成了职业式假笑，因此只是"妖媚地笑了笑（заманчиво улыбнулась）"。最终，玛斯洛娃完全不信聂赫留朵夫的一通"胡言乱语"，"鄙夷不屑地……微笑着……（презрительно...улыбаясь）"，此处托尔斯泰以未完成体副动词表示伴随，译本采用了表示状态的"微笑着"以突出这一次笑的悠长与冷漠。总之，草婴译本不完全拘泥于原著中的形式和用词，通过对风格的精准把握，灵活地再现了原著中心理描写和表情描写的韵味，保证了人物形象的鲜活性和立体感。

3．对四字格和副文本的恰当运用

草婴译本除了准确把握原著现实主义特色和作家风格之外，兼顾了汉语的表达习惯。具体而言，草婴大量使用了四字格；为保证译文的顺畅，将一些细节转化为了副文本。首先，四字格是汉语特有的语言现象，言简意赅、含义深刻且表现力强。正确使用四字格是译文归化的表现。我们所节选的四个章节的全文中，草婴使用了近50个四字格，基本上集中在心理描写和外貌描写。比如："他百感交集，想到关在这里的恶人就感到不寒而栗……（Нехлюдов... испытывая смешанные чувства ужаса перед теми злодеями, которые заперты здесь... ）"用"百感交集"和"不寒而栗"两个成语翻译词组 смешанные чувства ужаса 丰富了聂赫留朵夫初次走进监狱的心理活动层次，同时拉近了读者与人物形象之间的距离。"'这个女人已经无可救药了，'……'从此一刀两断，岂不更好？'他心里这样想。（«Ничего ты не сделаешь с этой женщиной, ... проститься с ней и кончить все навсегда?» – подумалось ему. ）"此处对内心中"魔鬼"所说的话进行了意译，以"玛斯洛娃无可救药"替代直译"你什么也做不到"，转换了视角，增强了聂赫留朵夫下决心赎罪的客观现实障碍。在对人物外貌的描写中，草婴也使用了多个四字格，比如对聂赫留朵夫的描写"现在这个衣冠楚楚、脸色红润、胡子上洒过香水的老爷，对她来说，已不是她所爱过的那个聂赫留朵夫，而是一个截然不同的人。（Теперь этот **чисто одетый**, выхоленный господин с надушенной бородой был для нее не тот Нехлюдов, которого она любила, а только один из тех людей... ）"此段中

将 чисто одетый 译作"衣冠楚楚"不仅表现出了聂赫留朵夫着装的整齐漂亮，而且还增添了些许贬义色彩，表达了玛斯洛娃对他的鄙夷与痛恨；"截然不同"更表现出了一种彻底决裂的决绝。其次，尽管在我们截取的章节中副文本不多，但是从仅有的副文本中仍然可以看出草婴为了译文的完整顺畅，会将原著中一些解释说明的细节转化为副文本。既尊重原著，又兼顾汉语表达习惯。比如"玛丝洛娃不仅不以自己的身份为耻（不是指她囚犯的身份，当囚犯她是感到羞耻的，而是指她妓女的身份），似乎还觉得心满意足，甚至引以为荣。（Маслова не только не стыдилась своего положения – не арестантки (этого она стыдилась), а своего положения проститутки, – но как будто даже **была довольна**, почти **гордилась им**.)"此处草婴明显扩展了原文副文本所涵盖的内容，将破折号之间的全部内容转化为了副文本，如此降低了句子的割裂感，使汉语译文的完整性和顺畅性得以保证。

总体而言，草婴的译本忠实于现实主义和托尔斯泰的个人风格，同时不拘泥于句段的形式，大胆使用增译、意译等翻译方法，注重文本的归化，以深厚的翻译功力再现了原作的风采，得到了广大读者以及学界的肯定。

第八章

契诃夫
《套中人》

一、契诃夫与《套中人》

安东·巴甫洛维奇·契诃夫（Антон Павлович Чехов，1860—1904）是19世纪末俄国杰出的批判现实主义作家，世界短篇小说巨匠，在中篇小说和戏剧创作上也有卓越的文学成就。契诃夫以简洁、生动、幽默的笔触描写了19世纪末、20世纪初的俄国社会现实，通过发人深省的人物形象和巧妙精彩的故事情节批判了19世纪末俄国腐朽的社会制度，表达了对底层平民的深切同情以及对美好未来的憧憬向往。契诃夫所创造的抒情心理短篇小说体裁对俄罗斯文坛影响深远。托尔斯泰将这种体裁称为"新的形式"，在这种短篇小说中，作家截取一段平凡的日常生活为题材，凭借精巧的艺术细节对生活和人物心理作真实的描绘、刻画和概括，从中展示出重要的社会内容。[1]契诃夫一生创作了大量优秀的小说和戏剧作品，主要著有小说《变色龙》（1884）、《凡卡》（1886）、《第六病室》（1892）、《套中人》（1898），戏剧《万尼亚舅舅》（1897）、《三姐妹》（1901）、《樱桃园》（1903）等。

---

① 曹靖华主编，《俄国文学史》（修订版）[M]，北京：北京大学出版社，2007年，第365页。

《套中人》（*Человек в футляре*）是契诃夫的代表作之一，具有强烈的时代气息，创作于契诃夫思想和艺术的成熟时期。这一时期的契诃夫强烈地意识到自己作为一名作家的社会责任感，他的每部作品几乎都会触及严峻的社会问题。文学评论家谢格洛夫（1856—1911）曾说过："在契诃夫的一个短篇小说中可以感觉到的俄罗斯，比在博博雷金写的所有长篇小说中所感觉到的还要多。"[①]《套中人》主人公别里科夫是一位希腊文教师，他是一个活在"套子"里的怪人。晴天外出也要穿雨靴、带雨伞，把脑袋缩在衣领下，把所有的物品都装进套子里。别里科夫对当局的各种禁令了如指掌，对任何新元素和新事物都难以忍受，最常说的话就是"千万别闹出什么乱子"。他以告密和进谗言的方式维护旧制度和旧秩序，整个小镇都活在别里科夫的监控和辖制之中。人们把活泼开朗的瓦连卡介绍给别里科夫，但别里科夫看不惯瓦连卡姐弟的行为方式，最后被瓦连卡的弟弟推下楼梯，抑郁而终。别里科夫死后，小镇人高兴还不到一星期，就又回到了原来压抑和沉闷的气氛中了。别里科夫是世界文学的经典形象，其古板、教条、仇视新事物、扼杀新事物的形象已经成为人们心中极端保守主义的代名词。《套中人》以其精湛的叙事手法和深刻的象征意义在世界小说史上占据重要的地位。

《套中人》在我国的译介始于20世纪初，最初是从英译本开始的。根据北京图书馆参考研究组编撰的《契诃夫作品中译本简目》[②]，1916年，陈家麟与陈大镫最早翻译了《风俗闲评》，共翻译了23篇契诃夫短篇小说，其中包括《套中人》，当时的译名是《囊中人》。1923年，《小说月报》第14卷第12期刊登了赵熙章翻译的《套中人》。1930年，上海开明书店出版了赵景深翻译的《柴霍甫短篇杰作集》（第四卷：《快乐的结局》），沿用了这一译名。1953年，上海平明出版社出版了汝龙由英译本重译的《契诃夫小说选集》，其中第18卷《邻居集》收录了这篇小说，译作《装在套子里的人》。以上四个版本均从英语转译，除汝龙版本外，其他译本在内容上均有不同程度的删减。随后，我国多位译者开始从俄语文本翻译这部小

---

① 曹靖华主编，《俄国文学史》（修订版）[M]，北京：北京大学出版社，2007年，第371页。
② 北京图书馆参考研究组编撰，《契诃夫作品中译本简目》，出版地与出版时间不详，影印版选自"中国历史文献总库·民国图书数据库"。

说，先后出版了几十个版本的译文，其中比较有代表性的是汝龙、冯加、耿济之、童道明、沈念驹等。1960年，汝龙从俄语文本翻译的《装在套子里的人》入选人教版高中教材，所选的版本为1955年中国青年出版社出版的《契诃夫短篇小说选》。

汝龙（1916—1991），著名文学翻译家，译有高尔基的《人间》《阿尔达莫诺夫家的事业》，列夫·托尔斯泰的《复活》，《契诃夫小说选集》（一至二十七册），库普林的长篇小说《亚马》，安德烈耶夫的《总督大人》等。20世纪中叶，在巴金的建议下，汝龙开始翻译契诃夫的作品。为了更好地翻译契诃夫的作品，汝龙自学俄文，每周固定拜访俄国侨民，解决翻译中遇到的疑难问题。汝龙先后翻译了近六百万字的《契诃夫文集》，占契诃夫全部作品的十分之九。巴金曾经这样评价汝龙对契诃夫的译介工作："汝龙把全身心都放在契诃夫身上，他使更多的读者爱上了契诃夫，他的功劳是介绍了契诃夫。"汝龙翻译的《套中人》一直被认为是契诃夫作品的经典译本，得到了大众读者的喜爱。汝龙的译文语言准确简练、生动形象，能够很好地传递契诃夫原作的语言风格，其译本被先后再版十余次。

二、《套中人》译文节选

误了时辰的猎人们在米罗诺西茨科耶村边上村长普罗科菲的堆房里住下来过夜了。他们一共只有两个人：兽医伊万·伊万内奇，和中学教师布尔金。伊万·伊万内奇姓一个相当古怪的双姓：奇姆沙-吉马莱斯基，这个姓跟他一点也不相称，全省的人就简单地叫他的本名和父名伊万·伊万内奇。他住在城郊一个养马场上，这回出来打猎是为了透一透新鲜空气。然而中学教师布尔金每年夏天都在 Π 伯爵家里做客，对这个地区早已熟透了。

他们没睡觉。伊万·伊万内奇是一个又高又瘦的老人，留着挺长的唇髭，这时候坐在门口，脸朝外，吸着烟斗。月亮照在他身上。布尔金躺在房里的干草上，在黑暗里谁也看不见他。

他们讲起各种各样的事。顺便他们还谈到村长的妻子玛芙拉。她是一个健康而不愚蠢的女人，可是她一辈子从没走出过她家乡的村子，从没见过城市或者铁路，近十年来一直守着炉灶，只有夜间才到街上去走一走。

"这有什么可奇怪的！"布尔金说，"那种性情孤僻、像寄生蟹或者蜗牛那样极力缩进自己的硬壳里去的人，这世界上有不少呢。也许这是隔代遗传的现象，重又退回从前人类祖先还不是群居的动物而是孤零零地住在各自洞穴里的时代的现象，不过，也许这只不过是人类性格的一种类型吧，谁知道呢？我不是博物学家，探讨这类问题不是我的事。我只想说像玛芙拉那样的人并不是稀有的现象。是啊，不必往远里去找，就拿一个姓别里科夫的人来说好了，他是我的同事，希腊语教师，大约两个月前在我们城里去世了。当然，您一定听说过他。他所以出名，是因为他即使在顶晴朗的天气出门上街，也穿上套鞋，带着雨伞，而且一定穿着暖和的棉大衣。他的雨伞总是装在套子里，怀表也总是装在一个灰色的麂皮套子里，遇到他拿出小折刀来削铅笔，就连那小折刀也是装在一个小小的套子里的。他的脸也好像蒙着一个套子，因为他老是把脸藏在竖起的衣领里面。他戴黑眼镜，穿绒衣，用棉花堵上耳朵。他一坐上出租马车，总要叫马车夫支起车篷来。总之，在这人身上可以看出一种经常的、难忍难熬的心意，总想用一层壳把自己包起来，仿佛要为自己制造一个所谓的套子，好隔绝人世，不受外界影响。现实生活刺激他，惊吓他，老是闹得他六神不安。也许为了替自己的胆怯、自己对现实的憎恶辩护吧，他老是称赞过去，称赞那些从没存在过的东西。实际上他所教的古代语言，对他来说，也无异于他的套鞋和雨伞，使他借此躲避了现实生活。

"'啊，希腊语多么响亮，多么美！'他说，现出甜滋滋的表情。他仿佛要证明这句话似的，眯起眼睛，举起一个手指头，念道：'Anthropos！'[1]

"别里科夫把他的思想也极力藏在套子里。只有政府的告示和报纸上的文章，其中写着禁止什么事情，他才觉得一清二楚。看到有个告示禁止中学生在晚上九点钟以后到街上去，或者看到一篇文章要求禁止性爱，他就觉着又清楚又明白：这种事是禁止的，这就行了。他觉着在官方批准或者允许的事里面，老是包含着使人起疑的成分，包含着隐隐约约、还没说透的成分。每逢经当局批准，城里成立一个戏剧小组，或者阅览室，或者茶馆，他总要摇摇头，低声说：

'当然，行是行的，这固然很好，可是千万别闹出什么乱子来啊。'

"凡是违背法令、脱离常轨、不合规矩的事，虽然看来跟他毫不相干，却惹得他垂头丧气。要是他的一个同事参加祈祷式去迟了，或者要是他听到流言，说是中学生顽皮闹事，再不然要是有人看见一个女校的女学监傍晚陪着军官玩得很迟，他总是心慌意乱，一个劲儿地说：千万别闹出什么乱子来啊。在教务会议上，他那种慎重、他那种多疑、他那种纯粹套子式的论调，简直压得我们透不出气，他说什么不管男子中学里也好，女子中学里也好，青年人都品行恶劣，教室里吵吵闹闹，哎呀，只求这种事别传到上司的耳朵里去才好！哎呀，千万别闹出什么乱子来啊，还说如果把二年级的彼得罗夫和四年级的叶果罗夫开除，那倒很好。后来怎么样？他凭他那种唉声叹气、他那种垂头丧气、他那苍白的小脸上的黑眼镜（您要知道，那张小脸活像黄鼠狼的脸），把我们都降伏了，我们只好让步，减少彼得罗夫和叶果罗夫的品行分数，把他们禁闭起来，最后终于把他俩开除了事。他有一种古怪的习惯：常来我们的住处访问。他来到一位教师家里，总是坐下来，就此一声不响，仿佛在考察什么事似的。他照这样一言不发地坐上一两个钟头，就走了。他把这叫作'跟同事们保持良好关系'。显然，这类拜访，这样呆坐，在他是很难受的。他所以来看我们，只不过是因为他认为这是对同事们应尽的责任罢了。我们这些教师都怕他。就连校长也怕他。您瞧，我们这些教师都是有思想的、极其正派的人，受过屠格涅夫和谢德林的教育，然而这个老穿着套鞋、拿着雨伞的人，却把整个中学辖制了足足十五年！可是光辖制中学算得了什么？全城都受他辖制呢！我们这儿的太太们到星期六不办家庭戏剧晚会，因为怕他知道。有他在，教士们到了斋期就不敢吃荤，不敢打牌。在别里科夫这类人的影响下，在最近这十年到十五年间，我们全城的人变得什么都怕。他们不敢大声说话，不敢发信，不敢交朋友，不敢看书，不敢周济穷人，不敢教人念书写字……"

伊万·伊万内奇想说点什么，嗽了嗽喉咙，可是他先点燃烟斗，瞧了瞧月亮，然后才一板一眼地讲起来：

"是啊，有思想的正派人，既读屠格涅夫，又读谢德林，还读勃克尔[2]等等，可是他们却屈服，容忍这种事……问题就在这儿了。"

"别里科夫跟我同住在一所房子里，"布尔金接着说，"同住在一层楼上，他的房门对着我的房门。我们常常见面，我知道他在家里怎样生活。他在家里也还是那一套：睡衣啦，睡帽啦，护窗板啦，门闩啦，一整套各式各样的禁条和忌讳，还有：'哎呀，千万别闹出什么乱子来啊！'吃素对健康有害，可是吃荤又不行，因为人家也许会说别里科夫不持斋。他就吃用奶油煎的鲈鱼，这东西固然不是素食，可也不能说是斋期禁忌的菜。他不用女仆，因为怕人家对他有坏看法，于是雇了个六十岁上下的老头子做厨子，名叫阿法纳西，这人老是醉醺醺的，神志不清，从前做过勤务兵，好歹会烧一点菜。这个阿法纳西经常站在门口，两条胳膊交叉在胸前，老是长叹一声，嘟哝那么一句话：

'眼下啊，像他们那样的人可真是多得不行！'

"别里科夫的卧室挺小，活像一口箱子，床上挂着帐子。他一上床睡觉，就拉过被子来蒙上脑袋；房里又热又闷，风推动关紧的门，炉子里嗡嗡地响，厨房里传来叹息声，不祥的叹息声……

"他躺在被子底下战战兢兢。他生怕会出什么事，生怕阿法纳西来杀他，生怕小偷溜进来，然后他就通宵做噩梦，到早晨我们一块儿到学校去的时候，他闷闷不乐，脸色苍白。他所去的那个有很多人的学校，分明使得他满心的害怕和憎恶。跟我并排走路，对他那么一个性情孤僻的人来说，显然也是苦事。

"'我们的教室里吵得很凶，'他说，仿佛极力要找一个理由说明他的愁闷似的，'太不像话了。'

"您猜怎么着，这个希腊语教师，这个套中人，还差点结了婚。"

伊万·伊万内奇很快地回头瞟一眼堆房，说：

"您开玩笑了！"

"真的，尽管说起来古怪，可是他的确差点结了婚。有一个新的史地教师，一个原籍乌克兰、名叫米哈伊尔·萨维奇·科瓦连科的人，派到我们学校里来了。他不是一个人来的，而是带着他姐姐瓦连卡一路来的。他是个高高的、皮肤发黑的青年，手挺大，从他的脸相就看得出他说话是男低音，果然他的嗓音像是从桶子里发出来的一样：'嘭，嘭，嘭！……'她呢，已经不算年轻，年纪有三十岁上下了，可是她长得也高，身材匀称，黑眉毛，红脸蛋，一句话，她简直不能说是姑娘，而是蜜饯水果，活泼极了，谈笑风生，老是唱抒情歌曲，老是哈哈大笑。她动不动就发出响亮的笑声：'哈哈哈！'我记得我们初次真正认识科瓦连科姐弟是在校长的命名日宴会上。在那些死板板的、又紧张又沉闷的、甚至把赴命名日宴会也看作应公差的教师中间，我们忽然看见一个新的阿佛洛狄忒[3]从浪花里钻出来。她两手叉着腰，走来走去，笑啊唱的，翩翩起舞。……她带着感情唱《风在吹》，然后又唱一支抒情歌曲，随后又唱一支。她把我们大家，连别里科夫也在内，都迷住了。

……

"科瓦连科坐在那儿生闷气，一句话也不说。别里科夫等了一会儿，然后压低喉咙，用悲凉的声调接着说：

"'另外我还有件事情要跟您谈一谈。我已经教书多年了，您最近才开始工作。我是一个比您年纪大的同事，认为有责任给您进一个忠告。您骑自行车，这种消遣对青年的教育工作者来说是完全不成体统的。'

"'怎么见得？'科瓦连科用男低音问。

"'难道这还用解释吗，米哈伊尔·萨维奇，难道这不是理所当然吗？如果教师骑自行车，那还能希望学生做出什么好事来？他们所能做的就只有头朝下，拿大顶走路了！既然政府还没有发出通告，允许做这种事，那就做不得。昨天我吓了一大跳！我一看见您的姐姐，眼前就变得一片漆黑。一个女人或者一个姑娘骑自行车，这太可怕了！'

"'说实在的，您到底要怎么样？'

"'我所要做的只有一件事，就是忠告您，米哈伊尔·萨维奇。您是青年人，您前途远大，您的举动得十分十分小心才成，您却这么马马虎虎，唉，多么马马虎虎！您穿着绣花衬衫出门，经常拿着些书在大街上走来走去，现在呢，又骑什么自行车。校长会听说您和您姐姐骑自行车的，然后，这事又会传到督学的耳朵里，……这还会有好下场吗？'

"'讲到我姐姐和我骑自行车，这不干别人的事！'科瓦连科说，涨红了脸，'谁要来管我的家事和私事，我就叫谁滚他的蛋！'

"别里科夫脸色苍白，站起来。

"'要是您用这种口吻跟我讲话，那我就不能再讲下去了，'他说，'我请求您在我面前谈到上司的时候永远不要这样说话。您对当局应当尊敬才对。'

"'难道我说了当局什么坏话吗？'科瓦连科问，生气地瞧着他，'请您躲开我。我是正直的人，不愿意跟您这样的先生讲话。我不喜欢告密的人。'

"别里科夫心慌意乱，匆匆忙忙地穿大衣，脸上带着恐怖的神情。要知道这还是他生平第一回听到这么不客气的话。

"'随您怎么说，都由您，'他一面走出前堂，到楼梯口去，一面说，'只是我得跟您预先声明一下：说不定有人偷听了我们的话；为了避免我们的谈话被人家误解，避免闹出什么乱子起见，我得把我们的谈话内容报告校长先生……把大意说明一下。我不能不这样做。'

"'报告？去，报告去吧！'

"科瓦连科在他后面一把抓住他的衣领，使劲一推，别里科夫就滚下楼去，他的套鞋乒乒乓乓地响。楼梯又高又陡，不过他滚到楼下却安然无恙，站起来，摸了摸鼻子，看他的眼镜碎了没有。可是，他滚下楼的时候，偏巧瓦连卡回来了，还带着两位太太。她们站在楼下，呆呆地瞧着，这在别里科夫却比任何事情都可怕。看样子，他情愿摔断脖子和两条腿，也不愿意成为取笑的对象：是啊，这样一来，全城的人都会听说这件事，还会传到校长耳朵里，传到督学耳朵里去。哎呀，千万别闹出什么乱子来啊！人家又会画一张漫画，到头来就会弄得他奉命辞职吧……

"等到他站起来，瓦连卡才认出是他。她瞧着他那滑稽的脸相、他那揉皱的大衣、他那套鞋，不明白是怎么回事，以为他是自己不小心摔下来的，就忍不住扬声大笑，响得整个房子都可以听见：

"'哈哈哈！'

"这一串响亮而清脆的'哈哈哈'就此结束了一切：结束了婚事，结束了别里科夫的人间生活。他没听见瓦连卡说了些什么话，他什么也没看见。一到家，他第一件事就是从桌子上撤去瓦连卡的照片，然后他躺下，从此再也没有起床。

……

"我们从墓园回来，心绪极好。可是一个星期还没过完，生活又过得跟先前一样，跟先前一样的严峻、无聊、杂乱了，这样的生活固然没有奉到明令禁止，不过也没有得到充分的许可啊。局面并没有变得好一点。确实，我们埋葬了别里科夫，可是另外还有多少这种套中人活着，将来也还不知道会有多少呢！"

"问题就在这儿。"伊万·伊万内奇说，点上了他的烟斗。

"那样的人，将来不知道还会有多少！"布尔金又说一遍。

这个中学教师从堆房里走出来。他是一个矮胖的男子，头顶全秃了，留着一把黑胡子，差不多齐到腰上。有两条狗跟他一块儿走出来。

"多好的月色，多好的月色！"他抬头看，说道。

这时候已经是午夜了。向右边瞧，可以看见整个村子，一条长街远远地伸出去，大约有五俄里长。一切都浸在深沉而静寂的睡乡里，没有一点动静，没有一点声音，人甚至不能相信大自然能够这么静。人在月夜看着宽阔的村街和村里的茅屋、干草垛、睡熟的杨柳，心里就会变得恬静。这时候村子给夜色包得严严紧紧，躲开了劳动、烦恼、忧愁，安心休息，显得那么温和、哀伤、美丽，看上去仿佛星星在亲切而动情地瞧着它，大地上不再有坏人坏事，一切都挺好似的。左边，村子到了尽头，便是田野。可以看见田野远远地一直伸展到天边。在这一大片浸透月光的旷野上也是没有动静，没有声音。

"问题就在这儿了，"伊万·伊万内奇又说一遍，"我们住在城里，空气污浊，十分拥挤，写些无聊的文章，玩'文特'，这一切岂不就是套子吗？至于在懒汉、爱打官司的人、无所事事的蠢女人中间消磨我们的一生、自己说而且听人家说各式各样的废话，这岂不也是套子吗？嗯，要是您乐意，那我就给您讲一个很有教益的故事。"

"不，现在也该睡了，"布尔金说，"留到明天再讲吧。"

他俩走进堆房，在干草上睡下来。他俩盖好被子，刚要昏昏睡去，忽然听见轻轻的脚步声：吧嗒，吧嗒……有人在离堆房不远的地方走着，走了一会儿站住了，过一分钟又是吧嗒，吧嗒……狗汪汪地叫起来。

"这是玛芙拉在走来走去。"布尔金说。

脚步声渐渐听不见了。

"你看着人们做假，听着人们说假话，"伊万·伊万内奇翻了个身说，"人们却因为你容忍他们的虚伪而骂你傻瓜。你忍受侮辱和委屈，不敢公开说你跟正直和自由的人站在一边，你自己也做假，还微微地笑，你这样做无非是为了混一口饭吃，得到一个温暖的角落，做个一钱不值的小官儿罢了。不成，不能再照这样生活下去了！"

"算了吧，您扯到别的题目上去了，伊万·伊万内奇，"教师说，"睡吧！"

过了大约十分钟，布尔金睡着了。可是伊万·伊万内奇不住地翻身，叹气，后来他起来，又走出去，坐在门边，点上烟斗。

译注：

[1] 希腊语：人。

[2] 勃克尔（1821—1862），英国历史学家、社会学家、哲学家。

[3] 希腊神话中爱和美的女神，相当于古罗马神话中的维纳斯，她在海里诞生，从浪花里钻出来。

（选自汝龙译《套中人》，人民文学出版社，1979年，第112—132页）

附：*Человек в футляре* 选段原文

На самом краю села Мироносицкого, в сарае старосты Прокофия расположились на ночлег запоздавшие охотники. Их было только двое: ветеринарный врач Иван Иваныч и учитель гимназии Буркин. У Ивана Иваныча была довольно странная, двойная фамилия – Чимша-Гималайский, которая совсем не шла ему, и его во всей губернии звали просто по имени и отчеству; он жил около города на конском заводе и приехал теперь на охоту, чтобы подышать чистым воздухом. Учитель же гимназии Буркин каждое лето гостил у графов П. и в этой местности давно уже был своим человеком.

Не спали. Иван Иваныч, высокий, худощавый старик с длинными усами, сидел снаружи у входа и курил трубку; его освещала луна. Буркин лежал внутри на сене, и его не было видно в потемках.

Рассказывали разные истории. Между прочим говорили о том, что жена старосты, Мавра, женщина здоровая и не глупая, во всю свою жизнь нигде не была дальше своего родного села, никогда не видела ни города, ни железной дороги, а в последние десять лет всё сидела за печью и только по ночам выходила на улицу.

— Что же тут удивительного! — сказал Буркин. — Людей, одиноких по натуре, которые, как рак-отшельник или улитка, стараются уйти в свою скорлупу, на этом свете не мало. Быть может, тут явление атавизма, возвращение к тому времени, когда предок человека не был еще общественным животным и жил одиноко в своей берлоге, а может быть, это просто одна из разновидностей человеческого характера, — кто знает? Я не естественник и не мое дело касаться подобных вопросов; я только хочу сказать, что такие люди, как Мавра, явление не редкое. Да вот, недалеко искать, месяца два назад умер у нас в городе некий Беликов, учитель греческого языка, мой товарищ. Вы о нем слышали, конечно. Он был замечателен тем, что всегда, даже в очень хорошую погоду, выходил в калошах и с зонтиком и непременно в теплом пальто на вате. И зонтик у него был в чехле, и часы в чехле из серой замши, и когда вынимал перочинный нож, чтобы очинить карандаш, то и нож у него был в чехольчике; и лицо, казалось, тоже было в чехле, так как он всё время прятал его в поднятый воротник. Он носил темные очки, фуфайку, уши закладывал ватой, и когда садился на извозчика, то приказывал поднимать верх. Одним словом, у этого человека наблюдалось постоянное и непреодолимое стремление окружить себя оболочкой, создать себе, так сказать, футляр, который уединил бы его, защитил бы от внешних влияний. Действительность раздражала его, пугала, держала в постоянной тревоге, и, быть может, для того, чтобы оправдать эту свою робость, свое отвращение к настоящему, он всегда хвалил прошлое и то, чего никогда не было; и древние языки, которые он преподавал, были для него, в сущности, те же калоши и зонтик, куда он прятался от действительной жизни.

– О, как звучен, как прекрасен греческий язык! – говорил он со сладким выражением; и, как бы в доказательство своих слов, прищурив глаз и подняв палец, произносил: – Антропос!

И мысль свою Беликов также старался запрятать в футляр. Для него были ясны только циркуляры и газетные статьи, в которых запрещалось что-нибудь. Когда в циркуляре запрещалось ученикам выходить на улицу после девяти часов вечера или в какой-нибудь статье запрещалась плотская любовь, то это было для него ясно, определенно; запрещено – и баста. В разрешении же и позволении скрывался для него всегда элемент сомнительный, что-то недосказанное и смутное. Когда в городе разрешали драматический кружок, или читальню, или чайную, то он покачивал головой и говорил тихо:

– Оно, конечно, так-то так, всё это прекрасно, да как бы чего не вышло.

Всякого рода нарушения, уклонения, отступления от правил приводили его в уныние, хотя, казалось бы, какое ему дело? Если кто из товарищей опаздывал на молебен, или доходили слухи о какой-нибудь проказе гимназистов, или видели классную даму поздно вечером с офицером, то он очень волновался и всё говорил, как бы чего не вышло. А на педагогических советах он просто угнетал нас своею осторожностью, мнительностью и своими чисто футлярными соображениями насчет того, что вот-де в мужской и женской гимназиях молодежь ведет себя дурно, очень шумит в классах, – ах, как бы не дошло до начальства, ах, как бы чего не вышло, – и что если б из второго класса исключить Петрова, а из четвертого – Егорова, то было бы очень хорошо. И что же? Своими вздохами, нытьем, своими темными очками на бледном, маленьком лице, – знаете, маленьком лице, как у хорька, – он давил нас всех, и мы уступали, сбавляли Петрову и Егорову балл по поведению, сажали их под арест и в конце концов исключали и Петрова, и Егорова. Было у него странное обыкновение – ходить по нашим квартирам. Придет к учителю, сядет и молчит и как будто что-то высматривает. Посидит, этак, молча, час-другой и уйдет. Это называлось у него «поддерживать добрые отношения с товарищами», и, очевидно, ходить к нам и сидеть было для него тяжело, и ходил он к нам только потому, что считал своею товарищескою обязанностью. Мы, учителя, боялись его. И даже директор боялся. Вот подите же, наши учителя народ всё мыслящий, глубоко порядочный, воспитанный на Тургеневе и Щедрине, однако же этот человечек, ходивший всегда в калошах и с зонтиком, держал в руках всю гимназию целых пятнадцать лет! Да что гимназию? Весь город! Наши дамы по субботам домашних спектаклей не устраивали, боялись, как бы он не узнал; и духовенство стеснялось при нем кушать скоромное и играть в карты. Под влиянием таких людей, как Беликов, за последние десять – пятнадцать лет в нашем городе стали бояться всего. Боятся громко говорить, посылать письма, знакомиться, читать книги, боятся помогать бедным, учить грамоте...

Иван Иваныч, желая что-то сказать, кашлянул, но сначала закурил трубку, поглядел на луну и потом уже сказал с расстановкой:

– Да. Мыслящие, порядочные, читают и Щедрина, и Тургенева, разных там Боклей и прочее, а вот подчинились же, терпели... То-то вот оно и есть.

– Беликов жил в том же доме, где и я, – продолжал Буркин, – в том же этаже, дверь против двери, мы часто виделись, и я знал его домашнюю жизнь. И дома та же история: халат, колпак, ставни, задвижки, целый ряд всяких запрещений, ограничений, и – ах, как бы чего не вышло! Постное есть вредно, а скоромное нельзя, так как, пожалуй, скажут, что Беликов не исполняет постов, и он ел судака на коровьем масле, – пища не постная, но и нельзя сказать, чтобы скоромная. Женской прислуги он не держал из страха, чтобы о нем не думали дурно, а держал повара Афанасия, старика лет шестидесяти, нетрезвого и полоумного, который когда-то служил в денщиках и умел кое-как стряпать. Этот Афанасий стоял обыкновенно у двери, скрестив руки, и всегда бормотал одно и то же, с глубоким вздохом:

– Много уж их нынче развелось!

Спальня у Беликова была маленькая, точно ящик, кровать была с пологом. Ложась спать, он укрывался с головой; было жарко, душно, в закрытые двери стучался ветер, в печке гудело; слышались вздохи из кухни, вздохи зловещие...

И ему было страшно под одеялом. Он боялся, как бы чего не вышло, как бы его не зарезал Афанасий, как бы не забрались воры, и потом всю ночь видел тревожные сны, а утром, когда мы вместе шли в гимназию, был скучен, бледен, и было видно, что многолюдная гимназия, в которую он шел, была страшна, противна всему существу его и что идти рядом со мной ему, человеку по натуре одинокому, было тяжко.

— Очень уж шумят у нас в классах, — говорил он, как бы стараясь отыскать объяснения своему тяжелому чувству. — Ни на что не похоже.

И этот учитель греческого языка, этот человек в футляре, можете себе представить, едва не женился.

Иван Иваныч быстро оглянулся в сарай и сказал:

— Шутите!

— Да, едва не женился, как это ни странно. Назначили к нам нового учителя истории и географии, некоего Коваленко, Михаила Саввича, из хохлов. Приехал он не один, а с сестрой Варенькой. Он молодой, высокий, смуглый, с громадными руками, и по лицу видно, что говорит басом, и в самом деле, голос как из бочки: бу-бу-бу... А она уже не молодая, лет тридцати, но тоже высокая, стройная, чернобровая, краснощекая, — одним словом, не девица, а мармелад, и такая разбитная, шумная, всё поет малороссийские романсы и хохочет. Чуть что, так и зальется голосистым смехом: ха-ха-ха! Первое, основательное знакомство с Коваленками у нас, помню, произошло на именинах у директора. Среди суровых, напряженно скучных педагогов, которые и на именины-то ходят по обязанности, вдруг видим, новая Афродита возродилась из пены: ходит подбоченясь, хохочет, поет, пляшет... Она спела с чувством «Виют витры», потом еще романс, и еще, и всех нас очаровала, — всех, даже Беликова.

<...>

Коваленко сидел, надувшись, и молчал. Беликов подождал немного и продолжал тихо, печальным голосом:

— И еще я имею кое-что сказать вам. Я давно служу, вы же только еще начинаете службу, и я считаю долгом, как старший товарищ, предостеречь вас. Вы катаетесь на велосипеде, а эта забава совершенно неприлична для воспитателя юношества.

— Почему же? — спросил Коваленко басом.

— Да разве тут надо еще объяснять, Михаил Саввич, разве это не понятно? Если учитель едет на велосипеде, то что же остается ученикам? Им остается только ходить на головах! И раз это не разрешено циркулярно, то и нельзя. Я вчера ужаснулся! Когда я увидел вашу сестрицу, то у меня помутилось в глазах. Женщина или девушка на велосипеде – это ужасно!

– Что же собственно вам угодно?

– Мне угодно только одно – предостеречь вас, Михаил Саввич. Вы – человек молодой, у вас впереди будущее, надо вести себя очень, очень осторожно, вы же так манкируете, ох, как манкируете! Вы ходите в вышитой сорочке, постоянно на улице с какими-то книгами, а теперь вот еще велосипед. О том, что вы и ваша сестрица катаетесь на велосипеде, узнает директор, потом дойдет до попечителя... Что же хорошего?

– Что я и сестра катаемся на велосипеде, никому нет до этого дела! – сказал Коваленко и побагровел. – А кто будет вмешиваться в мои домашние и семейные дела, того я пошлю к чертям собачьим.

Беликов побледнел и встал.

– Если вы говорите со мной таким тоном, то я не могу продолжать, – сказал он. – И прошу вас никогда так не выражаться в моем присутствии о начальниках. Вы должны с уважением относиться к властям.

– А разве я говорил что дурное про властей? – спросил Коваленко, глядя на него со злобой. – Пожалуйста, оставьте меня в покое. Я честный человек и с таким господином, как вы, не желаю разговаривать. Я не люблю фискалов.

Беликов нервно засуетился и стал одеваться быстро, с выражением ужаса на лице. Ведь это первый раз в жизни он слышал такие грубости.

– Можете говорить, что вам угодно, – сказал он, выходя из передней на площадку лестницы. – Я должен только предупредить вас: быть может, нас слышал кто-нибудь, и, чтобы не перетолковали нашего разговора и чего-нибудь не вышло, я должен буду доложить господину директору содержание нашего разговора... в главных чертах. Я обязан это сделать.

– Доложить? Ступай, докладывай!

Коваленко схватил его сзади за воротник и пихнул, и Беликов покатился вниз по лестнице, гремя своими калошами. Лестница была высокая, крутая, но он докатился донизу благополучно; встал и потрогал себя за нос: целы ли очки? Но как раз в то время, когда он катился по лестнице, вошла Варенька и с нею две дамы; они стояли внизу и глядели – и для Беликова это было ужаснее всего. Лучше бы, кажется, сломать себе шею, обе ноги, чем стать посмешищем; ведь теперь узнает весь город, дойдет до директора, попечителя, – ах, как бы чего не вышло! – нарисуют новую карикатуру, и кончится всё это тем, что прикажут подать в отставку...

Когда он поднялся, Варенька узнала его и, глядя на его смешное лицо, помятое пальто, калоши, не понимая, в чем дело, полагая, что это он упал сам нечаянно, не удержалась и захохотала на весь дом:

– Ха-ха-ха!

И этим раскатистым, заливчатым «ха-ха-ха» завершилось всё: и сватовство, и земное существование Беликова. Уже он не слышал, что говорила Варенька, и ничего не видел. Вернувшись к себе домой, он прежде всего убрал со стола портрет, а потом лег и уже больше не вставал.

<...>

Вернулись мы с кладбища в добром расположении. Но прошло не больше недели, и жизнь потекла по-прежнему, такая же суровая, утомительная, бестолковая, жизнь, не запрещенная циркулярно, но и не разрешенная вполне; не стало лучше. И в самом деле, Беликова похоронили, а сколько еще таких человеков в футляре осталось, сколько их еще будет!

– То-то вот оно и есть, – сказал Иван Иваныч и за курил трубку.

– Сколько их еще будет! – повторил Буркин.

Учитель гимназии вышел из сарая. Это был человек небольшого роста, толстый, совершенно лысый, с черной бородой чуть не по пояс; и с ним вышли две собаки.

– Луна-то, луна! – сказал он, глядя вверх.

Была уже полночь. Направо видно было всё село, длинная улица тянулась далеко, верст на пять. Всё было погружено в тихий, глубокий сон; ни движения, ни звука, даже не верится, что в природе может быть так тихо. Когда в лунную ночь видишь широкую сельскую улицу с ее избами, стогами, уснувшими ивами, то на душе становится тихо; в этом своем покое, укрывшись в ночных тенях от трудов, забот и горя, она кротка, печальна, прекрасна, и кажется, что и звезды смотрят на нее ласково и с умилением и что зла уже нет на земле и всё благополучно. Налево с края села начиналось поле; оно было видно далеко, до горизонта, и во всю ширь этого поля, залитого лунным светом, тоже ни движения, ни звука.

— То-то вот оно и есть, — повторил Иван Иваныч. — А разве то, что мы живем в городе в духоте, в тесноте, пишем ненужные бумаги, играем в винт — разве это не футляр? А то, что мы проводим всю жизнь среди бездельников, сутяг, глупых, праздных женщин, говорим и слушаем разный вздор — разве это не футляр? Вот если желаете, то я расскажу вам одну очень поучительную историю.

— Нет, уж пора спать, — сказал Буркин. — До завтра!

Оба пошли в сарай и легли на сене. И уже оба укрылись и задремали, как вдруг послышались легкие шаги: туп, туп... Кто-то ходил недалеко от сарая; пройдет немного и остановится, а через минуту опять: туп, туп... Собаки заворчали.

— Это Мавра ходит, — сказал Буркин.

Шаги затихли.

— Видеть и слышать, как лгут, — проговорил Иван Иваныч, поворачиваясь на другой бок, — и тебя же называют дураком за то, что ты терпишь эту ложь; сносить обиды, унижения, не сметь открыто заявить, что ты на стороне честных, свободных людей, и самому лгать, улыбаться, и всё это из-за куска хлеба, из-за теплого угла, из-за какого-нибудь чинишка, которому грош цена, — нет, больше жить так невозможно!

— Ну, уж это вы из другой оперы, Иван Иваныч, — сказал учитель. — Давайте спать.

И минут через десять Буркин уже спал. А Иван Иваныч всё ворочался с боку на бок и вздыхал, а потом встал, опять вышел наружу и, севши у дверей, закурил трубочку.

(Чехов А.П. *Человек в футляре*. Т. VIII, М.: Государственное издательство художественной литературы, 1962, стр. 280-293)

三、译文评析

契诃夫在《套中人》中用很短的篇幅讲述了一个完整、生动、有趣的故事。原作故事背景清晰，人物形象鲜明，语言风趣幽默，通过大量动作和对话描写，凸显了主人公的性格特点，使情节发展富有张力，文章寓意不言自明。汝龙译本深得原作精髓，准确诠释了其所涉及的现实主义主题，精妙传递了其独特的幽默修辞风格。与此同时，汝龙还在译文中恰如其分地使用了多种归化翻译方法，如四字词语、叠词、述补结构等。

1．对现实主义风格的准确传译

《套中人》创作于契诃夫写作生涯的成熟时期，是一篇杰出的现实主义作品，其主要特点是：生活观察细致入微、细节描写如临其境、人物性格典型鲜明。汝龙在翻译的过程中，紧紧抓住了上述几个作品特征，通过生动形象的语言，准确传译了作品语言中的真实性、细节性和典型性。这首先体现在描写别里科夫"套中人"经典形象的译文中："Он был замечателен тем, что всегда, даже в очень хорошую погоду, выходил в калошах и с зонтиком и непременно в теплом пальто на вате. И зонтик у него был в чехле, и часы в чехле из серой замши, и когда вынимал перочинный нож, чтобы очинить карандаш, то и нож у него был в чехольчике. (他所以出名，是因为他即使在顶晴朗的天气出门上街，也穿上套鞋，带着雨伞，而且一定穿着暖和的棉大衣。他的雨伞总是装在套子里，怀表也总是装在一个灰色的麂皮套子里，遇到他拿出小折刀来削铅笔，就连那小折刀也是装在一个小小的套子里的。)" 在这段译文中，汝龙运用了大量具有强化逻辑意义的副词和连接词"总是（2次）""就""连"来描写别里科夫的日常着装，固化了"套中人"的典型形象，使这种与众不同的特殊形象跃然纸上，令人印象深刻。而原作主要通过语境和语气来勾勒别里科夫形象，较少使用具有这类意义的副词（всегда 1次，даже 1次）。可以说，汝龙的翻译很好地塑造了这一典型人物，使读者能够迅速抓住并记住别里科夫的"套中人"形象。其次，汝龙在翻译人物对话时，通过添加语气词和感叹词、意译为俗语谚语等方式，很好地体现了原作情节描写的真实性和细节性。当科瓦连科对前来告诫的别里科夫厌烦透顶时，他连续问了几个问题："Почему же?（怎么见得？）Что же собственно вам угодно?（说实在的，您到底要怎么样？）… никому нет до этого дела!（讲到我姐姐和我骑自行车，这不干别人的事！）… того я пошлю к чертям собачьим.（谁要来管我的家事和私事，我就叫谁滚他的蛋！）Ступай, докладывай!（报告？去，报告去吧！）"。这几个问句对情节发展有着重要推动作用，也是小说高潮之处。汝龙用非常口语化的语言，再现了原作的冲突张力，有很强的代入感和画面感，似乎这场争吵就发生在读者眼前。在灵活使用语气词和感叹词方面，译文中有很好的例子，如："И дома та же история: халат, колпак, ставни, задвижки, целый ряд всяких запрещений, ограничений, и – ах, как бы чего не вышло!（他在家里也还是那一套：睡衣啦，睡帽啦，护窗板啦，门闩啦，一整套各式各样的禁条和忌讳，还有："Ах, как бы чего не вышло!（哎呀，千万别闹出什么乱子来啊）""Много уж их нынче развелось!（眼下啊，像他们那样的人可真是多得不行！）"语气词"啦""啊"、感叹词"哎呀"的使用，使情节描写更为鲜活自然，能够很好地传译作者希望表达的情态意义。

2．对简洁幽默风格的精妙传递

契诃夫曾说过，简洁是天才的姐妹。他擅长用简练的语言描写自然环境、人物动作及心理状态。汝龙在翻译这样的句子时，也倾向于使用小句、短句和修饰性成分少的句子来再现原作的言简意赅。如这段开篇对环境和人物的描写："Не спали. Иван Иваныч, высокий, худощавый старик с длинными усами, сидел снаружи у входа и курил трубку; его освещала луна.（他们没睡觉。伊万·伊万内奇是一个又高又瘦的老人，留着挺长的唇髭，这时候坐在门口，脸朝外，吸着烟斗。月亮照在他身上。）"，又如："ходит подбоченясь, хохочет, поет, пляшет…（她两手叉着腰，走来走去，笑啊唱的，翩翩起舞……）Она спела с чувством «Виют витры», потом еще романс, и еще, и всех нас очаровала, – всех, даже Беликова.（她带着感情唱《风在吹》，然后又唱一支抒情歌曲，随后又唱一支。她把我们大家，连别里科夫也在内，都迷住了。）"从这两段描写可以看出，译者用多个小句和短句准确再现了原作简练的语言风格，不仅如此，译者还同时兼顾了小句之间字数和节奏的平衡。契诃夫同时还是一位名副其实的幽默大师，精于用看似平淡无奇的话语表达深刻的幽默和讽刺。汝龙在翻译这样的语句时，不仅能够运用恰当的词汇将幽默内核准确传达出来，还非常善于用短小的排比结构强化作者强烈的讥讽意味。如："Своими вздохами, нытьем, своими темными очками на бледном, маленьком лице, – знаете, маленьком лице, как у хорька...（后来怎么样？他凭他那种唉声叹气、他那种垂头丧气、他那苍白的小脸上的黑眼镜——您要知道，那张小脸活像黄鼠狼的脸……）"，又如："... Варенька узнала его и, глядя на его смешное лицо, помятое пальто, калоши...（等到他站起来，瓦连卡才认出是他。她瞧着他那滑稽的脸相、他那揉皱的大衣、他那套鞋……）"通过上述两例不难看出，精炼的小句或词组排比给译文带来了非同寻常的修辞效果，凸显了幽默讽刺效果，读起来酣畅淋漓，让人忍俊不禁。

3．对归化翻译方法的恰当运用

汝龙在准确传递原作创作和语言风格的同时，也非常注重译文的归化。为了让译文更贴近汉语的表达习惯，汝龙运用了很多修辞方法，如四字格、叠词、述补结构等等。四字格是修辞上的一种辞格，也称四字词组或成语，是汉语特殊的词汇现象，结构精炼，言简意赅，富有形象性，生动有力。通常认为，在信息传递准确的前提下，四字格使用得越多，译文越归化，越符合汉语的表达习惯。汝龙善于将原作中描写人物心理状态和动作的词语翻译成四字格，让我们来看几个汝龙译文的例子："И ему было страшно под одеялом. Он боялся, как бы чего не вышло, как бы его не зарезал Афанасий, как бы не забрались воры, и потом всю ночь видел тревожные сны, а утром, когда мы вместе шли в гимназию, был скучен, бледен...（他躺在被子底下战战兢兢。他生怕会出什么事，生怕阿法纳西来杀他，生怕小偷溜进来，然后他就通宵做噩梦，到早晨我们一块儿到学校去的时候，他闷闷不乐，脸色苍白……）"，又如："Женской прислуги он не держал из страха, чтобы о нем не думали дурно, а держал повара Афанасия, старика лет шестидесяти, нетрезвого и полоумного, который когда-то служил в денщиках и умел кое-как стряпать.（他不用女仆，因为怕人家对他有坏看法，于是雇了个六十岁上下的老头子做厨子，名叫阿法纳西，这人老是醉醺醺的，神志不清，从前做过勤务兵，好歹会烧一点菜。）"在这两个例子中，汝龙用"战战兢兢""闷闷不乐""神志不清"来描写小说人物的心理和生理状态，通过贴近读者审美认知的方式传译了小说人物的典型特征，从而更加凸显了小说的现实主义风格。同时，我们还发现，汝龙经常使用叠词，如上例中的"醉醺醺"，又如："Иван Иваныч, желая что-то сказать, кашлянул, но сначала закурил трубку, поглядел на луну и потом уже сказал с расстановкой（伊万·伊万内奇想说点什么，嗽了嗽喉咙，可是他先点燃烟斗，瞧了瞧月亮，然后才一板一眼地讲起来）"。在《套中人》的译文中，共出现了50多次叠词，常用于描写人物的生理心理状态（死板板的、马马虎虎）、动作特征（孤零零、甜滋滋、摇摇头、吵吵闹闹、高高兴兴、耸一耸、慢腾腾）和环境氛围（隐隐约约、严严紧紧）。叠词以其独特的修辞效果，使译文语言变得形象而富有表现力，在摹色、摹声、摹状方面尤为突出。除四字格和叠词外，汝龙对形动词的翻译也非常巧妙。如句子"Когда в лунную ночь видишь широкую сельскую улицу с ее избами, стогами, уснувшими ивами, то на душе становится тихо.（人在月夜看着宽阔的村街和村里的茅屋、干草垛、睡熟的杨柳，心里就会变得恬静。）"中的 уснувшими 是完成体动词 уснуть（入睡）的形动词形式，意为"睡着的"，汝龙将其翻译成汉语的述补结构"睡熟的"，非常传神，既兼顾了原动词的完成体意义，也符合汉语的表达习惯，降低了译文的陌生化期待。

　　通过上文的分析可知，汝龙译本虽然产生于半个多世纪以前，但它经历住了时间的考验，历久而弥新。译者深谙契诃夫的语言和创作风格，总是能够抓住原作的精髓，在文学思想和语言特色两个层面对原作进行精准传译，这也是其译文经久不衰的重要原因。同时，译者也是一位汉语大师，通过对汉语修辞格的巧妙运用，为读者呈现了一篇内容充满异域气息、语言富有汉语美感的上乘译作。

第九章

高尔基
《伊则吉尔老婆子》

一、高尔基与《伊则吉尔老婆子》

19世纪到20世纪的俄国文坛群星璀璨，大师辈出，马克西姆·高尔基（Максим Горький，1868—1936）便是其中之一。高尔基原名为阿列克谢·马克西莫维奇·彼什科夫（Алексей Максимович Пешков）。作为一位获得了世界性声誉的俄国作家，高尔基那跌宕起伏的人生经历读者早已耳熟能详，而他的经典作品，如小说《母亲》、自传体三部曲《童年》《在人间》《我的大学》及剧本《小市民》《在底层》更是无人不晓。众所周知，高尔基出身社会底层，早年生计艰辛，几乎没有受过系统教育，这与他后来在文坛取得的斐然成就、文艺界的超然地位以及世界范围的巨大影响力似乎极不相称，也使得这位文学巨擘的履历颇具传奇色彩。

改变这位外省穷小伙命运的正是文学。1892年，短篇小说《马卡尔·楚德拉》刊登在《高加索日报》上，作者的署名是马克西姆·高尔基，这是彼什科夫为自己取的笔名，意为"最大的痛苦"。此时的作家24岁，选择这一笔名是出于自怜，还是出于对同时代劳苦大众悲惨境遇的哀叹，抑或是对正处于历史转折点的祖国命运的忧虑，我们不得而知。但从高尔基的创作来看，他从未沉浸在"痛苦"中自怨自艾，而是将自己在社会底层沉浮的经历化作创作素材和灵感源泉。自第一篇小说发表后，高尔基笔耕不辍，涉猎各类体裁，除了上述小说和戏剧，还著有散文诗《鹰之歌》《海燕》，长篇史诗《克利姆·萨姆金》，短篇小说更是名篇迭出，其中不乏契诃夫盛赞的《草原上》《我的旅伴》。文学创作之外，高尔基也从事文学批评，撰写了大量文学回忆录，如《俄国文学史》《苏联的文学》《我怎样学习写作》《托尔斯泰回忆杂记》。

俄国文学史家和文学批评家米尔斯基称高尔基是"现实主义复兴中最伟大的姓氏"[①]。19世纪末，俄国文学进入了白银时代，18世纪的现实主义文学传统遭到了现代派的鄙弃。文坛中弥漫着"为艺术而艺术"的氛围，表现出泛美学主义倾向。象征派、阿克梅派等一众诗人或作家不再关注现实世界，转而求索于内在的个人精神，他们笔下的文学成了自我注解。在这样的背景下，高尔基却始终坚持文学即"人"学。文学对高尔基来说不是目的，而是"唤醒人们对生活的积极态度"的途径之一。他承接18世纪的现实主义文学传统，以自然主义的笔触真实再现了19世纪末俄国底层人民的生活、命运，以及他们的精神面貌，反映了变革时期旧秩序和新思想、新力量之间的残酷博弈，展现了裹挟在时代洪流中的渺小个体寻找人生意义和前进方向的坎坷历程。揭露、鞭挞人性之恶和社会之腐朽的同时，挖掘、颂扬小人物身上坚韧不拔、向善向美的人性光辉和价值。进入苏联时期以后，作家基于全新的社会现实，对艺术思想和创作方法及原则等重大问题进行了深入思考，对苏联文学艺术的定位和发展起到了导向作用，成为苏联社会主义文学的奠基人。因此，罗曼·罗兰评价高尔基为"联结过去和未来两个世界"的"拱桥"。

诚然，高尔基是作为一位现实主义文学巨匠而扬名世界的，但如果只用现实主义来概括他的文学创作是不全面的。最早为高尔基赢得文坛声誉的恰恰是他早期充满浪漫主义色彩的短篇小说。与"契诃夫和其他80年代小说家笔下的昏暗和沮丧"相比，高尔基的前期作品中充满热情洋溢、无所畏惧的青春气息，令人耳目一新。本章所选的是《草原故事》之《伊则吉尔老婆子》中的"丹柯之心"故事，该作品创作于1894年，是高尔基

---

① 米尔斯基著，刘文飞译，《俄国文学史（下卷）》[M]，北京：人民出版社，2013年，第495页。

早期短篇小说中最脍炙人口的名篇之一。著名作家巴金年届垂暮之年仍在赞叹："通过翻译我不断向高尔基学习，通过翻译我才理解了高尔基那颗'丹柯的心'。我并不崇拜名人，不过这些短篇实在是精品，真正的精品。"①足见他对高尔基及其作品的喜爱。

小说借风烛残年的老婆子伊则吉尔之口，接连讲述了老婆子本人年轻时的风流韵事，鹰与人之子腊拉和丹柯之心三个故事。三个主人公不同的性格和行事方式造就了截然不同的命运。腊拉身为鹰与人之子，强壮漂亮，但高傲残暴，只因少女拒绝了自己的求爱就将其杀害，最终被众人施以名为"自由"的惩罚，被放逐在茫无边际的草原之上，远离人群，孤独游荡。年轻貌美的伊则吉尔毫不节制爱欲，周旋在不同的爱人之间，放浪一生，享乐无度，最终只剩下一个干瘪的躯壳。最后一位主人公丹柯美丽勇敢，有强大的意志力和行动力，在族群面临危机一筹莫展的时刻挺身而出，号召族人走出凶险的密林沼泽。中途遭到族人的指责和质疑时，他依然宽宏仁爱，坚定信念，不惜燃烧自己的心脏，最终拯救了部落。三个主人公性格不同，选择了不同的人生道路，从而引出了小说的主题：应该做一个什么样的人，度过怎样的一生。

随着高尔基创作经验的积累，艺术思想的发展，浪漫主义的写作风格并未随着作家创作体裁的转型而消失，而是不断沉淀，并与现实主义融合。叶水夫主编的《苏联文学史》（第三卷）中指出："到了《母亲》《敌人》这些作品中，高尔基创作中的两种倾向——因旧的生活秩序与信念的动摇而引发的对未来充满憧憬的浪漫主义感受和由侮辱人的残酷现实所激起的严峻态度与批判激情——达到和谐的统一。洋溢于整个作品的浪漫主义气息不完全是作家主观情怀的抒发，而是蕴含于历史进程本身的激情，植根于现实的土壤。"②

高尔基的作品很早就被译介到我国。据考证，1907年，上海商务印书馆出版的《东方杂志》（第四卷）第一期至第四期上刊登了由吴梼从日语转译的《忧患余生》，这是第一篇进入中国读者视野的高尔基作品，原名为《该隐和阿尔乔姆》。在那之后直到今天，高尔基的作品不断被介绍到

① 巴金，小引[A]//高尔基著，巴金译，《草原故事》[M]，杭州：浙江文艺出版社，2019年，第2页。
② 叶水夫主编，《苏联文学史（第三卷）》[M]，北京：中国社会科学出版社，1994年，第17页。

国内，经典之作更是多个译本并存。翻译高尔基作品的译者中，不仅有译坛的大家，如耿济之、戈宝权、曹葆华、汝龙等；更不乏近现代的文化界名人，如鲁迅、矛盾、瞿秋白、巴金、郁达夫、楼适夷、李健吾、焦菊隐等。其中巴金所译的《草原故事》笔触醒目，令人过目不忘。

巴金（1904—2005），本名李尧棠，字芾甘，现代文学家、出版家、翻译家，被誉为"五四"新文化运动以来最有影响的作家之一，是20世纪中国杰出的文学大师、中国当代文坛巨匠。也许是巴金作为一代文学大师的成就太高，冲淡了他作为翻译家的功绩。巴金从事译事半个多世纪，从英、法、俄、日等语言翻译了不少名家名作。他曾道："希望我的笔对我生活在其中的社会能起一点作用。我翻译外国前辈的作品，也不过是想借别人的口讲自己心里的话，所以我只介绍我喜欢的作品。"①巴金尤其钟爱俄国文学，他所译的第一本书是俄国作家迦尔洵的小说《信号》，当时巴金还是18岁的青年，因当时尚不通晓俄文，故从英文转译而来。此后他陆续翻译了屠格涅夫、高尔基、赫尔岑等人的作品。巴金对待翻译极其认真，他翻译的一些俄文作品初时多从英文转译，在掌握俄文后还不忘回头修改先前的译作。据唐弢在《晦庵书话》中的考证，巴金所译的高尔基早期短篇小说集《草原故事》经过了多次修改，有四五个译本之多，即便是转译，"有几处比从俄文译过来的还好，更接近于高尔基的原意"。俄语文学翻译大家草婴盛赞巴金的译文既传神又忠于原文，尤其是其所译的高尔基的短篇小说，"无人能出其右"。

二、《伊则吉尔老婆子》译文节选

————✿————

"古时候地面上就只有一族人，他们周围三面都是走不完的浓密的森

---

① 巴金，巴金译文选集[M]，北京：生活·读书·新知三联书店，2003年，第443页。

林，第四面便是草原。这是一些快乐的、强壮的、勇敢的人。可是有一回困难的时期到了：不知道从什么地方来了一些别的种族，把他们赶到林子的深处去了。那儿很阴暗而且多泥沼，因为林子太古老了，树枝密密层层地缠结在一块儿，遮盖了天空，太阳光也不容易穿过浓密的树叶，射到沼地上。然而要是太阳光落在泥沼的水面上，就会有一股恶臭升起来，人们就会因此接连地死去。这个时候妻子、小孩们伤心痛哭，父亲们静默沉思，他们让悲哀压倒了。他们明白，他们要想活命就得走出这个林子，这只有两条路可走：一条路是往后退，可是那边有又强又狠的敌人；另一条路是朝前走，可是那儿又有巨人一样的大树挡着路，它们那些有力的枝紧紧地抱在一块儿，它们那些虬曲的树根牢牢地生在沼地的粘泥里。这些石头一样的大树白天不响也不动地立在灰暗中，夜晚人们燃起篝火的时候，它们更紧地挤在人们的四周。不论是白天或夜晚，在那些人的周围总有一个坚固的黑暗的圈子，它好像就想压碎他们似的，然而他们原是习惯了草原的广阔天地的人。更可怕的是风吹过树梢、整个林子发出低沉的响声、好像在威胁那些人、并且给他们唱葬歌的那个时候。然而他们究竟是些强的人，他们还能跟那班曾经战胜过他们的人拼死地打一仗，不过他们是不能够战死的，因为他们还有未实现的夙愿，要是他们给人杀死了，他们的夙愿也就跟他们一块儿消灭了。所以他们在长夜里，在树林的低沉的喧响下面，泥沼的有毒的恶臭中间，坐着想来想去。他们坐在那儿，篝火的影子在他们的四周跳着一种无声的舞蹈。这好像不是影子在跳舞，而是树林和泥沼的恶鬼在庆祝胜利……人们老是坐着在想。可是任何一桩事情——不论是工作也好，女人也好，都不会像愁思那样厉害地使人身心疲乏。人们给思想弄得衰弱了……恐惧在他们中间产生了，绑住了他们的强壮的手，恐怖是由女人产生的，她们伤心地哭着那些给恶臭杀死的人的尸首和那些给恐惧抓住了的活人的命运，这样就产生了恐怖。林子里开始听见胆小的话了，起初还是胆怯的、小声的，可是以后却越来越响了……他们已经准备到敌人那儿去，把他们的自由献给敌人；大家都给死吓坏了，已经没有一个人害怕奴隶的生活了……然而正是在这个时候出现了丹柯，他一个人把大家全搭救了。"

老婆子分明是常常在讲丹柯的燃烧的心。她讲得很好听，她那刺耳的破声在我面前很清楚地绘出了树林的喧响，在这树林中间那些不幸的、精疲力竭的人给沼地的毒气害得快死了……

"丹柯是那些人中间一个年轻的美男子。美的人总是勇敢的。他对他的朋友们这样说：

'你们不能够用思想移开路上的石头。什么事都不做的人不会得到什么结果的。为什么我们要把我们的气力浪费在思想上、悲伤上呢？起来，我们到林子里去，我们要穿过林子，林子是有尽头的，世界上的一切都是有尽头的！我们走！喂！嘿！……'

他们望着他，看出来他是他们中间最好的一个，因为在他的眼睛里闪亮着很多的力量同烈火。

'你领导我们吧！'他们说。

于是他就领导他们……"

老婆子闭了嘴，望着草原，在那边黑暗越来越浓了。从丹柯的燃烧的心里发出来的小火星时时在远远的什么地方闪亮，好像是一些开了一会儿就谢的虚无缥缈的蓝花。

"丹柯领着他们。大家和谐地跟着他走——他们相信他。这条路很难走。四周是一片黑暗，他们每一步都碰见泥沼张开它那龌龊的、贪吃的大口，把人吞下去，树木像一面牢固的墙拦住他们的去路，树枝纠缠在一块儿；树根像蛇一样地朝四面八方伸出去。每一步路都要那些人花掉很多的汗和很多的血。他们走了很久……树林越来越密，气力越来越小。人们开始抱怨起丹柯来，说他年轻没有经验，不会把他们领到哪儿去的。可是他还在他们的前面走着，他快乐而安详。

可是有一回在林子的上空来了大雷雨，树木凶恶地、威胁地低声讲起话来。林子显得非常黑，好像自从它长出来以后世界上所有过的黑夜全集中在这儿了。这些渺小的人在那种吓人的雷电声里，在那些巨大的树木中间走着；他们向前走，那些摇摇晃晃的巨人一样的大树发出轧轧的响声，并且哼着愤怒的歌子，闪电在林子的顶上飞舞，用它那寒冷的青光把林子照亮了一下，可是马上又隐去了，来去是一样地快，好像它们出现来吓人似的。树木给闪电的寒光照亮了，它们好像活起来了，在那些正从黑暗的监禁中逃出来的人的四周，伸出它们的满是疙瘩的长手，结成一个密密的网，要把他们挡住一样。并且仿佛有一种可怕的、黑暗的、寒冷的东西正从树枝的黑暗中望着那些走路的人，这条路的确是很难走的，人们给弄得疲乏透顶，勇气全失了。可是他们不好意思承认自己的软弱，所以他们就把怨恨出在正在他们前面走着的丹柯的身上。他们开始抱怨他不能够好好地带领他们——瞧，就是这样！

他们站住了，又倦又气，在树林的胜利的喧响下面，在颤抖着的黑暗中间，开始审问起丹柯来。

他们说：'你对我们只是个无足轻重的，有害的人！你领导我们，把我们弄得筋疲力尽了，因此你就该死！'

'你们说：领导我们！我才来领导的！'丹柯挺起胸膛对他们大声说。'我有领导的勇气，所以我来领导你们！可是你们呢？你们做了什么对你们自己有益的事情呢？你们只是走，你们却不能保持你们的气力走更长的路！你们只是走，走，像一群绵羊一样！'

可是这些话反倒使他们更生气了。

'你该死！你该死！'他们大声嚷着。

树林一直不停地发出低沉的声音，来响应他们的叫嚷，电光把黑暗撕成了碎片。丹柯望着那些人，那些为着他们的缘故他受够了苦的人，他看见他们现在跟野兽完全一样。许多人把他围住，可是他们的脸上没有一点高贵的表情，他不能够期望从他们那儿得到宽恕。于是怒火在他的心中燃起来，不过又因为怜悯人们的缘故灭了。他爱那些人，而且他以为，他们没有他也许就会灭亡。所以他的心又发出了愿望的火：他愿意搭救他们，把他们领到一条容易走的路上去，于是在他的眼睛里亮起来那种强烈的火的光芒……可是他们看见这个，以为他发了脾气所以眼睛燃烧得这么亮，他们便警戒起来，就像一群狼似的，等着他来攻击他们；他们把他包围得更紧了，为着更容易捉住丹柯，弄死他。可是他已经明白了他们的心思，因此他的心燃烧得更厉害了，因为他们的这种心思使他产生了苦恼。

然而树林一直在唱它那阴郁的歌，雷声仍在隆隆地响，大雨依旧在下着……

'我还能够为这些人做什么呢？'丹柯的叫声比雷声更大。

忽然他用手抓开自己的胸膛，从那儿拿出他自己的心来，把它高高地举在头上。

他的心燃烧得跟太阳一样亮，而且比太阳更亮，整个树林完全静下去了，林子给这个伟大的人类爱的火炬照得透亮；黑暗躲开它的光芒逃跑了，逃到林子的深处去，就在那儿，黑暗颤抖着跌进沼地的龌龊的大口里去了。人们全吓呆了，好像变成了石头一样。

'我们走吧！'丹柯嚷着，高高地举起他那颗燃烧的心，给人们照亮道路，自己领头向前奔去。他们像着了魔似的跟着他冲去。这个时候树林又发出了响声，吃惊地摇动着树顶，可是它的喧响让那些奔跑的人的脚步声盖过了。众人勇敢地跑着，而且跑得很快。他们都让燃烧的心的奇异景象吸引住了。现在也有人死亡，不过死的时候没有抱怨，也没有眼泪。可是丹柯一直在前面走，他的心也一直在燃烧，燃烧！

树林忽然在他们前面分开了，分开了，等到他们走过以后，它又合拢起来，还是又密又静的；丹柯和所有的人都浸在雨水洗干净了的新鲜空气和阳光的海洋里。在那边，在他们的后面，在村子的上空，还有雷雨，可是在这儿太阳发出了灿烂的光辉，草原一起一伏，好像在呼吸一样，草叶带着一颗一颗钻石一样的雨珠在闪亮，河面上泛着金光……黄昏来了，河上映着落日的霞光，显得鲜红，跟那股从丹柯的撕开的胸膛淌出来的热血是一样的颜色。

骄傲的勇士丹柯望着横在自己面前的广大的草原，——他快乐地望着这自由的土地，骄傲地笑起来。随后他倒下来——死了。

充满了希望的快乐的人们并没有注意到他的死，也没有看到丹柯的勇敢的心还在他的尸首旁边燃烧。只有一个仔细的人注意到这个，有点害怕，拿脚踏在那颗骄傲的心上……那颗心裂散开来，成了许多火星，熄了……

在雷雨到来前，出现在草原上的蓝色火星就是这样来的！"

现在老婆子讲完了她的美丽的故事，草原上开始了一阵可怕的静寂，这草原好像也因为勇士丹柯所表现的力量而大大地吃惊了，那个为了人们烧掉自己的心死去、并不要一点酬报的丹柯。老婆子在打瞌睡。我一边瞧着她，一边在想：她的记忆里还剩的有多少的故事，多少的回忆啊？我想到丹柯的伟大的燃烧的心，又想到创造出这一类美丽而有力的传说的人类的幻想。

起了一阵风，把这个睡得很熟的伊则吉尔老婆子身上穿的破衣服刮起来，露出她的干瘪的胸膛。我把她的年老的身子又盖上了，自己躺在她旁边的地上。草原上黑暗而静寂。云仍旧缓慢地、寂寞地在天空飘移……海发出了低沉的、忧郁的喧响。

（节选自巴金译《高尔基短篇小说选》，人民文学出版社，2020年，第133—139页）

附：*Старуха Изергиль* 选段原文

III

«Жили на земле в старину одни люди, непроходимые леса окружали с трех сторон таборы этих людей, а с четвертой – была степь. Были это веселые, сильные и смелые люди. И вот пришла однажды тяжелая пора, явились откуда-то иные племена и прогнали прежних в глубь леса. Там были болота и тьма, потому что лес был старый, и так густо переплелись его ветви, что сквозь них не видать было неба, и лучи солнца едва могли пробить себе дорогу до болот сквозь густую листву. Но когда его лучи падали на воду болот, то подымался смрад, и от него люди гибли один за другим. Тогда стали плакать жены и дети этого племени, а отцы задумались и впали в тоску. Нужно было уйти из этого леса, и для того были две дороги: одна – назад, – там были сильные и злые враги, другая – вперед, – там стояли великаны-деревья, плотно обняв друг друга могучими ветвями, опустив узловатые корни глубоко в цепкий ил болота. Эти каменные деревья стояли молча и неподвижно днем в сером сумраке и еще плотнее сдвигались вокруг людей по вечерам, когда загорались костры. И всегда, днем и ночью, вокруг тех людей было кольцо крепкой тьмы, оно точно собиралось раздавить их, а они привыкли к степному простору. А еще страшней было, когда ветер бил по вершинам деревьев и весь лес глухо гудел, точно грозил и пел похоронную песню тем людям. Это были все-таки сильные люди, и могли бы они пойти биться насмерть с теми, что однажды победили их, но они не могли умереть в боях, потому что у них были заветы, и коли б умерли они, то пропали б с ними из жизни и заветы. И потому они сидели и думали в длинные ночи, под глухой шум леса, в ядовитом смраде болота. Они сидели, а тени от костров прыгали вокруг них в безмолвной пляске, и всем казалось, что это не тени пляшут, а торжествуют злые духи леса и болота... Люди всё сидели и думали. Но ничто – ни работа, ни женщины не изнуряют тела и души людей так, как изнуряют тоскливые думы. И ослабли люди от дум... Страх родился среди них, сковал им крепкие руки, ужас родили женщины плачем над трупами умерших от смрада и над судьбой скованных страхом живых, – и трусливые слова стали слышны в лесу, сначала робкие и тихие, а потом все громче и громче... Уже хотели идти к врагу и принести ему в дар волю свою, и никто уже, испуганный смертью, не боялся рабской жизни... Но тут явился Данко и спас всех один».

Старуха, очевидно, часто рассказывала о горящем сердце Данко. Она говорила певуче, и голос ее, скрипучий и глухой, ясно рисовал предо мной шум леса, среди которого умирали от ядовитого дыхания болота несчастные, загнанные люди... «Данко – один из тех людей, молодой красавец. Красивые – всегда смелы. И вот он говорит им, своим товарищам:

– Не своротить камня с пути думою. Кто ничего не делает, с тем ничего не станется. Что мы тратим силы на думу да тоску? Вставайте, пойдем в лес и пройдем его сквозь, ведь имеет же он конец – все на свете имеет конец! Идемте! Ну! Гей!..

Посмотрели на него и увидали, что он лучший из всех, потому что в очах его светилось много силы и живого огня.

– Веди ты нас! – сказали они.

Тогда он повел...»

Старуха помолчала и посмотрела в степь, где все густела тьма. Искорки горящего сердца Данко вспыхивали где-то далеко и казались голубыми воздушными цветами, расцветая только на миг.

«Повел их Данко. Дружно все пошли за ним – верили в него. Трудный путь это был! Темно было, и на каждом шагу болото разевало свою жадную гнилую пасть, глотая людей, и деревья заступали дорогу могучей стеной. Переплелись их ветки между собой; как змеи, протянулись всюду корни, и каждый шаг много стоил пота и крови тем людям. Долго шли они... Все гуще становился лес, все меньше было сил! И вот стали роптать на Данко, говоря, что напрасно он, молодой и неопытный, повел их куда-то. А он шел впереди их и был бодр и ясен.

Но однажды гроза грянула над лесом, зашептали деревья глухо, грозно. И стало тогда в лесу так темно, точно в нем собрались сразу все ночи, сколько их было на свете с той поры, как он родился. Шли маленькие люди между больших деревьев и в грозном шуме молний, шли они, и, качаясь, великаны-деревья скрипели и гудели сердитые песни, а молнии, летая над вершинами леса, освещали его на минутку синим, холодным огнем и исчезали так же быстро, как являлись, пугая людей. И деревья, освещенные холодным огнем молний, казались живыми, простирающими вокруг людей, уходивших из плена тьмы, корявые, длинные руки, сплетая их в густую сеть, пытаясь остановить людей. А из тьмы ветвей смотрело на идущих что-то страшное, темное и холодное. Это был трудный путь, и люди, утомленные им, пали духом. Но им стыдно было сознаться в бессилии, и вот они в злобе и гневе обрушились на Данко, человека, который шел впереди их. И стали они упрекать его в неумении управлять ими, — вот как!

Остановились они и под торжествующий шум леса, среди дрожащей тьмы, усталые и злые, стали судить Данко.

— Ты, — сказали они, — ничтожный и вредный человек для нас! Ты повел нас и утомил, и за это ты погибнешь!

— Вы сказали: «Веди!» — и я повел! — крикнул Данко, становясь против них грудью. — Во мне есть мужество вести, вот потому я повел вас! А вы? Что сделали вы в помощь себе? Вы только шли и не умели сохранить силы на путь более долгий! Вы только шли, шли, как стадо овец!

Но эти слова разъярили их еще более.

— Ты умрешь! Ты умрешь! — ревели они. А лес все гудел и гудел, вторя их крикам, и молнии разрывали тьму в клочья. Данко смотрел на тех, ради которых он понес труд, и видел, что они — как звери. Много людей стояло вокруг него, но не было на лицах их благородства, и нельзя было ему ждать пощады от них. Тогда и в его сердце вскипело негодование, но от жалости к людям оно погасло. Он любил людей и думал, что, может быть, без него они погибнут. И вот его сердце вспыхнуло огнем желания спасти их, вывести на легкий путь, и тогда в его очах засверкали лучи того могучего огня... А они, увидав это, подумали, что он рассвирепел, отчего так ярко и разгорелись очи, и они насторожились, как волки, ожидая, что он будет бороться с ними, и стали плотнее окружать его, чтобы легче им было схватить и убить Данко. А он уже понял их думу, оттого еще ярче загорелось в нем сердце, ибо эта их дума родила в нем тоску.

А лес все пел свою мрачную песню, и гром гремел, и лил дождь...

– Что сделаю я для людей?! – сильнее грома крикнул Данко.

И вдруг он разорвал руками себе грудь и вырвал из нее свое сердце и высоко поднял его над головой.

Оно пылало так ярко, как солнце, и ярче солнца, и весь лес замолчал, освещенный этим факелом великой любви к людям, а тьма разлетелась от света его и там, глубоко в лесу, дрожащая, пала в гнилой зев болота. Люди же, изумленные, стали как камни.

– Идем! – крикнул Данко и бросился вперед на свое место, высоко держа горящее сердце и освещая им путь людям.

Они бросились за ним, очарованные. Тогда лес снова зашумел, удивленно качая вершинами, но его шум был заглушен топотом бегущих людей. Все бежали быстро и смело, увлекаемые чудесным зрелищем горящего сердца.

И теперь гибли, но гибли без жалоб и слез. А Данко все был впереди, и сердце его все пылало, пылало!

И вот вдруг лес расступился перед ним, расступился и остался сзади, плотный и немой, а Данко и все те люди сразу окунулись в море солнечного света и чистого воздуха, промытого дождем. Гроза была – там, сзади них, над лесом, а тут сияло солнце, вздыхала степь, блестела трава в брильянтах дождя и золотом сверкала река... Был вечер, и от лучей заката река казалась красной, как та кровь, что била горячей струёй из разорванной груди Данко.

Кинул взор вперед себя на ширь степи гордый смельчак Данко, – кинул он радостный взор на свободную землю и засмеялся гордо. А потом упал и – умер.

Люди же, радостные и полные надежд, не заметили смерти его и не видали, что еще пылает рядом с трупом Данко его смелое сердце. Только один осторожный человек заметил это и, боясь чего-то, наступил на гордое сердце ногой... И вот оно, рассыпавшись в искры, угасло...»

– Вот откуда они, голубые искры степи, что являются перед грозой!

Теперь, когда старуха кончила свою красивую сказку, в степи стало страшно тихо, точно и она была поражена силой смельчака Данко, который сжег для людей свое сердце и умер, не прося у них ничего в награду себе. Старуха дремала. Я смотрел на нее и думал: «Сколько еще сказок и воспоминаний осталось в ее памяти?» И думал о великом горящем сердце Данко и о человеческой фантазии, создавшей столько красивых и сильных легенд.

Дунул ветер и обнажил из-под лохмотьев сухую грудь старухи Изергиль, засыпавшей все крепче. Я прикрыл ее старое тело и сам лег на землю около нее. В степи было тихо и темно. По небу все ползли тучи, медленно, скучно... Море шумело глухо и печально.

(Горький М. *Старуха Изергиль*. М.: Детская литература, 1988, стр. 33-40)

三、译文评析

————— ❦ —————

　　这篇小说在情节描写、人物刻画和艺术手法上都充满了浪漫主义的色彩：充满想象力的奇异的、超现实的事件和情节；塑造人物时不求全面、细致和写实，而是突出人物某一方面的特质；文中大量使用对比、比喻和拟人等修辞手法，达到了夸张、变形和象征的艺术效果。巴金不仅准确地捕捉到了原文的风格，更在译文中灵活运用各种手法，达到了与原文相当的艺术效果。

1．朴实的语言风格

　　浪漫主义文学与民间文学联系紧密，常常将民间传说作为素材加以运用，相较于现实，更倾向于描绘离奇曲折的故事情节。伊则吉尔老婆子所讲的三则故事中，腊拉和丹柯的故事具有大胆幻想、构思奇特和超现实的特点，就连她本人讲述的自己早年亲身经历也笼罩上了几分浪漫的传奇色彩。本篇小说在语言风格上朴实自然，明快简洁，生动活泼，大量口语化的表述，富有表现力和感情色彩，不仅体现了民间创作的特点，而且贴合讲述人伊则吉尔老婆子的身份。这样的语言风格是同时通过遣词、造句两方面来实现的。

原文的用词自然朴素，没有佶屈聱牙的辞藻，还使用了一些口语色彩较浓的词汇或俗语，如"подымался смрад""великаны–деревья""узловатые корни""коли б"。巴金的译文同样通篇少华藻，鲜见成语一类较为书面的词，遣词质朴无华，用"要是"代替"如果"，用"给"代替"被"，如"人们给思想弄得衰弱了""树木给闪电的寒光照亮了""人们给弄得疲乏透顶"。此外，还有诸如"活命""又强又狠""搭救""强的人""那班""拼死地打一仗""害得快死了"等非常口语化的表述，达到了返璞归真的效果，俨然是乡下老婆婆脱口而出讲故事的口吻。

句式上，原文平铺直叙，句法结构简单，以简单句、并列复合句为主，较少使用主从复合句等长句，副动词或形动词等较为复杂的语法结构更是鲜见，主要借助连接词、代词等手段来建立起句子之间的逻辑关系，使叙述在紧凑流畅之余通俗易懂。巴金的译文也频繁使用"然而""可是""因为""要是……就……""不过""所以"等连词，有时原文中未见连接词，巴金特意补足，如"**И вот** пришла однажды тяжелая пора...（可是有一回困难的时期到了……）"，从而使上下文联系更加紧密，逻辑链条更加清晰，令译文读起来平易自然。

总体而言，巴金做到了在风格上忠实于原文，在意译和直译中取中，一方面尽力还原原文的形神，另一方面也充分考虑汉语的行文习惯，在形和神难以得兼的情况下求神似而非形似，不拘泥于原文的语句，在恰当的时候去繁补简。如"Жили на земле в старину одни люди, непроходимые леса окружали с трех сторон таборы этих людей, а с четвертой – была степь（古时候地面上就只有一族人，他们周围三面都是走不完的浓密的森林，第四面便是草原）"中的"таборы"从简不译。又如"ужас родили женщины плачем над трупами умерших от смрада и над судьбой скованных страхом живых（恐怖是由女人产生的，她们伤心地哭着那些给恶臭杀死的人的尸首和那些给恐惧抓住了的活人的命运，这样就产生了恐怖）"，为了便于读者阅读，在末尾自增了一句"这样就产生了恐怖"。

2．鲜明的人物形象

每个作家都有独特的塑造人物形象的方式。高尔基在《伊则吉尔老婆子》中主要采取层层对比的手法，使人物间彼此映照，从而突出不同人物的独特个性和品质。这种手法的益处有二：一是简洁利落，往往只需寥寥数笔，一个个生动的形象就跃然纸上；二是使所有人物形象相互勾连，成为一个系统，从而使作品整体结构扎实紧凑。

第一层对比是最容易被忽视的，即故事中的主人公和现实人物之间的对比，即年轻的伊则吉尔、蜡拉、丹柯和年老的伊则吉尔以及"我"的对比，前者要么属于过去（伊则吉尔），要么具有传奇色彩（蜡拉、丹柯），具有虚构的特点；后者则属于现在和现实。但两者并非泾渭分明，年轻和年老的伊则吉尔之间的联系在虚幻的超现实和现实之间建立起了一座桥梁，从而模糊了两者的边界，达到了虚实一体的艺术效果。第二层人物对比是三个故事主人公的对比。少女伊则吉尔美丽却放纵，毫不节制；腊拉高傲自私；丹柯高尚勇敢，富有奉献精神，三者俱是个性鲜明，相互映衬。第三层对比是部落族人的群像对丹柯个人画像的反衬。高尔基非常详细地描绘了部落所处的绝境，以及族人的反应，从而描摹了部落的群像："这个时候妻子、小孩们伤心痛哭，父亲们静默沉思，他们让悲哀压倒了。"生死存亡关头，面对要么走出密林，和敌人决一死战，要么被密林吞噬的两难境地，族人们在死亡阴影下束手无策，无法采取任何行动。此时丹柯登场了，和族人的群像截然不同，他无畏、乐观且勇于行动，指出"什么事都不做的人不会得到什么结果的"，果断地带领族人走出林子。遇到挫折时，疲乏的族人"勇气全失"，不愿承认自己的软弱，便迁怒于丹柯，而丹柯却能保持乐观。面对族人的指责和抱怨，丹柯并没有被愤怒席卷，对族人的爱促使他思考走出困境的办法，最后掏出了自己那燃烧着的心，驱走了黑暗，为族人开辟了一条生路。故事开头，高尔基就点明，这一部落的人是"快乐的、强壮的、勇敢的人"，而丹柯更是远胜自己的族人。

除了对比，高尔基还借助各种手段刻画丹柯的美好品质和高尚人格。第一，один、形容词最高级 лучший 和 все, те люди 的对比。如 "Но тут явился Данко и спас **всех один**（然而正是在这个时候出现了丹柯，他一个人把大家全搭救了）""он **лучший из всех**（他是他们中间**最好的**一个）""Данко – **один из тех людей**, молодой красавец（丹柯是**那些人中间**一个年轻的美男子）"，强调了丹柯的与众不同。译文也着力表现了这一点，巴金自己添补的"正是"一词表明了丹柯出现的时机正是部落的存亡之际，体现了丹柯这一人物对于部落的重要意义，"全"字更是突出了丹柯以一己之力力挽狂澜的功绩。第二，描写丹柯时使用短尾形容词。俄语性质形容词有长、短尾之分，短尾形容词是长尾形容词的截短形式，比长尾形容词的语气更强烈。如"А он шел впереди их и был **бодр** и **ясен**（可是他**还**在他们的前面走着，他**快乐**而**安详**）"，为了能用汉语体现出长、短尾形容词之间的差别，巴金从别处着手，译文用一个"还"字彰显出丹柯遇到挫折仍不改其乐观坚强。第三，丹柯的话语多是短句，掷地有声，简短有力。反问句"Что мы тратим силы на думу да тоску?（为什么我们要把我们的气力浪费在思想上、悲伤上呢？）"，祈使语气"Вставайте, пойдем в лес и пройдем его сквозь.（起来，我们到林子里去，我们要穿过林子。）"以及 ничего, все 等词汇的使用都表现了丹柯坚毅、果决的品质和强大的行动力。

3．生动的景色描写

对大自然的崇尚和讴歌是浪漫主义文学的一大主题。风景写生在高尔基的作品占有很大的比重，但它不是孤立存在的，而是起到烘托气氛和人物形象的重要作用。在这种风景描写中可以窥见多神教的泛灵论影响。多神教是古代斯拉夫人的民间信仰，这种信仰认为万物有灵，自然中一切事物都是有生命的。

高尔基笔下的自然界拥有独立的精神和意志，并与人的精神和意志相互影响、相互博弈。故事开头，部落面临危机，面对抉择束手无策时，以及在试图走出林子的途中遭遇挫折而士气低落时，周遭事物的色调是灰暗的，视野受到局限，树木、篝火、风等自然界事物都是压抑、恐怖的，充满了死亡气息。部落在恶劣的自然环境下愈是士气低落，愈是恐惧，自然界的压迫感就愈强；当人们想要冲破自然的束缚时，自然界更是步步紧逼，营造更加可怕的氛围，迫使人们屈服。

最终，部落在丹柯之心的照耀下走出林子，摆脱了灭族的危机，这时的环境描写的色调是明亮欢快的，平坦的草原、河面取代了密林，视野开阔起来。可见，面对丹柯超越一切的大无畏精神和无私奉献的高尚情操时，自然界也被打败，开始展现祥和宁静的一面。

文中的几段景致描写都十分细腻入微，随着情节推进层层递进，最后迎来转折，完美地契合了整个部落精神状态的起伏。高尔基也通过描写人与自然相互博弈的过程，不仅讴歌了丹柯的美好品质，更是号召人们同命运、同一切阻挡自己前进的障碍战斗。

高尔基大量运用拟人、夸张、比喻等修辞手法，几乎所有原本无生命的自然界事物在他的笔下都"活"了过来，不论是密林、林中的巨木，还是散发臭气的泥沼、夜晚燃起的篝火，抑或是风声、雷电。例如下面这段描写：

"Но однажды гроза **грянула** над лесом, **зашептали** деревья глухо, грозно. И стало тогда в лесу так темно, точно в нем собрались сразу все ночи, **сколько их было на свете с той поры**, как он родился. Шли маленькие люди между больших деревьев и в грозном шуме молний, шли они, и, качаясь, великаны-деревья скрипели и гудели сердитые песни, а молнии, летая над вершинами леса, освещали его на минутку синим, холодным огнем и исчезали так же быстро, как являлись, пугая людей. И деревья, освещенные холодным огнем молний, казались живыми, простирающими вокруг людей, уходивших из плена тьмы, корявые, длинные руки, сплетая их в густую сеть, пытаясь остановить людей.（可是有一回在林子的上空**来了**大雷雨，树木**凶恶地、威胁地低声讲起话来**。林子显得非常黑，好像自从它长出来以后世界上所有过的黑夜全集中在这儿了。这些渺小的人在那种吓人的雷电声里，在那些巨大的树木中间走着；他们向前走，那些摇摇晃晃的**巨人一样的大树**发出轧轧的响声，并且哼着愤怒的歌子，闪电在林子的顶上飞舞，用它那寒冷的青光把林子照亮了一下，可是马上又隐去了，来去是一样地快，好像它们出现来吓人似的。树木给闪电的寒光照亮了，它们好像活起来了，在那些正从黑暗的监禁中逃出来的人的四周，伸出它们的满是疙瘩的长手，结成一个密密的网，要把

他们挡住一样。)"

汉语中的习惯表达是"下雨",译者在这里用"来了"（грянула）赋予"大雷雨"以一定的人性。树木"凶恶、威胁地低声讲起话来"则是对"зашептали глухо, грозно"的准确传译。描写林子的黑暗时，"自从它长出来"中的动词"长"字是译者的灵活处理，原文使用的是表存在状态的"было"一词，译者的这种灵活处理无疑是契合高尔基的风景描写原则的。后文中的"巨人一样的大树""闪电""树木"都像人一样做出某种动作，这些自然事物仿佛都具备了独立的意志，烘托出恐怖、压抑的氛围。巴金在处理这些环境描写时，不仅将原文的种种修辞方法对照翻译过来，甚至在原文中没有使用拟人手法的情况下，在译文中增用拟人手法，以保持和贯彻原文的修辞风格。

纵观译文，不难发现，文中"的"字非常多，如"走不完的浓密的森林""坚固的黑暗的圈子""森林的低沉的喧响""泥沼的有毒的恶臭"，似乎不太符合今天的汉语表达习惯。但应该考虑到，译者的译笔不仅是个性化的，同样也受到其所处时代的历史、文化和社会等条件的影响，从而具有历史性。因此，以今日的语法规范和用语标准来审视半个多世纪之前的译语使用是否规范，是有失偏颇的，我们应该带着历史的眼光去欣赏这篇半个多世纪之前的译文。

第十章

蒲宁
《幽暗的林荫小径》

一、蒲宁与《幽暗的林荫小径》

伊凡·阿列克谢耶维奇·蒲宁（Иван Алексеевич Бунин，1870—1953）是首位获得诺贝尔文学奖的俄罗斯作家，在整个俄罗斯文学史上占据举足轻重的地位。蒲宁身处的文学时代被称为白银时代。在白银时代文坛上活跃的是以象征派为代表的现代主义作家，他们鄙弃19世纪现实主义文学传统，要求进行文学革新，追求"纯艺术"。在这样的大环境下，蒲宁并未被大势裹挟，而是保持了自己的文学追求和创作独立性，他师法托尔斯泰、契诃夫、屠格涅夫等人，成了俄罗斯最后一位古典主义作家。他的文学创作在象征主义、现实主义以及浪漫主义等文学流派之外开辟了一片独特的天地。而在这条与众不同的文学道路上，或许是得益于出众的天赋，蒲宁并未遭受太多挫折，他的作品得到了契诃夫、托尔斯泰等文坛泰斗的赞赏。高尔基也十分重视他，在很长一段时间里，蒲宁的作品都是由高尔基主持的知识出版社出版。即使后来两人的政治见解越来越撕裂，高尔基也并未改变对蒲宁文学创作的高度评价。

蒲宁的青少年时期是在奥廖尔省的沃罗涅什乡村庄园和叶列茨镇度过的，这里静谧美好的乡村生活成为他日后主要的创作题材。他的很多作品，如《安东诺夫卡苹果》（1900），都是在缅怀旧俄社会乡村的美：既有自然的美，也有人物心灵的美。而这种美正因为社会变迁而衰落、消逝，因此蒲宁的字里行间也流露出淡淡的感伤之情。但与其说蒲宁是惋叹已经日薄西山的旧社会和旧制度，不如说他缅怀的是旧乡村诗意美好的一面。这种美好在腐朽制度、陈旧思想的压抑下依旧顽强地存在着，只需要通过蒲宁式的悉心感受和敏锐觉察便可以感知到。

当然，变革前夕乡村的美并不是蒲宁笔下乡村的全部面貌，乡村生活的主体——农民也是蒲宁的描写和观察对象。民粹派、革命派乃至高尔基式的作家们，有的对被剥削和压迫的农民抱有同情；有的将农民视为俄罗斯民族精神的代表，在他们身上挖掘坚韧、忍耐、虔诚和温顺等美好品质并加以赞颂；有的在农民身上看到革命的火种和未来的希望。他们笔下农民的形象多少有些理想化。蒲宁则与他们不同，他以冷静乃至冷酷的视角深入、客观地描写了农村贫穷落后的生活，真实展现了农民的精神世界和性格品质，对于他们的负面品质毫不讳言。1910年发表的中篇小说《乡村》就是这方面的代表作，蒲宁也因该作跻身一流作家行列。《乡村》描绘了克拉索夫家性格迥异的两兄弟——季洪和库济马。季洪善于经营，成为富农，还设法弄到了地主老爷杜尔诺沃的庄园。库济马选择了不同的人生道路。他是个有理想追求的人，喜欢读书和写作，但最终一事无成，受现实所迫，还是回到了家乡，帮助季洪打理产业。这一时期的俄国风起云涌，经历了日俄战争、1905年革命、国家杜马解散等历史事件，但俄国农村却依旧赤贫落后。季洪虽然热爱这片土地，但也计划着远走高飞。他身为富农，但时刻感受到来自被他剥削的农民的威胁。尽管季洪自身也不是多么高尚的人，但也辛辣地嘲讽俄罗斯人的性格弱点。库济马则是那些期望摆脱凋敝愚昧的农村生活的青年人代表，他们在现实生活中屡屡碰壁，理想无法实现，最终只能与现实妥协。

贵族地主阶级的生活是蒲宁创作中的另一大主题。写于1911年的中篇小说《旱峪》就是一部贵族消亡史，讲述了世袭贵族赫卢晓夫一家在农奴制改革前后的生活图景和没落过程。高尔基评价这部小说是蒲宁"为业已死亡的自己那个阶层举行的祭悼"[1]。相较于描写俄罗斯农村生活风尚的《乡村》，《旱峪》开始注重刻画主人公的内心世界。这不仅仅是蒲宁的写作风格不断成熟的结果，也与作者自身的经历和体验有分不开的关系。蒲宁的祖上也曾是显赫的贵族，但待他出生时，家族已经没落。蒲宁终身为自己的贵族出身而自豪，因而面对这一阶层在世纪末不断遭受冲击、即将退出历史舞台的现实，蒲宁不是没有哀婉之情的。尽管如此，蒲宁也不吝揭露这一阶级的腐朽堕落、自私贪婪的弱点。可以说，不论是描写农民还是贵族，蒲宁都秉承了忠实和冷酷的原则，毫无粉饰地再现了这一时期俄国社会的真实面貌。类似题材的作品暴露了世纪之交的俄国各个社会阶层面临的普遍危机。

1910到1920的十年间，蒲宁创作了大量优秀作品，如《从旧金山来的先生》（1916）、《轻轻的呼吸》等。1920年，蒲宁移居海外。直到逝世之前，他都保持了旺盛的创作生命力，写下了不少佳作，如《米佳的爱情》（1924）、《阿尔谢尼耶夫的一生》（1930）。其小说集《幽暗的林荫小径》（1943）被誉为"爱情的百科全书"。

本章所选的《幽暗的林荫小径》（Темные аллеи）创作于1938年，讲述了一位赶路的军官和客店女老板纳杰日达的短暂际会。原来两人曾在多年前有过一段恋情，那时纳杰日达是一个地主老爷家的女仆。后来纳杰日达被抛弃，获得了自由身，辗转成了一家客店的老板。对于爱情，两人的态度截然不同，形成了鲜明对比。纳杰日达忠于爱情，尽管被抛弃，仍旧选择终身不嫁。她率先认出了阔别多年的心上人，并准确道出两人分别的时间。面对曾辜负自己的军官，她虽心有怨怼，但依然表现克制。而军官面对纳杰日达的质问则是言辞躲闪，不断为自己的行为开脱，强调爱情和青春一样易逝，试图减轻自己的负罪感，然而终究还是无法面对纳杰日达，只好再次匆匆踏上行程。此次短暂的相逢一如多年前两人的恋情轨迹。男主人公只是偶然进入了女主人公的生活，稍做停驻，便又回到自己的人生里，留下女主人公一人。男主人公是移动的、善变的，而女主人公是静止的、不变的。

---

[1] Горький М. Горьковские чтения.1958—1959[M]. М.: Изд-во АН СССР, 1961, стр. 51.

　　蒲宁的叙事风格是极简的，他不求展现事件的来龙去脉，而是截取事件最具冲突性的时刻，着重描绘了两人充满戏剧性冲突的重逢场面，言辞的交锋，尤其着重刻画了男主人公的一系列肢体动作，隐隐暗示了人物的态度和内心情感的变化。至于事件的前因后果则几笔带过，如文中并未交代纳杰日达被抛弃后如何从女仆一步步成为一个放债的店主的经历。这种留白的手法使蒲宁的小说言简意丰，短小精悍，留给读者巨大的想象空间，使作品读来回味悠长。

　　值得一提的是精心设计的标题。直到文章后半段，通过纳杰日达的话，读者才明白"幽暗的林荫小径"大约是男主人公尼古拉与纳杰日达热恋时给对方念过的诗句。结合两人悬殊的身份，"幽暗"一词暗示了他们之间的恋情是隐秘不为人所知的，"林荫小径"则营造了朦胧的诗意之美，但似乎也暗含恋情无疾而终的结局。

　　蒲宁的作品最早于1921年传入我国，沈译民翻译的《旧金山来的绅士》发表在商务印书馆发行的《小说月报》号外《俄罗斯文学研究》上。1929年，上海北新书局出版了蒲宁作品的单行本《张的梦》。1933年蒲宁获得诺贝尔文学奖后，很多人关注的是其获奖背后的政治色彩。1934年《清华周刊》刊登了郑林宽的《论伊凡·蒲宁》一文，是我国第一篇纯粹从文学价值出发评价蒲宁的文章。后来，随着我国对俄罗斯文学译介重点的变化，使得对蒲宁及其作品的研究和译介没有得到应有的重视。直至20世纪80年代，蒲宁的作品才再度进入中国读者的视野。1981年国内出版了戴骢翻译的《蒲宁短篇小说集》、陈馥翻译的《布宁中篇小说选》、郑海凌翻译的《米佳的爱情》，之后叶冬心翻译的《乡村》、章其翻译的《阿尔谢尼耶夫的一生》陆续问世。1990年冯玉律所著的《跨越与回归——论伊凡·蒲宁》出版，这是国内第一部研究蒲宁的专著。我们选取的《幽暗的林荫小径》正是冯玉律、冯春的译本。

　　冯玉律（1939—），上海外国语大学教授，资深翻译家，长期从事俄罗斯语言文学教学和研究，翻译并出版了俄罗斯和苏联作家果戈理、屠格涅夫、冈察洛夫、蒲宁、高尔基、帕斯捷尔纳克等人的作品，著译总字数近四百万字，是国内著名的蒲宁研究专家和翻译家。冯春（1934—）毕业于上海外国语大学，先后在新文艺出版社、上海译文出版社任外国文学编辑、编审，资深翻译家，主要译著有《普希金文集》（10卷）、《当代英雄》、《猎人笔记》。两位翻译家寓研究和翻译于一体，深谙蒲宁作品精要，其译本是读者理解蒲宁作品的艺术性的最佳选择。

二、《幽暗的林荫小径》译文节选

那是秋季一个寒冷的阴雨天，图拉城郊外的一条大路被来往车辆压出了一条条黑乎乎的车辙，积满了雨水。路边有一长排木房，一头是公家设立的驿站，另一头则是私人开的客店，过往客人可以在那里歇个脚或者过一夜，吃顿饭或者喝口茶。此时，有一辆溅满污泥，拉起半截顶篷的轻便四轮马车正朝木房驶来，套在车辕上的三匹马都是普普通通的。由于道路泥泞，它们的尾巴给系了起来，免得甩起泥浆。驾车座上坐着一个身体壮实的庄稼汉，穿着一件腰部束得紧紧的厚呢上衣，神情严肃，脸色黝黑，留着一撮稀稀拉拉的漆黑胡须，活像古代的绿林豪强。车里坐着一个身材匀称的老军人，他戴着一顶硕大的遮檐帽，身穿一件缝有河狸皮翻领的尼古拉式灰色军大衣。他的眉毛还是黑的，但是唇髭及其连鬓胡子却已经灰白了；他的下巴剃得光光的，整个外表很像亚历山大二世，在这位沙皇当朝时军界就流行这副打扮。就连他的目光也同皇上一样：充满疑惑，严厉而又带着倦意。

当马停下来后，他便从马车里跨出一只脚来。脚上穿着军靴，靴筒光洁平滑。然后，他用套着麂皮手套的双手提起军大衣的下摆，跑上木房的台阶。

"大人，往左边走，"马车夫从驾车座上粗声粗气地喊了一声，于是，老头在门槛边稍稍弯下高大的身躯，进入穿堂，然后进入左边的客店去。

客店上房里又暖和，又干燥，收拾得井井有条：左上角供着一尊新的贴金圣像，下方是一张铺着洁净的本色台布的桌子，桌后有一排擦洗得干干净净的长凳；右角深处砌着一座炉灶，前不久刚刷过石灰，洁白如新；稍近一点放着一个沙发形状的躺椅，上面覆盖着带花点图案的马衣，靠在炉灶的一侧；从炉门里飘出一股菜汤的香气，那是加月桂叶的牛肉卷心菜汤的味儿。

客人脱下军大衣，将它扔在长凳上。他只穿着军服和长筒靴，看上去身材更加匀称。然后，他拉下手套，摘掉帽子，神情倦怠地用白皙瘦削的手掠了下头发。他那灰白的头发和一直垂到眼梢的鬓角都有点拳曲，长着一双深色眼睛的长脸挺英俊，但还隐隐地留着几个麻斑。上房里不见一个人影，于是他稍稍推开通往穿堂的门，不太高兴地喊道：

"喂，有人吗？"

一个黑头发、黑眉毛的女人当即走进上房，她尽管有了点年纪，但依然挺美，长相像个中年刚过的茨冈妇女，上唇和两颊侧面有一层深色茸毛。她走路时脚步很轻，但身体已经发福了；大红短上衣下高耸着硕大的双乳，黑呢裙子衬托出鼓鼓的腹部，她的腹部呈三角形，就像母鹅的胸脯一样。

"欢迎您，大人，"她说，"您想用饭还是上茶炊？"

客人朝她丰满的肩膀和小巧的双脚（脚上穿着一双旧的鞑靼式红色便鞋）瞥了一眼，便断断续续、心不在焉地回答：

"上茶炊吧。你是这里的店主还是打工的？"

"我是店主，大人。"

"那就是说，你自己当家喽？"

"是的，我自己当家。"

"真的吗？难道是守了寡，所以得由自己来操劳？"

"我不是寡妇，大人。不过，人总得挣钱谋生吧。再说我也喜欢管管事。"

"哦，原来是这样。这挺好。你店里很干净，很舒适。"

女人老是紧瞅着他，稍稍眯起了眼睛，好像要寻根问底地打听些什么。

"我也喜欢干净，"她答道，"我从小是在贵族老爷家长大的，怎么会不知道讲究体面呢，尼古拉·阿列克谢耶维奇。"

他一听到自己的名字，顿时惊讶得挺直身子，睁大双眼，脸也涨红了。

"纳杰日达！是你？"他迫不及待地说。

"是我，尼古拉·阿列克谢耶维奇。"她回答。

"我的上帝，我的上帝啊，"他一边说，一边坐到长凳上，两眼紧盯住她，"谁能想得到！我们已经多少年没有见面啦？大约有三十五年吧？"

"三十年，尼古拉·阿列克谢耶维奇。我现在四十八岁，我想您已年近六十了吧？"

"竟有这样的事……我的上帝，太不可思议啦！"

"老爷，这有什么不可思议的？"

"不过，这一切，一切……真是弄不明白！"

他目光中流露的倦意和脸上心不在焉的神情顿时消失了。他站起身来，两眼望着地板，在房间里大步地踱来踱去。然后，他又停下了脚步，长着灰白胡子的脸涨得通红，开口说道：

"从那时候起，我对你的下落一无所知。你怎么会到这儿来的？为什么不留在主人家里？"

"您走后不久，主人就给了我一张自由证。"

"那你后来住在哪里呢？"

"老爷，这说来话长。"

"听你刚才说的话，你没有嫁过人喽？"

"没有。"

"那为什么？凭你当年的姿色，怎么会找不到人嫁呢？"

"我不能这样做。"

"为什么不能？你说这话是什么意思？"

"这有什么可解释的。想必您也记得，那时候我是多么爱您。"

他羞愧得热泪盈眶，便皱着眉头，又踱起方步来。

"一切都会过去的，我的朋友，"他嘟嘟哝哝地说，"爱情啊，青春啊——一切的一切都是如此。那是件庸俗的、平凡的事情。随着岁月的流逝，通通都会过去的。《约伯记》里是怎么说的？'就是想起也如流过去的水一样'。"

"上帝给每个人的安排是不一样的，尼古拉·阿列克谢耶维奇。每个人的青春都会过去，但爱情，却是另外一回事。"

他抬起头来，停下脚步，苦笑着说：

"你总不能为我守一辈子吧！"

"我想，我能的。不管过去了多少时间，我还是独身一人。我知道，当年的您是早已不存在了，对您来说，好像什么事情也不曾发生过，可是……现在责备也已经晚了。不过说真的，当年您抛弃我可实在是太无情无义了。光是因为这个，我曾经有多少次想自杀，更不要说别的种种遭遇了。尼古拉·阿列克谢耶维奇，要知道曾经有过这么一段时候，我是管您叫尼科连卡的，而您叫我什么，还记得吗？您老是念诗给我听，关于'幽暗的林荫小径'什么的。"她冷笑着补充说。

"啊，那时你是多美啊！"他摇着头说，"多么热情，多么可爱！那身段，那眼睛是多么迷人！你可记得，谁见了你，都会盯着看，看得出神呢？"

"我记得，老爷。那时您也挺英俊的。要知道我是把自己的美貌，自己的热情全都献给了您。这样的事情怎么能忘记呢。"

"啊！一切都会过去。一切都会被忘记的。"

"一切都会过去，但并不是一切都会被忘记。"

"你出去吧，"他说，一边转身往窗子走去，"请你出去吧。"

然后，他掏出手帕，捂住双眼，连珠炮似的接着说：

"但愿上帝会宽恕我。看来，你已经宽恕我啦。"

她已经走到门口，又停了下来。

"不，尼古拉·阿列克谢耶维奇，我没有宽恕您。既然我们谈到了我们的感情，那我就坦率地说：我是永远不会宽恕您的。当年，除了您，我在世上再也没有一个更亲的人，后来也没有。正因为这样，我是无法宽恕您的。不过，何必去回忆这些事呢。人死了，是无法把他从墓地里拖回来的。"

"对，对，没有必要去回忆了。请你吩咐一下，让他们把马备好吧，"他回答说，一边离开了窗口，脸色已经变得严峻起来，"不过，我想告诉你，我在一生中可从来没有感到过幸福，你也别以为我有多么幸福。请原谅，这也许会伤害你的自尊心，但还是得坦率地告诉你，我爱我的妻子，爱到神魂颠倒的地步。可是，她竟背叛我，把我抛弃了，跟别人走了；她使我受到的凌辱远比我使你受到的厉害。儿子小的时候，我把他当成宝贝，把一切希望都寄托在他身上！可是，他长大后却成了个浪子、坏蛋、无赖，没有心肝，不知羞耻，丧尽天良……不过，话得说回来，这一切也不过是最平凡的、庸俗的事罢了。好啦，我的朋友，祝你健康。我想，我也是把我生活中曾经有过的最珍贵的东西留给你了。"

她走到尼古拉·阿列克谢耶维奇跟前，吻了下他的手，他也吻了下她的手。

"请吩咐备马吧……"

他在再次启程赶路时，忧郁地想："是啊，她曾经是多么美啊！曾经是多么迷人啊！"他回想起刚才说过的最后几句话，以及吻了她的手这一举动，不禁感到羞愧起来，但马上又因为自己的这种羞愧而更加羞愧。"她给了我一生中最美好的时刻，难道这不是事实吗？"

淡淡的夕阳在西沉时终于露了面。马车夫赶着马走小步，快速地向前奔驰。他一面让马车不时地从一道黑乎乎的车辙驶上另一道，选择泥浆较少的地方走，一面也在想心事。最后，他神情严肃地开了口，直言不讳地说：

"大人，刚才我们离开的时候，那个娘们一直往窗外望着。看来，您早就认识她了吗？"

"早就认识了，克利姆。"

"那娘们可聪明呢。据说，她越来越发了。还拿钱去放债哩。"

"这算不了什么。"

"怎么算不了什么？谁不想把日子过得好一点！要是放债时讲点良心，那也没有什么不好。据说，她放债还比较公道。不过太顶真！谁要是到期不还，那别怪她，只能怨自己。"

"是啊，是啊，只能怨自己……你快赶车吧，可别误了火车……"

落日将黄澄澄的余晖洒在空旷的田野上，马儿吧唧吧唧地踩着一片片水洼，平稳地朝前飞奔。他望着不时闪现的马蹄，紧蹙乌黑的双眉，寻思着：

"是啊，只能怨自己。是啊，那当然是最美好的时光。不光是最美好的，而且简直是心醉神迷的时光！'一条小径掩映在椴树幽暗的林荫之中，四周盛开着红色的蔷薇……'可是，我的上帝，要是当初我不把她抛弃，以后会怎么样呢？那是多么荒谬！这个纳杰日达不是客店的女主人，而是我的妻子，我的彼得堡那个家的女主人，我的孩子们的母亲，这可能吗？"

于是，他闭上眼睛，摇了摇头。

（选自冯玉律、冯春译《米佳的爱情》，上海译文出版社，2014年，第413—425页）

附：**Темные аллеи** 原文

В холодное осеннее ненастье, на одной из больших тульских дорог, залитой дождями и изрезанной многими черными колеями, к длинной избе, в одной связи которой была казенная почтовая станция, а в другой частная горница, где можно было отдохнуть или переночевать, пообедать или спросить самовар, подкатил закиданный грязью тарантас с полуподнятым верхом, тройка довольно простых лошадей с подвязанными от слякоти хвостами. На козлах тарантаса сидел крепкий мужик в туго подпоясанном армяке, серьезный и темноликий, с редкой смоляной бородой, похожий на старинного разбойника, а в тарантасе стройный старик-военный в большом картузе и в николаевской серой шинели с бобровым стоячим воротником, еще чернобровый, но с белыми усами, которые соединялись с такими же бакенбардами; подбородок у него был пробрит и вся наружность имела то сходство с Александром II, которое столь распространено было среди военных в пору его царствования; взгляд был тоже вопрошающий, строгий и вместе с тем усталый.

Когда лошади стали, он выкинул из тарантаса ногу в военном сапоге с ровным голенищем и, придерживая руками в замшевых перчатках полы шинели, взбежал на крыльцо избы.

– Налево, ваше превосходительство, – грубо крикнул с козел кучер, и он, слегка нагнувшись на пороге от своего высокого роста, вошел в сенцы, потом в горницу налево.

В горнице было тепло, сухо и опрятно: новый золотистый образ в левом углу, под ним покрытый чистой суровой скатертью стол, за столом чисто вымытые лавки; кухонная печь, занимавшая дальний правый угол, ново белела мелом; ближе стояло нечто вроде тахты, покрытой пегими попонами, упиравшейся отвалом в бок печи; из-за печной заслонки сладко пахло щами – разварившейся капустой, говядиной и лавровым листом.

Приезжий сбросил на лавку шинель и оказался еще стройнее в одном мундире и в сапогах, потом снял перчатки и картуз и с усталым видом провел бледной худой рукой по голове – седые волосы его с начесами на висках к углам глаз слегка курчавились, красивое удлиненное лицо с темными глазами хранило кое-где мелкие следы оспы. В горнице никого не было, и он неприязненно крикнул, приотворив дверь в сенцы:

– Эй, кто там!

Тотчас вслед за тем в горницу вошла темноволосая, тоже чернобровая и тоже еще красивая не по возрасту женщина, похожая на пожилую цыганку, с темным пушком на верхней губе и вдоль щек, легкая на ходу, но полная, с большими грудями под красной кофточкой, с треугольным, как у гусыни, животом под черной шерстяной юбкой.

– Добро пожаловать, ваше превосходительство, – сказала она. – Покушать изволите или самовар прикажете?

Приезжий мельком глянул на ее округлые плечи и на легкие ноги в красных поношенных татарских туфлях и отрывисто, невнимательно ответил:

– Самовар. Хозяйка тут или служишь?

– Хозяйка, ваше превосходительство.

– Сама, значит, держишь?

– Так точно. Сама.

– Что ж так? Вдова, что ли, что сама ведешь дело?

– Не вдова, ваше превосходительство, а надо же чем-нибудь жить. И хозяйствовать я люблю.

– Так, так. Это хорошо. И как чисто, приятно у тебя.

Женщина все время пытливо смотрела на него, слегка щурясь.

– И чистоту люблю, – ответила она. – Ведь при господах выросла, как не уметь прилично себя держать, Николай Алексеевич.

Он быстро выпрямился, раскрыл глаза и покраснел.

– Надежда! Ты? – сказал он торопливо.

– Я, Николай Алексеевич, – ответила она.

– Боже мой, боже мой! – сказал он, садясь на лавку и в упор глядя на нее. – Кто бы мог подумать! Сколько лет мы не видались? Лет тридцать пять?

– Тридцать, Николай Алексеевич. Мне сейчас сорок восемь, а вам под шестьдесят, думаю?

– Вроде этого... Боже мой, как странно!

– Что странно, сударь?

– Но все, все... Как ты не понимаешь!

Усталость и рассеянность его исчезли, он встал и решительно заходил по горнице, глядя в пол. Потом остановился и, краснея сквозь седину, стал говорить:

– Ничего не знаю о тебе с тех самых пор. Как ты сюда попала? Почему не осталась при господах?

– Мне господа вскоре после вас вольную дали.

– А где жила потом?

– Долго рассказывать, сударь.

– Замужем, говоришь, не была?

– Нет, не была.

– Почему? При такой красоте, которую ты имела?

– Не могла я этого сделать.

– Отчего не могла? Что ты хочешь сказать?

– Что ж тут объяснять. Небось помните, как я вас любила.

Он покраснел до слез и, нахмурясь, опять зашагал.

– Все проходит, мой друг, – забормотал он. – Любовь, молодость – все, все. История пошлая, обыкновенная. С годами все проходит. Как это сказано в книге Иова? «Как о воде протекшей будешь вспоминать».

– Что кому бог дает, Николай Алексеевич. Молодость у всякого проходит, а любовь – другое дело.

Он поднял голову и, остановясь, болезненно усмехнулся:

– Ведь не могла же ты любить меня весь век!

– Значит, могла. Сколько ни проходило времени, все одним жила. Знала, что давно вас нет прежнего, что для вас словно ничего и не было, а вот... Поздно теперь укорять, а ведь, правда, очень бессердечно вы меня бросили, – сколько раз я хотела руки на себя наложить от обиды от одной, уж не говоря обо всем прочем. Ведь было время, Николай Алексеевич, когда я вас Николенькой звала, а вы меня – помните как? И все стихи мне изволили читать про всякие «темные аллеи», – прибавила она с недоброй улыбкой.

– Ах, как хороша ты была! – сказал он, качая головой. – Как горяча, как прекрасна! Какой стан, какие глаза! Помнишь, как на тебя все заглядывались?

– Помню, сударь. Были и вы отменно хороши. И ведь это вам отдала я свою красоту, свою горячку. Как же можно такое забыть.

– А! Все проходит. Все забывается.

– Все проходит, да не все забывается.

– Уходи, – сказал он, отворачиваясь и подходя к окну. – Уходи, пожалуйста.

И, вынув платок и прижав его к глазам, скороговоркой прибавил:

– Лишь бы бог меня простил. А ты, видно, простила.

Она подошла к двери и приостановилась:

– Нет, Николай Алексеевич, не простила. Раз разговор наш коснулся до наших чувств, скажу прямо: простить я вас никогда не могла. Как не было у меня ничего дороже вас на свете в ту пору, так и потом не было. Оттого-то и простить мне вас нельзя. Ну да что вспоминать, мертвых с погоста не носят.

– Да, да, не к чему, прикажи подавать лошадей, – ответил он, отходя от окна уже со строгим лицом. – Одно тебе скажу: никогда я не был счастлив в жизни, не думай, пожалуйста. Извини, что, может быть, задеваю твое самолюбие, но скажу откровенно, – жену я без памяти любил. А изменила, бросила меня еще оскорбительней, чем я тебя. Сына обожал, – пока рос, каких только надежд на него не возлагал! А вышел негодяй, мот, наглец, без сердца, без чести, без совести... Впрочем, все это тоже самая обыкновенная, пошлая история. Будь здорова, милый друг. Думаю, что и я потерял в тебе самое дорогое, что имел в жизни.

Она подошла и поцеловала у него руку, он поцеловал у нее.

– Прикажи подавать...

Когда поехали дальше, он хмуро думал: «Да, как прелестна была! Волшебно прекрасна!» Со стыдом вспоминал свои последние слова и то, что поцеловал у ней руку, и тотчас стыдился своего стыда. «Разве неправда, что она дала мне лучшие минуты жизни?»

К закату проглянуло бледное солнце. Кучер гнал рысцой, все меняя черные колеи, выбирая менее грязные, и тоже что-то думал. Наконец сказал с серьезной грубостью:

– А она, ваше превосходительство, все глядела в окно, как мы уезжали. Верно, давно изволите знать ее?

– Давно, Клим.

– Баба – ума палата. И все, говорят, богатеет. Деньги в рост дает.

– Это ничего не значит.

– Как не значит! Кому ж не хочется получше пожить! Если с совестью давать, худого мало. И она, говорят, справедлива на это. Но крута! Не отдал вовремя – пеняй на себя.

– Да, да, пеняй на себя... Погоняй, пожалуйста, как бы не опоздать нам к поезду...

Низкое солнце желто светило на пустые поля, лошади ровно шлепали по лужам. Он глядел на мелькавшие подковы, сдвинув черные брови, и думал:

«Да, пеняй на себя. Да, конечно, лучшие минуты. И не лучшие, а истинно волшебные!» Кругом шиповник алый цвел, стояли темных лип аллеи...– Но, боже мой, что же было бы дальше? Что, если бы я не бросил ее? Какой вздор! Эта самая Надежда не содержательница постоялой горницы, а моя жена, хозяйка моего петербургского дома, мать моих детей? И, закрывая глаза, качал головой.

(Бунин И.А. *Темные аллеи*. М.: РИПОЛ классик, 2011, стр. 5-12)

三、译文评析

1. 再现精巧细致的语言风格

　　蒲宁的创作语言富有鲜明的个人风格和高超的艺术表现力。他善于采用细节刻画的方式来描绘人和事物。这些细节往往是精心选取的、最能表现事物的典型特征的。并且蒲宁惯常将一个描写对象的种种细节进行排列组合，揉进一个长句中。如开篇的环境描写，仅用一个长句就交代了天气、路况、长途跋涉的马车和马的状况。文中的人物描写也是如此，基本将一个人物的身份、外貌、神情、穿着打扮以及肢体动作等细节填充进一个长句中。这种素描手法不仅细致入微，且一气呵成，干净利落，但也对译者提出了较高的要求。

经验老到的翻译家往往将原文的长句进行切分，译成若干句子。因为汉语是孤立语，无法像俄语这类屈折语一样，依靠各种词法和语法手段来构成大段条理清晰、主次分明的长句。但长句短译，要译得好，并不轻松。不仅要选择在合适的地方将句子切分；还特别要注意重构各个切分后的句子之间的有机联系。有时还不免要对原文句子中的内容重新进行排列组合，才能保证译文的逻辑通顺自然。下面以文章开头的一段环境描写为例，来看译者对成段长句的处理：

"В холодное осеннее ненастье, на одной из больших тульских дорог, залитой дождями и изрезанной многими черными колеями, к длинной избе, в одной связи которой была казенная почтовая станция, а в другой частная горница, где можно было отдохнуть или переночевать, пообедать или спросить самовар, подкатил закиданный грязью тарантас с полуподнятым верхом, тройка довольно простых лошадей с подвязанными от слякоти хвостами.（那是秋季一个寒冷的阴雨天，图拉城郊外的一条大路被来往车辆压出了一条条黑乎乎的车辙，积满了雨水。路边有一长排木房，一头是公家设立的驿站，另一头则是私人开的客店，过往客人可以在那里歇个脚或者过一夜，吃顿饭或者喝口茶。此时，有一辆溅满污泥，拉起半截顶篷的轻便四轮马车正朝木房驶来，套在车辕上的三匹马都是普普通通的。由于道路泥泞，它们的尾巴给系了起来，免得甩起泥浆。）"

这是一个主从复合句，成分结构较为复杂，除了主语、谓语和补语以外还包含两个状语和两个从句。内容上，这个长句主要描述了"马车驶向一排木房"的事件及周遭环境。译者根据内容，将静态的景物和动态的事件拆分开来，将原文的长句译成四句。前两句先译静景，点明了天气、道路、房屋等环境。第三句主要译事件，以"此时"开始，由静到动，过渡自然。第三句和第二句的有机联系借助"木房"一词的重复得以建立。第四句紧接着描写拉车的马，使用代词"它们"指代前一句的马儿，建立了第三句和第四句之间的联系。经过这么一番处理，译文既准确传达了原文的意思，又贴合汉语的表达习惯，读起来流畅自然。

2．复刻生动细腻的人物描写

蒲宁在自己的作品中描绘了旧俄社会不同阶层的各色人物。他选取最能表现人物性格特征的细节，以及最能暗示人物复杂的内心世界的瞬间，用十分细腻的笔法勾画出栩栩如生的人物形象。我们会发现，但凡是出现在蒲宁笔下的事物都会被细致描绘一番，几乎没有一个名词不受到形容词或从句的修饰。译者十分善于把握原作中人物的特点，力争在汉语中还原。下面以第一段人物描写为例，来看译者如何重构男主人公和马车夫的人物形象：

"На козлах тарантаса сидел крепкий мужик в туго подпоясанном армяке, серьезный и темноликий, с редкой смоляной бородой, похожий на старинного разбойника, а в тарантасе стройный старик-военный в большом картузе и в николаевской серой шинели с бобровым стоячим воротником, еще чернобровый, но с белыми усами, которые соединялись с такими же бакенбардами; подбородок у него был пробрит и вся наружность имела то сходство с Александром II, которое столь распространено было среди военных в пору его царствования; взгляд был тоже вопрошающий, строгий и вместе с тем усталый. (驾车座上坐着一个身体壮实的庄稼汉，穿着一件腰部束得紧紧的厚呢上衣，神情严肃，脸色黝黑，留着一撮稀稀拉拉的漆黑胡须，活像古代的绿林豪强。车里坐着一个身材匀称的老军人，他戴着一顶硕大的遮檐帽，身穿一件缝有河狸皮翻领的尼古拉式灰色军大衣。他的眉毛还是黑的，但是唇髭及其连鬓胡子却已经灰白了；他的下巴剃得光光的，整个外表很像亚历山大二世，在这位沙皇当朝时军界就流行这副打扮。就连他的目光也同皇上一样：充满疑惑，严厉而又带着倦意。)"

在这个长句中同时描写了马车夫和男主人公，句中有大量的修饰限定成分。原文描写马车夫共使用了21个词，其中有8个形容词，几乎占据半数。而军官的形象勾勒中除了运用形容词外，还有两个定语从句。因此，能否译好这些修饰限定成分决定了细节的润饰是否到位，这也是在汉语中还原人物形象的关键。首先看马车夫。мужик 一词有"男子（汉）、乡下人、农夫"的意思，一般指那些较为粗鲁、没太受过教育的乡下汉子，译为"庄稼汉"是非常到位的。将 крепкий 译为"身材壮实"，而非较为中性的"强壮"，则更显朴素，与"庄稼汉"更搭配。马车夫的穿着打扮较为简朴，与他的社会地位相符，他"穿着一件腰部束得紧紧的厚呢上衣（в туго подпоясанном армяке）"，армяк 是旧时农民穿的厚外套，正好和秋季对应，"腰部束得紧紧的"则是因为劳动时穿这样的衣服更方便活动身体。作为军官的仆从，他的"神情严肃（серьезный）""脸色黝黑（темноликий）"，这是长期风吹日晒的结果。"留着一撮稀稀拉拉的漆黑胡须（с редкой смоляной бородой）"，作为下层人的马车夫一般也不会注意，也没有条件注重仪表。原文作者将马车夫比作 разбойник，有"土匪、强盗、掠夺者"的意思，主要想强调马车夫身材结实和外表乃至举止粗鲁的特点，译为"绿林豪强"显然比有浓厚贬义色彩的"土匪"或"强盗"更能表达这一层语义。再看对男主人的刻画。"身材匀称的老军人（стройный старик-военный）"同时点出他的身形、年纪和身份。他的"匀称"和马车夫的"壮实"形成对比。作为养尊处优的军官，和从事体力劳动的仆从不同，尽管年纪不轻，也能维持较好的身形。军官的穿戴细节，尽管在马车内，也"戴着一顶硕大的遮檐帽（в большом картузе）"，穿着"一件缝有河狸皮翻领的尼古拉式灰色军大衣（в николаевской серой шинели с бобровым стоячим воротником）"，都表明了他的不同寻常的社会地位，注重仪表和丰富的性格，以及严谨、板正的军人作风。"他的下巴剃得光光的（подбородок у него был пробрит）"，以及和沙皇亚历山大的相似，都突出了他不凡的仪表和威严。

再看译者如何构建女主人公形象：

"Тотчас вслед за тем в горницу вошла **темноволосая**, тоже **чернобровая** и тоже еще красивая не по возрасту женщина, похожая на пожилую цыганку, с темным пушком на **верхней губе и вдоль щек**, легкая на ходу, но **полная, с**

большими грудями под красной кофточкой, с **треугольным**, как у **гусыни**, **животом** под черной шерстяной юбкой.（一个黑头发、黑眉毛的女人当即走进上房，她尽管有了点年纪，但依然挺美，长相像个中年刚过的茨冈妇女，上唇和两颊侧面有一层深色茸毛。她走路时脚步很轻，但身体已经发福了；大红短上衣下高耸着硕大的双乳，黑呢裙子衬托出鼓鼓的腹部，她的腹部呈三角形，就像母鹅的胸脯一样。）"

　　对女主人的描绘是从上往下的，从头发、眉毛到上唇、两颊，再到双乳、腹部。这明显是老军官打量女店主的视角，他仔细地观察她身体的每个细节，但对她的穿着打扮兴致缺缺，因此只提到了她的"大红短上衣"和"黑呢裙子"。这些描写说明，军官看到了风韵犹存，颇具吸引力的女店主，而他的目光也暴露了他对这位女店主的轻薄之意。译者把握住了这一点，在翻译中力求以军官的视角去表现女店主的身体魅力。译文中"高耸"和"衬托"这两个动词都是原文中所没有的，译者自己添加的目的是凸显女主人公的性吸引力，也衬托出老军官对女店主的轻佻态度。

　　我们注意到，译者在翻译中偏好使用四字词语，如"身体壮实""神情严肃"，不仅凝练生动，文采飞扬，且和谐对称，富有音律美。此外，译文中也使用了一些四字成语，如"井井有条（опрятно）""迫不及待（торопливо）""不可思议（как странно）""热泪盈眶（покраснел до слез）""神魂颠倒（без памяти любил）""丧尽天良（без совести）""心醉神迷（волшебные）"。爱用成语在一众翻译家中并不鲜见，不过在译文中使用成语有利有弊。成语经过长期的使用和锤炼，简短精辟却意义丰富，可以使译文简洁、富有表现力。但不少成语来自古代的经典著作、历史故事等，具有很强的文化负载功能。在译文中使用这样的成语未免会和原文的文化语境产生冲突，反而不美。纵观全文，译者在使用四字成语时非常谨慎，避开了那些具有明显汉语文化特色的成语。

3. 含蓄揭示人物内心世界

　　《幽暗的林荫小径》中男女主人公相逢后只发生了一段对话就匆匆别离，情节简单，冲突看似并不强烈，人物情感的变化幽微，但小处见大，是对爱情这一永恒母题的叩问。蒲宁在描摹人物情感的细微变化时并不直抒胸臆，直接揭露主人公们的内心世界，而是采取婉约含蓄的手法，通过展现他们的神情、动作和语言来加以暗示。读者必须进行想象和推理，才能一窥主人公的内心世界。原文的笔触含蓄细腻，力透纸背。在这种含而不露的手法下，人物情绪的表达往往是间接、克制的，因此更加意味深长。文中蒲宁主要刻画的是男主人公遇见曾被自己抛弃的纳杰日达的情景，以及她认出自己后的一系列情感波动。情感的微妙变化经历了若干个阶段，从最初的散漫从容，以及隐隐的傲慢到震惊，再到局促、慌张，再到羞愧、苦涩，再到回避、无动于衷，脸色又变回开头的"严峻"。情感的快速变化都是通过对男主人公的神情、肢体动作乃至人物语言来间接描绘的。下面通过几个例子来看译者是如何表现男主人公的心理变化的：

"Приезжий мельком глянул на ее округлые плечи и на легкие ноги в красных поношенных татарских туфлях и отрывисто, невнимательно ответил. （客人朝她丰满的肩膀和小巧的双脚［脚上穿着一双旧的鞑靼式红色便鞋］瞥了一眼，便断断续续、心不在焉地回答。）"

此时男主人公并未认出女店主，他的态度是随意散漫、从容不迫的，表现出了上层人士的优越感。"瞥"表示目光向下扫了一眼，这一个字就表达了 мельком глянул 两个词的意思，隐隐流露出军官作为上层人士的傲慢，"断断续续""心不在焉"则是因为军官为女主人公的外貌所吸引、心驰神荡。

当客店老板娘叫出男主人公姓名时，他的从容和散漫马上消失了，充满了震惊，这种情绪转变借由一连串的肢体动作表现出来：

"Он быстро выпрямился, раскрыл глаза и покраснел. （他一听到自己的名字，顿时惊讶得挺直身子，睁大双眼，脸也涨红了。）"这里连用三个完成体动词，"挺直身子（выпрямился）""睁大双眼（раскрыл глаза）""脸也涨红了（покраснел）"，强调军官心理状态的突变。为进一步突出男主人公情绪的激变，译者还酌情补充了"一听到自己的名字""惊讶"，用于承接对话的内容，妥帖自然。быстро 译成"顿时"显然比"快速"好得多，更能强调人物心态的转折：军官本以为只是萍水相逢了一位风韵犹存的客店老板娘，未曾想竟是故人。

男主人公认出对方是曾被自己抛弃的旧日情人后，开始产生慌张、心虚和局促之感：

"Усталость и рассеянность его исчезли, он встал и решительно заходил по горнице, глядя в пол. Потом остановился и, краснея сквозь седину, стал говорить... （他目光中流露的倦意和脸上心不在焉的神情顿时消失了。他站起身来，两眼望着地板，在房间里大步地踱来踱去。然后，他又停下了脚步，长着灰白胡子的脸涨得通红，开口说道……）"

这里的"顿时"一词是原文所没有的，译者加上这个词，强调了人物情绪的快速转换，含蓄地表达了其内心复杂的感受。军官"两眼望着地板"，不再看女主人公，而是"大步地踱来踱去"，正是为了掩饰自己的心虚和羞愧感，但"脸涨得通红"这个细节还是泄露了他的心理活动。

最后，军官既没有喝茶也没有用饭，而是要女主人公吩咐下人备马，大有落荒而逃之势。此时他已经重新变得冷漠，动作中透出拒人于千里之外的意思：

"ответил он, отходя от окна уже со строгим лицом. （他回答说，一边离开了窗口，脸色已经变得严峻起来。）"

原文 со строгим лицом 表示"带着冷峻的深情"，是一种静态描写，而译者则用了动态描写，将其处理成"神情已经变得严峻起来"，强调了军官前后面部神情的变化，承接了前文"脸涨得通红"的细节，凸显了男主人公心境的变化。当男主人公得知辜负了纳杰日达的深情，并导致对方终身未嫁之后，在那瞬间所产生的愧疚和羞耻感如同昙花一现，虽搅动了心绪，但也不过是一时的现象，说明了军官的冷漠与自私。

整体而言，译者非常准确地把握住了原文的诸多细节，很好地洞悉了这些细节背后所暗含的作者的深意。在这一基础上，译者灵活地运用纯熟、地道、优美的汉语再现了所有的细节，传达了作者的描写意图，在读者面前呈现出人物复杂幽暗的心理世界，勾画了鲜明的人物形象。要达到这样的翻译效果，不仅要求译者具备高超的外语和母语水平，同时也要求译者具有扎实的文学写作功底。

第十一章

普里什文
《人参》

一、普里什文与《人参》

    米哈伊尔·米哈伊洛维奇·普里什文（Михаил Михаилович Пришвин，1873—1954）是世界生态文学和大自然文学的先驱。他在作品中深情讴歌了俄罗斯的大自然，全面探讨了人与自然的关系，开创了俄罗斯文学史上生态文学的先河，被誉为"伟大的牧神（Великий Пан）"。普里什文不仅是一位伟大的大自然歌手，同时还是一位杰出的诗人、思想家和儿童文学作家。他用"日记体和格言式的文体，从容舒缓的节奏和亲切善良的语调，对自然充满诗意的描摹和富有哲理的沉思"，[①]形成了独树一帜的"普里什文风格"。高尔基夸赞普里什文的作品达到了俄罗斯文学史上未曾有过的完美："在您的作品中，我觉得您对大地的热爱和对大地的知识结合得十分和谐，这一点，我在任何一个俄国作家的作品中都还没有遇见过。"[②]普里什文一生创作了大量优秀的文学作品，主要著有随笔集《鸟儿不惊的地方》（1907）、《跟随魔力面包》（1908）、《黑皮肤的阿拉伯人》

[①] 刘文飞，普里什文：伟大的牧神，《人参》总序[A] // 普里什文著，刘文飞主编，何茂正等译，武汉：长江文艺出版社，2005年，第21页。

[②] М. Горький. О М. М. Пришвине. Красная новь, 1926, №12, стр. 138.

（1910）、《林中水滴》（20世纪40年代）、《大自然日历》（1953），儿童文学作品集《太阳宝库》（1945），译著《灰猫头鹰》（1938），中篇小说《人参》（1933）等。

　　《人参》（Жень-Шень）是普里什文的代表作之一，其创作灵感源于作家1931年到苏联远东地区进行的旅行和考察。《人参》讲述了一名参加日俄战争的老兵在中俄交界处的原始森林爱上了大自然和梅花鹿，并在那里定居生活的故事。Жень-Шень 是汉语"人参"的音译，在书中意为"生命之根"，是小说的重要线索，贯穿全书。小说主人公在中俄交界之处偶然结识了中国挖参老人卢文，两人一起合作圈养梅花鹿。卢文对人参的敬畏使主人公深受触动，启发了主人公对自然、人与自然、人与人之间本质关系的思考和解读。小说的另一条重要线索是一只漂亮的母梅花鹿，主人公曾多次惊叹于它美丽的外形和温顺的性格。同时，这只梅花鹿还隐喻了主人公生命中爱慕的女性和喜欢的美好事物。它的每次出现都是情节发展的重要节点，多次引发了主人公对人性本质的深入思考。除故事情节外，小说《人参》重要的艺术成就在于作者对大自然和动物的生动描写，对天人合一思想的不懈追求。作者在文中既用大量笔墨描写了自然之美："我从小就向往着神秘的大自然，没有想到途中竟来到这样一个去处，它仿佛就是一个按我的趣味建造的天堂"，同时也深入探讨了人与自然的关系："我过去从书本里一点一点学来的关于自然界的知识，全都是彼此孤立的，人——就是人，动物——只是动物，还有植物，还有无生命的石头，彼此都是不相干的……而现在……天下万物都好像变成人一样的了，无论是石头、水草和拍岸的波浪，也无论是像渔人们晒渔网一样在石头上晒翅膀的鸬鹚，都好像是人了。"

　　从20世纪40年代末期始，普里什文的作品就陆续被介绍到中国。据粗略统计，迄今至少有26种以上的单行本或作品集由各家出版社出版，还有许多译品散见于各种刊物。①中篇小说《人参》最早以小说插图版画的形式引入中国，收录在上海良友图书印刷公司于1936年出版的《苏联版画

---

① 杨怀玉，在隐没的城墙边——普里什文研究概述[J]，载《郑州大学学报（哲学社会科学版）》，2002年第2期，第132页。

集》①中。该书由鲁迅作序，赵家璧翻译，其中收录的三幅版画主题均与小说的核心线索相关，主要描绘了小说中梅花鹿的生活和人参的外形。虽然小说《人参》的版画很早就译介到了中国，但其原作一直没能在中国翻译出版。2005年，东北师范大学外文系教授何茂正翻译了《人参》，其译文收录在五卷本《普里什文文集》中。

何茂正（1931—），曾任中国俄罗斯文学研究会理事，获颁吉林省政府授予的吉林英才奖章，曾主编《苏联新潮小说》《外国语言文学研究与教学》等书，代表性译著有《克雷洛夫传》、《普希金文集》（第七卷）、《克雷洛夫寓言全集》、《卡拉马佐夫兄弟》（与冯华英合译）、《红轮》（与多人合译）等，发表60余篇学术论文，因"为发展我国高等教育事业做出的突出贡献"于1992年获得国务院颁发的政府特殊津贴。

二、《人参》译文节选

一

……

那寻找生命之根——人参的人收留了我，招待我吃了饭，但他并不问我是从哪儿来的，到这儿来干什么。我美美地吃了一顿，诚挚地看了看他。他也朝我笑了笑，就像见到一个知己，甚至亲人那样。他举起手指了指西边说：

"阿罗西？"

我立刻明白了他的问话，回答说：

"是的，我是俄罗斯人。"

---

① 鲁迅编选，赵家璧翻译，《苏联版画集》，上海：良友图书印刷公司，1936年，第12—14页。

"你的阿罗西在哪儿？"他问。

"我的阿罗西莫斯科人，"我说，"你呢？"

他回答说：

"我的阿罗西上海人。"

不用说，在我们的语言中，"我的"和"你的"就这样完全偶然地一致起来了。我感到，在他这个中国人和我这个俄国人之间，就像有着共同的故乡阿罗西似的。然而，是在许多年之后，我才在此处理解了这个阿罗西。在这小溪边，听着潺潺溪水声，这简直是个偶然的相遇，卢文的阿罗西在上海，而我的阿罗西却在莫斯科……

离窝棚不过20来步远，就是一片无法通行的树木杂草丛生的去处，其中有柞树、黄伯栗、小叶槭树、千金榆和紫衫，它们的树干上结结实实地缠绕着一些五味子和葡萄的藤蔓，还有带刺的植物，非常高的艾蒿，以及在我们那儿在花园里才见得到的完全相同的丁香……

二

卢文把窝棚筑在深深的峡谷里，为的是防患海边的可怕台风，不过，只要顺着陡坡，往上爬100米左右，到那峡谷口，就可以看见太平洋。我们的咔嚓峡谷，在离我遇到那只鹿没有多远的地方，就向祖苏河的大河谷通过去。溪水流到这里，已经平稳得多了。河谷渐渐变成了盆地。流水经过艰辛的奔波，流过山沟，流过河谷，终于稳稳当当地、得意扬扬地注入了大洋。

我来到这儿的第二天，就有一条船开进祖苏河港口，把一批移民送了过来。等移民们安顿好，船也就在这儿停了两个星期。就在这期间，发生了一件我生平中最重大的事情，下面我就来讲讲这件事儿。祖苏河流经的盆地，整个儿繁花似锦。我深深体会到，这里的每一朵花要是诉说起自己来，那都是纯朴动人的故事；在这祖苏河流域，每朵花都是一个小小的太阳，都可以讲出太阳光和大地相会的一段故事。要是我能够像祖苏河的普通花朵那样来讲自己的事儿，那该有多好啊！这儿有鸢尾花，从淡蓝色的到黑色几乎样样俱全；有各种颜色的兰花，有红色的、黄色的、橙黄色的百合花。在繁花之间，到处散布着星星点点的鲜红色的石竹。在这些山谷和盆地里，那些普通而美丽的花朵上，处处彩蝶翩跹，犹如五彩缤纷的花朵在飞舞，有黄色间红、黑斑点的大凤蝶，有土红色、闪现出各种霓虹色彩的荨麻蛱蝶，还有深蓝色的奇异的大金凤蝶。其中有些蝴蝶——我还是第一次在这里看到——能落在水面上并在水上漂浮，然后再腾飞起来，在花的海洋上飞舞。蜜蜂和黄蜂在花间奔忙着；毛茸茸的，腹部有黑白橙黄不同颜色的熊蜂，嗡嗡地在空中飞来飞去。有一次，在我观察一朵花的花萼时，发现了一种我从来没有见过的、直到现在也叫不出名字的蜂：那既不是熊蜂，也不是黄蜂，更不是蜜蜂。在花丛之间的地面上，还到处有敏捷的步行虫奔跑着，黑色的埋葬虫爬行着，那儿还隐藏着一种古代残留下来的巨大的甲虫，一碰到什么情况就突然飞起来，毫不拐弯地直接飞上天空。在盆地上的这片繁花和热闹的生活中，我觉得，只有我不能直接对着太阳看，不能像花朵那样讲述纯朴的故事。我不能直接看着太阳讲太阳的情况，而要避免同太阳对视。我是人，我的眼睛会被太阳光刺得什么也看不见。我只能热情地关注太阳所照耀的万物，把太阳给予它们的光芒收集在一起来讲太阳的情况。

……

当然，我们都是人，我们大家或多或少有这样的情况：就连最酷爱打猎的人，当被子弹打中的野兽快要死的时候，心肠也会软，不会变得又硬又狠的，而最温柔的诗人，也总想把花儿、鹿、鸟儿据为己有。我自己十分清楚我是个猎人，可是我过去一直没有想过，也一直不知道，我身上还有另外一个我，我这个猎人的手脚会被美好的或者还有别的什么感情捆绑起来，就像捆鹿一样。我身上的两个我在打架。一个说："你会失去这一瞬间，这机会是一去不复返的，为此你会伤心一辈子。快抓住它吧，动手吧，你会得到一只母梅花鹿，一只动物界最美丽的动物。"另一个说："安安静静地待着吧！可以把这美妙的瞬间保留下来，千万别用手碰它。"这正好像一个童话里说的，当猎人瞄准一只天鹅的时候，忽然听见天鹅哀求他：请不要打，请等一会儿；后来才明白，原来天鹅是公主的化身。猎人住手了，没有打天鹅。结果，他眼前出现了一个美丽的活公主。我内心斗争激烈，连气都不敢出。但这番自我斗争叫我付出了多么大的代价啊，简直要了我的命！我克制着，浑身轻微地颤抖起来，就像一只见到猎物的狗那样。我这兽性的颤抖可能感染了梅花鹿，使它感到不安了。它轻轻地把蹄子从缠在一起的葡萄藤中抽回，四条细腿落地站着，从昏暗的枝叶间特别仔细盯着我看了一会儿，便转身走了，可是没走几步，又突然停下来，回头看了看。这时只见小鹿不知从什么地方钻了出来，走到它跟前。于是它又和小鹿一起直愣愣地看了我老半天，之后才钻进绣线菊丛里，消失不见了。

<h1 style="text-align:center">三</h1>

流经山中原始森林里的河流，每到春季以及夏秋两季的汛期，总要把许多被台风刮倒的和大水冲倒的林中巨物——杨树啦，雪松啦，千金榆啦，兴山榆啦，一一带到海岸上，用沙土掩盖起来。这样一年一年过去，沙土里木头愈积愈多，大海逐渐往后退去，于是形成了海湾。

祖苏河和大海一个前进一个后退，这儿的陆地和大海的界线便变成了半圆形，这个过程可是经历了多少个世纪的时间啊？！轮船的汽笛声终于打破了海边荒漠的寂静，海湾之间这个小石头岛上所有的海豹都被吓得跳进了水里。在这之前，有多少海兽到过这个石岛上啊？！

……

<h1 style="text-align:center">四</h1>

紧靠海边的水中，有那么一块石头，样子像一颗黑色的心。大概是一次极大的台风把它从峭壁上刮了下来，放在水下的另外一块岩石上，不过似乎没有放稳当。假如你俯伏着把你的心紧贴在这块石头上，屏息静听，你会感到随着波浪的拍击，那块形状像心的石头在微微地颤动。不过我也说不准那石头是不是真的在颤动。也许那不是海水拍击下的石头在颤动，而是因为我自己的心在跳动，我才感觉石头在微微地颤动。也许因为我孤单单一个人，感到很不好受，真想有个人来做伴，以至于竟把这块石头当作了人，跟它在一起就像跟一个人在一起一样。

这块心一样的石头，朝上的一面是黑色的，近水的一半是深绿色的，那是因为涨潮时这石头全部浸在水中，长上了一些绿色的水草，而潮退以后，水草就无可奈何地垂挂在那儿，等待着潮水的再来。我攀登上了这块石头，从这儿目送那只轮船离去，一直到它从我的视线中消失为止。之后我便躺在这块石头上，久久地聆听着：啊，这石头的心在发出它的跳动声，通过这颗心，周围的一切都渐渐地跟我沟通了，周围的一切好像都是我的了，好像都是活的了。我过去从书本里一点一点学来的关于自然界的知识，全都是彼此孤立的，人——就是人，动物——只是动物，还有植物，还有无生命的石头，彼此都是不相干的。从书本里学来的这一切，全不是自己的东西。而现在，一切东西在我看来都好像是自己的了，而且，天下万物都好像变成人一样的了，无论是石头、水草和拍岸的波浪，也无论是像渔人们晒渔网一样在石头上晒翅膀的鸬鹚，都好像是人了。拍岸的波浪使我心境平静，又给我以抚爱。稍离海岸、隔着一道水的我，从朦胧中醒了过来。石头的一半淹在水中，周围的水草微微漂动，有如活的人一样。波浪拍击着沙嘴上的鸬鹚，但它们还蹲在那儿晒太阳。突然，波浪冷不防地泼了它们一身，几乎要把它们席卷而去了，但是它们重新蹲好，把翅膀张得像硬币上鹰的翅膀似的，仍旧晒起太阳来。这时，我的脑海里出现了一个看来十分重要的、必须加以解决的问题：为什么鸬鹚们单单要守在这个沙嘴上，而不愿飞到稍微高一些的地方去晒翅膀呢？

……

你看面前的这块岩石，上面无数的缝隙像泪壶一样渗着水，大粒大粒的水珠滴落下来，就像这岩石一直在哭泣一般。我分明知道，那不是人，而是块石头，石头是没有感情的，不过我这个人有满腔热血，只要亲眼见到石头像人一样在"滴泪"，我就不能不同情它。我又躺在这块岩石上，我自己的心在跳动，却觉得是岩石的心在跳动。你们别说了，别说了，我自己知道，这只不过是一块岩石！可是我实在渴望有人来给我做伴，我把这块岩石当作了知己，而且世界上也只有它才知道，我跟它是心心相印的。有多少回我在呼唤："猎人啊猎人，你为什么放走她，不把她的蹄子抓住呢？"

五

……

满族人细细看了好长好长时间，突然，一下子七嘴八舌争论起来。据我理解，他们可能是就这枝根在构造上的各种细枝末节提出不同的看法。也许争论的是：某一枝根须是否较适合于雄根，是不是干脆小心地把它去掉为好。诸如此类。问题多得不得了，一个接一个地突然被提出来，已经成熟的见解又被推翻，又发生了激烈的争论。但是不管有多少冲突意见，最后卢文都可以笑吟吟地加以解决，大家都会同意他说的话。现在，卢文一点儿不急躁，而是安安稳稳地，像任何精通自己那一门学问的权威一样主宰着一切。大家都绝对听从卢文的判断。等大家激越的情绪完全平息下去，开始心平气和地讨论问题的时候，我找了个机会问卢文，他们这会儿都在谈论什么。

"好多好多药。"卢文回答说。

那意思是说，他们现在谈的是钱，这样极稀有的宝物能够值多少钱的问题。卢文对我说，有个可怜的采参人找到了这枝根，结果被打死了，宝物落到了"篇子"，也就是骗子的手里，一个"尚人"，也就是商人，直接从中国去到那个地方，给了好多药，也就是给了好多钱，雇了这些人来运这根。但是，"尚人"给的钱当然还是很少的，这枝根值多少钱，是没有底的；他倒手卖出去，每个"尚人"都会抢着买这根，一个比一个多给一点钱，要价会越来越高，因为每个"尚人"都是篇子。

"结果怎么样呢？"我问。

"没个完，"卢文回答说，"这样的根就一直走吧走吧。这样的根值好多好多药。小的人物，找到了它，就睡了睡了，大的人物呢，就走吧走吧。"

这些满族人把这贵重的"走吧走吧"的根托付给卢文保管以后，在冰凉的石头上躺了下去，大概在天亮以前就走了。

六

……

鸟儿欢歌的谷地里大树参天，可是它们长得稀稀落落，使得树下灌木丛有阳光照射，生活丰富多彩，风景十分秀丽，寻找人参所需要的至诚心理不禁油然而生。我们继续前行，很快从这歌谷的西北方穿了出去。这时眼前突然出现了古河床的阶地，那阶地慢慢低下去，通到了另一个山谷，那儿长着另一些植物：一棵棵粗壮树干的黑杨，黑杨树干之间长着黑桦、云杉、冷杉、千金榆、小叶槭树，这些树上缠满了北五味子葡萄的藤蔓。穿过这片密林再往前走，出现了一条不知名的小河，那河岸上的植物又变了：长的是一些阔叶的核桃树，其间偶尔有几棵雪松。那稀稀落落的大树下长满了繁密的鼠李、接骨木、稠李和野苹果，在它们的阴影下，长着茂盛的喜阴野草，这儿便是该寻找生命之根——人参的地方了。

我和卢文停下来在这儿休息，半天没有说话。我们长时间沉默的时候，在那一片宁静中出现了什么情况呢？那多得不可胜数的、闻所未闻、难以想象的大量螽斯、蟋蟀以及其他乐师一直不停地演奏，这倒使你觉得更加宁静了。如果你在内心里找到了一种平衡，进而悠然遐想，你会全然听不见它们的乐声。也许，这无数的乐师正是用它们的音乐，吸引你以自己的方式参加演奏，从而发觉不了它们，因而出现一种真正的、不平常的、充满生机的、创造性的宁静。这儿的什么地方还有一条小溪在奔流，似乎也默默无声的。但是如果你无意间记起一件往事，引得你悠然遐想，而思路又突然中断，想对某个亲近的人说句知心话儿却又做不到，心急火燎，以至于呻吟起来，那么，那条想必是奔流在乱石之间的小溪，便会突然迸发出"说吧，说吧，说吧"的声音。那时候，那千百万的、难以胜数的、听不见的乐师们，也会突然同小溪一道奏出"说吧，说吧，说吧！"的声音。

……

十

人们在夜里享受亲昵、温存和愉快，或者相反，因为彼此责备、嫉妒，为将来什么可怕的事情发愁，或者因生病的孩子不时啼哭，以至于苦不堪言，而到了清晨，却像死人一样呼呼地睡着了——在我看来，黎明前的时刻代表着一种平日的幸福。平日的这种痛苦和欢乐的交替，当然也在我身上发生。不过话说回来，家庭就是建立在这种幸福之上的。可是我这个和大自然所有力量结合为一个整体的人，在黎明前的时刻却不是在享受那样的幸福，而是在做着一种不显眼的共同的事业，因为有了这共同事业，幸福的人们在初阳中醒来，往往会喜气洋洋地说："咳，今天早晨多么美好啊！"我一向比卢文早起十几分钟，一起来便把肩膀靠在什么硬东西上，在期望着什么，静静地思考着，而且总是得出这样一个结论：自然界没有像两把椅子一样彼此酷似的日子，一个日子只会出现一次，之后便永远地消逝了……

（选自何茂正译《人参》，长江文艺出版社，2005年，第1—65页）

附：*Жень-Шень* 选段原文

I

<...>

Искатель корня жизни приютил меня, покормил, не спрашивая, откуда я и зачем сюда пришел. Только уж когда я, хорошо закусив, добродушно поглядел на него и он ответил мне улыбкой, как знакомый и почти что родной человек, он показал рукой на запад и сказал:

– Арсея?

Я понял сразу его и ответил:

– Да, я из России.

– А где твоя Арсея? – спросил он.

– Моя Арсея, – сказал я, – Москва. А где твоя?

Он ответил:

– Моя Арсея Шанхай.

Конечно, так пришлось и сошлось в нашем языке «моя по твоя» совершенно случайно, что и у него, китайца, и у меня, русского, была как будто общая родина Арсея, но потом, через много лет я эту Арсею стал понимать здесь, у ручья, с его разговорами и считать просто случайностью, что когда-то Арсея Лувена была в Шанхае, а моя Арсея в Москве...

Всего только шагах в двадцати от фанзы начиналась непролазная крепь, дубняк и бархатное дерево, мелколиственный клен, граб и тисе, крепко-накрепко перевитые лианами лимонника и винограда, колючками с высокой, саженной полынью и той самой сиренью, которая встречается у нас только в садах.

<...>

II

Лувен в глубоком распадке спрятал свою фанзочку от страшных тайфунов приморского края, но если подняться на щеку распадка вверх метров на сто, оттуда видно море, Тихий океан. Наш распадок Чики-чики очень недалеко от того места, где я встретился с оленями, входил в большую падь Зусухэ, вода здесь становилась много спокойней, падь постепенно переходила в долину, и река спокойно и торжественно, закончив свой мучительный бег по горным распадкам и падям, вливалась в океан.

На другой же день, как я прибыл сюда, в бухту Зусухэ пришел пароход с переселенцами и, пока они устраивались, стоял тут две недели, и вот за эти две недели и совершилось то самое большое событие моей жизни, о котором я и буду рассказывать. Та долина, где бежит Зусухэ, вся сплошь покрыта цветами, и тут я научился понимать трогательную простоту рассказа каждого цветка о себе: каждый цветок в Зусухэ представляет собою маленькое солнце, и этим он говорит всю историю встречи солнечного луча с землею. Если бы я мог о себе рассказать, как эти простые цветы в Зусухэ! Были ирисы – от бледно-голубых и почти что до черных, орхидеи всевозможных оттенков, лилии красные, оранжевые, желтые, и среди них везде звездочками ярко-красными была рассыпана гвоздика. По этим долинам, простым и прекрасным цветам всюду летали бабочки, похожие на летающие цветы, желтые с черными и красными пятнами аполлоны, кирпично-красные, с радужными переливами крапивницы и огромные удивительные темно-синие махаоны. Некоторые из них – я тут только это впервые и видел – могли садиться на воду и плыть, а потом опять поднимались и летали над морем цветов. Пчелы реяли на цветах, осы; с шумом носились по воздуху мохнатые шмели с черным, оранжевым и белым брюшком. Случалось, когда я заглядывал в чашечку цветка, там оказывалось такое, чего я никогда не видал и назвать до сих пор не могу: ни шмель, ни пчела, ни оса. А по земле между цветами всюду юлили проворные жужелицы, ползали черные могильщики, таились огромные реликтовые жуки, собираясь при случае вдруг подняться на воздух и прямо лететь, никуда не сворачивая. Среди всех этих цветов и кипучей жизни долины только я один, так мне казалось, не мог прямо смотреть на солнце и рассказывать просто, как они. Я могу рассказать о солнце, избегая встречаться с ним глазами. Я человек, я слепну от солнца и могу рассказывать, лишь окидывая родственным вниманием все разнообразные освещенные им предметы и все лучи их собирая в единство.

<...>

Конечно, все мы люди, и понемногу у нас у всех это есть: ведь и самый страстный охотник с трудом скрепит в себе слабое сердце, когда простреленный зверь умирает, и самый нежный поэт хотел бы присвоить и цветок, и оленя, и птицу. Я как охотник был себе самому хорошо известен, но никогда я не думал, не знал, что есть во мне какой-то другой человек, что красота, или что там еще, может меня, охотника, связать самого, как оленя, по рукам и ногам. Во мне боролись два человека. Один говорил: – Упустишь мгновенье, никогда оно тебе не возвратится, и ты вечно будешь о нем тосковать. Скорей же хватай, держи, и у тебя будет самка Хуа-лу, самого красивого в мире животного. Другой голос говорил: – Сиди смирно! Прекрасное мгновенье можно сохранить, только не прикасаясь к нему руками. Это было точно как в сказке, когда охотник прицелился в лебедя – и вдруг слышит мольбу не стрелять ее, подождать. И потом оказывается, что в лебеди была царевна, охотник удержался, и вместо мертвого лебедя потом перед ним явилась живая прекрасная царевна. Так я боролся с собой и не дышал. Но какой ценой мне то давалось, чего мне стоила эта борьба!

Удерживаясь, я стал мелко дрожать, как собака на стойке, и, возможно, это дрожание мое звериное перешло в нее, как тревога. Хуа-лу тихонечко вынула из виноградных сплетений копытца, стала на все свои тонкие ноги, поглядела с особенным вниманием в темноту кущи мне прямо в глаза, повернулась, пошла, вдруг остановилась, оглянулась; откуда-то взялся и подошел к ней олененок, вместе с ним она довольно долго смотрела мне прямо в глаза и потом скрылась в кустах таволожки.

III

Река из горной тайги каждую весну и в каждое наводнение летом и осенью тащит на морской берег множество подмытых и сваленных тайфунами лесных великанов – тополей, кедров, грабов, ильмов – и засыпает их песком, и так много песку, и так много лет проходит, что самое море отступает и образуется бухта.

Сколько же сот лет прошло, пока работой моря и реки Зусухэ завернулась полукругом линия моря и суши? Сколько морских зверей перебывало на маленьком каменном острове посредине бухты, пока наконец гудок парохода не нарушил тишину морской пустыни и все нерпы от страха не попрыгали с острова в воду?

<...>

IV

<...>

У самого моря был камень, как черное сердце. Величайший тайфун, вероятно, когда-то отбил его от скалы и, должно быть, неровно поставил под водой на другую скалу; камень этот, похожий своей формой на сердце, если прилечь на него плотно грудью и замереть, как будто от прибоя чуть-чуть покачивался. Но я верно не знаю, и возможно ли это. Быть может, это не море и камень, а сам я покачивался от ударов своего собственного сердца, и так мне трудно было одному и так хотелось мне быть с человеком, что этот камень я за человека принял и был с ним как с человеком.

Камень-сердце сверху был черный, а половина его ближе к воде была очень зеленая: это было оттого, что когда прилив приходил и камень весь доверху погружался в воду, то зеленые водоросли успевали немного пожить и, когда вода уходила, беспомощно висели в ожидании новой воды. На этот камень я забрался и смотрел с него до тех пор, пока пароход не скрылся из глаз. После того я лег на камень и долго слушал; этот камень-сердце по-своему бился, и мало-помалу все вокруг через это сердце вступило со мной в связь, и все было мне как мое, как живое. Мало-помалу выученное в книгах о жизни природы, что все отдельно, люди – это люди, животные – только животные, и растения, и мертвые камни, – все это, взятое из книг, не свое, как бы расплавилось, и все мне стало как свое, и все на свете стало как люди: камни, водоросли, прибои и бакланы, просушивающие свои крылья на камнях совершенно так же, как после лова рыбаки сети просушивают. Прибой примирил меня, убаюкал, и я очнулся, разделенный водою от берега; камень же наполовину был потоплен, водоросли вокруг него шевелились, как живые, а бакланов на косе теперь доставала вода прибоя: сидят, сушат крылья – и вдруг их окатит водой и даже сбросит, но они опять садятся и опять сушат крылья, раскинув их так, как это у орлов на монетах. Тогда я принимаю в себя вопрос, как будто очень важный и необходимый для разрешения: почему бакланы держатся именно этой косы и не хотят для просушки своих крыльев перелететь немного повыше?

<...>

Вот скала. Из ее бесчисленных трещин, как из слезниц, влага вытекает, собирается крупными каплями, и кажется – скала эта вечно плачет. Не человек это, камень; я знаю хорошо, камень не может чувствовать, но я такой человек, так душа моя переполнена, что я и камню не могу не сочувствовать, если только вижу своими глазами, что он плачет, как человек. На эту скалу опять я прилег, и это мое сердце билось, а мне казалось, что у самой скалы билось сердце. Не говорите, не говорите, знаю сам, – просто скала! Но вот как же мне нужно было человека, что я эту скалу, как друга, понял, и она одна только знает на свете, сколько раз я, сливаясь с ней сердцем, воскликнул: – Охотник, охотник, зачем ты упустил ее и не схватил за копытца!

V

<...>

После долгого созерцания маньчжуры вдруг все разом заговорили, заспорили, как я понял, о разных мельчайших подробностях в строении этого корня. Может быть, они спорили о том, что вот такая-то мочка лучше идет к корню мужскому и украшает его, а к корню женскому, напротив, она не идет, и не лучше ли осторожно совсем ее удалить. Таких вопросов могло быть великое множество, многие внезапно возникали и перебивали сложившееся суждение, возникал резкий спор. Но всякое такое столкновение мнений Лувен в конце концов с улыбкой разрешал, и с ним непременно все соглашались. Лувен теперь больше не вспыхивал, а ровно жил, царствовал, как царствует всякий, в совершенстве овладевший знанием своего предмета. Решению Лувена все беспрекословно подчинялись. Когда страсти совсем улеглись и началось спокойное обсуждение, я решился наконец спросить Лувена, о чем у них теперь идет разговор.

– Многа-многа лекарства, – ответил Лувен.

Значит, разговор теперь шел о деньгах, сколько могло стоить такое редчайшее сокровище. Лувен рассказал, что один бедный искатель корня Жень-шень нашел этот корень и был убит, а сокровищем завладел машинка, значит – мошенник, и один купеза, значит – купец, приехал на место прямо из Китая, дал много лекарства и нанял этих людей перенести корень. Но, конечно, купеза дал очень немного, а сколько корень стоит – этому нет и конца: каждый купеза будет перекупать и давать больше и тоже брать все больше и больше, потому что каждый купеза есть машинка.

– Чем же это кончится? – спросил я.

– Не кончится, – ответил Лувен. – Такой корень гуляй-гуляй. В таком корне многа-многа лекарства. Маленький люди, кто нашел его, спи-спи, а большой люди гуляй-гуляй.

Отдав драгоценный Гуляй-корень под охрану Лувена, маньчжуры улеглись на холодном камне и, вероятно, еще до рассвета ушли.

VI

<...>

Певчая долина с гигантскими деревьями, достаточно редкими, чтобы обеспечить светом богатую жизнь подлеска, была так прекрасна, что мысль о чистой совести, необходимой для верного поиска корня жизни, являлась сама собой. Направляясь вперед, мы скоро пересекли Певчую долину в северо-западном направлении, и вдруг перед нами открылась древняя речная терраса, нисходящая в другую долину, покрытую другой растительностью: среди коренастых стволов осокоря тут были черная береза, ель, пихта, граб, мелколиственный клен, и дальше, когда мы прошли этот густой лес, перевитый лианами лимонника и винограда, в третий раз переменилась растительность на берегу какого-то неизвестного ручья: тут вперемежку с широколиственными ореховыми деревьями были только изредка кедры: редкие крупные деревья утопали в густейших зарослях крушинника, бузины, черемухи, дикой яблони, под сенью которых, среди буйных тенелюбивых трав, где-то и надо было искать корень жизни Женьшень.

Мы тут отдыхали с Лувеном и долго молчали. Что было в тишине при нашем долгом молчании? Бесчисленное множество, неслыханное, невообразимое число кузнечиков, сверчков, цикад и других музыкантов устраивали, все время играя, эту тишину: их совсем не слышишь, если найдешь в себе равновесие для свободной и спокойной мысли. А может быть, все эти бесчисленные музыканты именно своей музыкой так делают, что сам по-своему принимаешь в ней участие, перестаешь их замечать, и оттого начинается какая-то настоящая, необыкновенная, живая, творческая тишина. И еще тут где-то ручей бежит, тоже, кажется, молча; но если ход спокойной мысли от какого-нибудь нечаянного воспоминания оборвется и невозможное желание кому-то близкому что-то сказать вырвется даже сильно сдержанным стоном, то вдруг из этого ручья, бегущего, вероятно, по камням, быстро вырвется: «Говорите, говорите, говорите». И тогда все неслышимые музыканты, многомиллионные, бесчисленные, все вдруг с ручьем заодно играют: «Говорите, говорите, говорите!»

<...>

X

Предрассветный час в моем понимании дается человеку взамен того обыкновенного счастья, когда люди, насладившись близостью или, напротив, измучив друг друга попреками, ревностью, предчувствиями чего-то грядущего, страшного или криком больного ребенка, поутру спят как убитые. Эта обыкновенная смена боли и радости, конечно, и во мне происходит, но в счастье этом строится дом, а в предрассветный час, данный мне вместо счастья, я, соединенный со всеми силами природы в единое целое, делаю то незаметное общее дело, благодаря которому счастливые люди, проснувшись в лучах солнца, часто в восторге говорят: «Ах, какое нынче прекрасное утро!» И я теперь, искушенный в жизненных предрассветных догадках, с уверенностью говорю, что в основе всякого истинного счастья непременно лежит эта незаметная и совершенно бескорыстная работа всех соединенных сил мира в предрассветный час. Я встаю всегда раньше даже Лувена и несколько десятков минут, прислонясь плечом к чему-нибудь твердому, чего-то дожидаюсь и думаю, пока не дождусь решения: дней, до точности похожих друг на друга, как два стула, не бывает в природе, день показался один-единственный раз и ушел навсегда. <...>

(Пришвин М.М. *Жень-Шень*. Т. IV. М.: Художественная литература, 1983, стр. 12-18)

三、译文评析

———※———

　　普里什文在《人参》中用近乎专业的语言，从生态科学的角度描写了中俄边界美丽迷人的大自然，同时也用细腻的笔触刻画了作者对人与自然和谐共生关系的思考，原文语言淳朴流畅，富有韵律美。何茂正译本不仅对原作的生态主题把握准确，而且还很好地传递了原作语言的诗意美。

1．对生态文学主题的准确传译

　　普里什文在《人参》中对中俄边境大自然的生态多样性进行了细致描写，作品中出现了大量植物和动物名称，体现了作者丰富的自然学科背景，正如马克·斯洛宁所指出的："（普里什文具有）自然主义者的精确性"①。例如："По этим долинам, простым и прекрасным цветам всюду летали бабочки, похожие на летающие цветы, желтые с черными и красными пятнами **аполлоны**, кирпично-красные, с радужными переливами **крапивницы** и огромные удивительные темно-синие **махаоны**. (在这些山谷和盆地里，那些普通而美丽的花朵上，处处彩蝶蹁跹，犹如五彩缤纷的花朵在飞舞，有黄色间红、黑斑点的大凤蝶，有土红色、闪现出各种霓虹色彩的荨麻蛱蝶，有深蓝色的奇异的大金凤蝶。)"又如："Всего только шагах в двадцати от фанзы начиналась непролазная **крепь**, **дубняк** и бархатное дерево, **мелколиственный клен, граб** и **тисе**, крепко-накрепко перевитые лианами лимонника и винограда, колючками с высокой, саженной полынью и той самой сиренью, которая встречается у нас только в садах. (离窝棚不过20来步远，就是一片无法通行的树木杂草丛生的去处，其中有柞树、黄伯栗、小叶槭树、千金榆和紫衫，它们的树干上结结实实地缠绕着一些五味子和葡萄的藤蔓，还有带刺的植物，非常高的艾蒿，以及在我们那儿在花园里才见得到的完全相同的丁香。)"在译文中，译者将这些较为生僻的动植物专有名词逐一译出，努力保持原作的科学元素。

除动植物专有名词外，普里什文作品中的生态文学主题还体现在其对"天人合一"境界的追求。普里什文赋予了大自然独一无二的主体地位。在小说中，大自然不再仅仅是主人公的生存环境，而是可以与主人公地位平等，甚至可能超越主人公成为叙述的主角。译者在翻译普里什文这种"天人合一"的思想时，尝试通过各种语言手段准确传译出小说中蕴含的对大自然的尊崇。例如，普里什文在小说中曾经多次深情描写过一块与他心灵相通的石头："У самого моря был камень, как черное сердце … и так мне трудно было **одному** и так хотелось мне быть с человеком, что этот камень я за человека принял и был с ним как с человеком... После того я лег на камень и **долго** слушал; этот камень-сердце по-своему бился, и **мало-помалу** все вокруг через это сердце вступило со мной в связь, и все

---

① 马克·斯洛宁著，浦立民、刘峰译，《苏维埃俄罗斯文学》[M]，上海：上海译文出版社，1983年，第112页。

было мне как мое, как живое... Но вот как же мне нужно было человека, что я эту скалу, как друга, понял, и она **одна только знает на свете**.（靠近海边的水中，有那么一块石头，样子像一颗黑色的心⋯⋯也许因为我孤孤单单一个人，感觉很不好受，真想有个人来做伴，以至于竟把这颗石头当作了人，跟它在一起就像跟一个人在一起一样⋯⋯之后我便躺在这块石头上，久久地聆听着：啊，这石头的心在发出它的跳动声，通过这颗心，周围的一切都渐渐地跟我沟通了，周围的一切好像都是我的了，好像都是活的了⋯⋯我把这块岩石当成了知己，而且世界上也只有它才知道，我跟它是心心相印的。）"在本例的描写中，译者通过灵活使用一些语法和词汇手段，对主人公与石头之间的心灵互动进行了准确地传译。在译文"有那么一块石头"中，译者增译了指示代词"那么"，将读者视角聚焦到文中新出现的事物"石头"上，对下文叙述的展开起到了很好的预告和铺垫作用，突出"石头"在全篇的重要地位。此外，译者还使用了叠词"孤孤单单""久久地""渐渐地"，四字成语"心心相印"等具有汉语特色的词汇，将主人公内心的感受细腻地表达出来。

又如主人公和卢文在寻参路上的这段关于人与自然合二为一的描写："И еще тут где-то ручей бежит, тоже, кажется, молча; но если ход спокойной мысли от какого-нибудь нечаянного воспоминания оборвется и невозможное желание кому-то близкому что-то сказать вырвется даже сильно сдержанным стоном, то вдруг из этого ручья, бегущего, вероятно, по камням, быстро вырвется: «Говорите, говорите, говорите». И тогда все неслышимые музыканты, многомиллионные, бесчисленные, все вдруг с ручьем заодно играют: «Говорите, говорите, говорите!»（这儿的什么地方还有一条小溪在奔流，似乎也是默默无声的。但是如果你无意间记起一件往事，引得你悠然遐想，而思路又突然中断，想对某个亲近的人说句知心话却又做不到，心急火燎，以至于呻吟起来，那么，那条想必是奔流在乱石之间的小溪，便会突然迸发出'说吧，说吧，说吧'的声音。）"这段译文行文流畅，节奏明快，环环相扣，非常精彩。译者通过增译"以至于""那么""便"等逻辑副词，将原作中隐含的逻辑线条明示出来，有利于读者更好地理解作品中所蕴含的、人与自然对话过程中

所表现出的"生态哲学"。尤其值得一提的是，译文"想对某个亲近的人说句知心话却又做不到，心急火燎，以至于呻吟起来"是由原作的一句话"невозможное желание кому-то близкому что-то сказать вырвется даже сильно сдержанным стоном"翻译而来，译者通过巧妙运用汉语标志性小句和短句，将主人公的心理变化惟妙惟肖地表达出来。

2．对"普里什文风格"的生动诠释

普里什文的语言风格在20世纪俄罗斯文学史上独树一帜，具有极高的辨识度和唯一性。除普里什文作品中体现出的对自然的关注外，他的语言蕴含着很深的诗意和哲理。正如刘文飞指出的："他的散文又是富有哲理的，其中充满了关于自然和人生的体悟和沉思。散文、哲理和诗意这三者的统一，是其文字最突出的特征"[①]。"人参"是一种充满着东方智慧和哲理的神奇植物，普里什文用"人参"（文中也称之为"生命之根"）来命名这部小说，本身就体现了他对人生哲理的深刻思考。在小说情节中，"人参"是一条明线，普里什文多次直接或间接地描写了人参的外形、药用价值以及其对主人公人生观和价值观的影响和塑造。译者在翻译的过程中努力用生动准确而富有诗意的译文再现普里什文对诗意的追求和对哲理的思考。让我们来看这段寻找人参路上的景物描写："Певчая долина с гигантскими деревьями, достаточно редкими, чтобы обеспечить светом богатую жизнь подлеска, была так прекрасна, что мысль о чистой совести, необходимой для верного поиска корня жизни, являлась сама собой.（鸟儿欢歌的谷地里大树参天，可是它们长得稀稀落落，使得树下灌木丛有阳光照射，生活丰富多彩，风景十分秀丽，寻找人参所需要的至诚心理不禁油然而生。）"在这段译文中，为了更好地再现原作所描绘的令人心动的美丽景色，译者大量使用了韵律感很强的成语和四字词语。尤其在每个小句的最后均以这样的词语结尾，使译文显得更加节律清晰，朗朗上口，富有诗意。又如下面关于思考人生哲理的这段话："Предрассветный

[①] 刘文飞，普里什文：伟大的牧神，《人参》总序[A] // 普里什文著，刘文飞主编，何茂正等译，武汉：长江文艺出版社，2005年，第21页。

час в моем понимании дается человеку взамен того обыкновенного счастья, когда люди, насладившись близостью или, напротив, измучив друг друга попреками, ревностью, предчувствиями чего-то грядущего, страшного или криком больного ребенка, поутру спят как убитые. Эта обыкновенная смена боли и радости, конечно, и во мне происходит, но в счастье этом строится дом, а в предрассветный час, данный мне вместо счастья, я, соединенный со всеми силами природы в единое целое, делаю то незаметное общее дело.（人们在夜里享受亲昵、温存和愉快，或者相反，因为彼此责备、嫉妒，为将来什么可怕的事情发愁，或者因生病的孩子不时啼哭，以至于苦不堪言，而到了清晨，却像死人一样呼呼地睡着了—在我看来，黎明前的时刻代表着一种幸福……可是我这个和大自然所有力量结合为一个整体的人，在黎明前的时刻却不是在享受那样的幸福，而是在做着一种不显眼的共同的事业。）"在这段译文中，译者并没有完全按照原作语序进行翻译，而是调整了小句顺序，以保障顺畅的逻辑推理和明晰的哲理阐释。例如，原作用第一个小句"Предрассветный час в моем понимании дается человеку взамен того обыкновенного счастья"先道出了主人公通过思考而得到的结论：黎明前的时刻代表着一种幸福。而译者在译文中将这个小句后置，将引起这种幸福的原因提前，不仅按照先因后果的方式调整了逻辑顺序，而且起到了承上启下的作用。同时，译者还增译了"夜里"，以对应下文出现的"黎明前的时刻"，通过明示时间的对比关系来阐明其中蕴含的哲理思考。

除诗意的语言和哲理思考之外，普里什文还非常擅长细腻的心理描写。在小说《人参》中，主人公不仅是一个士兵，还是一位经验丰富的猎人。普里什文在小说中多次提及了主人公最初见到梅花鹿时的激烈心理斗争，他无法决定是应该将其变成自己的猎物，还是应该放它回到森林。译者很精彩地翻译了这段细腻的心理描写："Во мне боролись два человека. Один говорил: «Упустишь мгновенье, никогда оно тебе не возвратится, и ты вечно будешь о нем тосковать. Скорей же хватай, держи, и у тебя будет самка Хуа-лу, самого красивого в мире животного». Другой голос говорил: «Сиди смирно! Прекрасное мгновенье можно сохранить, только не прикасаясь к нему руками»... Так я боролся с собой и не дышал. Но какой ценой мне то давалось, чего мне стоила эта борьба! (我身上的两个我在打架。一个说：'你会失去这一瞬间，这机会是一去不复返的，为此你会伤心一辈子。快抓住它吧，动手吧，你会得到一只母梅花鹿，一只动物界最美丽的动物。'另一个说：'安安静静地待着吧！可以把这美妙的瞬间保留下来，千万别用手碰它'……我内心斗争激烈，连气都不敢出。但这番自我斗争叫我付出了多么大的代价啊，简直要了我的命！)"在这段译文中，译者使用了较多的句末语气词，加强译文的抒情色彩，将主人公那种矛盾的心理表现得惟妙惟肖。同时，译者将原作的 "чего мне стоила эта борьба!" 译为 "简直要了我的命!"，运用夸张的手法，突出了主人公心理斗争的激烈程度，将作者对梅花鹿的珍视和喜爱之情鲜明地表达出来，从而更容易引起读者的共鸣。

3．对"人造词"的巧妙翻译

小说《人参》中的主人公和他的好朋友卢文分别是俄国人和中国人，两个人都不太懂得对方的语言，只能通过简单的俄语进行交流。因此，文中有多处主人公猜测卢文讲话内容的情节，在这种情况下，作者经常会通过拟声或仿意的方法创造一些仅在小说上下文中具有意义的"人造词"。这些词语给翻译带来了不小的挑战，译者必须也要从汉语的角度进行相同的拟声和仿意，才能够达到原作中那些"人造词"所蕴含的"声"与"意"互为支撑的意境。例如：

"он показал рукой на запад и сказал:

– **Арсея**?

Я понял сразу его и ответил:

– Да, я из России.

– А где твоя **Арсея**? – спросил он.

– Моя **Арсея**, – сказал я, – Москва. А где твоя?

Он ответил:

– Моя **Арсея** Шанхай.

Конечно, так пришлось и сошлось в нашем языке «моя по твоя» совершенно случайно, что и у него, китайца, и у меня, русского, была как будто общая родина **Арсея**, но потом, через много лет я эту **Арсею** стал понимать здесь, у ручья, с его разговорами и считать просто случайностью, что когда-то **Арсея** Лувена была в Шанхае, а моя **Арсея** в Москве...

他举手指指了指西边说：'阿罗西？

我立刻明白了他的问话，回答说：

'是的，我是俄罗斯人。'

'你的阿罗西'在哪儿？'他问。

'我的阿罗西莫斯科人，'我说，'你呢？'

他回答说：

'我的阿罗西上海人。'

不用说，在我们的语言中，'我的'和'你的'就这样完全偶然地一致起来了。我感到，在他这个中国人和我这个俄国人之间，就像有着共同的故乡阿罗西似的。然而，是在许多年之后，我才在此处理解了这个阿罗西。"

在这段译文中，"阿罗西"翻译的是原作中的人造词"Арсея"，这种翻译方法很巧妙，既保留了原作中这个词的陌生感，同时也具备一定的谐音意义，与"俄罗斯"在字和音上都有一定的重合。

又如下面这段译文："Лувен рассказал, что один бедный искатель корня Жень-шень нашел этот корень и был убит, а сокровищем завладел **машинка**, значит – мошенник, и один **купеза**, значит – купец, приехал на место прямо из **Китая**, дал много лекарства и нанял этих людей перенести корень...каждый купеза будет перекупать и давать больше и тоже брать все больше и больше, потому что каждый **купеза** есть **машинка**. (卢文对我说，有个可怜的采参人找到了这支根，结果被打死了，宝物落到了'篇子'，也就是骗子的手里，一个'尚人'，也就是'商人'，直接从中国去到那个地方，给了好多药，也就是给了好多钱，雇了这些人来运这根……每个'尚人'都会抢着买这根，一个比一个多给一点钱，要价会越来越高，因为每个'尚人'都是篇子。)"原作中由于卢文发音不准确，出现了两个人造词 машинка 和 купеза，卢文实际想表达的词语是 мошенник（骗子）和 купец（商人）。译

者在翻译时，选择了发音非常接近的"篇子"和"尚人"，这两个词本身也具备一定的意义元素，同时又不是常规的汉语词，但其发音又与"骗子"和"商人"几乎完全一致，仅有个别音调的偏离，而这种偏离又恰恰是外国人最容易出现的错误。因此，对于中文读者来说，译文不仅非常准确地表达了原作想传达的由于发音问题导致的词语误用，同时还通过音调的差异，非常好地模拟和再现了外国人由于发音导致的用词错误，可谓一举多得。

就译者个人翻译语言风格而言，其译文除在人造词的翻译上可圈可点，在熟练运用汉语小句方面也很突出。译者经常将原作的长句拆分为多个小句，小句之间连接紧凑，节奏明快，能够给读者以流畅的阅读体验，有效地避免了"翻译腔"。例如，原作中有这样一段描写："Сколько же сот лет прошло, пока работой моря и реки Зусухэ завернулась полукругом линия моря и суши? Сколько морских зверей перебывало на маленьком каменном острове посредине бухты, пока наконец гудок парохода не нарушил тишину морской пустыни и все нерпы от страха не попрыгали с острова в воду?"这段话由两个问句构成，同时每个问句又包含了两个时间从句，而且后一个从句包含了两个相互独立的事件，导致了段落中的时间和事件的逻辑关系比较复杂。译者通过将长句拆分成小句、调整小句顺序的方式，梳理了原作中的时间和逻辑，使之更容易被理解，译文如下："祖苏河和大海一个前进一个后退，这儿的陆地和大海的界线便变成了半圆形，这个过程可是经历了多少个世纪的时间啊？！轮船的汽笛声终于打破了海边荒漠的寂静，海湾之间这个小石头岛上所有的海豹都被吓得跳进了水里。在这之前，有多少海兽到过这个石岛上啊？！"在这段译文中，译者将每个复合句中的主句"Сколько же сот лет прошло（"这个过程可是经历了多少个世纪的时间啊？！"）""Сколько морских зверей перебывало на маленьком каменном острове посредине бухты（在这之前，有多少海兽到过这个石岛上啊？！）"后置，而将引发主句感慨的原因前置，并最后用七个逻辑衔接紧密的小句完成了这段话的翻译。同时，译者为了强化原作的情感，将原作每句话结尾处的感叹号均改为了感叹号和问号的组合。可以说，这段译文集中体现了译者很强的显化意识，这种翻译方式降低了阅读难度，提升了读者的阅读体验。

通过上文的分析可知，何茂正译本很好地把握了原作的生态文学特点，准确翻译了小说中复杂的专有名词体系，生动阐释了原作中"天人合一"的思想。同时，译者擅长运用汉语的成语、四字词语和精致小句，很好地提升了译文的文学性和可读性，为读者呈现了一篇充满生态科学气息、饱含着对人与自然关系深刻思考的优秀译作。

第十二章

格林
《红帆》

一、格林与《红帆》

亚历山大·格林（Александр Грин，1880—1932），原名为亚历山大·格林涅夫斯基，格林为其笔名，他是俄国著名的浪漫主义作家。纵观20世纪的俄国文学史，格林凭借清新脱俗的浪漫主义创作享有盛誉，他的浪漫主义风格小说以构思奇特著称，在俄罗斯读者中的传播度相当之高，尤其深受儿童和青少年的喜爱。作为俄罗斯文学界公认的"才情卓异的浪漫主义小说家"[1]，格林不仅继承了俄罗斯文学中人道主义和浪漫主义的优秀传统，还加以发扬和创新，形成了独树一帜的写作风格。格林是一位高产的作家，一生撰写了四百余篇小说和诗歌，其作品内容充满巧思，文字细腻优美，具有鲜明的浪漫主义特色，其中篇小说《红帆》（Алые паруса）更是一部脍炙人口的创世佳作。

《红帆》完成于1921年春，它标志着格林的文学风格走向成熟。这部作品的灵感萌生于1918年前后，当作家偶然经过一家玩具店时，被店内精致独特的玩具深深地吸引，特别是其中一只挂着红色船帆的小艇令他着

---

① 季明举，亚历山大·格林：被遗忘的俄罗斯梦幻小说家[J]，载《俄罗斯文艺》，2013年第1期，第53页。

迷，这鲜艳而纯正的红色让他浮想联翩，从娇艳的玫瑰到英雄的热血，从醇厚的红酒到美人的朱唇，可以说这一面红帆承载了作家心中对一切美好事物的幻想和期待，同时也成为他创作《红帆》的重要契机。格林在国内战争时期曾是一名红军通信兵，他在艰苦的作战环境下完成了这部作品前几十页的创作。后来，这部手稿机缘巧合地传到了高尔基的手里，他被这个故事深深打动，并为之感叹。《红帆》是一部关于富有诗意的浪漫主义爱情故事的作品，男女主人公格莱和阿索莉原本远隔重洋，素不相识，一个神奇的预言在阿索莉心中播撒下爱情的种子，象征着幸福的红帆成为格莱日后寻找幸福的逐爱之船。总体来看，这部小说不仅取材奇特，构思新颖，而且离奇的情节更是增加了它的艺术魅力。

俄国十月革命后的文坛进入了新旧交替的多元时期，各种文学风格和文化态势不断涌现。只有格林始终坚持做一位奇特的幻想家，帕乌斯托夫斯基曾这样评价他："对现实生活一辈子都抱着一种不信任的态度，时刻试图脱离它，宁愿把全部的精神寄托在那些虚无缥缈的梦中，而不愿每天靠卑鄙无耻的东西和乱七八糟的废物度日。"[1]格林的创作理念的确在浩如烟海的俄罗斯文学作品中独树一帜，在他的作品中既找不到白银时代的小说诗学特征，也看不到社会主义现实主义的高昂基调，他仿佛一位遗世独立的修行者沉浸在自己的无限遐想中，编织出一幅幅美好的人间画卷。无论是苏联时期还是苏联解体后，俄罗斯文学界关于格林的作品及其创作个性的研究成果都比较少。《红帆》作为格林最重要的代表作之一，20世纪80年代才开始受到我国文学界和翻译界的关注，主要的中文译本有张佩文译（1985）、陈广珍和张梅丽译（1985）、沈念驹译（2008）和初广晓等译（2018），我们这里将选取张佩文的译本进行评析。

张佩文（1926—2015），1951年毕业于北京俄文专修学校，随后在北京俄语学院、北京外国语学院长期任教，曾参加《高尔基文集》编译工作。1985年调入北京师范大学苏联文学研究所，任《苏联文学》编辑，中国翻译家协会会员、资深翻译家。主要译著有《高尔基文集》（部分篇章）、《红

---

[1] 帕乌斯托夫斯基著，张铁夫译，《面向秋野》[M]，长沙：湖南人民出版社，1985年，第214页。

帆》、《一幅画》、《风雨历程》、《午间的梦》、《剧中人与扮演者》、《十二把椅子》等。

二、《红帆》译文节选

当"秘密号"行驶在河道上时，格莱一直守在舵旁，由于担心浅滩，他没让水手掌舵。潘坚坐在格莱身边。穿着一身呢制的新衣，戴着一顶亮闪闪的制帽，脸也刮得干干净净，脸色温顺谦恭而又稍带愠怒。他仍然搞不清在这鲜红的饰物与格莱的直接目的之间究竟有什么联系。

"现在，"格莱说，"我的风帆红光闪耀，清风送爽，我心里感到比大象看到一个小甜面包时更加幸福美满，我想在这个时候来实践我在里斯所作的诺言，尽量让您理解我的想法。请注意，我并不认为您是愚蠢或固执的，不，您是一位模范船员，这是很可贵的。但是和大多数人一样，您在听取所有简单的真理时，总是隔着一层厚厚的人情世故的玻璃；不管真理的声音多么响亮，您都听不见。我现在所做的事，历来都被当作一种美好但又不切实际的古老观念，然而实际上它就像到郊外散步那样既切合实际，又可能实现。您很快就会见到一位姑娘，她不可能也不应该以其他方式出嫁，而只能以我现在在您面前所采取的这种方式。"

他简单扼要地将我们已经了如指掌的事情的原委告诉了潘坚，最后他这样解释说：

"您看到了，在这件事情上，命运、意志和气质特点是怎样紧密地交织在一起的；我现在要与之相会的是那位只可能等待我的姑娘，我需要的也只有她，而再没有别人，之所以如此，可能是因为，多亏了她我才理解到一个简单的真理。那就是，要用自己的双手来创造所谓的奇迹。倘若对于一个人最主要的是得到一个五戈比的铜币，那么给他这枚铜币是轻而易举的事，但是如果一个人心里埋着一颗火焰似的种子———颗炽烈向往奇迹的种子，那么你若可能，也应该为他创造这一奇迹。

"那时他将会有一副崭新的心灵，你也是一样。倘若典狱长亲手释放一名囚犯，倘若亿万富翁将一幢别墅、一位女歌星和一个保险柜赠给一名小小的录事，而一位职业的赛马骑手若能为另外一匹不走运的马哪怕稍稍勒一下自己的坐骑，那么谁都会明白，这是多么令人愉快，多么妙不可言。但是也还有不亚于此的奇迹，那就是笑容、欢乐、宽恕，以及说得及时而又必要的话语。掌握这一点就等于掌握了一切。若谈到我，那么对于我和阿索莉来说，最主要的东西永远将是由我们心灵中深刻的爱创造出来的鲜红的风帆所发出的灿烂光辉。您理解我吗?"

"是的，船长。"潘坚哽咽一声，用叠得整整齐齐的手帕擦擦唇髭，"我全明白了，您使我感动。我要到下面去向尼克斯道歉，昨天我因为他把一只水桶掉进河里骂了他。我要给他些烟丝，他自己的都在玩牌时输光了。"

格莱没有料到，自己的话竟然产生了这样快的实际效果。他还没来得及说什么，潘坚已咯噔噔地走下舷梯，不知在哪儿远远地叹息了一声。格莱往四下看看，抬头望去，只见鲜红的风帆默默地急趋向前，太阳在帆篷的接缝处闪烁着雾状的、猩红色的光芒。"秘密号"正离开河岸驶向大海。格莱的心头乐声嘹亮，没有任何疑虑——既没有那叩击心弦的惊悸不安，也没有嘈杂而琐细的烦恼；他平静而安详，宛如一面风帆，满怀超越于任何言词之上的思绪，向着那令人神往的目标疾驰。

接近晌午的时候，在远远的海面上出现了一艘冒着一缕细烟的军用巡洋舰。它改变了航向，并在距"秘密号"半海里远的地方打出了一个"不下碇停泊"的信号。

"弟兄们，"格莱对水手们说，"他们不会向我们开炮，别害怕，他们只不过是感到奇怪。"

他下令停泊。潘坚像在救火似的大声指挥着，船停了下来。这时从巡洋舰那边开来一艘汽艇，艇上载着水兵和一名戴着白手套的中尉，中尉登上帆船的甲板，惊异地环视一下四周，同格莱一起走进舱房。一小时以后，他从舱里走出来，奇怪地挥挥手，笑眯眯的像是升了官似的回到那个蓝色的巡洋舰上去了。显然，这一回比起对付质朴的潘坚来，格莱取得了更大的成功，因为巡洋舰减慢速度，向着天边轰隆一声惊天动地地鸣了一响礼炮，一团硝烟裹着火球迅急地划破海空，在静静的水面上一片片飘散开来。巡洋舰笼罩着一种半过节似的飘飘然的气氛，人们工作时心不在焉，思想全集中在那桩从客厅到机舱到处都在谈论的爱情韵事上了。鱼雷班站岗的哨兵向一名从他身边走过的水手问道：

"汤姆，你是怎样结的婚？"

"在她挣开我要跳窗户的时候，我抓住了她的裙子。"汤姆得意扬扬地捻了捻胡髭说。

"秘密号"在一望无际的海面上行驶了一段时间，正午时分，远方露出了海岸。格莱拿起望远镜遥望着卡佩尔纳村。若不是有一排屋脊挡住视线，他定会透过一幢房子的窗户看见正在读着一本书的阿索莉。她在读书；一个颜色发绿的甲虫正在书页上爬着，它时而停下来，时而抬起后爪，样子是那样随随便便，神气活现。它已经被吹到窗台上两次，因而有些懊恼，但是它并不在乎，又从窗台上大摇大摆地爬到书上来，好像是有什么话要对姑娘说似的。这一回，它几乎已爬近姑娘翻动书页的那只手了；但是爬到"看呐"这个词上时便犹犹豫豫地停下来，等待着另一阵大风，果然，它险些又没逃过一场没趣，因为阿索莉已经喊了一声："又是你这个讨厌的甲虫……傻瓜！……"她刚要把这位客人坚决吹到草地上去，但是当她的视线偶尔从一个屋顶移向另一个屋顶时，突然穿过房屋间的空隙和空荡荡的街道看见湛蓝的大海上出现一艘张着红帆的白船。

她哆嗦一下，向后一仰，完全呆住了；随之蓦地跳起身，心头急剧而猛烈地跳动着，惊喜交集，两行热泪止不住夺眶而出。这时，"秘密号"正以它的左舷同海岸保持一定角度绕过一个不大的海湾；在红帆火也似的光芒映照下，从白色甲板上蔚蓝色的深处传出一阵隐隐约约的乐声，这乐声节奏鲜明、抑扬婉转，是那些尽人皆知的歌词："斟满我们的酒杯，斟满吧，朋友们，让我们为爱情而干杯……"所不能完全成功地加以表达的。这乐曲在朴实无华之中还洋溢着欢腾、奔放的激越之情。

阿索莉被这一事件的不可抗拒的风暴卷起，不知怎样就离开家，直向大海奔去。跑至第一个路口她便几乎没有力气再跑了，她两腿发颤，呼吸时断时续，神智惶乱已极。她惊恐万分，生怕丧失毅力，于是顿顿脚镇定了下来。一路上不时有一些屋脊或围栅将红帆挡住；她担心红帆会像幻影一样消失，急忙从这些恼人的屏障旁边跑过去，当重又看见帆船的时候才停下来轻松地喘口气。

与此同时，卡佩尔纳村已骚动起来，其惶乱程度与波及之广，绝不亚于那些著名的地震所产生的效果。大船从来没在这一带靠过岸；张在船上的也正是那个曾被人当作笑柄的帆篷，它是那样红彤彤的，尽管同生活与良知的一切常规相悖，但是，却作为一个无辜的事实而清清楚楚、无可辩驳地展现在人们面前了。男女老幼，谁也顾不得换换衣服，一个个顿时飞快地向岸边跑去；村民们到处奔走相告，你碰我，我挤你，吵吵嚷嚷，跌跌撞撞；霎时间岸边便挤满了人。阿索莉也飞快地跑进人群。

她还没来的时候，人们已怀着阴郁、烦躁、惶惑不安的心情又恨又怕地不时提到她的名字。讲话的多半是男人；被惊呆了的妇女们则在恶声恶气、叽叽喳喳地窃窃私语，但是如果有哪个女人一旦开了口，说出的话简直恶毒已极。阿索莉一来，大家都住了口，吓得急忙避向一旁，于是在一片空荡荡的灼热的沙滩上只剩下她一个人站在那里了。她惘然，羞涩，但又十分幸福，她不知所措地将双手伸向那艘高大的帆船，面孔涨得通红，红得并不下于那鲜红的风帆——她所一直向往的奇迹。

从大船旁驶来一艘小艇，划船的水手一个个皮肤晒得黝黑。水手当中站着一个人，这个人阿索莉觉得十分面熟，恍惚从幼时起就认识。他笑吟吟地看着她，这笑容温暖着她，催促着她。而阿索莉却被那些最后的、滑稽可笑的重重顾虑控制住了，她担心会出什么差错、误会、不可预测和有害的干扰，于是她跑进那深及腰部、轻轻荡漾着的暖人的海水里，大声喊道："我在这儿，我在这儿！是我！"

这时齐梅尔把琴弓一挥，突然又响起了那支扣人心弦的乐曲，但这一回它充满了凯歌齐鸣的旋律。由于激动，由于云彩在飘动，波浪在翻滚，由于那远方的天色与海水的闪光，姑娘已分辨不出究竟是什么在动：是她，还是帆船，或是小艇——一切都在浮动，上下翻飞。

但是船桨已经在她身旁急剧地拍打着海水了，她抬起了头，格莱俯下身来，姑娘双手抓住他的腰带，眯了眯眼；旋即睁开眼勇敢地对着他那张喜气洋洋的脸笑了笑，喘着气说：

"你完全是我想象的那样。"

"你也是，我亲爱的！"格莱把他的湿淋淋的珍宝从水中抱起来说，"我终于来了。你认出我来了吗？"

她的心神焕然一新，用手抓住他的腰带，颤巍巍地眯着眼点点头。她心中充满了幸福美满的感觉，像是揣着一只毛茸茸的小猫似的。在阿索莉下决心睁开眼睛时，只觉这摇摇晃晃的小船，波浪的闪光，以及逐渐靠近、发着隆隆巨响的"秘密号"的船舷——这一切恰似一个回旋，摇曳着水光波影、光怪陆离的梦境。阿索莉不知不觉已被格莱用两只强壮有力的臂膀抱起来，顺着舷梯登上了大船。盖满了挂毯、地毯的甲板在鲜红的帆篷的映衬下酷似一个天国里的花园。阿索莉迅即发现她已经站在一个卧舱里——一个再好也没有的房间里了。

这时，从甲板上突然又传来了洪亮的乐声，它那胜利的音响翻动和震荡着人的心灵。阿索莉又闭上了眼睛，生怕如果注视着这一切，就会使它们跑掉。格莱握住她的手，而她现在已懂得哪里是安全无虞的所在，把被眼泪沾湿的脸庞藏在了这个来得如此神奇的朋友的胸前。格莱自己也由于这无法形容的、谁也享受不到的宝贵时刻的到来而感到震惊和诧异，他小心翼翼而又笑吟吟地将这个很早很早就梦见过的脸庞托着下巴抬了起来，他看到：姑娘的眼睛终于亮晶晶地张开了，这双明眸中蕴含着人所具有的全部最美好的东西。

"你会把我的隆格连带到咱们那儿去吗？"她说。

"是的。"他说出这个斩钉截铁的"是"字以后，热烈地吻了吻她，使她咯咯地笑起来。

现在让我们知趣地走开吧，因为他们需要单独留在一起。世界上有许许多多用各种语言和方言土语表达的语句，但是把它们统统汇合在一起也不能，哪怕是大致上，转达这一天他们彼此之间所谈的东西。

与此同时，全体船员已在主桅附近的一只被虫子蛀坏的酒桶旁等待良久了，桶底已被打开，已经可以看到那色彩浓郁的百年佳酿了。阿特乌德站着。潘坚端端正正地坐在那里，咧着嘴笑得像个新生婴儿似的。格莱登上甲板，向乐队作了个手势，脱下帽子，在铜管乐的乐声中第一个用雕花玻璃杯斟满一杯这珍藏已久的美酒。

"来呀……"他一饮而尽，把杯子一扔说道，"现在大家都来喝吧；谁不喝，谁就是我的敌人。"

用不着他再说第二遍。在"秘密号"鼓满风帆全速驶离惊骇未已的卡佩尔纳村时，酒桶旁挤挤攘攘的热闹景象远胜过所有的重大节日。

"怎么样？你喜欢这酒吗？"格莱问列奇卡。

"船长！"水手边说边搜索着字眼儿，"不知它喜欢不喜欢我，不过我得好好琢磨一下我的印象。一窝蜜蜂和花园！"

"什么？！"

"我是说，我嘴里就像塞了一窝蜂蜜和花园。祝您幸福，船长。也祝她幸福，我把她叫作'秘密号'的'最好的货物'和最好的捕获品！"

翌日，天刚放亮，"秘密号"已离开卡佩尔纳好远。一部分被格莱那桶酒醉倒的船员，从睡着时起一直在甲板上躺着；只有舵手和领航员是清醒的，还有那个坐在船尾、下巴抵着大提琴琴板、醉意阑珊、陷入沉思的齐梅尔。他坐在那里，轻轻地拉着琴弓，一面使琴弦奏出奇幻的仙乐般的旋律，一面思念着幸福……

（节选自张佩文译《红帆》，重庆出版社，1985年，第116—125页）

附：*Алые паруса* 选段原文

Пока «Секрет» шел руслом реки, Грэй стоял у штурвала, не доверяя руля матросу – он боялся мели. Пантен сидел рядом, в новой суконной паре, в новой блестящей фуражке, бритый и смиренно надутый. Он по-прежнему не чувствовал никакой связи между алым убранством и прямой целью Грэя.

– Теперь, – сказал Грэй, – когда мои паруса рдеют, ветер хорош, а в сердце моем больше счастья, чем у слона при виде небольшой булочки, я попытаюсь настроить вас своими мыслями, как обещал в Лиссе. Заметьте – я не считаю вас глупым или упрямым, нет; вы образцовый моряк, а это много стоит. Но вы, как и большинство, слушаете голоса всех нехитрых истин сквозь толстое стекло жизни; они кричат, но, вы не услышите. Я делаю то, что существует, как старинное представление о прекрасном-несбыточном, и что, по существу, так же сбыточно и возможно, как загородная прогулка. Скоро вы увидите девушку, которая не может, не должна иначе выйти замуж, как только таким способом, какой развиваю я на ваших глазах.

Он сжато передал моряку то, о чем мы хорошо знаем, закончив объяснение так: – Вы видите, как тесно сплетены здесь судьба, воля и свойство характеров; я прихожу к той, которая ждет и может ждать только меня, я же не хочу никого другого, кроме нее, может быть именно потому, что благодаря ей я понял одну нехитрую истину. Она в том, чтобы делать так называемые чудеса своими руками. Когда для человека главное – получать дражайший пятак, легко дать этот пятак, но, когда душа таит зерно пламенного растения – чуда, сделай ему это чудо, если ты в состоянии. Новая душа будет у него и новая у тебя. Когда начальник тюрьмы сам выпустит заключенного, когда миллиардер подарит писцу виллу, оперсточную певицу и сейф, а жокей хоть раз попридержит лошадь ради другого коня, которому не везет, – тогда все поймут, как это приятно, как невыразимо чудесно. Но есть не меньшие чудеса: улыбка, веселье, прощение, и – вовремя сказанное, нужное слово. Владеть этим – значит владеть всем. Что до меня, то наше начало – мое и Ассоль – останется нам навсегда в алом отблеске парусов, созданных глубиной сердца, знающего, что такое любовь. Поняли вы меня?

– Да, капитан. – Пантен крякнул, вытерев усы аккуратно сложенным чистым платочком. – Я все понял. Вы меня тронули. Пойду я вниз и попрошу прощения у Никса, которого вчера ругал за потопленное ведро. И дам ему табаку – свой он проиграл в карты.

Прежде чем Грэй, несколько удивленный таким быстрым практическим результатом своих слов, успел что-либо сказать, Пантен уже загремел вниз по трапу и где-то отдаленно вздохнул. Грэй оглянулся, посмотрев вверх; над ним молча рвались алые паруса; солнце в их швах сияло пурпурным дымом. «Секрет» шел в море, удаляясь от берега. Не было никаких сомнений в звонкой душе Грэя – ни глухих ударов тревоги, ни шума мелких забот; спокойно, как парус, рвался он к восхитительной цели; полный тех мыслей, которые опережают слова.

К полудню на горизонте показался дымок военного крейсера, крейсер изменил курс и с расстояния полумили поднял сигнал – «лечь в дрейф!».

– Братцы, – сказал Грэй матросам, – нас не обстреляют, не бойтесь; они просто не верят своим глазам.

Он приказал дрейфовать. Пантен, крича как на пожаре, вывел «Секрет» из ветра; судно остановилось, между тем как от крейсера помчался паровой катер с командой и лейтенантом в белых перчатках; лейтенант, ступив на палубу корабля, изумленно оглянулся и прошел с Грэем в каюту, откуда через час отправился, странно махнув рукой и улыбаясь, словно получил чин, обратно к синему крейсеру. По-видимому, этот раз Грэй имел больше успеха, чем с простодушным Пантеном, так как крейсер, помедлив, ударил по горизонту могучим залпом салюта, стремительный дым которого, пробив воздух огромными сверкающими мячами, развеялся клочьями над тихой водой. Весь день на крейсере царило некое полупраздничное остолбенение; настроение было неслужебное, сбитое – под знаком любви, о которой говорили везде – от салона до машинного трюма, а часовой минного отделения спросил проходящего матроса:

– Том, как ты женился? – Я поймал ее за юбку, когда она хотела выскочить от меня в окно, – сказал Том и гордо закрутил ус.

Некоторое время «Секрет» шел пустым морем, без берегов; к полудню открылся далекий берег. Взяв подзорную трубу, Грэй уставился на Каперну. Если бы не ряд крыш, он различил бы в окне одного дома Ассоль, сидящую за какой-то книгой. Она читала; по странице полз зеленоватый жучок, останавливаясь и приподнимаясь на передних лапах с видом независимым и домашним. Уже два раза был он без досады сдунут на подоконник, откуда появлялся вновь доверчиво и свободно, словно хотел что-то сказать. На этот раз ему удалось добраться почти к руке девушки, державшей угол страницы; здесь он застрял на слове «смотри», с сомнением остановился, ожидая нового шквала, и, действительно, едва избег неприятности, так как Ассоль уже воскликнула: – Опять жучишка... дурак!.. – и хотела решительно сдуть гостя в траву, но вдруг случайный переход взгляда от одной крыши к другой открыл ей на синей морской щели уличного пространства белый корабль с алыми парусами.

Она вздрогнула, откинулась, замерла; потом резко вскочила с головокружительно падающим сердцем, вспыхнув неудержимыми слезами вдохновенного потрясения. «Секрет» в это время огибал небольшой мыс, держась к берегу углом левого борта; негромкая музыка лилась в голубом дне с белой палубы под огнем алого шелка; музыка ритмических переливов, переданных не совсем удачно известными всем словами: «Налейте, налейте бокалы – и выпьем, друзья, за любовь»... – В ее простоте, ликуя, развертывалось и рокотало волнение.

Не помня, как оставила дом, Ассоль бежала уже к морю, подхваченная неодолимым ветром события; на первом углу она остановилась почти без сил; ее ноги подкашивались, дыхание срывалось и гасло, сознание держалось на волоске. Вне себя от страха потерять волю, она топнула ногой и оправилась. Временами то крыша, то забор скрывали от нее алые паруса; тогда, боясь, не исчезли ли они, как простой призрак, она торопилась миновать мучительное препятствие и, снова увидев корабль, останавливалась облегченно вздохнуть.

Тем временем в Каперне произошло такое замешательство, такое волнение, такая поголовная смута, какие не уступят аффекту знаменитых землетрясений. Никогда еще большой корабль не подходил к этому берегу; у корабля были те самые паруса, имя которых звучало как издевательство; теперь они ясно и неопровержимо пылали с невинностью факта, опровергающего все законы бытия и здравого смысла. Мужчины, женщины, дети впопыхах мчались к берегу, кто в чем был; жители перекликались со двора в двор, наскакивали друг на друга, вопили и падали; скоро у воды образовалась толпа, и в эту толпу стремительно вбежала Ассоль. Пока ее не было, ее имя перелетало среди людей с нервной и угрюмой тревогой, с злобным испугом. Больше говорили мужчины; сдавленно, змеиным шипением всхлипывали остолбеневшие женщины, но если уж которая начинала трещать – яд забирался в голову. Как только появилась Ассоль, все смолкли, все со страхом отошли от нее, и она осталась одна средь пустоты знойного песка, растерянная, пристыженная, счастливая, с лицом не менее алым, чем ее чудо, беспомощно протянув руки к высокому кораблю.

От него отделилась лодка, полная загорелых гребцов; среди них стоял тот, кого, как ей показалось теперь, она знала, смутно помнила с детства. Он смотрел на нее с улыбкой, которая грела и торопила. Но тысячи последних смешных страхов одолели Ассоль; смертельно боясь всего –

ошибки, недоразумений, таинственной и вредной помехи – она вбежала по пояс в теплое колыхание волн, крича: – Я здесь, я здесь! Это я!

Тогда Циммер взмахнул смычком – и та же мелодия грянула по нервам толпы, но на этот раз полным, торжествующим хором. От волнения, движения облаков и волн, блеска воды и дали девушка почти не могла уже различать, что движется: она, корабль или лодка – все двигалось, кружилось и опадало.

Но весло резко плеснуло вблизи нее; она подняла голову. Грэй нагнулся, ее руки ухватились за его пояс. Ассоль зажмурилась; затем, быстро открыв глаза, смело улыбнулась его сияющему лицу и, запыхавшись, сказала: – Совершенно такой.

– И ты тоже, дитя мое! – вынимая из воды мокрую драгоценность, сказал Грэй. – Вот, я пришел. Узнала ли ты меня?

Она кивнула, держась за его пояс, с новой душой и трепетно зажмуренными глазами. Счастье сидело в ней пушистым котенком. Когда Ассоль решилась открыть глаза, покачиванье шлюпки, блеск волн, приближающийся, мощно ворочаясь, борт «Секрета», – все было сном, где свет и вода качались, кружась, подобно игре солнечных зайчиков на струящейся лучами стене. Не помня – как, она поднялась по трапу в сильных руках Грэя. Палуба, крытая и увешанная коврами, в алых выплесках парусов, была как небесный сад. И скоро Ассоль увидела, что стоит в каюте – в комнате, которой лучше уже не может быть.

Тогда сверху, сотрясая и зарывая сердце в свой торжествующий крик, вновь кинулась огромная музыка. Опять Ассоль закрыла глаза, боясь, что все это исчезнет, если она будет смотреть. Грэй взял ее руки и, зная уже теперь, куда можно безопасно идти, она спрятала мокрое от слез лицо на груди друга, пришедшего так волшебно. Бережно, но со смехом, сам потрясенный и удивленный тем, что наступила невыразимая, недоступная никому драгоценная минута, Грэй поднял за подбородок вверх это давным-давно пригрезившееся лицо, и глаза девушки, наконец, ясно раскрылись. В них было все лучшее человека.

– Ты возьмешь к нам моего Лонгрена? – сказала она.

– Да. – И так крепко поцеловал он ее вслед за своим железным «да», что она засмеялась.

Теперь мы отойдем от них, зная, что им нужно быть вместе одним.

Много на свете слов на разных языках и разных наречиях, но всеми ими, даже и отдаленно, не передашь того, что сказали они в день этот друг другу.

Меж тем на палубе у гротмачты, возле бочонка, изъеденного червем, с сбитым дном, открывшим столетнюю темную благодать, ждал уже весь экипаж. Атвуд стоял; Пантен чинно сидел, сияя, как новорожденный. Грэй поднялся вверх, дал знак оркестру и, сняв фуражку, первый зачерпнул граненым стаканом, в песне золотых труб, святое вино.

– Ну, вот... – сказал он, кончив пить, затем бросил стакан. – Теперь пейте, пейте все; кто не пьет, тот враг мне.

Повторить эти слова ему не пришлось. В то время, как полным ходом, под всеми парусами уходил от ужаснувшейся навсегда Каперны «Секрет», давка вокруг бочонка превзошла все, что в этом роде происходит на великих праздниках.

– Как понравилось оно тебе? – спросил Грэй Летику.

– Капитан! – сказал, подыскивая слова, матрос. – Не знаю, понравился ли ему я, но впечатления мои нужно обдумать. Улей и сад!

– Что?!

– Я хочу сказать, что в мой рот впихнули улей и сад. Будьте счастливы, капитан. И пусть счастлива будет та, которую «лучшим грузом» я назову, лучшим призом «Секрета»!

Когда на другой день стало светать, корабль был далеко от Каперны. Часть экипажа как уснула, так и осталась лежать на палубе, поборотая вином Грэя; держались на ногах лишь рулевой да вахтенный, да сидевший на корме с грифом виолончели у подбородка задумчивый и хмельной Циммер. Он сидел, тихо водил смычком, заставляя струны говорить волшебным, неземным голосом, и думал о счастье...

(Грин А. *Алые паруса.* **Глава седьмая. М.: Махаон, 2016, стр. 120-126)**

三、译文评析

————— ❧ —————

　　格林在《红帆》这部作品中将现实主题渗透到了新颖奇特的景象和扑朔迷离的情节之中，在善与恶、美与丑之间建立起明确的界限，反映出作者对乌托邦生活的渴望。格林终其一生都在梦想着航海，环游世界，然而直至其生命最后一刻也终未实现，于是他将梦想寄托在男主人公格莱身上。本章选段出自作品的最后一章《红色"秘密号"》，男主人公格莱英勇地驾着红帆，历经万难直至寻得心爱之人。通过对译本和原作的对比和分析，我们认为译文有以下三个方面值得借鉴：

1．通过生动鲜活的对话传达浪漫主义色彩

　　《红帆》的男女主人公都是敢于幻想、勇于追求真爱的先锋性人物。阿索莉在面对艰难生活时依旧坚持对美好生活的向往，这样的个性特质在很大程度上帮助她获得幸福；格莱坚韧并富有魄力，不顾世俗的阻碍将人生的理想付诸实际行动。译文通过充满生活气息的对话内容展现了人物果敢爽利的性格特点，表现了人物对生活满怀热爱、不懈追求美好生活的可贵精神，从而生动地传达出原作的浪漫主义色彩。例如："– **Братцы**, – сказал Грэй матросам, – нас не обстреляют, не бойтесь; они просто не верят своим глазам.（"**弟兄们**，"格莱对水手们说，"他们不会向我们开炮，别害怕，他们只不过是感到奇怪。"）"在这句译文中，通过口语化的"弟兄们"这一称谓展现人物的鲜活个性和果敢形象。另外，在"– Ну, вот... – сказал он, кончив пить, затем бросил стакан. – **Теперь пейте, пейте все**; кто не пьет, тот враг мне.（"来呀……"他一饮而尽，把杯子一扔说道，"现在**大家都来喝吧**；谁不喝，谁就是我的敌人。"）"中，通过"大家都来喝吧"使读者感受到欢快轻松的氛围，从侧面烘托出主人公乐观积极的性格，即使面对黑暗和残酷，仍然心生希冀和盼望，凭借双手的力量使理想铸造为现实，这也进一步完美地再现了《红帆》的中心思想。还有一例，"– И ты тоже, дитя мое! – вынимая из воды мокрую драгоценность, сказал Грэй. – Вот, я пришел. Узнала ли ты меня? （"你也是，我亲爱的！"格莱把他的湿淋淋的珍宝从水中抱起来说，"我终于来了。你认出我来了吗？"）"译文中采用增译的策略添加了"终于"这一语气词，充分表现出主人公见到爱人时的兴奋状态，"我终于来了"也使读者切身体会到经历一路的艰辛后终获幸福的巨大愉悦感，丰富了译文的浪漫主义色彩。《红帆》中阿索莉和格莱相隔崇山大海，可是一个神奇的预言让女主人公心生期待，爱的种子悄悄萌芽，挂着红帆的海船让两人最终相遇并结合，这样的爱情故事本身就充满了浪漫和神秘色彩，它也是格林神奇幻想的实际载体，生动而灵活的话语恰如其分地展现了其中的浪漫主义色调。

2．通过连续的四字结构展现跌宕起伏的情节

　　小说《红帆》是一部这样的作品：它"紧扣社会性的主题，塑造出美和丑两种人物的典型，体现作家对美好理想的追求"。①本章内容也充分展现了这一主题，不仅有光怪陆离的海上景致，还有跌宕起伏的故事情节，译文通过整齐有力的四字结构增强故事的节奏感，使故事情节更富戏剧化。例如，在"мои паруса **рдеют, ветер хорош**（我的风帆**红光闪耀，清风送爽**）"和"музыка **ритмических переливов, переданных не совсем удачно** …（这乐声**节奏鲜明、抑扬婉转**……）"中，分别连续使用"红光闪耀，清风送爽"和"节奏鲜明、抑扬婉转"这样的四字结构，增强文字的表现力，使读者感受到故事情节的发展和变化。此外，在"жители … **вопили** и **падали**（村民们……**吵吵嚷嚷，跌跌撞撞**）"和"… сдавленно, **змеиным шипением** всхлипывали остолбеневшие женщины（被惊呆了的妇女们则在恶声恶气，**叽叽喳喳地窃窃私语**）"两个句子中，使用带有叠字的四字结构增强嘈杂慌乱的画面感，侧面表现出格莱沉着冷静的性格特点，并将故事情节逐渐推向高潮。要知道，这部作品本身的情节设置就充满了奇幻色彩，男主人公格莱在探险的过程中意外来到了女主人公阿索莉所居住的渔村，村民们便向格莱讲述了阿索莉作为一个少女的离奇梦想，于是他决定为阿索莉建造一艘挂着红帆的船，并为此倾尽一

---

① 章廷桦，格林和他的《红帆》[J]，载《苏联文学》，1981年第2期，第130页。

切，购置了长达两千米的上等红丝绸制成一面巨型红帆，重新装扮自己的"秘密号"。本章正是描写了他扬起红帆，驾着这艘船，伴随着音乐向阿索莉的渔村进发的过程，这种童话似的爱情故事饱含了作家对生活的炽爱，而译者也在翻译的过程中极力采用精炼生动的语言重现这种对美好生活无尽向往的精神，流露对年轻心灵的爱护和对他们坚定不移信念的歌颂与赞扬。例如，在"все было сном, где свет и вода качались, кружась, подобно игре **солнечных зайчиков на струящейся лучами стене**.（这一切恰似一个回旋，摇曳着**水光波影**、**光怪陆离**的梦境。）"这一句中，再次连续采用"水光波影、光怪陆离"这样的四字结构，增强故事画面的真实感，使读者在虚实之间来回穿梭，进而感受到更强烈的情节变化。

3．通过长句揭示作品的童话性和深远意义

在格林的作品中，"全是一些不真切的伊甸园，没有现实，没有苦难，庇护着他的心灵和躯体。"[1]这说明格林的作品是隔离于现实的童话性创作，他倾向于在小说的尾声设置童话性的结局，但童话性的结尾并不是千篇一律的皆大欢喜，而是在很大程度上突出强调了作品蕴含的深远意义。在《红帆》中，代表着人世间真善美的人和事物最终都得偿所愿——为了追求自己的幸福而历经艰难险阻的理想主义者格莱最终寻得爱情归属，阿索莉也终于在日出之际迎来了自己的爱人，从此开启了幸福美好的生活。这样的结局能够给予人们一定的启发，使读者从中感受到善恶美丑之间的较量，引导人们坚定信念、塑造正面的价值观，帮助人们在绝境中寻找心中的希望，这也是译文所遵循的精神思想。译者善于采用"合"的策略，将原句中的连续短句合为一个长句进行翻译，通过这种结构层叠、内容饱满的句子增强译文的可读性，促使读者思考文字之下潜藏的深刻含义。例如，对"Что до меня, то наше начало – мое и Ассоль – останется нам навсегда в алом отблеске парусов, созданных глубиной сердца, знающего, что такое любовь.（若谈到我，那么对于我和阿索莉来说，最主要的东西永远将是由我们心灵中深刻的爱创造出来的鲜红的风

---

[1] 张雪莹，《红帆》的浪漫主义元素及文化影响[J]，载《电影文学》，2020年第3期，第128页。

帆所发出的灿烂光辉。)"这段话的翻译，译者灵活调整俄语的语序，将"我们心灵中""爱创造出来的"和"所发出的灿烂光辉"这些成分合在一个长句中，有助于读者边阅读边思考，传达出原著中所要表达的中心思想。再举一例："Палуба, крытая и увешанная коврами, в алых выплесках парусов, была как небесный сад.（盖满了挂毯、地毯的甲板在鲜红的帆篷的映衬下酷似一个天国里的花园。）"这一句的翻译通过长句还原原作中所描绘的奇幻景象，增强画面感的同时使读者在脑海中对这一画面反复思索，进而挖掘其中的象征意义。从格林的人生境遇来看，他是一个在冷酷的现实世界中找不到生命归宿的人，因此梦境就是他永恒的家园，现实对他来说只是一瞬，仿佛脚下的尘埃稍纵即逝，而遥远的大洋寄托了他的人生希冀。

　　值得一提的是，《红帆》这部作品是俄罗斯"红帆节"的灵感来源。6月25日这一天对俄罗斯尤其重要，它是全国中学生的毕业纪念日。学生家长通常都将这一天视为高中毕业生的成年礼，全国的学校也纷纷在这一天举行隆重的毕业典礼。红帆节正如《红帆》一样，向人们传达了这样的思想观念：奇迹并不会从天而降，茫然的期待并不会带来心中所想，只有依靠自己的双手才能创造美好，只有依靠坚定的信念才能获得幸福。正是红帆节的设立，使"红帆"成为俄罗斯文化中象征美好事物的典型意象。"红帆"代表着青春岁月中的执着与激情，这种希望的火苗能够点燃生命火炬，它不仅在每个俄罗斯中学毕业生的心中尽情地燃烧，同时也存在于一切心怀梦想、面向光明的人们心中。

第十三章

阿·托尔斯泰
《苦难历程》

一、阿·托尔斯泰与《苦难历程》

阿列克谢·尼古拉耶维奇·托尔斯泰（Алексей Николаевич Толстой，1882—1945）是俄罗斯文学界公认的语言大师，他擅长描绘宏大的群众场面，巧设复杂的故事情节，塑造不同的人物形象。阿·托尔斯泰出生于萨马拉的一个贵族家庭。1901年进入彼得堡工学院，后中途离校，在象征主义的影响下投身文学创作。他早期沉迷于象征派诗歌，先后出版了《抒情集》（1907）和《蓝色河流后面》（1911）两部诗集。随后便转向现实主义小说创作，并出版小说集《伏尔加河左岸》（1911）和长篇小说《跛老爷》（1912）等。由于作家当时尚未完全摆脱象征主义的影响，这些作品并未获得广泛认可。一战爆发后，阿·托尔斯泰作为战地记者前往英国和法国等地进行前线报道，撰写了一批关于战争的特写和小说，包括《途中寄语》（1915）、《美丽的夫人》（1916）和《燕子》（1916）等，这些作品标志着他的思想意识开始走向人民群众当中。后来，阿·托尔斯泰满腔热情地迎接1917年的二月革命，但对接下来发生的十月革命却充满困惑和恐惧，于1918年离开祖国，移居欧洲。在此期间，他创作了自传体中篇小说《尼基塔的童年》（1920—1922），以表达对祖国的无比思念。1923年，阿·托尔斯泰的创作生涯步入新的阶段，他创作了一系列批判资本主义社会的优秀作品，包括《海市蜃楼》（1924）、《五人同盟》（1925）、《涅夫佐罗夫的奇遇或伊比库斯》（1924）、《加林工程师的双曲线体》（1925—1927）和《蓝色的城》（1925）等，其代表作三部曲《苦难历程》也完成于这一时期。

《苦难历程》（*Хождение по мукам*）是阿·托尔斯泰最重要的一部作品，三部曲创作前后耗时二十余年。其中，第一部《两姊妹》的创作始于1919年，第二部《一九一八年》的创作始于1927年，第三部《阴暗的早晨》于1941年6月22日完稿，这一天恰逢德国法西斯侵袭苏联的日子。《苦难历程》三部曲是一部饱含理想主义情怀的巨著，是一部关于苏联人民的英雄史诗，被誉为"苏联文学最优秀的长篇巨著之一"和"传世佳作"。作品描绘的范围恢宏广阔，不仅描绘了革命前夕、革命时期和国内战争时期的俄国人民生活，更是为当时发生的众多重大历史事件勾勒出一幅壮阔画卷，同时生动描绘了俄国人民在布尔什维克党的领导下历经磨难并取得伟大胜利的重要史实，重点讲述了俄国知识分子在革命的锻炼中学会了与人民打交道，并在曲折迂回的历程中逐渐领悟到社会主义的伟大真理。

1943年，关于这部史诗的创作历程，阿·托尔斯泰曾这样告诉读者："《苦难历程》是作者的良心所经受的一段痛苦、希望、喜悦、失落、颓丧和振奋的历程，它是对于一整个时代巨变的感受。这个时代从第一次世界大战初期开始，直到第二次世界大战初期告终。"[1]20世纪末，这部作品传到中国，不仅得到国内文学界的高度评价，而且其中关于十月革命前后社会环境的描述具有相当的历史参考价值。在随后的十多年间，国内先后出现了多个中文译本，主要包括朱雯译（1999）、任子峰等译（1999）、张伟军译（2000）、王成云和杨国宝译（2001）、王士燮译（2006）和徐立贞译（2010）等，我们这里将选取王士燮的译本进行分析。

王士燮（1932—2015），俄苏文学翻译家，1953年毕业于哈尔滨外国语专科学校，同年留校任教。曾任黑龙江大学俄语系研究员、黑龙江省翻

---

[1] Толстой А. Н. Как создавалась трилогия «Хождение по мукам» [N] // Красная звезда, 1943, 21 марта.

译工作者协会理事等职。1963年译著《带星星的火车票》出版，之后五十余年笔耕不辍。主要译著有《普希金诗选》《苦难历程》《死魂灵》《梅花鹿》《青年近卫军》《烟》等。

二、《苦难历程》译文节选

一切都结束了。在沉寂了的彼得堡空荡荡的大街上，寒风吹逐着废纸——有撕碎的军事命令，有剧院的海报和唤起俄国人民的"良心和爱国精神"的传单。花花绿绿的纸片，粘着已经干了的糨糊，跟地上卷起的雪蛇一起沿街爬去，发出不祥的簌簌声。

这就是不久以前还热闹繁华、纸醉金迷的首都所遗留下来的一切。无所事事的人群从广场和大街上消失了。冬宫被"阿芙乐尔"巡洋舰的炮弹打穿了屋顶，如今也空了。临时政府的官员、举足轻重的大银行家和大名鼎鼎的将军们，都逃得不知去向……破烂不堪和无人打扫的大街上，再也看不见漂亮的马车、花枝招展的女人、军官、官吏和惶惶不安的社会活动家。夜里却越来越常常听到商店用木板把门钉死的锤子声。有的橱窗里还摆着点儿东西——这家有块干酪，那家有个干巴巴的油炸包子。不过，这只能加深人们对过去的生活的怀恋。吓坏了的行人斜眼瞅着巡逻队，紧贴着墙根。这些巡逻队都是雄赳赳的大汉，帽子上戴着红五星，肩上背着枪，枪口朝下。

北风把寒气吹进家家户户黑洞洞的窗子里，钻进空荡荡的门洞里，把往日豪华生活的影子刮得一干二净。一九一七年岁末的彼得堡是阴森可怖的。

阴森可怖，莫名其妙，不可理解。一切都结束了。一切都取缔了。有个戴破礼帽的人，手里拎着糨糊桶，拿着刷子，在被风雪扫干净的大街上来回奔跑。他把一张张新布告贴到临街房屋古老的勒脚上，好像一块块白补丁。什么官衔、功勋、退休金、军官的肩章、字母 Б、上帝、私有财产以及想怎么生活就怎么生活的权利，全部取缔。已经取缔了！那个贴布告的人，有时从帽檐底下气冲冲地往镜子似的玻璃窗里窥望，里面的人穿着毡靴和皮袄，还在冰冷的房间里踱来踱去，一边搣着手指头，一边不住叨咕着：

"这是怎么了？将来会怎么样？俄国毁灭了，一切都完了……只好等死！……"

他们走到窗前，看到斜对面有座独门独院的宅邸，原是一位大员居住，从前常常有个警察斜眼望着正面墙，立正站着，现在门前停着辆长长的大车，房门敞开，一些带枪的人从里往外搬家具、地毯、绘画。大门顶上挂着一面红布做的旗，那位大员就站在那里，不住地倒换着两只脚，长着像斯科别列夫一样的连鬓胡子，穿着一件夹大衣，花白的头不住摇晃。他被撵出了家门！这么冷的天可上哪儿去呢？随你的便，爱上哪儿就上哪儿……他可是一位大员，是国家机器永不损坏的骨干！

夜降临了。一片漆黑，既没有路灯，家家的窗子也没有灯光。没有煤，可是据说斯莫尔尼[1]灯火通明，工厂区也都有灯。在这座受尽折磨、饱经炮火的城市上空，暴风雪在百孔千疮的屋顶里呼啸着："我们呜——呜呼哀哉了！"黑暗里响起劈劈啪啪的枪声。谁在打枪？为什么打枪？朝谁打枪？是不是在那闪烁着火光的地方打枪？那火光已染红了雪云。那是酒库着火了……酒桶打破了，酒灌满了地窖，人掉在里面，呛得要死……见他们的鬼，让他们活活烧死吧！

啊，俄罗斯人，俄罗斯人！

几百万俄罗斯人，一列车跟着一列车，从前线返回家园，回到村庄，回到草原，回到沼泽，回到森林……回到土地上，回到女人身边……他们在打碎了玻璃窗的车厢里挤在一起，密密匝匝，连动也不能动，就是有人死了，也休想把他从人堆里拖出去，扔到窗外。有的站在缓冲器上，有的坐在车盖顶上。有冻死的，有在车轮底下轧死的，有在桥架上撞破了头的。他们带着箱子和包裹，里面装着顺便捡到的东西——不管什么，过日子总用得着：有机关枪和炮闩，有从死人身上剥下来的破衣服，有手榴弹和步枪，有留声机和从车厢座位上割下来的皮子。他们就是不带钱，因为这种玩意儿连卷烟都不中用。

一列列火车在俄国的平原上缓慢地爬行着。爬不动了，便在打碎了玻璃窗、卸掉了门的车站上停下来。列车每到一个车站，便带来骂娘的吼叫声。一群穿灰大衣的人从车盖顶上跳下来，把枪栓扳得喀嚓响，到处寻找站长，好把世界资产阶级的走狗当场枪毙。"给个车头！……你这个杂种，是不是活腻了？快打发开车！……"他们又跑到断了气的机车跟前，车上的司机和司炉早已逃到草原里去了。"加煤！加木柴！把障子拆了！把门窗劈了！"

三年前，人们不会提出很多问题：跟谁打仗？为什么打仗？动员令和战争就像天崩地裂一样突然！老百姓知道，这是大难临头。过去的日子算是结束了，手里有了枪。愿意怎么就怎么，反正旧日子再也不能过了。几百年来郁结的怨气一下子爆发了。

三年来，人们了解什么是战争了。前面是机关枪，背后也是机关枪——只要死不了，就得躺在大粪堆和虱子窝里。接着发生了令人震惊的事，搞得晕头转向——爆发了革命……于是头脑清醒了——我们在干什么？是不是又在受骗？听宣传鼓动员讲：就是说以前我们上了当，现在可要学聪明了……打了三年仗，赶快回家去收拾地主。这回我们可知道刺刀应该往谁的肚子上捅。现在既没有沙皇，也没有上帝。我们就是老大。回家去分土地！

从前线往回开的兵车，像犁杖豁开俄罗斯的平原，把拆毁的车站、破坏的列车和洗劫过的城镇都抛在后面。各个村庄和各家单独居住的农户，都响起吱吱嘎嘎、当啷当啷的声音——这是人们用锉把步枪截短。俄罗斯人郑重其事在土地上安居下来。农家的小木房里，又像遥远的古代一样点起了松明，女人把经线安在曾祖母留下的织布机上。时间好像向后倒退了，又回到过去的年代。这正是第二次革命——十月革命开始的那一年冬天……

饥饿的彼得堡，遭到乡村的掠夺，遭到北极风的袭击，被敌军所围困，被迭起的阴谋所震动，已经变成一个没有煤、没有面包、工厂的烟囱不冒烟的城市，它好像人的裸露着的大脑，这时正借助皇村电台的无线电波发射出疯狂爆炸的思想。

"同志们！"一个瘦削的年轻人站在花岗岩的基座上喊道，他的嗓子冻得发哑了，头上的芬兰帽戴倒了，"逃兵同志们，你们唾弃那些帝国主义混蛋……我们彼得堡的工人，告诉你们，你们干得对，同志们……我们不愿意给喝人血的资产阶级当雇佣兵……打倒帝国主义战争！"

"打倒……倒……倒……"在一堆胡子拉碴的士兵中间懒洋洋地响起一阵喊声。他们并不放下肩上的步枪和装东西的包裹，疲倦而吃力地站在亚历山大三世皇帝的纪念像前面。沙皇那庞大的黑像上落满了雪，而站在他那秃尾巴马的马嘴下面的讲演者，穿着破大衣，敞开怀，浑身也落满了雪。

"同志们……但是，我们不能放下枪！革命在危险中……世界各地的敌人正准备向我们进攻……他们那凶狠的手中掌握着堆成山的黄金和可怕的杀人武器……他们看到我们的鲜血都流成了河，乐得浑身发抖……但是，我们可一下也不哆嗦……我们的武器就是对世界社会革命的热烈信念……世界革命一定会爆发，这场革命已经不远了……"

这句话的末尾被风刮跑了。就在这座纪念像跟前，有一个膀阔腰圆的人，立起了大衣领，漫无目的地停下脚步。他好像对这座纪念像、对讲演者和背着包裹的士兵，都不大注意。可是有一句话突然引起他的兴趣，甚至不是这句话本身，而是从青铜马嘴下面喊出这句话时所流露的强烈信念：

"……你们要明白……过半年之后，我们就要永远消灭最该死的罪恶——金钱……再也没有饥饿和贫穷，再也不用低三下四……你想要什么，就到公共仓库里去取好了……同志们，我们要用金子建造公共厕所……"

可是这时，一阵风夹着雪灌进讲演者的嗓子里。他气急败坏地弯下腰，咳嗽起来，怎么也止不住——他的肺像要撕裂似的。士兵们又站立一会儿，晃了晃高筒皮帽，便走开了——有人奔车站，有人穿过市区奔河对岸。讲演者用指甲抠着冰冻的花岗岩，却直打滑，从基座上爬下来。那个立起大衣领子的人轻声招呼他：

"鲁布廖夫，您好！"

瓦西里·鲁布廖夫还在咳嗽，开始扣大衣的纽扣。他并没伸出手来，颇无好感地瞥了伊万·伊里奇·捷列金一眼。

"嗯？干什么？"

"是呀，很高兴见到您……"

"这些魔鬼，都是死脑瓜，"鲁布廖夫说，两眼望着被雪花遮得模糊不清的车站的轮廓，那些挨虱子咬的胡子拉碴的士兵把破烂东西堆在一起，三五成群地站在车站前面。"有什么法子能让他们开窍呢？他们就像成群的蟑螂从前线往回跑。都是傻子……这里需要使用恐怖……"

他用冻僵了的手抓了一把夹着雪的风……然后用拳头一捶，不知把什么捶到这股风里。鲁布廖夫的手悬在半空中，身子冻得直打哆嗦……

"鲁布廖夫，老兄，您很了解我（捷列金把大衣领子放下来，俯下身去望着鲁布廖夫土色的脸）……看在上帝的面上，请您对我解释一下……我们不是自己找死吗……德国人如果愿意的话，只要一个星期就可以打到彼得格勒……您知道，我从来对政治不感兴趣……"

"怎么？不感兴趣？"鲁布廖夫全身毛发好像都竖立起来，生硬地转过脸朝着捷列金。"那你对什么感兴趣呢？现在什么人对政治不感兴趣你知道是什么人吗？"他怒冲冲地望着伊万·伊里奇的眼睛。"中间分子……人民的敌人……"

"所以，我才想跟你谈谈……你讲话也要通点儿人情。"

伊万·伊里奇气得也立眉瞪眼。鲁布廖夫用鼻孔深深吸了一口气。

"你真是个怪人，捷列金同志……可是，我没工夫跟你谈话——你能不能明白这一点？……"

"你听我说，鲁布廖夫，我目前的境况是这样……你听说科尔尼洛夫[2]正号召顿河起来吗？"

"听说了。"

"我或者投奔顿河……或者跟你们在一起……"

"你这个'或者'是什么意思？"

"这就要看我相信哪一边了……你拥护革命，我拥护俄国……说不定我也会拥护革命。你知道，我是打过仗的军官……"

鲁布廖夫两只深色眼睛里的怒火，顿时熄灭了，只剩下了失眠的疲惫。

"好吧，"他说，"你明天到斯莫尔尼来找我……俄国……"他冷笑着摇摇头。"你那个俄国气死人……气得两眼出血……不过，我们大家情愿为俄国而牺牲……你马上到波罗的海火车站去。那里有三千个逃兵在地板上躺了三个星期了……你给他们开个会，宣传一下苏维埃政权的主张……告诉他们：彼得格勒需要粮食，我们需要战士……（他的眼睛又无精打采了）你就对他们说：你们要是躺在炉炕顶上挠肚皮，就会像狗崽子一样完蛋。应该在你们的屁股上来一场革命……你就用这句话凿开他们的脑壳！……现在谁也不能挽救俄国，谁也不能挽救革命——只有苏维埃政权能做到……明白了没有？现在世界上没有比我们的革命更重要的事情了……"

译注:

[1] 斯莫尔尼原是女子学校，十月革命时是武装起义的指挥部。

[2] 科尔尼洛夫（1870—1918），俄国将军，二月革命后，任临时政府总司令。

（节选自王士燮译《苦难历程》，人民文学出版社，2006年，第287—292页）

附：*Хождение по мукам* 选段原文

Все было кончено. По опустевшим улицам притихшего Петербурга морозный ветер гнал бумажный мусор – обрывки военных приказов, театральных афиш, воззваний к «совести и патриотизму» русского народа. Пестрые лоскуты бумаги, с присохшим на них клейстером, зловеще шурша, ползли вместе со снежными змеями поземки.

Это было все, что осталось от еще недавно шумной и пьяной сутолоки столицы. Ушли праздные толпы с площадей и улиц. Опустел Зимний дворец, пробитый сквозь крышу снарядом с «Авроры». Бежали в неизвестность члены Временного правительства, влиятельные банкиры, знаменитые генералы... Исчезли с ободранных и грязных улиц блестящие экипажи, нарядные женщины, офицеры, чиновники, общественные деятели со взбудораженными мыслями. Все чаще по ночам стучал молоток, заколачивая досками двери магазинов. Кое-где на витринах еще виднелись: там – кусочек сыру, там – засохший пирожок. Но это лишь увеличивало тоску по исчезнувшей жизни. Испуганный прохожий жался к стене, косясь на патрули – на кучи решительных людей, идущих с красной звездой на шапке и с винтовкой, дулом вниз, через плечо.

Северный ветер дышал стужей в темные окна домов, залетал в опустевшие подъезды, выдувая призраки минувшей роскоши. Страшен был Петербург в конце семнадцатого года.

Страшно, непонятно, непостигаемо. Все кончилось. Все было отменено. Улицу, выметенную поземкой, перебегал человек в изодранной шляпе, с ведерком и кистью. Он лепил новые и новые листочки декретов, и они ложились белыми заплатками на вековые цоколи домов. Чины, отличия, пенсии, офицерские погоны, буква ять, бог, собственность и само право жить как хочется – отменялось. Отменено! Из-под шляпы свирепо поглядывал наклейщик афиш туда, где за зеркальными окнами еще бродили по холодным покоям обитатели в валенках, в шубах, – заламывая пальцы, повторяли:

– Что же это? Что будет? Гибель России, конец всему... Смерть!...

Подходя к окнам, видели: наискосок, у особняка, где жило его высокопревосходительство и где, бывало, городовой вытягивался, косясь на серый фасад, – стоит длинная фура, и какие-то вооруженные люди выносят из настежь распахнутых дверей мебель, ковры, картины. Над подъездом – кумачовый флажок, и тут же топчется его высокопревосходительство, с бакенбардами, как у Скобелева, в легком пальтишке, и седая голова его трясется. Выселяют! Куда в такую стужу? А куда хочешь... Это – высокопревосходительство-то, нерушимую косточку государственного механизма!

Настает ночь. Черно – ни фонаря, ни света из окон. Угля нет, а, говорят, Смольный залит светом, и в фабричных районах – свет. Над истерзанным, простреленным городом воет вьюга, насвистывает в дырявых крышах: «Быть нам пу-у-усту». И бухают выстрелы во тьме. Кто стреляет, зачем, в кого? Не там ли, где мерцает зарево, окрашивает снежные облака? Это горят винные склады... В подвалах, в вине из разбитых бочек, захлебнулись люди... Черт с ними, пусть горят заживо!

О, русские люди, русские люди!

Русские люди, эшелон за эшелоном, валили миллионными толпами с фронта домой, в деревни, в степи, в болота, в леса... К земле, к бабам... В вагонах с выбитыми окнами стояли вплотную, густо, не шевелясь, так что и покойника нельзя было вытащить из тесноты, выкинуть в окошко. Ехали на буферах, на крышах. Замерзали, гибли под колесами, проламывали головы на габаритах мостов. В сундучках, в узлах везли добро, что попадалось под руку, – все пригодится в хозяйстве: и пулемет, и замок от орудия, и барахло, взятое с мертвеца, и ручные гранаты, винтовки, граммофон и кожа, срезанная с вагонной койки. Не везли только денег – этот хлам не годился даже вертеть козьи ножки.

Медленно ползли эшелоны по российским равнинам. Останавливались в изнеможении у станции с выбитыми окнами, сорванными дверями. Матерным ревом встречали эшелоны каждый вокзал. С крыш соскакивали серые шинели, щелкая затворами винтовок, кидались искать начальника станции, чтобы тут же прикончить прихвостня мировой буржуазии. «Давай паровоз!.. Жить тебе надоело, такой-сякой, матерний сын? Отправляй эшелон!..» Бежали к выдохшемуся паровозу, с которого и машинист и кочегар удрали в степь. «Угля, дров! Ломай заборы, руби двери, окна!»

Три года тому назад много не спрашивали – с кем воевать и за что. Будто небо раскололось, земля затряслась: мобилизация, война! Народ понял: время страшным делам надвинулось. Кончилось старое житье. В руке – винтовка. Будь что будет, а к старому не вернемся. За столетия накипелиобиды.

За три года узнали, что такое война. Впереди пулемет и за спиной пулемет, – лежи в дерьме, во вшах, покуда жив. Потом – содрогнулись, помутилось в головах – революция... Опомнились, – а мы-то что же? Опять нас обманывают? Послушали агитаторов: значит, раньше мы были дураками, а теперь надо быть умными... Повоевали, – повертывай домой на расправу. Теперь знаем, в чье пузо – штык. Теперь – ни царя, ни бога. Одни мы. Домой, землю делить!

Как плугом прошлись фронтовые эшелоны по российским равнинам, оставляя позади развороченные вокзалы, разбитые железнодорожные составы, ободранные города. По селам и хуторам заскрипело, залязгало, – это напильничками отпиливали обрезы. Русские люди серьезно садились на землю. А по избам, как в старые-старые времена, светилась лучина, и бабы натягивали основы на прабабкины ткацкие станки. Время, казалось, покатилось назад, в отжитые века. Это было в зиму, когда начиналась вторая революция, Октябрьская...

Голодный, расхищаемый деревнями, насквозь прохваченный полярным ветром Петербург, окруженный неприятельским фронтом, сотрясаемый заговорами, город без угля и хлеба, с погасшими трубами заводов, город, как обнаженный мозг человеческий, – излучал в это время радиоволнами Царскосельской станции бешеные взрывы идей.

– Товарищи, – застужая глотку, кричал с гранитного цоколя худой малый в финской шапочке задом наперед, – товарищи дезертиры, вы повернулись спиной к гадам-имперьялистам... Мы, питерские рабочие, говорим вам: правильно, товарищи... Мы не хотим быть наемниками кровавой буржуазии. Долой имперьялистическую войну!

– Лой... лой... лой... – лениво прокатилось по кучке бородатых солдат.

Не снимая с плеч винтовок и узлов с добром, они устало и тяжело стояли перед памятником императору Александру III. Заносило снегом черную громаду царя и – под мордой его куцей лошади – оратора в распахнутом пальтишке.

– Товарищи... Но мы не должны бросать винтовку! Революция в опасности... С четырех концов света поднимается на нас враг... В его хищных руках – горы золота и страшное истребительное оружие... Он уже дрожит от радости, видя нас захлебнувшимися в крови... Но мы не дрогнем... Наше оружие – пламенная вера в мировую социальную революцию... Она будет, она близко...

Конец фразы отнес ветер. Здесь же, у памятника, остановился по малой надобности широкоплечий человек с поднятым воротником. Казалось, он не замечал ни памятника, ни оратора, ни солдат с узлами. Но вдруг какая-то фраза привлекла его внимание, даже не фраза, а исступленная вера, с какой она была выкрикнута из-под бронзовой лошадиной морды:

– ...Да ведь поймите же вы... через полгода навсегда уничтожим самое проклятое зло – деньги... Ни голода, ни нужды, ни унижения... Бери, что тебе нужно, из общественной кладовой... Товарищи, а из золота мы построим общественные нужники...

Но тут снежный ветер залетел глубоко в глотку оратору. Сгибаясь со злой досадой, он закашлялся – и не мог остановиться: разрывало легкие. Солдаты постояли, качнули высокими шапками и пошли, – кто на вокзалы, кто через город за реку. Оратор полез с цоколя, скользя ногтями по мерзлому граниту. Человек с поднятым воротником окликнул его негромко:

– Рублев, здорово.

Василий Рублев, все еще кашляя, застегивал пальтишко. Не подавая руки, глядел недобро на Ивана Ильича Телегина.

– Ну? Что надо?

– Да рад, что встретил...

– Эти черти, дуболомы, – сказал Рублев, глядя на неясные за снегопадом очертания вокзала, где стояли кучками у сваленного барахла все те же, заеденные вшами, бородатые фронтовики, – разве их прошибешь? Бегут с фронта, как тараканы. Недоумки... Тут нужно – террор...

Застуженная рука его схватила снежный ветер... И кулак вбил что-то в этот ветер. Рука повисла, Рублев студено передернулся...

– Рублев, голубчик, вы меня знаете хорошо. – Телегин отогнул воротник и нагнулся к землистому лицу Рублева. – Объясните мне, ради бога... Ведь мы в петлю лезем... Немцы, захотят, через неделю будут в Петрограде... Понимаете, – я никогда не интересовался политикой...

– Это как так, – не интересовался? – Рублев весь взъерошился, угловато повернулся к нему. – А чем же ты интересовался? Теперь – кто не интересуется – знаешь кто? – Он бешено взглянул в глаза Ивану Ильичу. – Нейтральный... враг народа...

– Вот именно, и хочу с тобой поговорить... А ты говори по-человечески.

Иван Ильич тоже взъерошился от злости, Рублев глубоко втянул воздух сквозь ноздри.

– Чудак ты, товарищ Телегин... Ну, некогда же мне с тобой разговаривать, – можешь ты это понять?..

– Слушай, Рублев, я сейчас вот в каком состоянии... Ты слышал: Корнилов Дон поднимает?

– Слыхали.

– Либо я на Дон уйду ... Либо с вами ...

– Это как же так: либо?

– А вот так – во что поверю… Ты за революцию, я за Россию… А может, и я – за революцию. Я, знаешь, боевой офицер…

Гнев погас в темных глазах Рублева, в них была только бессонная усталость.

– Ладно, – сказал он, – приходи завтра в Смольный, спросишь меня… Россия… – Он покачал головой, усмехаясь. – До того остервенеешь на эту твою Россию… Кровью глаза зальет… А между прочим, за нее помрем все… Ты вот пойди сейчас на Балтийский вокзал. Там тысячи три дезертиров третью неделю валяются по полу… Промитингуй с ними, проагитируй за советскую власть… Скажи: Петрограду хлеб нужен, нам бойцы нужны… (Глаза его снова высохли.) Скажи им: а будете на печке пузо чесать – пропадете, как сукины дети. Пропишут вам революцию по мягкому месту… Продолби им башку этим словом!… И никто сейчас не спасет России, не спасет революции, – одна только советская власть… Понял? Сейчас нет ничего на свете важнее нашей революции…

(Толстой А.Н. *Хождение по мукам. Восемнадцатый год*. Глава первая. М.: Советский писатель, 1961, стр. 380-386)

三、译文评析

　　本章节选部分选自三部曲中的第二部《一九一八年》，主要描写的是1918年前后动荡社会的景象。当时十月革命取得胜利，刚刚成立的苏维埃政权立即遭到国内反革命势力的抵抗和国外帝国主义的武装干涉。阿·托尔斯泰将写作视线转移到了南方，描写了一连串重大历史事件，主要包括哥萨克首领的惨败与自杀、白卫军发动的反人民战役、哥萨克部队的反革命叛乱、反革命的萨马拉政府的建立、无政府主义分子的土匪行径和社会革命党人的特务阴谋活动等。通过对选段部分的中俄文进行对

比，我们认为译文在动作描写、对话描写和场面描写三个方面值得分析和
借鉴。

1. 通过惟妙惟肖的动作描写塑造立体的人物形象

《苦难历程》第二部视线聚焦于旧知识分子思想改造的艰巨历程，这
些人原本脱离群众，其中一些甚至与人民为敌，经过革命的洗礼逐渐走上
和人民共进退的道路。这不仅仅是身处社会主义革命时代的旧知识分子中
的优秀代表者的道路，也是作者阿·托尔斯泰亲自探索并体验过的道路。
译文中包括多处生动形象的动作描写，通过选用惟妙惟肖的动词使读者
感受到一个个鲜活的人物形象。例如，在 "... еще **бродили** по холодным
покоям обитатели в валенках, в шубах, – **заламывая** пальцы, **повторяли**...
（里面的人穿着毡靴和皮袄，还在冰冷的房间里**踱来踱去**，一边**撅着**手指
头，一边不住**叨咕着**……）" 这句话中，译文使用 "踱来踱去" "撅着"
和 "叨咕" 三个动词表现出人们在十月革命刚刚结束后不知所措、慌张
忐忑的样子。原作中作者对俄罗斯劳动人民的吃苦耐劳精神进行了高度赞
扬，例如 "барахло, **взятое** с мертвеца（有从死人身上**剥下来**的破衣服）"
和 "граммофон и кожа, **срезанная** с вагонной койки（有留声机和从车厢
座位上**割下来**的皮子）"，译文通过 "剥下来" 和 "割下来" 两个动作充
分反映了人民群众在艰苦的生活环境下忍受着饥饿、贫困和伤痛，面对
极度匮乏的物质条件仍然想尽一切办法生存下去，而且在与国内外阶级
敌人斗争时无比英勇，奋不顾身地捍卫苏维埃政权。此外，在 "Оратор
полез с цоколя, **скользя** ногтями по мерзлому граниту.（讲演者用指甲**抠**
着冰冻的花岗岩，却直打滑。）" 中，译文为了还原演讲者紧张又激动的
情绪，恰如其分地使用了 "抠着" 这一动作，使读者在脑海中浮现出天寒
地冻的环境中革命者们坚守信念的形象。译者对人物动作的描写还细致入
微地深入到神态和表情的描写。例如，"Иван Ильич тоже **взъерошился**
от злости, Рублев глубоко втянул воздух сквозь ноздри.（伊万·伊里奇气
得也**立眉瞪眼**。鲁布廖夫用鼻孔深深吸了一口气。）"，此处译文并没有逐
字逐句地将 "взъерошился от злости" 翻译成 "因愤恨而发怒"，而是根
据原作中的情节和环境并结合人物自身的性格特征，找到更贴切的中文表

达"立眉瞪眼",生动准确地传达了人物当时的心情,使中文读者的阅读过程更加顺畅,同时也使中文读者能够对人物个性有更深层次的理解。

2．通过如闻其声的对话反映时代变革下的人物心理

作者在第二部中不仅直面残酷的社会现实,而且将焦点聚集在人物心理层次的发展和变化上。通过描写人物对周围环境和事物的观察、感受和体验,细致地刻画了客观世界对自我意识发生作用的过程,突出表现了由此引发的理智与感情之间的剧烈斗争和灵魂觉醒。作者从人物频繁的思想活动窥视现实生活的剧变,这种心理描写方式不仅有助于更加深入地剖析人物性格的蜕变和转化,而且从侧面烘托了社会历史的大氛围,从而达到借助哲理性分析深化主题的创作意图。原文通过人物之间的真实对话大大丰富了作品的社会内涵,充分表现出社会环境给人带来的影响,使读者深刻地感受到当时苏联社会因十月革命发生的重大转折。例如,"Что же это? Что будет? Гибель России, конец всему... Смерть! ... (这是怎么了?将来会怎么样? 俄国毁灭了,一切都完了⋯⋯只好等死! ⋯⋯)"译文充分尊重原文内容,并恰切地添加语气词"只好",使话语更加生动。十月革命胜利的速度之快使一些人一时间没缓过神来,对社会的前途和未来充满迷茫,译文使中国读者同样体会到了当时苏联人民的心理变化和思想波动。此外,"Давай паровоз!... Жить тебе надоело, такой-сякой, матерний сын? Отправляй эшелон!... ("给个车头! ⋯⋯你这个杂种,是不是活腻了? 快打发开车! ⋯⋯")"和"Лой... лой... лой... (打倒⋯⋯倒⋯⋯倒⋯⋯)"两句话中,译文给人以如临其境的感受,生动的口语用词和恰当的语序调整都反映出人们的情绪和思想上的变化。

阿·托尔斯泰的很多作品中都渗透着自由的精神和主题,《苦难历程》也自始至终饱含着自由的思想和意识,作家在小说中描写和反映了生活在沙皇俄国制度下的主人公们对自由的向往和不懈的追求。[①]值得注意的是,阿·托尔斯泰提倡的自由不是毫无约束的自由,他强烈反对无政府主义所

---

① 杨玉波,乌托邦的构建——《苦难历程》中的"聚合性"主题[J],载《俄罗斯文艺》,2012年第4期,第68页。

崇尚的绝对自由，并认为追求这样的自由只能导致最终的毁灭，并且认为应当真正建立有秩序的共产主义社会。在作品中这些思想主要反映在人物话语的描写中，例如，"...Да ведь поймите же вы... через полгода навсегда уничтожим самое проклятое зло – деньги... **Ни** голода, **ни** нужды, **ни** унижения... Бери, что тебе нужно, из общественной кладовой... Товарищи, а из золота мы построим общественные нужники... （"……你们要明白……过半年之后，我们就要永远消灭最该死的罪恶——金钱……**再也**没有饥饿和贫穷，**再也**不用低三下四……你想要什么，就到公共仓库里去取好了……同志们，我们要用金子建造公共厕所……"）"这句话中充分反映了人民心中的理想社会景象。十月革命后人民渴望摆脱贫困，实现真正的平等与自由，译文适当地增强了原文的语气，采用"再也……，再也……"的排比句结构生动形象地反映了人民内心的所思所想。阿·托尔斯泰在这部作品中展现的"历程"是主人公从沉湎个人幸福逐渐发展到将个人命运和国家、人民的命运联结在一起的艰难旅程，这一旅程通往的不只是探寻真理的道路，还是作者内心的人生归属，不仅重现了波澜壮阔的俄国革命历史，而且在人物真实生动的对话中充分展现了俄罗斯民族的性格和精神。

3. 通过真实生动的场面描写展现社会环境巨变

这部作品的创作背景是国内外敌人向苏维埃国家疯狂进攻的时代，俄国人民在布尔什维克党的领导之下经受了严酷的考验，沉重地打击了武装干涉者以及白卫军企图扼杀苏维埃政权的阴谋。当时的社会环境依然动荡不安，文中包含多处场面描写，充分展现了当时的社会环境，在读者的脑海中重塑了时代巨像。例如，"Пестрые лоскуты бумаги, с присохшим на них клейстером, зловеще шурша, ползли вместе со снежными змеями поземки. （花花绿绿的纸片，粘着已经干了的糨糊，跟地上卷起的雪蛇一起沿街爬去，发出不祥的簌簌声。）"通过细节化的场面描写再现历史场景，译文中采用生动的文字全面调动了读者的视觉和听觉，使读者置身于时代的海洋。"故事所表现的不只是几个主人公的家庭生活和恋爱生活，而是与重大历史事件交织起来的错综复杂的画面。"①作者深刻地揭露了国外武装干涉者和国内反革命对布尔什维克和工人的疯狂憎恨与残酷屠杀。例如，"город без угля и хлеба, с погасшими трубами заводов, город, как обнаженный мозг человеческий（已经变成一个没有煤、没有面包、工厂的烟囱不冒烟的城市，它好像人的裸露着的大脑）"展现的是一幅破败落后的城市景象。革命胜利后人民原本应该开始安乐稳定的生活，然而却因为国内外反动势力的不断挑唆使人民丧失了生活在和平环境的机会，译文通过真实生动的场面描写渲染了动荡不安的氛围，为读者在脑海中搭建故事背景提供了充分的证据和材料。此外，句子"Северный ветер дышал стужей в **темные** окна домов, залетал в **опустевшие** подъезды, выдувая призраки минувшей роскоши.（北风把寒气吹进家家户户**黑洞洞**的窗子里，钻进**空荡荡**的门洞里，把往日豪华生活的影子刮得一干二净。）"译文通过形象的表达——"黑洞洞"和"空荡荡"，展现了革命刚结束的荒凉场面。《苦难历程》中的知识分子关于"真正的祖国在何处"和"何为人生真谛"的探求实际上就是作者的自我探求。②原文中有这样一段描写，"Над истерзанным, простреленным городом воет вьюга, насвистывает в дырявых крышах: «Быть нам **пу-у-усту**». И **бухают** выстрелы во тьме.（在这座受尽折磨、饱经炮火的城市上空，暴风雪在百孔千疮的屋顶里呼啸着："我们呜——**呜呼哀哉**了！"黑暗里响起**劈劈啪啪**的枪声。）"呼啸的暴风雪和凛冽的枪声仿佛作者内心的呐喊，呼唤着和平生活的到来，译文采用生动形象的拟声词"呜呼哀哉"和"劈劈啪啪"最大限度地还原了原作中的凄惨萧条场面，有利于向读者展现真实的时代环境。

《苦难历程》这部作品将空前的困难和艰苦的斗争融为一体，作家将自身高昂的战斗情绪孕育其中，通过人物对话、动作描写和场面描写向人们揭示了一切旧的东西都将在急风暴雨中得到洗涤的深刻道理。三部曲中的第一部主人公不顾一切追求个人幸福，逃避现实，在之后的两部中被卷

---

① 朱雯，阿·托尔斯泰的《苦难的历程》[J]，载《上海师范大学学报（哲学社会科学版）》，1979年第1期，第102页。
② 钟乐、安宁，苏联第一代知识分子的革命嬗变——读阿·托尔斯泰《苦难的历程》[J]，载《河南大学学报（哲学社会科学版）》，1986年第2期，第65页。

入浩浩荡荡的革命潮流，艰难困苦的人民之战使他们不再沉溺于私人的情爱纠葛，而是在寻找祖国出路和人民未来的过程中参悟人生真谛——社会的蜕变本身是一个漫长而坎坷的过程，对于背负着沉重的思想枷锁和时代镣铐的旧知识分子来说，必然要经历曲折和痛苦方能获得新生。

第十四章

扎米亚京
《我们》

一、扎米亚京与《我们》

　　叶甫盖尼·伊万诺维奇·扎米亚京（Евгений Иванович Замятин,
1884—1937）是俄国20世纪的文学家、文学理论家、批评家，以其风格
独具的民间口语叙述文体和幽默讽刺的笔墨而闻名。扎米亚京生于坦波
夫省列别姜市，回忆起他的童年，扎米亚京写道："您会看到一个没有同
伴、非常孤独的孩子，抱着一本书趴在沙发上，有时躲在钢琴下，母亲
在钢琴上弹着肖邦的曲子。县城里——窗户都用天竺葵装饰着，在街上，
一只猪崽被拴在木桩上，几只老母鸡在灰尘里扑腾。如果你想知道这是
哪——这里是托尔斯泰和屠格涅夫笔下最具俄罗斯特色的坦波夫的列别姜
小镇……"[①]1902年中学毕业后，扎米亚京考入彼得堡工学院的船舶制造
系，后留校任教。他这一时期的创作继承发扬了以果戈理、列斯科夫为
代表的俄国批判现实主义传统，如讽刺小市民习气的中篇小说《县城轶
事》（又译《外省小城》，1913）、反军国主义的中篇小说《在那遥远的地
方》（1914）。第一次世界大战期间，扎米亚京被派往英国纽卡斯尔为俄

① Давыдова Т. Т. Творческая эволюция Евгения Замятина в контексте русской литературы
первой трети XX века[M]. Москва-Берлин.: ООО ДиректМедиа, 2021, стр. 13.

国建造破冰船。在这里，他继续自己的文学创作，写出了讽刺英国人思想僵化保守、生活机械单调的中篇小说《岛民》。二月革命后，扎米亚京回国并在世界文学出版社做编辑工作。1920年，他完成了最著名的反乌托邦小说《我们》。1930年年初，他向斯大林请求出国，1931年获得了永久居住在巴黎的批准，直到在法国去世仍保留自己的苏联国籍。扎米亚京不仅是一位文学家，同时也是一位文学理论家，他有自己对于文学创作的理解和想法。他创造了关于文学创作的独有概念，制定了关于风格和语言的规则。在《当代俄罗斯文学》（1918）、《论综合》（1922）、《论文学、革命、熵与其他话题》（1923）等一系列文章中，扎米亚京具体且生动地论述了传统现实主义文学的弊端以及他对未来文学发展趋势的构想。

扎米亚京于1921年写就的《我们》（Мы）是他唯一一部完整的长篇小说，也是20世纪反乌托邦文学中的翘楚。它和乔治·奥威尔的《一九八四》（1948）、阿·赫胥黎的《美丽新世界》（1932）一起被称为世界文学史上具有经典意义的三部反乌托邦作品。作为问世最早的第一部反乌托邦经典，《我们》不论从思想内容，还是从艺术形式上都突出体现了这一文学体裁所蕴含的内在特征。小说以书信体的形式写成，通过男主人公的讲述描绘了一个科技发达、秩序井然，但却扼杀人的个性和自由的未来幻想世界。作家以一个生活在反乌托邦世界中的内在感受者的视角，深刻而有预见性地揭示了人性在极权秩序下遭受践踏的境况。小说《我们》的题名象征着不讲个人之"我"的集体，是扎米亚京借用了当时苏联诗人弗拉基米尔·基里洛夫的《我们》一诗："一切是我们，在一切中是我们，我们是火焰和胜利之光，我们是自己的神灵、法官和法典。"[①]小说的独特之处在于其是以日记的形式写就，由叙述者男主人公 Д-503 的40个记事组成，记录了 Д-503 及旁人的思想变化过程，以及"大一统王国"的部分居民按照"无限革命"的思想发动叛变最后失败的故事。这个被绿色大墙围住的"王国"的居民们没有"姓名，而是用字母加数字的'号码'命名，元音是女性，辅音是男性"。"号码"们的工作、生活、思想全归统治者"救世主"

---

① 谭得伶、吴泽霖，《解冻文学和回归文学》[M]，北京：北京师范大学出版社，2001年，第208页。

支配、他们按划一的"时间戒律表"和规定的纪律生活。叙述者 Д-503是大一统王国的一名工程师,统治者要求他们撰文以歌颂自己的国度,主人公自信的认为只要对自己的生活如实记录便是一首颂歌。碰巧的是,在这期间他爱上了一个不属于自己世界的I-330,她不赞同他们的生活方式,试图借助 Д-503的帮忙通过革命来改变这种生活状态。但最后,Д-503的理智战胜了情感,他主动去做了灵魂摘除术,I-330由于革命失败被处死,Д-503又恢复到原先的生活。

小说《我们》最早于1924年在英国出版。此后,扎米亚京的作品只能在国外发表。20世纪80年代末,扎米亚京的作品几乎全部"回归"俄罗斯,受到高度评价。扎米亚京的作品在中国的传播最早可以追溯到1933年鲁迅翻译的《洞穴》。但是对扎米亚京的真正了解是从他被开禁后开始的,20世纪90年代之前的国内研究基本上都是参考自西方、苏联。《当代苏联文学》1988年第4期上刊登了由章竟渥翻译的《我们》片段,译文前有简短的说明:"这是一部反乌托邦的幻想讽刺小说",并提到"新现实主义"以及艺术手段和技巧上有不少值得借鉴之处。[1]直到1997年,作家出版社出版了顾亚铃的译本,后又多次再版。继顾亚铃的译本之后,陆续有其他译者尝试对这部小说进行翻译,如辽宁教育出版社2003年出版的范国恩译本、江苏人民出版社于2005年出版的殷杲译本、北京理工大学出版社2013年出版的王莒光译本、上海译文出版社2017年出版的陈超译本等。其中顾亚铃的译本因内容翻译准确而深得读者喜爱。

顾亚玲(1932—),北京外国语大学教授,资深翻译家。她不仅注意到了《我们》中简洁的句法,不同寻常的、奇特的象征和语汇,将作家的科学语体的抽象、准确性和文艺语体的主观、形象性糅合出的效果展现给了目标读者,而且还生动地传达了作品另一重要艺术特征——描写感觉化和感觉描写具象化。作家运用的象征、隐喻、拟人、对比、色彩描写等手法,在译本中也被不遗余力地传递了出来。中文读者既能体会到其中怪异荒诞的艺术世界,也能体验到作品给人的陌生感和紧张感。

---

[1] 叶·扎米亚京著,章竟渥译,我们[J],载《当代苏联文学》,1988年第4期,第4页。

二、《我们》译文节选

——————❧——————

记事二　提要：芭蕾舞。和谐的四方形。未知数X。

春天。从绿色大墙外面，我们所看不到的野地里，春风送来了甜蜜的黄色花粉。这甜蜜的花粉使人嘴唇发干，你不停地想用舌头舔它。看来，路上任何一个女性的嘴唇也是甜蜜的（当然，男性也不例外）。这多少有些妨碍逻辑思维。

但是，天空却不然！一片湛蓝，连一丝云彩都没有（古代人的鉴赏力真不可理喻。那种被吹嘘得天花乱坠的团团雾气，多么奇形怪状又毫无秩序。他们的诗人竟能从中获得灵感）。我只爱今天这样经过消毒的、完美无瑕的天空。如果我说，我们只爱这样的天空，我相信绝没说错。在这样的日子里，整个世界仿佛都是用最坚固的、永世长存的玻璃烧铸成的，就像那道绿色大墙和我们所有的建筑物。在这些日子，你可以看到这蓝色世界的最深处，可以看到它们至今无人知晓的令人惊叹的方程式，这些你可以在最普通、最习以为常的事物中见到。

就以下述事件为例吧。今天早上，我正在一统号飞船站工作，突然我发现眼前的机床十分清楚：车床的调速飞球不停地旋转着，一个个闭着眼睛，忘我地勤奋地转呀转；亮闪闪的曲柄歪来扭去地转着圈；平衡器神气活现地晃动着肩膀；钻头在无声音乐节拍伴奏下一升一降。在浅蓝色太阳照耀下，我突然间发现了这庞然大物的机械芭蕾舞的全部美。

接下来必然会问，何谓美？为什么舞蹈是美的？回答是：因为这是非自由的运动，因为舞蹈的全部深刻意义正在于绝对的审美服从，在于理想的非自由状态。如果说我们的祖先，在生活最富灵感的时候，也曾沉浸于舞蹈中，（例如，在秘密宗教仪式和军事检阅仪式上），这只说明，自古以来人类就具有非自由的自然属性，而我们在今天的生活中，只是有意识地……

……

立刻，从右边像回声似的也响起了笑声。我扭过头去，投入我眼帘的是一个陌生女人的脸和两排洁白的牙齿，非常洁白的利齿。

"对不起，"她说，"您刚才打量四周的眼神充满激情，就像神话中创世后第七天的上帝。我想，您一定以为，连我也是您创造的吧。我感到很荣幸……"

她说话的时候毫无笑意，倒不妨说，还带着某些敬意（也许她知道我是一统号的设计师）。但是我很纳闷为什么在她眉头还是眼睛里总有一种奇特的、撩拨人的未知数X，我怎么也捉摸不定它，不知怎样用数字来表示。

不知为什么我感到发窘。我按逻辑向她解释自己为什么笑，可是话说得多少有些颠三倒四。还说什么，显而易见，今天和20世纪截然不同，它们之间存在着不可逾越的鸿沟……"为什么是不可逾越的呢？（多么洁白的牙齿！）鸿沟上可以架上桥梁嘛！您设想一下。就譬如，乐鼓、军队、队伍吧，您想想，这些过去也曾有过，因此……"

"说的是，这明白无疑！"我大声说。这里是惊人的思想上的重合。她说的几乎就是我散步前在记事中写的一样的文字。请注意，甚至思想也相同。这是因为，谁也不是"单独的一个"，而是"我们中的一个"，我们彼此何等相似……

她说："您很肯定吗？"

我看见了她两道在太阳穴旁挑起的尖尖的眉梢（就像符号X上端的两个犄角）。我不知怎么又慌神了，我看了看右边，又看了看左边……

我右边的她，苗条、线条毕露、身材挺拔、柔韧，就像一条马鞭。她的号码是I-330（现在我看清了她的号码）。左边是O，完全是另一副模样，身上一切都是圆的，手腕上还有一道像娃娃手上的肉褶。我们这行四人横列最靠边的是一个我不认识的男性号码，身体像条双曲线，就像字母S。我们四个人彼此各不相同……

右边的I-330，看来已经觉察到我六神无主的目光，叹了口气说："唉！……"

说实在的，这声叹气叹得正是时候。但是她脸上，也许在声音里却又透露出令人费解的东西。

我一反常态声色俱厉地说："没什么可以'唉'的。科学在发展，如果现在不行，那么再过50年，100年……这是很明白的……"

"连大家的鼻子……"

"对，包括鼻子，"我几乎喊着说，"如果有差别，就有产生嫉妒心的基础。……既然我的是蒜头鼻子，而别人……"

"可是您的鼻子倒可以说是'古希腊式'的呢，古时候的人都这么说。可是您的手……别抽回去，请您伸出来，让我看看您的手！"

我最不愿意别人看我的手。手上满是汗毛，这是不成体统的返祖现象。我把手伸出去，尽可能装得无所谓地说："像猴子的手呢。"

她看了看我的手，又看了看脸，说："这可真是最最稀奇古怪的和弦。"她的眼睛打量着我，仿佛在掂我的分量，眉梢又显出X上面的两个角。

"他已登记了我，"O喜滋滋地张着粉红色的嘴说。

她还不如少说两句，纯属废话。总而言之，这个可爱的O……怎么说呢……她对语言速度计算不准确。语言的秒速总是应该小于思想的秒速，而决不能相反。

在大街尽头的蓄电塔上，钟声洪亮地敲了17下。个人活动时间结束了。I-330和S形体的男性号码一起走了。他的脸使人肃然起敬。可是现在发现这张脸很熟悉。在哪儿见到过？可就是记不起来。

分手的时候，I又那么莫测高深地对我微微笑了笑："后天有便请来112号讲演厅。"

……

记事十一　提要：……不，我不能。就不写提要吧。

……

这又是过去的R：他嘴唇劈劈啪啪地喷着唾沫星子，话又滔滔不绝地往外涌："您听我说（啪啪地喷水），古代有个关于天堂的传说……其实这里说的就是我们，我们的当今时代。真的！您好好想想。上帝曾经让天堂里那两位作出自己的选择：或者选择没有自由的幸福，或者选择没有幸福的自由，第三种选择是没有的。他们这两个傻瓜选择了自由。那还用说，明摆着的——后来一代又一代人对脚镣手铐想得好苦。您明白吗，对手铐脚镣的相思——这才是世界性的悲哀。有好几百年啊！只有我们才重新认识到，如何使幸福回归……不，您再听我往下说！那时候的上帝和我们待在一起，坐一张桌子。真的！是我们帮助上帝，才彻底制服了魔鬼——就是他撺掇人去犯禁，去偷吃那害人的自由的禁果。他是那阴险毒辣的蛇。可是我们抬起脚用大靴子照它脑袋咔嚓一踩……好了，重新又有了天堂。于是我们又像亚当、夏娃一样，无忧无虑，纯洁无瑕。我们不必费脑筋去分辨什么是善，什么是恶，因为一切都很简单，像天堂一般美好，像儿童一样单纯。大恩主、机器、立方体高台、气钟罩、护卫局人员——这一切都代表着善，代表着庄严、美好、高尚、崇高和纯洁。因为这一切捍卫着我们的不自由——也就是我们的幸福。只有古代人才爱没完没了地论证，挖空心思地苦思冥想，什么是伦理，什么是反伦理……好了，就这样，总之，写一部这样的天堂史诗很不错吧，对吗？而且语气还应非常严肃……您明白吗？很不错吧，啊？"

怎么会不明白呢！我记得，当时我曾这样想过："别看他长得歪瓜裂枣其貌不扬，脑袋倒真好使。"难怪他和我——真的我——很要好（我至今还是认为，过去的我是真我，目前的一切都是病态的）。显然，R从我脸上看出了我的内心活动。他搂着我的肩膀，哈哈笑了起来："啊，您呀……亚当！对了，顺便提一下夏娃的事……"

他在口袋里掏出一个小本子，翻看了一下，说："后天……不不，两天以后，O有一张来这儿的粉红票子。您怎么样？还和以前一样吗？您愿意让她……"

"那还用说，这很明白嘛。"

"我就这么对她说。要不然，您知道吗，她自己还不好意思……我告诉您，怎么回事，她对我只不过按粉红票子行事罢了，可是对您……但她又不明说，是哪第四位插进我们的三角。

风流汉子，您坦白吧，她是谁？"

我心里的帘子哗地掀了起来——我又听见了丝绸的窸窣声，看见了绿色的酒瓶，她的嘴唇……突然不知为什么我脱口说了句很不得体的话（我要是忍住了不说该多好！）："告诉我，您尝过尼古丁和酒的滋味没有？"

R抿了抿嘴唇，皱着眉头看了我一眼。他此时此刻的思想我听得一清二楚："虽说你是我的朋友……可还是得……"他回答我说："怎么说呢？我自己——没有尝过。可是我知道有个女人……"

"I，"我喊了出来。

"怎么……您，您也和她有来往？"他嘎嘎大笑，气都喘不过来——马上要喷唾沫星子了。

屋子里的镜子挂在桌子那边，我坐在软椅里，只能看到自己的前额和眉毛。

这时我——真的我——从镜子里看见两道剑眉的直线歪扭着，拧着，颤个不停。那个真我还听到一阵野性的嚎叫："'也'是什么意思？你说，'也'是什么意思？你说，我要求你说！"

R两片厚嘴唇紧紧抿了起来，眼睛也瞪得圆圆的……

我——真的我——狠狠扭住另一个我的衣领，就是那个野性的、满身毛发的、气喘吁吁的我。真的我对R说："看在大恩主的份上原谅我吧。我病得厉害，睡不着觉。我这是怎么啦，我都糊涂了。"

厚嘴唇上掠过一丝笑意："是啊，是啊！我明白，我能理解！这些我都并不陌生……当然，是从理论上讲。再见吧！"

走到门口，R像个黑球似的又转身回过来，走到桌子跟前，朝桌上扔下本书说："这是最近写的……专门带给您的，差点儿忘了。再见……"

说着又喷我一脸唾沫，走了……

剩下我一个人。也许准确些应该说：我和另一个"我"单独在一起。我跷着二郎腿坐在软椅里，好奇地看着我（我自己）在床上抽风。

为什么，比如，为什么我和O整整三年能生活得如此和睦，而现在突然只要有一个字提到那个I……难道爱情、嫉妒这些疯狂的东西，不仅仅在古人愚蠢的书里才有？主要是我出了问题！方程式、公式、数字我都明白，可是对这些东西却一窍不通！

一无所知……明天就去找R，告诉他……

不，那不是真心话。明天也罢，后天也罢——我永远不会去。

我不能也不想见到他。完了！我们的三角垮台了。

我独自一人。傍晚。扯起了薄雾。金光灿灿的乳白色天幕遮住了天空。要是能知道那里高处是什么该多好！但愿我能知道，我是谁，我是什么人？

（节选自顾亚铃译《我们》，作家出版社，1997年，第5—10页，第58—63页）

附：*Мы* 选段原文

Запись 2-я. Конспект: Балет. Квадратная гармония. Икс

Весна. Из-за Зеленой Стены, с диких невидимых равнин, ветер несет желтую медовую пыль каких-то цветов. От этой сладкой пыли сохнут губы – ежеминутно проводишь по ним языком – и, должно быть, сладкие губы у всех встречных женщин (и мужчин тоже, конечно). Это несколько мешает логически мыслить.

Но зато небо! Синее, не испорченное ни единым облаком (до чего были дики вкусы у древних, если их поэтов могли вдохновлять эти нелепые, безалаберные, глупотолкущиеся кучи пара). Я люблю – уверен, не ошибусь, если скажу: мы любим только такое вот, стерильное, безукоризненное небо. В такие дни весь мир отлит из того же самого незыблемого, вечного стекла, как и Зеленая Стена, как и все наши постройки. В такие дни видишь самую синюю глубь вещей, какие-то неведомые дотоле, изумительные их уравнения – видишь в чем-нибудь таком самом привычном, ежедневном.

Ну, вот хоть бы это. Нынче утром был я на эллинге, где строится «Интеграл», и вдруг увидел станки: с закрытыми глазами, самозабвенно, кружились шары регуляторов; мотыли, сверкая, сгибались вправо и влево; гордо покачивал плечами балансир; в такт неслышной музыке приседало долото долбежного станка. Я вдруг увидел всю красоту этого грандиозного машинного балета, залитого легким голубым солнцем.

И дальше сам с собою: почему красиво? Почему танец красив? Ответ: потому что это несвободное движение, потому что весь глубокий смысл танца именно в абсолютной, эстетической подчиненности, идеальной несвободе. И если верно, что наши предки отдавались танцу в самые вдохновенные моменты своей жизни (религиозные мистерии, военные парады), то это значит только одно: инстинкт несвободы издревле органически присущ человеку, и мы в теперешней нашей жизни – только сознательно...

<...>

И тотчас же эхо – смех – справа. Обернулся: в глаза мне – белые – необычайно белые и острые зубы, незнакомое женское лицо.

– Простите, – сказала она, – но вы так вдохновенно все озирали, как некий мифический бог в седьмой день творения. Мне кажется, вы уверены, что и меня сотворили вы, а не кто иной. Мне очень лестно...

Все это без улыбки, я бы даже сказал, с некоторой почтительностью (может быть, ей известно, что я – строитель «Интеграла»). Но не знаю – в глазах или бровях – какой-то странный раздражающий икс, и я никак не могу его поймать, дать ему цифровое выражение.

Я почему-то смутился и, слегка путаясь, стал логически мотивировать свой смех. Совершенно ясно, что этот контраст, эта непроходимая пропасть между сегодняшним и тогдашним...

– Но почему же непроходимая? (Какие белые зубы!) Через пропасть можно перекинуть мостик. Вы только представьте себе: барабан, батальоны, шеренги – ведь это тоже было – и следовательно...

– Ну да: ясно! – крикнула (это было поразительное пересечение мыслей: она – почти моими же словами – то, что я записывал перед прогулкой). – Понимаете: даже мысли. Это потому, что никто не «один», но «один из». Мы так одинаковы...

Она:

– Вы уверены?

Я увидел острым углом вздернутые к вискам брови – как острые рожки икса, опять почему-то сбился; взглянул направо, налево – и...

Направо от меня – она, тонкая, резкая, упрямо-гибкая, как хлыст, I-330 (вижу теперь ее нумер); налево – О, совсем другая, вся из окружностей, с детской складочкой на руке; и с краю нашей четверки – неизвестный мне мужской нумер – какой-то дважды изогнутый вроде буквы S. Мы все были разные...

Эта, справа, I-330, перехватила, по-видимому, мой растерянный взгляд – и со вздохом:

– Да... Увы!

В сущности, это «увы» было совершенно уместно. Но опять что-то такое на лице у ней или в голосе...

Я с необычайной для меня резкостью сказал:

– Ничего не увы. Наука растет, и ясно – если не сейчас, так через пятьдесят, сто лет...

– Даже носы у всех...

– Да, носы, – я уже почти кричал. – Раз есть – все равно какое основание для зависти... Раз у меня нос «пуговицей», а у другого...

– Ну, нос-то у вас, пожалуй, даже и «классический», как в старину говорили. А вот руки... Нет, покажите-ка, покажите-ка руки!

Терпеть не могу, когда смотрят на мои руки: все в волосах, лохматые – какой-то нелепый атавизм. Я протянул руку и – по возможности посторонним голосом – сказал:

– Обезьяньи.

Она взглянула на руки, потом на лицо:

– Да это прелюбопытный аккорд, – она прикидывала меня глазами, как на весах, мелькнули опять рожки в углах бровей.

– Он записан на меня, – радостно-розово открыла рот О-90.

Уж лучше бы молчала – это было совершенно ни к чему. Вообще эта милая О... как бы сказать... у ней неправильно рассчитана скорость языка, секундная скорость языка должна быть всегда немного меньше секундной скорости мысли, а уже никак не наоборот.

В конце проспекта, на аккумуляторной башне, колокол гулко бил 17. Личный час кончился. I-330 уходила вместе с тем S-образным мужским нумером. У него такое внушающее почтение и, теперь вижу, как будто даже знакомое лицо. Где-нибудь встречал его – сейчас не вспомню.

На прощание I – все так же иксово – усмехнулась мне.

– Загляните послезавтра в аудиториум 112.

Запись 11-я. Конспект: ...Нет, не могу, пусть так, без конспекта

– А вот для вашего «Интеграла» я сочиняю... это – да! Это вот да!

Прежний: губы шлепают, брызжут, слова хлещут фонтаном.

– Понимаете («п» – фонтан) – древняя легенда о рае... Это ведь о нас, о теперь. Да! Вы вдумайтесь. Тем двум в раю – был предоставлен выбор: или счастье без свободы – или свобода без счастья; третьего не дано. Они, олухи, выбрали свободу – и что же: понятно – потом века тосковали об оковах. Об оковах – понимаете, – вот о чем мировая скорбь. Века! И только мы снова догадались, как вернуть счастье... Нет, вы дальше – дальше слушайте! Древний Бог и мы – рядом, за одним столом. Да! Мы помогли Богу окончательно одолеть диавола – это ведь он толкнул людей нарушить запрет и вкусить пагубной свободы, он – змий ехидный. А мы сапожищем на головку ему – тррах! И готово: опять рай. И мы снова простодушны, невинны, как Адам и Ева. Никакой этой путаницы о добре, зле: все –

очень просто, райски, детски просто. Благодетель, Машина, Куб, Газовый Колокол, Хранители – все это добро, все это – величественно, прекрасно, благородно, возвышенно, кристально-чисто. Потому что это охраняет нашу несвободу – то есть наше счастье. Это древние стали бы тут судить, рядить, ломать голову – этика, неэтика... Ну, да ладно; словом, вот этакую вот райскую поэмку, а? И при этом тон серьезнейший... понимаете? Штучка, а?

Ну еще бы не понять. Помню, я подумал: «Такая у него нелепая, асимметричная внешность и такой правильно мыслящий ум». И оттого он так близок мне – настоящему мне (я все же считаю прежнего себя – настоящим, все теперешнее – это, конечно, только болезнь).

R, очевидно, прочел это у меня на лбу, обнял меня за плечи, захохотал.

– Ах вы... Адам! Да, кстати, насчет Евы...

Он порылся в кармане, вытащил записную книжку, перелистал.

– Послезавтра... нет: через два дня – у О розовый талон к вам. Так как вы? По-прежнему? Хотите, чтобы она...

– Ну да, ясно.

– Так и скажу. А то сама она, видите ли, стесняется... Такая, я вам скажу, история! Меня она только так, розово-талонно, а вас... И не говорит, что это четвертый влез в наш треугольник. Кто – кайтесь, греховодник, ну?

Во мне взвился занавес, и – шелест шелка, зеленый флакон, губы... И ни к чему, некстати – у меня вырвалось (если бы я удержался!):

– А скажите: вам когда-нибудь случалось пробовать никотин или алкоголь?

R подобрал губы, поглядел на меня исподлобья. Я совершенно ясно слышал его мысли: «Приятель-то ты – приятель... А все-таки...» И ответ:

– Да как сказать? Собственно – нет. Но я знал одну женщину...

– I, – закричал я.

– Как... вы – вы тоже с нею? – налился смехом, захлебнулся и сейчас брызнет.

Зеркало у меня висело так, что смотреться в него надо было через стол: отсюда, с кресла, я видел только свой лоб и брови.

И вот я – настоящий – увидел в зеркале исковерканную прыгающую прямую бровей, и я настоящий – услышал дикий, отвратительный крик:

– Что «тоже»? Нет: что такое «тоже»? Нет – я требую.

Распяленные негрские губы. Вытаращенные глаза... Я – настоящий крепко схватил за шиворот этого другого себя – дикого, лохматого, тяжело дышащего. Я – настоящий – сказал ему, R:

– Простите меня, ради Благодетеля. Я совсем болен, не сплю. Не понимаю, что со мной...

Толстые губы мимолетно усмехнулись:

– Да-да-да! Я понимаю – я понимаю! Мне все это знакомо... разумеется, теоретически. Прощайте!

В дверях повернулся черным мячиком – назад к столу, бросил на стол книгу:

– Последняя моя... Нарочно принес – чуть не забыл. Прощайте... – «п» брызнуло в меня, укатился...

Я – один. Или вернее: наедине с этим, другим «я». Я – в кресле, и, положив нога на ногу, из какого-то «там» с любопытством гляжу, как я – я же – корчусь на кровати.

Отчего – ну отчего целых три года я и О – жили так дружески – и вдруг теперь одно только слово о той, об... Неужели все это сумасшествие – любовь, ревность – не только в идиотских древних книжках? И главное – я! Уравнения, формулы, цифры – и... это – ничего не понимаю! Ничего... Завтра же пойду к R и скажу, что –

Неправда: не пойду. И завтра, и послезавтра – никогда больше не пойду. Не могу, не хочу его видеть. Конец! Треугольник наш – развалился.

Я – один. Вечер. Легкий туман. Небо задернуто молочно-золотистой тканью, если бы знать: что там – выше? И если бы знать: кто – я, какой – я?

(Замятин Е.И. *Мы. Повести. Рассказы*, запись 2-я, 11-я, М.: Дрофа, 2010, стр. 27-32, 68-71)

三、译文评析

———— ❀ ————

1．对作家整体语言风格和语体变化的把握

扎米亚京的叙述简洁凝练，有学者认为语言的异常简洁反映了扎米亚京创作风格的成熟。[①]小说《我们》便是一个例证。《我们》是以 Д-503 第一人称日记的形式写成，每一章都以"笔记"和"提要"为标题，这样的形式表达了主人公写作时匆忙、着急的心理。此外值得注意的是，日记里的句式大多短小，主要以名词为主。甚至有许多只由一个名词组成的称名句。这样的风格传达了日记作者激动、神经质、近乎病态的心理状态。在选段中这样的例子比比皆是。译者很好地把握了这一点，我们看如下例子：

"我独自一人。傍晚。扯起了薄雾。……但愿我能知道，我是谁，我是什么人？（Я – один. Вечер. Легкий туман. ... И если бы знать: кто – я, какой – я？）"

"春天。从绿色大墙外面，我们所看不到的田野里，春风送来了甜蜜的黄色花粉。（Весна. Из-за Зеленой Стены, с диких невидимых равнин, ветер несет желтую медовую пыль каких-то цветов. ）"

从以上两例我们可以看到，译文在忠实原作内容的同时，也保留了原作短小精悍的句式特点。不少译者在翻译文学作品时会运用拆句、拼句等技巧，这无可非议。但是如果不顾及原作的整体语言风格和作家创作目的，很可能会曲解作品的原意。例中的"Вечер.""Весна."等俄语中特有的称名句，在事物和现象的观察效果上具有特殊的修辞效应，如形象性、审美性、简洁性等。如果将其作为时间状语——"到了傍晚""到了春天"，合并到其后的句子中，看似符合中文的表达习惯，但是却损失了美感。

除了对原作句式短小这一特点的把握，译者还能够体会到作者在有意识地运用不同语体，并能够在译入语中用对等的手段将这一特点传达出来。男主人公 Д-503 是工程师、科学家，他在阐述自己思想时语言往往带

———————————

① 叶·伊·扎米亚京著，闫洪波译，《明天》[M]，北京：东方出版社，2000年，第7页。

有书卷气息，具有科技语体的特征，多使用抽象词汇、科技术语等。例如"Почему танец красив? Ответ: потому что это несвободное движение, потому что весь глубокий смысл танца именно в абсолютной, эстетической подчиненности, идеальной несвободе."中的"движение""несвобода"是科学术语中的"位移、运动""非自由状态"，而不是我们平常说的"动作""不自由"。译者很好地捕捉到了这一点，将其中的科技术语精准地传译了出来，其句式的安排也使得译语在整体风格上与原作保持了一致："为什么舞蹈是美的？回答是：因为这是非自由的运动，因为舞蹈的全部深刻意义正在于绝对的审美服从，在于理想的非自由状态。"

在作者以主人公视角进行日常叙述时，又切换成了口语体，例如："Ну, дальше там уж техника.""Вот и все."译者在这里运用了口语结构"那就是……了"、语气词"了"和常用语口语的成语结构"万事大吉"来与之对应："至于具体办法，那就是技术性问题了。""至此就万事大吉了。"让读者可以感受到科技语体到口语体的切换，营造了作者与读者之间的对话氛围。译者通过语气词的恰当使用，不仅在译文中实现了书面语和口语的平顺衔接，而且能够创设出作者与读者之间的对话氛围，给读者具有一种身临其境的亲历感。

2．对作家自创"新词"和"旧词"新用的准确翻译

扎米亚京的语言艺术和创新能力是有目共睹的。作家在《我们》中自创了许多新词来表达新概念及新意象。这些新词具有非凡的表现力及深层含义。如选段中的一个例子："На прощание I – все так же иксово – усмехнулась мне.（分手的时候，I又高深莫测地对我微微笑了笑。）"Икс原本是英文字母"X"的发音，在数学术语里指代"未知数"。文中第一次出现时，是男主人公看见女主人公眼底眉间总有一个奇怪的"X"，让人捉摸不透。这里作者创造性地将名词 икс 直接构成副词"иксово"。译者把"иксово"巧妙地译为"高深莫测地"，不仅贴合作品原意，也方便读者理解。这类新词简洁、突兀，让读者耳目一新、印象深刻。如果翻译不到位，则是对原作审美性的折损，而译者的翻译精准而生动地传达了原作的内容和审美效果。

除此以外，扎米亚京许多自创的"新词"是按照词的能产模式构成的，他将词汇的基本意义加以改变或重新组合，增加新的语义，使其所指变成了全新的概念。例如，Часовая Скрижаль（守时戒律表）、личные часы（个人时间）、Материнская и Отцовская Норма（母性和父性标准）、Благодетель（大恩主）、праздник Правосудия（审判大典）、День Единогласия（一致同意节）、детоводство（婴儿生育学）、Детско-воспитательный завод（儿童教育工厂）、музыкометра（音乐创作机）等等。Часовая Скрижаль 本意为"时间表"，译者将首字母大写的内容译为专有名词，译为"守时戒律表"，从而使该词具备了全新的意象——大一统王国的基本法典。而 детоводство 是来自 дети（孩子）和 водство（养殖），是仿造 куроводство（养鸡技术）、рыбоводство（养鱼技术）这些词构成，把孩子当动植物一样来"养殖"，这也是作者反讽手段的一种，译者称之为"婴儿生育学"，这样的处理将作者原本的讽刺意味展现得淋漓尽致。

3．归化和异化的巧妙结合

译文"记事二"开篇是男主人公 Д-503记录的大一统王国的概况——玻璃铸成的"绿色大墙"、没有云彩并消过毒的人造天空、四壁透明的玻璃住房，主人公一边描述一边"嘲讽"古人习以为常的丰富色彩、爱情和大自然。例如：

"古代人的鉴赏力真不可理喻。那种被吹嘘得天花乱坠的团团雾气，多么奇形怪状又毫无秩序。他们的诗人竟能从中获得灵感。（До чего были дики вкусы у древних, если их поэтов могли вдохновлять эти нелепые, безалаберные, глупотолкущиеся кучи пара. ）"

在该例中，主人公用自己荒唐的逻辑对追求艺术、爱情和美的20世纪的"古人"进行批判，而隐藏在主人公背后的作家则是在反话正说、曲折地进行反讽。这里扎米亚京所要赞美的和讽刺的正好与字面的意义相反，他所讽刺的正是他所追求的。主人公的荒唐逻辑愈加缜密，作者想要达到的反讽效果则愈加强烈。因此译者在这里选择用四字成语或词语来增加译文的节奏感和韵律感：将"до чего были дики"这样的俄语固定性结构替换成汉语的成语"不可理喻"，将自创的形动词"глупотолкущиеся"译为"天花乱坠"。紧接着又连用若干四字词语："奇形怪状""毫无秩序"，对主人公的叙述要点进行了语义强化。这样一个崇尚绝对理性、抛弃人性的 Д-503形象跃然纸上，同时也传递出了作者的讽刺态度。从中可以看出，译者为了营造更强的语境效果，降低中文读者的理解难度，采用了归化翻译策略，并借助意译、成语、四字词语的具体方法来实现。

我们再来看以下两个例子：

"这时，我下意识地打开自己金黄色的号码牌，看了看表：17点差10分。（Я **машинально** раскрыл свою золотую бляху, взглянул на часы. Без десяти 17. ）"

"我和大家一起机械地数数——50下。50是咀嚼一块食物的规定次数。然后，我机械地有节拍地迈步下楼……（Я **машинально**, вместе со всеми, считаю до пятидесяти: пятьдесят узаконенных жевательных движений на каждый кусок. И, **машинально** отбивая такт, опускаюсь вниз... ）"

面对同一个词"машинально"时，译者选择了不同的词语与其对应。例1是男主人公与女主人公 I-330相约参观古宅时，面对她犀利而又逻辑缜密的雄辩式论述，显得有些心力交瘁、招架不住，于是下意识地做了看表的动作。"машинально"指"机械地""无意识地"，指像机器一样不带任何感情色彩地做某事。译者为了向目的语读者传递源语作者的信息意图和交际意图，采用归化的策略，将其处理为"下意识地"。而在例2中，是男主人公精神恍惚，对自己的信仰已经产生怀疑后不知所措的样子，译者在这里使用该词的本义"机械地"，形象地还原出一个精神异常、近乎病态的人物形象。

第十五章

帕斯捷尔纳克
《日瓦戈医生》

一、帕斯捷尔纳克与《日瓦戈医生》

　　鲍里斯·列奥尼多维奇·帕斯捷尔纳克（Борис Леонидович Пастернак，1890—1960）于1890年出生在莫斯科的一个艺术家庭，是20世纪俄国著名的作家、诗人、翻译家。他的父亲是一位画家，与列夫·托尔斯泰熟识，《战争与和平》《复活》等书的插图和托尔斯泰临终时的画像即出自其手。母亲罗莎·考夫曼是一位颇具才华的钢琴家。从小生活在知识分子家庭让帕斯捷尔纳克很早就有了细腻、敏感的特质，他慢慢学会了思考人生与社会。自大学毕业后帕斯捷尔纳克开始发表诗作，与鲍勃罗夫、阿谢耶夫等组成未来派诗人小组"离心机"，并结识了马雅可夫斯基。从出版第一部诗集《云中的双子星》（1914），到最后一部诗集《天放晴时》（1956—1959），帕斯捷尔纳克先后出版过9部诗集。如刘文飞所说，"这些抒情诗集像一道珠串，把帕斯捷尔纳克延续半个世纪之久的诗歌创作连接为一个整体。"①其诗歌的一个重要特征是富于哲理与深刻的宗教内涵，他善于通过诗作阐述对知识分子的命运以及社会、历史的看法。

---

① 刘文飞，帕斯捷尔纳克：生活和创作[J]，载《边疆文学》，2020年第7期，第66—85页。

　　值得一提的是，帕斯捷尔纳克也是一位杰出的作家，写有长篇小说一部、中短篇小说13篇（包括未完成作品）、自传两部和文论若干，另外还留下大量书信，其小说大多带有自传性和思辨性。他的长篇小说《日瓦戈医生》（*Доктор Живаго*，1957），被作家本人称作是他"告知整个世界的最后的话，并且是最重要的话"[1]，是一部反对暴力、流血，歌颂人性、爱情的抒情史诗。小说以日瓦戈和拉拉各自的经历以及他们在战乱中的爱情为主要情节，以少年瓦夏、红军将领斯特列尔尼科夫、知识分子戈尔顿和杜多罗夫的故事等为次要情节，在广阔的时空背景上描绘了一战、1905年革命、二月革命、十月革命、国内战争、新经济政策等一系列重大历史事件。该小说因"将现代抒情诗和伟大的俄罗斯文学传统完美结合"获得了1958年的诺贝尔文学奖。此外，在没有机会发表作品时，帕斯捷尔纳克潜心翻译，为俄国读者引介了许多西欧古典文学名著，如莎士比亚的《哈姆雷特》《罗密欧与朱丽叶》《李尔王》，歌德的《浮士德》，席勒的《玛丽亚·斯图亚特》等。

　　作品《日瓦格医生》的主人公日瓦戈天资聪颖，从小受到良好的文化熏陶。性格感性浪漫，但作为医生的他也有科学理性、清晰思考的一面，这些情理兼备的特质也让他成为小说中引人入胜的角色。自1915年秋应征入伍后，他便陷入了动荡、混乱且艰难的历史漩涡之中。自己与家人因战乱而天各一方，妻儿与岳父也被当作阶级敌人而被驱逐出国。他与情人拉拉的爱是唯一的慰藉，而这份爱也充满了变数与危机，经受着人伦道德的考验。在经历了生活的种种磨难之后，日瓦戈终于回到莫斯科，这时他的性格变得孤僻，生活也更加潦倒，对于战争可以把整个世界变得无情、把之前和平相处的人们变得水火不容而深思良久。"书中的日瓦戈仿佛就是作家对自己生命历程的一种审视，日瓦戈的悲剧命运也仿佛预示了作家的遭遇。"[1]总之，日瓦戈是十月革命前后俄罗斯知识分子的一个缩影，在他身上表现出俄罗斯知识分子的自由的精神追求和独立的思想探索，表达出作家相信人性救世的思想。[2]如意大利《现代》杂志主编尼古拉所说的

---

[1] Баевский В. С. Пастернак Перечитывая классику[M]. под редакцией Кутуковой Л. В. М.: Издательство МГУ, 2002, стр. 60.

[2] 任光宣主编，《俄罗斯文学简史》[M]，北京：北京大学出版社，2006年，第338页。

那样，"继《战争与和平》后，还没有一部作品能够概括一个如此广阔和如此具有历史意义的时期。"①

小说的艺术特色，尤其是其中的象征手法也颇具一格。帕斯捷尔纳克对别雷、勃洛克等俄罗斯象征主义诗人的诗歌情有独钟，在莫斯科大学期间，就参加了别雷担任主编的"缪斯革忒斯"出版社的系列活动。有学者更是认为，"勃洛克式的象征主义在《日瓦戈医生》中可以找到其理性意义与影响。"②小说中出现了许多意义深刻的意象，如光、蜡烛、花楸树、密林、暴风雪、狼、沟谷等。其中，"烛光"象征着"爱、生命、欢乐"，拉拉称尤里是"我的明亮的烛光"，是"永远点燃并发出暖光的蜡烛"；"暴风雪"象征着"邪恶"等等。光的意象甚至贯穿了小说全文，起到了重要结构功能的作用。

《日瓦戈医生》在苏联和我国的出版历程都较为坎坷。③中俄两国对小说的价值判断都经历了从艺术劣作到经典文学的演变。1985年以前，在我国凡涉及《日瓦戈医生》的论述均持否定态度，即便是欣赏帕斯捷尔纳克的学者，一般只提及他的诗作，而不提小说《日瓦戈医生》。最早的中译本是1959年出版的季予译本和1965年出版的洪兆方译本，能够读到的人少之又少。改革开放后，我国学界才开始对这部小说有了客观的认识和研究。1986年《当代苏联文学》刊登了蓝英年缩改的《日瓦戈医生》故事，直到1986年12月，才由漓江出版社出版了力冈、冀刚译本，1987年6月湖南人民出版社出版了白春仁、顾亚铃译本。小说译本一经出版，就受到众多读者的推崇，成为竞相阅读的作品。当时的众多外国文学研究专家和译者，如蓝英年、薛君智、赵一凡、陆建德、徐振亚等人，客观公正且专业深刻地评介了小说的思想价值和艺术价值。白春仁、顾亚铃两位译者在1987年首版的基础上，参考莫斯科文学出版社1990年出版的《帕斯捷尔纳克文集》，对《日瓦戈医生》加以精心修订，较为完整地保留了原著丰富的信息。

---

① 蓝英年，《青山遮不住》[M]，青岛：青岛出版社，第3页。
② Власов А. С. Явление Рождества А. Блок в романе Б. Пастернака «Доктор Живаго»: тема и вариации[J] // Вопросы литературы, 2006, № 3, стр. 87-119.
③ 1957年被意大利出版商菲尔特里内利（Giangiacomo·Feltrinelli）偷运出境，并在米兰以俄文发行，隔年又发行了意大利文和英文的版本，回响甚大，好评如潮。

　　学界经常提到20世纪外国文学对中国文学产生了巨大影响，"20世纪外国文学"在相关语境中多指翻译文学。20世纪的中国作家大多是通过译文来认识外国文学的。随着其他苏联"非主潮文学"的不断传入，《日瓦戈医生》和它们一道给中国读者以强烈的震撼，开始影响中国部分作家的创作取向，引发部分知识分子对中国本土问题的反思。[①]因此，对20世纪外国文学翻译文本的研究不容忽视。

　　白春仁（1935—），北京外国语大学教授，俄罗斯文学研究专家，资深俄苏文学翻译家，翻译和编译的主要成果有《日瓦戈医生》、《巴赫金全集》（7卷）、《陀思妥耶夫斯基全集》（22卷）等。顾亚铃（1932—），北京外国语大学教授，资深俄苏文学翻译家，长期从事俄苏文学研究及编辑工作。除了本文评析的《日瓦戈医生》，其译著《左琴科幽默讽刺作品选》《日出之前》《陀思妥耶夫斯基的诗学问题》《聋人之家》《我们》《鬼阁魔楼》《在那明丽的春日》等也颇受读者好评。

二、《日瓦戈医生》译文节选

12

　　日瓦戈的第一个念头，是起身走过去看望拉拉·费奥多罗夫娜。可是接着一种不符合他性格、但在同她的交往中早已形成了的拘谨和不自然，又占了上风。他决定不去打搅她，也别中断了自己的工作。为了逃避不时朝她张望的诱惑，他把椅子侧过，几乎是背对着读者埋头看书。他手里拿了本书，膝上又摊开了另一本书。

---

① 作家尤凤伟、朱秀海、陈忠实都曾表示在创作自己的作品时，都有受到《日瓦戈医生》或明或暗的影响。

　　然而他的思绪却离他钻研的对象，相去不啻十万八千里。与学问毫不相关，他突然明白过来：那次在瓦雷基诺冬夜睡梦里听到的声音，正是拉拉·安季波娃的声音。这一发现使他大为惊异；他为了从座位上望见她，猛地把椅子挪回原状，惹得周围人们很奇怪。接着他便一直看着她。

　　他是从背后望到她半个侧面。她穿着浅色细格工作服，扎了条宽腰带，聚精会神地读着，像孩子似的朝右边歪着脑袋。偶尔她沉思起来，抬眼看看天花板，或者眯眼向前方凝视，然后复又一只手支案托腮，一只手握着铅笔大字疾书，从书中抄录些什么。

　　日瓦戈边观察边印证了自己在梅柳泽耶夫的老印象。他心想："她不想招人喜欢，不想显得美丽诱人。她鄙视女人这一天性，并且好像因为自己这么漂亮而自责。她自我敌视的倨傲神气，越发十倍地增添了妩媚。"

　　"她的一举一动，都是那么可人。她读书的样子，完全不像人的高级活动，而像是一切动物无不能做的极简单的事。就仿佛她提一桶水，或是削土豆皮。"

　　医生这么寻思着，情绪就平静下来。心里展现出了一个难得见到的世界。脑子不再杂乱无章地东想西想。他不禁一笑。拉拉·安季波娃的出现，对他和那神经质的管理员，起到了同样的作用。

　　他不管椅子放得正不正，不顾周围干扰和分散注意力，又工作了一个到一个半小时，比拉拉·安季波娃来前更加全神贯注。他翻遍桌上小山般的一摞书，找出了最需要的东西，甚至顺便读完了新遇到的两篇主要文章。决定到此打住之后，他开始收拾去还书。此时他心里没有任何别的杂念。他坦然而绝无他意地想道，既然认真干完了工作，他有权利同善良的老朋友见上一面，这个欢悦是理所应得的。可当他站起来环视下阅览室时，却没有找到拉拉·安季波娃，她已经不在了。

　　医生把大大小小的一摞书送到出纳台上，这时拉拉·安季波娃送还的书还摆在那里没有收走。这全是有关马克思主义的参考书。看来她作为一个重新改换专业的旧教师，正在业余自修政治学科。

　　书里夹着拉拉写给图书目录室的索书单。纸片的一角露在外面。上面写着拉拉的住址，很容易看到。日瓦戈抄下来，可对奇怪的地名不胜惊讶：商人街，雕像楼对面。

日瓦戈一打听，马上了解到"雕像楼"在尤里亚京是个家喻户晓的名字，就好像莫斯科一些地方采用教区的名称，或者像在彼得堡人人都知道"五角地"一样。

这是一幢钢材般深灰色的楼房，雕有古希腊罗马的女神，手执鼓琴和面具，是个商人戏迷在上一世纪建造作为家庭戏院用的。商人后裔把房子卖给了商人参议会。商人街由参议会得名，房子就坐落在街角上。由此"雕像楼"成了这一片地方的名称。如今楼里驻有市党委会。在它倾斜下坠的墙壁上，过去贴着剧院和马戏团的节目广告，现在则是政府的法令和决定。

14

"把手伸给我，小心点跟着我走。这有两间屋太黑，堆满了东西直到天花板。小心别撞上碰痛了。"

"真的像个迷宫。我自己可找不到路。这是怎么搞的？是修房子吗？"

"不，根本不是。不是因为这个。这套住宅是别人的，我都不知道是谁家的。我们有过一套，是公家的房子，在中学校的大楼里。后来尤里亚京苏维埃的房管处占了中学校舍，把我和女儿迁到这套被人丢下的住宅里，占住了一部分。这儿原来摆着旧主人的家具，很不少。我不需要别人的东西，就全堆到这两间里，把窗子刷上了白粉。别放开我的手，不然会走错路。对，就这样。往右拐。现在转出来了。这就是我的屋门，这儿就亮些了。小心门槛，别绊了脚。"

日瓦戈同引路的拉拉进了屋，对着门的墙上恰好开着一扇窗户。日瓦戈向窗外一望，不禁大为惊异。窗子朝院开，看到的是邻近楼房的后院和河岸上城郊的荒地。那里放牧着山羊和绵羊，它们的长绒毛好像展开的皮袄大襟，把地上的尘土卷了起来。此外，在荒地的两根木杆上，正冲着窗口竖着医生熟悉的一块牌子："莫罗和韦钦金。播种机、打谷机"。

受了这块广告牌的影响，日瓦戈开口就对拉拉讲起自己一家来乌拉尔的情况。他忘了听说过关于斯特列尔尼科夫很可能是她丈夫的谣传，不假思索地说了自己在车厢里同政委相遇的经过。他这一番话给拉拉留下了特别深刻的印象。

"您见到斯特列尔尼科夫了？"她马上反问。"我目前什么也先不对您讲。不过这太巧了，简直像注定你们要见面似的。等以后我找时间告诉您，您会惊异得大叫。要是我没理解错您的意思，他给您的印象不错而不是不好？"

"对，恐怕是这样。他本可以不见我的。我们经过受到他镇压和破坏的地区，我准备着见到一个暴虐的粗野军人，或是狂暴的革命者，结果哪样都不是。一个人出乎你的意料，不同于你先期的想象，这是好事。人一归结为某种类型，这人就完了，就是遭到了非议。要是不能把他归到哪一类里去，要是他不代表什么，那么要求于他的东西，他至少已有了一半。他从自我中得到了解放，他的极小部分已得以不朽。"

"据说他是非党人士。"

"对，我觉得是这样。他靠什么唤起人家的好感呢？这是个难逃厄运的人。我感到他不会有好下场。他得偿还自己造的孽。革命中无法无天的人之所以可怕，不在于他是恶人，而在于他是失去控制的机器，是脱了轨的火车。斯特列尔尼科夫就是这种发狂的人，不过他不是念书念疯的，而是被痛苦经历逼疯的。我不了解他的隐秘，可我相信他有自己的隐秘。他与布尔什维克的合作纯属偶然。暂时布尔什维克还需要他，就忍着他，能够同路。一旦没有这种需要，他们马上会毫不可惜地抛掉他，踩烂他，像对付在他之前的许多军事专家一样。"

"您这么以为吗？"

"必然如此。"

"那他有救吗？比如说不能逃跑吗？"

"往哪跑呀，拉拉·费奥多罗夫娜？从前沙皇时代可以逃跑。可现在你试试看。"

"遗憾。听您这么一讲，我对他倒产生了同情心。您变了。以前您说到革命，不这么激烈，不这么气愤。"

"问题就在于凡事总有个限度，拉拉·费奥多罗夫娜。经过这么一段时间，本该做出一定结果来了。可事实说明，对于革命的鼓吹者来说，变革的混乱是他们心里唯一喜爱的局面；他们可以不吃饭，但非得做出一点世界范围的动作。开辟天地，经历过渡时期——这就是他们的目的本身。任何其他的事，他们都不愿去学习，也什么都不会做。但您知道他们为什么无休无止地准备，忙得不可开交吗？是由于他们缺乏某些训练有素的人才，是由于他们平庸。人来到世上是要生活，而不是为生活做准备。而且生活本身，生活现象，生活的恩赐，都十分诱人却又非同小可。既然如此，干吗要用幼稚杜撰出来的蹩脚喜剧，去冒充生活呢？就像让契诃夫笔下天真无邪的人们出逃美洲这种荒唐的事儿。好了，说得够多了。现在该轮到我问问题了。我们坐火车靠近城区时，正是你们这儿发生事变的早晨。您当时是不是也受到很大惊动？"

"那还用说。自然喽！四周全是大火。我们自己差点儿没给烧死。我已经对您说过，住的楼房直摇晃。院门旁至今还有一颗没爆炸的炮弹。抢劫、扫射、一片混乱。和每次改朝换代一样。那个时候我们已经很有经验，习以为常啦，不是头一次嘛。白军在的时候更不得了。放冷枪报私仇，敲诈勒索，无法无天。最主要的我还没对您说。我们那位加利乌林，是捷克军里的了不得的人物，好像是个将军兼省长。"

"我知道。听说过。您见他了吗？"

"常常见他。我靠他帮助救了不少人的性命，也掩护了不少人。应该说句公道话。他的为人无懈可击，仗义，不同于任何小人物，什么哥萨克军的大尉呀、乡村警察呀等等。可当时逞威风的正是这些小官，而不是行为端正的人们。加利乌林给过我多方的帮助，这得谢谢他。要知道我们是老熟人。我还是小姑娘时，常常到他住的院子里去。那里住着许多铁路工人。我小时候亲眼看到了贫困和劳累。因此我对革命的态度和你不同。革命对我更亲切些，其中许多事我感到很贴心。谁料他突然成了上校，就是这个小男孩，看门人的儿子。后来竟当上白军的将军。我是从文职人员的环境里出来的，搞不清楚军衔。论职业我是个历史教员。情况就是如此，日瓦戈。我帮过许多人。常去找他，还一起回忆起您来。要知道我在所有的政府里，都有关系和保护人，可在一切制度下都感到沮丧，遭到损失。只有在很不像样的书里，活着的人们才分裂为两个阵营，互不相干。而事实上一切全互相交错着。如果在生活里只扮演一个角色，在社会上只占据一个位置，也就是说总是一个模样，那可真是无能到不可救药了！想不到您到了这里。"

一个八岁左右的小姑娘走进来，扎着两个小发辫。她细长的眼睛，透了几分顽皮和狡黠。她笑的时候，就把眼睛微微抬起。她在门外就发现母亲这里有客，但迈进门槛时觉得脸上应该表现出意外的惊讶。她向他行了个屈膝礼，目不转睛、毫无畏缩地盯着日瓦戈医生；这是一个过早思虑、孤独成长的孩子。

"这是我的女儿卡坚卡。您多关照呵。"

"在梅柳泽耶夫，您给我看过照片。长得这么大了，样子也变了！"

"你原来在家呀？我当你去玩了。怎么没听见你进大门呢？"

"我从窟窿里掏钥匙，那里面藏了好大的一只老鼠。我叫了一声就跑开了！我想非吓死不行。"

卡坚卡说着，绷紧了十分俊俏的小脸蛋，瞪大了顽皮的小眼睛，张圆了小嘴，活似从水里拽上来的一条小鱼。

"好了，回自己屋去吧。我求叔叔留下吃午饭，等把炉里的饭拿出来，我就喊你。"

"谢谢您的好意，我只好抱歉了。我们家里因为我总进城，把午饭改到六点。我一般不迟到，路上得骑三个多小时，有时整整四个小时。所以我才来得这么早。请您原谅，我过一会就走。"

"再坐半个小时嘛。"

"好。"

15

……

"我曾经来过这里守候帕沙，希望他能来这里或从这里出去。从前厢房当过省长将军的办公室。现在门上挂了个小牌：'群众来访处'。您大概看到了吧？这是城里最漂亮的地方。门外的空场上铺着条石。过了广场是城市果园，有红莓、椵树、山楂树。我站在人行道上的求见者中间候着他。当然我不会硬要他接见我，没对人说我是他妻子。我们的姓不一样嘛。这也谈不上忍心不忍心。他们遵循的完全是不同的规矩。例如他的亲生父亲帕维尔·费拉蓬托维奇·安季波夫，曾是被流放的政治犯，工人出身，现在在离这很近的一处地方法院工作，正是他过去的流放地。还有他的朋友季韦尔辛。两人都是革命军事法庭的成员。您猜怎么着？儿子对父亲也不公开身份，父亲还认为理所当然，并不生气。既然儿子处于隐蔽状态，那就不能相认。这种人顽强极了，只知道原则、纪律。

"说到底，就算我能证明我是他妻子，又算得什么！是那种太平时候吗？还能顾得上老婆吗？全世界无产者！改造天下！这个不一样，这个我懂，要说妻子，不过是有两条腿的动物罢了，去它的吧，那有什么了不起！

"副官对求见的人挨个问了一遍，放进了几个人。我没有说出姓名；他问有什么事，我回答是私事。可以预料非遭到回绝不成。副官耸耸肩，疑惑地打量我一番。就这样，我一次也没能见到他。

"您会以为他厌弃我们，不爱我们了，早已忘到脑后？不，恰恰相反！我非常了解他！他极重感情，为了这个真是什么都做得出来！他非得把所有这些战功花环扔到我们面前，绝不肯空手而回，要光荣凯旋，好使我们也永垂不朽，使我们惊讶万状！简直像个孩子！"

卡坚卡又回到屋里。拉拉搂起她，摇晃，胳肢，亲吻，紧抱着不放，弄得孩子莫名其妙。

16

......

拉拉忍住自己沉重的心境，不表露出来，免得日瓦戈痛苦。她理解就这样他已经够痛苦了。她极力镇定地听完他的决定。他俩是在旧房主那间朝着商人街的空荡冷清的房间里，谈了这次话。顺着拉拉的面颊，流下了她无意识、不感觉的泪珠，恰似在对面雕像楼的石雕脸上，此刻正流下一滴滴雨珠。她真心实意，绝非故作宽容地说："你觉得怎么好就怎么办吧，不要管我。我一切都能忍受住。"她说着，并不知道自己在哭，没有去擦泪水。

日瓦戈一想到拉拉可能理解错了他的话，想到自己又骗了她，给她留下虚假的希望，恨不得转身骑马回城去，把未尽之意说个清楚，而主要是该同她更热烈、更温柔地告别一次，这才更符合终生诀别的态度。他好不容易克制住自己，才继续向前奔去。

随着太阳渐渐西沉，林中弥漫了寒气和昏暗。仿佛进了澡房的门，闻到泡软的桦木条上阔叶的潮湿味。一群群蚊子悬在空中一动不动，好像浮在水面的鱼漂，但嗡嗡地唱着一个细细的调门。日瓦戈在脑门上、脖颈上不知拍了多少下。手掌拍在汗湿的皮肉上，噼啪作响；与此十分和谐地相互呼应的，是骑马发出的一切其他声响，如鞍子的吱呀声，马蹄在泥泞中沉重的嗒嗒声，还有马腹里发出的一连串闷响。突然，在日落的远方响起夜莺的歌唱。

"快醒！快醒！"夜莺这样唤着劝着；这几乎像快到复活节时的叫唤："我的灵魂啊，我的灵魂，快醒来吧，为何还沉睡不起？"

他脑子里忽然出现一个极简单的念头。忙个什么呢？他既然对自己许下了诺言，是不会后退的。他一定要揭露自己。可谁规定了非得在今天呢？对冬尼娅还什么也没有透露。留到下一次再摊牌也还不迟。在这个空隙里他可再去城里一次。能够同拉拉把话谈开，说得深切诚挚，以此偿还所有的痛苦。啊，那样该多好哇！再合适不过了！奇怪，怎么方才没有想到呢？

一设想还能够见到拉拉一回，日瓦戈不禁欣喜若狂，心剧烈地跳起来，他重又在想象中品味着幽会的欢乐。

……

（节选自白春仁、顾亚铃译《日瓦戈医生》，上海译文出版社，2011年，第357—359页，第362—375页）

附：*Доктор Живаго* 选段原文

12

Первое намерение Юрия Андреевича было встать и подойти к Ларисе Федоровне. Но затем чуждые его природе, но установившиеся у него по отношению к ней принужденность и отсутствие простоты взяли верх. Он решил не мешать ей, а также не прерывать собственной работы. Чтобы защитить себя от искушения глядеть в ее сторону, он поставил стул боком к столу, почти задом к занимающимся, и углубился в свои книги, держа одну в руке перед собой, а другую развернутою на коленях.

Однако мысли его витали за тридевять земель от предмета его занятий. Вне всякой связи с ними он вдруг понял, что голос, который однажды он слышал зимнею ночью во сне в Варыкине, был голосом Антиповой. Его поразило это открытие, и, привлекая внимание окружающих, он порывисто переставил стул в прежнее положение, так чтобы с его места было видно Антипову, и стал смотреть на нее.

Он видел ее со спины, вполоборота, почти сзади. Она была в светлой клетчатой блузе, перехваченной кушаком, и читала увлеченно, с самозабвением, как дети, склонив голову немного набок, к правому плечу. Иногда она задумывалась, поднимала глаза к потолку или, щурясь, заглядывалась куда-то перед собой, а потом снова облокачивалась, подпирала голову рукой и быстрым размашистым движением записывала карандашом в тетрадь выноски из книги.

Юрий Андреевич проверял и подтверждал свои старые мелюзеевские наблюдения. «Ей не хочется нравиться, – думал он, – быть красивой, пленяющей. Она презирает эту сторону женской сущности и как бы казнит себя за то, что так хороша. И эта гордая враждебность к себе удесятеряет ее неотразимость.

Как хорошо все, что она делает. Она читает так, точно это не высшая деятельность человека, а нечто простейшее, доступное животным. Точно она воду носит или чистит картошку».

За этими размышлениями доктор успокоился. Редкий мир сошел ему в душу. Мысли его перестали разбегаться и перескакивать с предмета на предмет. Он невольно улыбнулся. Присутствие Антиповой оказывало на него такое же действие, как на нервную библиотекаршу.

Не заботясь о том, как стоит его стул, и не боясь помех и рассеяний, он час или полтора проработал еще усидчивей и сосредоточенней, чем до прихода Антиповой. Он перерыл высившуюся перед ним гору книг, отобрал самое нужное и даже попутно успел проглотить две встретившиеся в них существенные статьи. Решив удовольствоваться сделанным, он стал собирать книги, чтобы отнести их к столу выдач. Всякие посторонние соображения, порочащие сознание, покинули его. С чистою совестью и совершенно без задних мыслей он подумал, что честно отработанным уроком он заслужил право встретиться со старой доброю знакомою и на законном основании позволить себе эту радость. Но когда, поднявшись, он окинул взглядом читальню, он не обнаружил Антиповой, в зале ее больше не было.

На стойке, куда доктор перенес свои тома и брошюры, еще лежала неубранною литература, возвращенная Антиповой. Все это были руководства по марксизму. Вероятно, как бывшая, вновь переопределяющаяся учительница, она своими силами на дому проходила политическую переподготовку.

В книжки заложены были требования Ларисы Федоровны в каталожную. Билетики торчали концами наружу. В них проставлен был адрес Ларисы Федоровны. Его легко можно было прочесть. Юрий Андреевич списал его, удивившись странности обозначения. «Купеческая, против дома с фигурами».

Тут же, у кого-то осведомившись, Юрий Андреевич узнал, что выражение «дом с фигурами» в Юрятине настолько же ходячее, как наименование околотков по церковным приходам в Москве или название «у пяти углов» в Петербурге.

Так назывался темно-серый дом с кариатидами и статуями античных муз с бубнами, лирами и масками в руках, выстроенный в прошлом столетии купцом-театралом для своего домашнего театра. Наследники купца продали дом Купеческой управе, давшей название улице, угол которой дом занимал. По этому дому с фигурами обозначали всю прилегавшую к нему местность. Теперь в доме с фигурами помещался горком партии, и на стене его косого, спускавшегося под гору и понижавшегося фундамента, где в прежние времена расклеивали театральные и цирковые афиши, теперь вывешивали декреты и постановления правительства.

14

– Дайте руку и покорно следуйте за мной. Тут будет две комнаты, где темно и вещи навалены до потолка. Наткнетесь и ушибетесь.

— Правда, лабиринт какой-то. Я не нашел бы дороги. Почему это? В квартире ремонт?

— О нет, нисколько. Дело не в этом. Квартира чужая. Я даже не знаю, чья. У нас была своя, казенная, в здании гимназии. Когда гимназию занял жилотдел Юрсовета, меня с дочерью переселили в часть этой, покинутой. Здесь была обстановка старых хозяев. Много мебели. Я в чужом добре не нуждаюсь. Я их вещи составила в эти две комнаты, а окна забелила. Не выпускайте моей руки, а то заблудитесь. Ну так. Направо. Теперь дебри позади. Вот дверь ко мне. Сейчас станет светлее. Порог. Не оступитесь.

Когда Юрий Андреевич с провожатой вошел в комнату, в стене против двери оказалось окно. Доктора поразило, что он в нем увидел. Окно выходило на двор дома, на зады соседних и на городские пустыри у реки. На них паслись и точно полами расстегнутых шуб подметали пыль своей длиннорунной шерстью овцы и козы. На них, кроме того, торчала на двух столбах, лицом к окну, знакомая доктору вывеска: «Моро и Ветчинкин. Сеялки. Молотилки».

Под влиянием увиденной вывески доктор с первых же слов стал описывать Ларисе Федоровне свой приезд с семьей на Урал. Он забыл о том отождествлении, которое проводила молва между Стрельниковым и ее мужем, и не задумываясь рассказал о своей встрече с комиссаром в вагоне. Эта часть рассказа произвела особенное впечатление на Ларису Федоровну.

— Вы видали Стрельникова?! — живо переспросила она. — Я пока вам больше ничего не скажу. Но как знаменательно! Просто какое-то предопределение, что вы должны были встретиться. Я вам после когда-нибудь объясню, вы просто ахнете. Если я вас правильно поняла, он произвел на вас скорее благоприятное, чем невыгодное впечатление?

— Да, пожалуй. Он должен был бы меня оттолкнуть. Мы проезжали места его расправ и разрушений. Я ждал встретить карателя-солдафона или революционного маниака-душителя и не нашел ни того, ни другого. Хорошо, когда человек обманывает ваши ожидания, когда он расходится с заранее составленным представлением о нем. Принадлежность к типу есть конец человека, его осуждение. Если его не подо что подвести, если он не показателен, половина требующегося от него налицо. Он свободен от себя, крупица бессмертия достигнута им.

– Говорят, он беспартийный.

– Да, мне кажется. Чем он располагает к себе? Это обреченный. Я думаю, он плохо кончит. Он искупит зло, которое он принес. Самоуправцы революции ужасны не как злодеи, а как механизмы без управления, как сошедшие с рельсов машины. Стрельников такой же сумасшедший, как они, но он помешался не на книжке, а на пережитом и выстраданном. Я не знаю его тайны, но уверен, что она у него есть. Его союз с большевиками случаен. Пока он им нужен, его терпят, им по пути. Но по первом миновении надобности его отшвырнут без сожаления прочь и растопчут, как многих военных специалистов до него.

– Вы думаете?

– Обязательно.

– А нет ли для него спасения? В бегстве, например?

– Куда, Лариса Федоровна? Это прежде, при царях, водилось. А теперь попробуйте.

– Жалко. Своим рассказом вы пробудили во мне сочувствие к нему. А вы изменились. Раньше вы судили о революции не так резко, без раздражения.

– В том-то и дело, Лариса Федоровна, что всему есть мера. За это время пора было прийти к чему-нибудь. А выяснилось, что для вдохновителей революции суматоха перемен и перестановок – единственная родная стихия, что их хлебом не корми, а подай им что-нибудь в масштабе земного шара. Построения миров, переходные периоды – это их самоцель. Ничему другому они не учились, ничего не умеют. А вы знаете, откуда суета этих вечных приготовлений? От отсутствия определенных готовых способностей, от неодаренности. Человек рождается жить, а не готовиться к жизни. И сама жизнь, явление жизни, дар жизни так захватывающе нешуточны! Так зачем подменять ее ребяческой арлекинадой незрелых выдумок, этими побегами чеховских школьников в Америку? Но довольно. Теперь моя очередь спрашивать. Мы подъезжали к городу в утро вашего переворота. Вы были тогда в большой переделке?

– О, еще бы! Конечно. Кругом пожары. Сами чуть не сгорели. Дом, я вам говорила, как покачнуло! На дворе до сих пор неразорвавшийся снаряд у ворот. Грабежи, бомбардировка, безобразия. Как при всякой смене властей. К той поре мы уже были ученые, привычные. Не впервой было. А во время белых что творилось! Убийства из-за угла по мотивам личной мести, вымогательства, вакханалия! Да, но ведь я главного вам не сказала. Галиуллин-то наш! Преважною шишкой тут оказался при чехах. Чем-то вроде генерал-губернатора.

– Знаю. Слышал. Вы с ним видались?

– Очень часто. Скольким я жизнь спасла благодаря ему! Скольких укрыла! Надо отдать ему справедливость. Держал он себя безупречно, по-рыцарски, не то что всякая мелкая сошка, казачьи там есаулы и полицейские урядники.

Но ведь тогда тон задавала именно эта мелкота, а не порядочные люди. Галиуллин мне во многом помог, спасибо ему. Мы ведь старые знакомые. Я часто девочкой на дворе бывала, где он рос. В доме жили рабочие с железной дороги. Я в детстве близко видела бедность и труд. От этого мое отношение к революции иное, чем у вас. Она ближе мне. В ней для меня много родного. И вдруг он полковником становится, этот мальчик, сын дворника. Или даже белым генералом. Я из штатской среды и плохо разбираюсь в чинах. А по специальности я учительница-историчка. Да, так вот как, Живаго. Многим я помогла. Ходила к нему. Вас вспоминали. У меня ведь во всех правительствах связи и покровители и при всех порядках огорчения и потери. Это ведь только в плохих книжках живущие разделены на два лагеря и не соприкасаются. А в действительности все так переплетается! Каким непоправимым ничтожеством надо быть, чтобы играть в жизни только одну роль, занимать одно лишь место в обществе, значить всего только одно и то же!

– А, так ты здесь, оказывается?

В комнату вошла девочка лет восьми с двумя мелко заплетенными косичками. Узко разрезанные, уголками врозь поставленные глаза придавали ей шаловливый и лукавый вид. Когда она смеялась, она их приподнимала. Она уже за дверью обнаружила, что у матери гость, но, показавшись на пороге, сочла нужным изобразить на лице нечаянное удивление, сделала книксен и устремила на доктора немигающий, безбоязненный взгляд рано задумывающегося, одиноко вырастающего ребенка.

– Моя дочь Катенька. Прошу любить и жаловать.

– Вы в Мелюзееве карточку показывали. Как выросла и изменилась!

– Так ты, оказывается, дома? А я думала – гуляешь. Я и не слышала, как ты вошла.

– Вынимаю из дыры ключ, а там вот такой величины крысина! Я закричала и в сторону! Думала, умру со страху.

Катенька говорила, корча премилые рожицы, таращи плутовские глаза и растягивая кружком ротик, как вытащенная из воды рыбка.

– Ну ступай к себе. Вот уговорю дядю к обеду остаться, выну кашу из духовой и позову тебя.

– Спасибо, но вынужден отказаться. У нас вследствие моих наездов в город стали в шесть обедать. Я привык не опаздывать, а езды три часа с чем-то, если не все четыре. Потому-то я к вам так рано – простите – и скоро подымусь.

– Только полчаса еще.

– С удовольствием.

15

<...>

– Так вот сюда я Пашу стеречь ходила. В надежде на его приезд или выход. Когда-то во флигеле была канцелярия генерал-губернатора. Теперь на двери табличка: «Бюро претензий». Вы, может быть, видели? Это красивейшее место в городе. Площадь перед дверью вымощена брусчаткой. Перейдя площадь, городской сад. Калина, клен, боярышник. Становилась на тротуаре в кучке просителей и поджидала. Разумеется, не ломилась на прием, не говорила, что жена. Фамилии-то ведь разные. Да и при чем тут голос сердца? У них совсем другие правила. Например, родной его отец Павел Ферапонтович Антипов, бывший политический ссыльный, из рабочих, где-то тут совсем недалеко на тракте в суде работает. В месте своей прежней ссылки. И друг его, Тиверзин. Члены революционного трибунала. Так что вы думаете? Сын отцу тоже не открывается, и тот принимает это как должное, не обижается. Раз сын зашифрован, значит, нельзя. Это кремни, а не люди. Принципы. Дисциплина.

Да, наконец, если бы и доказала я, что жена, подумаешь, важность! До жен ли было тут? Такие ли были времена? Мировой пролетариат, переделка вселенной, это другой разговор, это я понимаю. А отдельное двуногое вроде жены там какой-то – это так, тьфу, последняя блоха или вошь.

Адъютант обходил, опрашивал. Некоторых впускал. Я не называла фамилии, на вопрос о деле отвечала, что по личному. Наперед можно было сказать, что штука пропащая, отказ. Адъютант пожимал плечами, оглядывал подозрительно. Так ни разу и не видала.

И вы думаете, он гнушается нами, разлюбил, не помнит? О, напротив! Я так его знаю! У него от избытка чувств такое задумано! Ему надо все эти военные лавры к нашим ногам положить, чтобы не с пустыми руками вернуться, а во всей славе, победителем! Обессмертить, ослепить нас! Как ребенок!

В комнату снова вошла Катенька. Лариса Федоровна подхватила недоумевающую девочку на руки, стала раскачивать ее, щекотать, целовать и душить в объятиях.

16

<…>

Ларисе Федоровне не хотелось огорчать Юрия Андреевича тяжелыми сценами. Она понимала, как он мучится и без того. Она постаралась выслушать его новость как можно спокойнее. Их объяснение происходило в пустой, не обжитой Ларисой Федоровной комнате прежних хозяев, выходившей на Купеческую. По Лариным щекам текли неощутимые, не сознаваемые ею слезы, как вода шедшего в это время дождя по лицам каменных статуй напротив, на доме с фигурами. Она искренне, без напускного великодушия, тихо приговаривала: «Делай, как тебе лучше, не считайся со мною. Я все переборю». И не знала, что плачет, и не утирала слез.

При мысли о том, что Лариса Федоровна поняла его превратно и что он оставил ее в заблуждении, с ложными надеждами, он готов был повернуть и скакать обратно в город, чтобы договорить оставшееся недосказанным, а главное, распроститься с ней гораздо горячее и нежнее, в большем соответствии с тем, чем должно быть настоящее расставание на всю жизнь, навеки. Он едва пересилил себя и продолжал путь.

По мере того как низилось солнце, лес наполнялся холодом и темнотой. В нем запахло лиственною сыростью распаренного веника, как при входе в предбанник. В воздухе, словно поплавки на воде, недвижно распластались висячие рои комаров, тонко нывшие в унисон, все на одной ноте. Юрий Андреевич без числа хлопал их на лбу и шее, и звучным шлепкам ладони по потному телу удивительно отвечали остальные звуки верховой езды: скрип седельных ремней, тяжеловесные удары копыт наотлет, вразмашку, по чмокающей грязи, и сухие лопающиеся залпы, испускаемые конскими кишками. Вдруг вдали, где застрял закат, защелкал соловей.

Очнись! Очнись! – звал и убеждал он, и это звучало почти как перед Пасхой: –Душе моя, душе моя! Восстани, что спиши!

Вдруг простейшая мысль осенила Юрия Андреевича. К чему торопиться? Он не отступит от слова, которое он дал себе самому. Разоблачение будет сделано. Однако где сказано, что оно должно произойти сегодня? Еще Тоне ничего не объявлено. Еще не поздно отложить объяснение до следующего раза. Тем временем он еще раз съездит в город. Разговор с Ларой будет доведен до конца, с глубиной и задушевностью, искупающей все страдания. О как хорошо! Как чудно! Как удивительно, что это раньше не пришло ему в голову!

При допущении, что он еще раз увидит Антипову, Юрий Андреевич обезумел от радости. Сердце часто забилось у него. Он все снова пережил в предвосхищении.

(Пастернак Б.Л. *Доктор Живаго*, часть IX. Варыкино раздел 12, 14, 15, 16. М.: Издательство ACT, 2021, стр. 315-317, 320-330)

三、译文评析

　　本章节选部分选自《日瓦戈医生》第九章的第12、14、15及16节。第九章主要讲述的是日瓦戈一家因躲避二月革命和十月革命之后莫斯科全城的动乱，决定前往西伯利亚的瓦雷金诺避难。抵达瓦雷金诺后，日瓦戈全家过上虽不富裕，却惬意得像田园诗般的生活。日瓦戈白天劳作，夜晚从事文学创作。本章的情节是日瓦戈在隔壁城市尤里亚京市图书馆与拉拉再次相遇，决定前去拉拉家中拜访，此后两人日久生情。译文选段中不乏处理精妙得当之处，因篇幅所限，在此我们只谈译文的三个突出特点：

1. 对各类句法单位的修辞与意义的恰当兼顾

译者善于对原文的长句进行合理的拆分。汉语多短句，俄语多长句。俄语长句结构复杂而严谨：主从句间的逻辑联系多依靠连接词实现，从句中又可再套从句，形成多级从句。比如对日瓦戈在图书馆偶然看见拉拉后的一系列动作描写，内心掺杂着的既欣喜又惶恐、忍住不上前去相认的复杂情感："Чтобы защитить себя от искушения глядеть в ее сторону, он поставил стул боком к столу, почти задом к занимающимся, и углубился в свои книги, держа одну в руке перед собой, а другую развернутою на коленях." 译者做了相当巧妙的处理，在实际翻译中根据具体情况对句子语义逻辑结构进行了调整和重组，因整而拆，"他把椅子侧过来……背对着读者埋头看书。他手里拿了本书……膝上又摊开了另一本书。"一连串的动作描写既兼顾了俄语思维缜密、句法紧凑连贯的语言特点，又符合汉语的逻辑思维和表达习惯。同样，原文对拉拉的小女儿的外貌描写，连用三个副动词短语，后接一个比较从句："Катенька говорила, корча премилые рожицы, тараща плутовские глаза и растягивая кружком ротик, как вытащенная из воды рыбка." 译者处理成几个短促的小句，同时还兼顾了原文中的口语色彩，把 рожицы[1] 译成"小脸蛋"，把 ротик[2] 译成"小嘴"。"卡坚卡说着，绷紧了十分俊俏的小脸蛋，瞪大了顽皮的小眼睛，张圆了小嘴，活似从水里拽上来的一条小鱼。"这段译文使得人物形象更为生动、逼真，也带动了读者的阅读情感。

原文在描写日瓦戈初次来到拉拉的住处，看见窗外的景象时写道："На них паслись и точно полами расстегнутых шуб подметали пыль своей

---

① рожица 是 рожа 指小表爱的口语化形式。
② ротик 是 рот 指小表爱的口语化形式。

длиннорунной шерстью овцы и козы." 译文是"那里放牧着山羊和绵羊，它们的长绒毛好像展开的皮袄大襟，把地上的尘土卷了起来"，不仅将"точно+5格"的比喻辞格完整而忠实地再现出来，还巧妙地将一个长句拆分成几个短句，更具可读性。

其次，译者针对原文中的一些成语性表达找到了在修辞色彩和语义方面都十分契合的汉语表达。比如："Однако мысли его витали за тридевять земель от предмета его занятий." 中的"за тридевять земель"是无法直译的，在俄语民间文学和口语中表示非常遥远的地方，这里译者创造性地用"相去不啻十万八千里"替换，准确地传达了原文成语的意义。

译者在处理各类修辞格时，秉持着忠实性原则。精准传达原文意义的同时，也符合中文读者的语言习惯。例如，将"гору книг"译成"小山般的一摞书"；将借代手法"во время белых"忠实地还原"白军在的时候"。将换喻"чеховских школьников"展开成"契诃夫笔下天真无邪的人们"。译文中的一处点睛之笔是日瓦戈与拉拉谈到革命时的论述，原文为："Самоуправцы революции ужасны не как злодеи, а как механизмы без управления, как сошедшие с рельсов машины." 其中连用了两个比喻，而译者没有将这两个 как 直接翻译成"像"，而是用更加坚决的"是"取而代之——"革命中无法无天的人之所以可怕，不在于他是恶人，而在于他是失去控制的机器，是脱了轨的火车。"不难发现，该译本更好地还原了日瓦戈那充满革命激情的话语和明显的演讲体特征，使得主人公的议论和情感都获得更加充分的展现。

2．对人物语言风格的准确把握

此外，值得注意的是，帕斯捷尔纳克一改早年艰深晦涩的创作风格，叙述时多采用平实简练、通俗易懂的词汇和语句，以达到极具亲切、朴实的艺术效果。译者注意到了这一点，把"углубился в свои книги"译成"埋头看书"；在"Юрий Андреевич узнал"中将 узнал 译成"打听"，看似简单的处理，实则巧妙万分。

拉拉出生于一个并不富裕的平民家庭，自幼丧父，随母亲和弟弟在莫斯科靠一间缝纫店度日。虽然拉拉比较早熟、独立，知道读书可以改变自己的命运，并努力学习，但是她自小接受的教育与生活优渥的日瓦戈还是有所区别。自然她的语言不如日瓦戈那么富于书卷气息。比如译者将"О, еще бы! Конечно."译成"那还用说，自然喽！"，"Только полчаса еще"译成"再坐半个小时嘛"，简单的语气词"喽""嘛"精准地再现了人物的语言特色。拉拉的女儿还小，语言自然不像成人一样成熟，译者也注意到了这一点，将"вот такой величины крысина"处理成"好大一只老鼠"，生动地体现了小女孩的活泼天真。

日瓦戈的语言则不同，带有浓厚的思想论述色彩，富于书卷气息，时而还带着音乐性，具有诗歌语言的特征："И сама жизнь, явление жизни, дар жизни"这样的层递辞格，译者没有规避重复，而是忠实地译出"生活本身、生活现象、生活的恩赐"，使得主人公的议论和情感都获得更加充分的展现。日瓦戈较为复杂的书卷气还体现在符合其身份的书面词汇 выясниться（事实证明）、вдохновитель（鼓吹者）、стихия（自发势力，本性）的使用。此外，译者善于使用四字词格，读起来抑扬顿挫，工整对仗，非常符合日瓦戈具有思想论述色彩的语言风格。例如，译本把"построения миров"处理成"开天辟地"，将"суета этих вечных"译为"无休无止"，简单的一个"нешуточны"处理成"非同小可"，由动词"обособобить"派生而来的"обособленность"对应为"离群索居"，这样归化的策略在尽力保留原文特色的同时，也符合中文读者的阅读习惯。再比如，拉拉的一段话语："说到底，就算我能证明我是他妻子，又算得什么！是那种太平时候吗？还能顾得上老婆吗？（Да, наконец, если бы и доказала я, что жена, подумаешь, важность! До жен ли было тут? Такие ли были времена?）"针对同一个词 жена，译者分别用"妻子"和"老婆"与之对应，是因为考虑到了"До жен ли было тут"在俄语中是极具口语色彩的句式结构，因此在译文中首先选择用反问句与之对应，再用口语化的"老婆"一词，使得拉拉和日瓦戈之间语言风格的差异一目了然。

3. 保留原作风格的同时注重归化

译者不仅努力还原原作的语体风格，同时使用了汉语中所独有的富有表现力的四字格、叠词等修辞手段，使得译文读来顺畅自然。前文提到，选段是描绘日瓦戈一家为躲避二月革命和十月革命之后莫斯科全城的动乱，迁往西伯利亚的瓦雷金诺后惬意舒适的生活。要传达出原作对此处优美的环境描写并非易事。译者在翻译环境描写时，运用了大量的叠词、拟声词及四字格词语，使译文语言变得形象而富有表现力，在摹色、摹声、摹状方面尤为突出。比如，"随着太阳**渐渐**西沉，林中弥漫了寒气和昏暗。仿佛进了澡房的门，闻到泡软的桦木条上阔叶的潮湿味。**一群群**蚊子悬在空中**一动不动**，好像浮在水面的鱼漂，但**嗡嗡地**唱着一个**细细的**调门。日瓦戈在脑门上、脖颈上不知拍了多少下。手掌拍在汗湿的皮肉上，**噼啪作响**；与此十分和谐地相互呼应的，是骑马发出的一切其他声响，如鞍子的**吱呀声**，马蹄在泥泞中沉重的**嗒嗒声**，还有马腹里发出的一连串闷响。（По мере того как низилось солнце, лес наполнялся холодом и темнотой. В нем запахло лиственною сыростью распаренного веника, как при входе в предбанник. В воздухе, словно поплавки на воде, недвижно распластались висячие рои комаров, тонко нывшие в унисон, все на одной ноте. Юрий Андреевич без числа хлопал их на лбу и шее, и звучным шлепкам ладони по потному телу удивительно отвечали остальные звуки верховой езды: скрип седельных ремней, тяжеловесные удары копыт наотлет, вразмашку, по чмокающей грязи, и сухие лопающиеся залпы, испускаемые конскими кишками.）"这些独特的修辞效果，或描写状态或动作，或反映声音和形状、样貌，使译文语言变得丰富形象，富于音响效果。如此一来，一个优美恬静、田园诗般的瓦雷金诺便跃然纸上，同时也和后文主人公生活环境的突变形成了鲜明的反差。

第十六章

布尔加科夫
《大师和玛格丽特》

一、布尔加科夫与《大师和玛格丽特》

米哈伊尔·阿法纳西耶维奇·布尔加科夫（Михаил Афанасьевич Булгаков，1891—1940），苏联优秀的小说家、戏剧家，出生于基辅一个俄罗斯族神学教授家庭。布尔加科夫自幼受到良好的教育，十分喜欢果戈理、谢德林的作品，这为他日后创作具有讽刺意味的作品奠定了基础。中学毕业后布尔加科夫考入基辅大学医学院。1919年国内战争期间，他在大高加索山脉北麓的弗拉季高加索生活，工作之余为地方性的报刊写些小文章，初步显露出其幽默、讽刺的天分。1920年布尔加科夫正式放弃了医生职业，开始了职业作家的生涯。两年后他开始在《汽笛报》工作，以亲身经历为题材写出了一系列发人深思的短篇小说、特写和小品文等，对当时的种种不良社会现象进行了辛辣的讽刺和揭露。布尔加科夫一生著有长篇小说《白卫军》（1925）、《大师和玛格丽特》（1966），中篇小说《魔障》（1925）、《不祥的蛋》（1925）、《狗心》（1925），戏剧《卓依卡住宅》（1926）、《紫红色的岛屿》（1928）等。由于作品中揭露了当时一些不合理的社会现象，引起了苏联当局的不满，导致他的很多作品在生前无法发表。

布尔加科夫的创作与众不同，融抒情与叙事、浪漫与写实、幻想与现实、讽刺幽默与哲理寓意于一身，这些特点在他的《不祥之蛋》《狗心》《大师和玛格丽特》等几部代表作中表现得尤为明显。因其作品隐含深刻的哲理和浓郁的宗教情绪，展示了俄罗斯民族的性格和精神，所以布尔加科夫被读者看作是"最具当代精神的"作家。①从《白卫军》到《大师和玛格丽特》，从《莫里哀》（1936）到《巴统》（1939），在布尔加科夫的所有作品中，随处可见他不趋于时的桀骜不驯，对社会中种种黑暗的大胆揭露和无情讽刺，当然也可以在他的作品中看到他对善良、自由和真理的执着追求。

1928至1940年间，布尔加科夫花费近12年的时光致力于《大师和玛格丽特》（*Мастер и Маргарита*）的创作，直到他去世前一个月才得以完成，先后八易其稿。小说先后命名为《魔术师》《工程师的蹄子》《沃兰德的巡回演出》《带蹄的杂技师》《瘸子魔鬼》《撒旦》《带蹄的顾问》《这就是我》等。在创作中，随着故事情节的发展，到1938年初才确定为《大师和玛格丽特》。②作者称该书为他的文学"定论"，是他"最后的夕阳小说"③。

小说由两个层次的叙事组成，第一层是魔王沃兰德用离奇怪诞的手段对20世纪20、30年代的莫斯科社会进行考察，发现了人世间的种种丑恶，目睹了俄罗斯文坛对大师的迫害，沃兰德一行毅然决定惩恶扬善，从预言莫斯科文联主席柏辽兹的不测身亡，到剧院的"卢布雨"和"法国时装"，魔幻与现实巧妙结合，具有明显的讽刺现实的意义。第二层叙事是宗教历史与神话传说的融合，分布在全书的第二、十六、二十五、二十六章中，内容包括两千多年前彼拉多昧着良心审判耶稣的故事以及彼拉多的忏悔与救赎，叙述者是作者笔下的人物"大师"。除了沃兰德考验莫斯科市民、盛大的撒旦舞会，小说还重点叙述了大师和他的情人玛格丽特之间纯真的爱情。

作者去世25年之后，该书才于《莫斯科》杂志连载（1966—1967），

---

① 温玉霞，《布尔加科夫创作论》[M]，上海：复旦大学出版社，2008，第1页。
② 温玉霞，《布尔加科夫创作论》[M]，上海：复旦大学出版社，2008，第149页。
③ 莱斯莉·米尔恩著，杜文娟、李越峰译，《布尔加科夫评传》[M]，北京：华夏出版社，2001，第1页。

1973年最终以完整面目在莫斯科发行，随即在苏联国内外引起了热烈反响。西蒙诺夫称这部小说"达到了讽刺、幻想、严格的现实主义小说的巅峰"。[1]尽管早在20世纪40年代我国的周扬已经在文章中提及布尔加科夫，[2]但是直到20世纪80年代我国才开始对布尔加科夫的创作进行译介和研究。[3]自1982年荣如德翻译了剧本《图尔宾一家的日子》后，布尔加科夫的作品才陆续进入国人的视野。我国最早的译本是春风文艺出版社于1987年出版的徐昌翰译本《莫斯科鬼影》，三个月后钱诚译本《大师和玛格丽特》由外国文学出版社出版发行。1998年作家出版社出版了寒青译本《撒旦起舞》[4]。三位译者中，钱诚可以说是研究布尔加科夫的专家，除了《大师和玛格丽特》，其翻译的《狗心》《不详之蛋》也都是经典的翻译作品，他对作家研究的专著《米·布尔加科夫》于2010年由人民文学出版社出版。

　　钱诚（1922—），本名钱育才，字裕民，河北定州人。曾于长春大学法学院和哈尔滨外专学习。1950—1951年在哈外专编著《俄语语法》。1979年调至北京师范大学任《苏联文学》杂志副主编。曾译托尔斯泰、屠格涅夫等作家的作品多部、索尔仁尼琴《古拉格群岛》第三卷及中短篇小说多部。

---

① Симонов К. М. Предисловие к роману М. Булгакова «Мастер и Маргарита» [J] // Москва, 1966, №11, стр. 6-7.

② 陈建华，《中国俄苏文学研究史论》（第3卷）[M]，重庆：重庆出版社，2007年，第292页。

③ 彭克巽编写的《苏联小说史》（1988）系统地介绍了《大师和玛格丽特》，肯定了它的艺术价值。曹靖华主编的《俄苏文学史》（1992）较详细地讨论了布尔加科夫及其创作。其他学者也对布尔加科夫做出了公正客观的评价，如《苏联文学沉思录》（刘亚丁1996）、《俄罗斯20世纪非主潮文学》（李明滨1998）、《20世纪俄罗斯文学史》（李毓榛2000）等。

④ 另有两位译者也采用《撒旦起舞》的译法，严永兴（作家出版社，1998）、金晓波（远方出版社，2004）。

二、《大师和玛格丽特》译文节选

第五章
在格里鲍耶陀夫[1]之家

一座古老的乳白色二层小楼坐落在花园环行路旁一个凋敝的庭园深处，高高的雕花铁栅栏把整个庭园和环行路的人行道隔开。小楼前有块不大的场地，铺着沥青，冬季这块柏油地上堆着雪堆，还插着铁锹。但是，每当夏季来临时，这里便搭起帆布遮阳伞，成为夏季餐厅的极其美好的一角了。

这座小楼有个名称，叫作"格里鲍耶陀夫之家"。这是因为据说它曾是作家格里鲍耶陀夫的姑母亚历山德拉·谢尔盖耶夫娜·格里鲍耶陀娃的财产。但是，它究竟是否曾经属于作家的姑母，我们并无确切把握。我甚至记得，格里鲍耶陀夫似乎根本没有过什么拥有房产的姑母之类……然而，不管怎样，小楼毕竟还是取了这个名字。不仅如此，有位莫斯科谎话大王还硬说什么就在这里的二层楼上，在有圆柱的圆形大厅里，那位姑母还曾经舒舒服服地躺在沙发上听这位名作家给她朗读《智慧带来痛苦》的片段。其实，鬼知道是怎么回事，也许真朗读过吧。反正这一点并不重要！

对我们来说重要的是眼下这座小楼属于"莫文联"，也就是属于不幸的米哈伊尔·亚历山大罗维奇·柏辽兹来到牧首湖公园之前所领导的那个单位。

实际上，连"莫文联"的会员们也都压根儿没把这所房子叫作"格里鲍耶陀夫之家"。大家都简单地称它为"格里鲍耶陀夫"。比如，常常可以听到这样的谈话："我昨天在格里鲍耶陀夫那儿挤了两个小时呢！""结果怎么样？""捞到一张去雅尔塔的，一个月！""真有两下子！"或者会听到这样的谈话："我得去找柏辽兹。今天是他的接待日，下午四点到五点他在格里鲍耶陀夫那儿。"

"莫文联"把"格里鲍耶陀夫之家"布置得既舒适，又幽雅，可以说是尽善尽美了。任何一个走进这座小楼的人，首先便不由自主地要看到各种体育团体的海报和通知，还会看到"莫文联"会员们的集体照片和个人照片——这些人（的照片）一个个都吊在通往二层的楼梯两旁的墙上。

登上二楼，你会看到头一个房间的门上钉着一块小牌子，上写"钓鱼别墅组"几个大字，旁边还画着一条已经上钩的鲫鱼。

第二间屋子的门上的字有些不大好懂："一日创作旅行证。负责人：玛·弗·波德洛日娜娅[3]。"

下一个房间门上只写着"佩列雷基诺"几个字，这就叫人完全不知所云了[4]。再往前走便可以看到"波克猎夫金娜签证登记处"、"现金出纳"、"短剧作者个人结算"……等等，作家姑母这座小楼的各扇核桃木门上钉的牌子五花八门，使得格里鲍耶陀夫的偶然访客目不暇接。

有一扇门的牌子上写着"住房问题"。这个门前的队伍最长，一直排到楼下传达室。这里每秒钟都有人拼命往门里挤。

经过"住房问题"再往前去，眼前展现出一幅豪华的大宣传画，上部画的是陡峭的山崖，崖顶上有一位骑士身背马枪，正骑着栗色骏马奔驰，下部画的是棕榈树和阳台，阳台上坐着个头发蓬松的年轻人，手握自来水笔，神气十足地凝望着天空。画下面写着："全包制创作休假。两周（短篇小说、故事）至一年（长篇小说、三部曲）。地点：雅尔塔、苏乌克苏、佩波罗沃耶、齐希吉里、马欣扎乌里[5]、列宁格勒（冬宫）"。这个门前也排着长队，但不像"住房问题"门前那么长，只有一百五十人左右。

顺着这座设计得意趣横生的格里鲍耶陀夫小楼的起伏回转的走廊再往前去，便可以看到："莫文联理事会"、"第二、三、四、五会计室"、"编辑委员会"、"莫文联主席办公室"、"台球房"以及各种附属设施和机构。最后便来到那个圆柱大厅，也就是据说作家的姑母曾经欣赏她那天才侄儿朗诵喜剧《智慧带来痛苦》的地方。

任何一个来访者（当然，只要他不是彻头彻尾的傻子）踏进格里鲍耶陀夫之家后的头一个想法必然是：这些幸运儿，"莫文联"的会员们，生活得多好啊！随之他会立即受到卑劣的忌妒心的折磨，会马上痛苦地向苍天发出责难，埋怨上苍没有在他降生时赐予他文学禀赋；而既然没有文学天赋，当然便休要梦想取得"莫文联"的会员证——那散发出贵重皮革的气味、压着宽宽的金边儿、整个莫斯科无人不知的褐色会员证！

谁会为忌妒心辩护呢？！忌妒无疑是一种极其卑鄙龌龊的感情！但是，我们也该设身处地替这位来访者想想：要知道，他在二层楼上看到的还不是这里的一切，还远远不是一切呢！要知道，姑母这座小楼的下层还办了个"格里鲍耶陀夫餐厅"呢！多好的餐厅啊！它当之无愧地被誉为莫斯科最佳餐厅。这不仅因为它很有气魄，占着两个圆屋顶大厅，大厅的拱形天花板上画着千姿百态的古代亚述式鬃毛的淡紫色骏马；不仅因为这里每张餐桌上都放着一盏蒙着轻纱的台灯；也不仅因为这个内部餐厅不是随便什么人都可以走进来的；而且还因为这个餐厅的菜肴确实物美价廉——质量胜过莫斯科任何一个大饭店，而价钱又是最最低廉的，那几个钱根本算不了什么。

所以，无怪乎本书这些真实描述的笔者有一天在格里鲍耶陀夫的铁栅栏外曾亲耳听到下面这样的谈话。这不过是个例子：

"安姆夫罗西！你今天晚上在哪儿吃？"

"亲爱的福卡，这还用问，当然在这儿。刚才阿奇霸德·阿奇霸道维奇[6]悄悄告诉我，今晚有整条鲜鲈鱼，随叫随烧，手艺好极啦！"

"安姆夫罗西！你真会生活！"瘦削而衣着不整、脖后生着个疬的福卡对唇红齿白、金发闪亮、满面红光的诗人安姆夫罗西说。

"我没什么特别的本领，"安姆夫罗西表示自己的不同看法，"只不过有个普通人的愿望——要过像个人样的日子而已。福卡，你是想说'大马戏场'餐厅也卖鲈鱼？可是'大马戏场'的鲈鱼一份卖十三卢布十五戈比，而咱们这儿只收五卢布五十戈比！再说，'大马戏场'的鲈鱼是放了三天的。这还不算，在那儿还保不住让哪个不三不四的年轻人给你一记耳光，这种人随时可能从戏院街闯进那里。不，我决不去'大马戏场'吃饭！"讲究吃喝的安姆夫罗西大声嚷嚷着，整个林荫道上都能听到，"不，福卡，你用不着劝我去那儿！"

"我倒不是劝你去那儿，安姆夫罗西。"福卡尖声尖气地说。

"晚饭也可以在家里吃嘛。"

"碍难从命！"安姆夫罗西用洪钟般的声音说，"我能想象出来你太太在公寓楼公用厨房里用小锅烧出的鲈鱼是什么味道！嘿嘿……不行啊，福卡，奥列武阿尔[7]！"安姆夫罗西哼起小曲，匆匆向帆布遮阳伞下走去。

啊哈，哈……对，不错，有过这回事！……莫斯科的老住户都记得有名的格里鲍耶陀夫餐厅！清炖整条鲈鱼算得了什么！不过小菜一碟，可爱的安姆夫罗西！那鲟鱼呢？银锅烧鲟鱼和虾仁鱼子烧鲟鱼段呢？小盘蘑菇浇汁蛋卷呢？鸫鸟肉丝您不喜欢？配上地菇的呢？热那亚式烤鹌鹑呢？才卖十个半卢布！而且有爵士乐队演奏，招待殷勤！到了七月，您的家属到别墅避暑去了，紧急的文学活动却把您拴在城里。当这种时候，您坐在荫凉的凉台上，在茂密的葡萄架下铺着白台布的餐桌旁，从金光闪闪的盘子里喝上一盘"阳春汤"怎么样？安姆夫罗西，记得不？何必问呢！一看您那嘴唇的样子，我就知道您记得。您那些小鲑鱼、小鲈鱼往哪儿摆！还有那大鹬、小鹬、田鹬、应时的山鹬、鹌鹑和蛎鹬呢？还有喝下去在嗓子眼儿咝咝响的纳尔赞矿泉水呢？！……不过，够了，亲爱的读者，扯得太远了！还是请您随我来吧！……

柏辽兹在牧首湖公园外丧生轮下的那天晚上，十点半钟，格里鲍耶陀夫之家的二层楼上只有一个房间还亮着灯，屋里坐着十二位赶来开会的文学家。他们正在疲倦地等待着主席米哈伊尔·亚历山大罗维奇·柏辽兹。

在这间"莫文联"理事会办公室里，人们坐在椅子上、桌子上，甚至窗台上，但还是感到憋闷。窗子都开着，却没有一丝凉风吹进来。莫斯科城的柏油路正把它一天内积蓄的全部热量散发出来，看样子到深夜也不会轻松些。姑母小楼的地下室里飘来阵阵炒洋葱味（那里现在已改作餐厅的厨房）。所有等待开会的人都想去餐厅喝点什么，都很焦急，很生气。

老成持重、穿着讲究、两只眼睛流露出认真而又不可捉摸的神色的小说家别斯库德尼科夫，掏出怀表看了看：时针正向11爬去。他用一个手指敲敲表蒙子，把它拿给身旁的诗人德武布拉特斯基[8]看，坐在桌子上的诗人正无聊地把两只穿着黄胶鞋的脚荡来荡去。

"可真是的。"德武布拉特斯基嘟囔说。

"这家伙想必是在克利亚济玛河畔耽搁了。"娜斯塔霞·鲁基尼什娜·聂普列梅诺娃[9]用浑厚的女低音搭腔说。这位出身于莫斯科商人家庭的女作家现已父母双亡，近来常常用"领航员乔治"的笔名发表些海战题材的故事。

"哼，对不起！"通俗喜剧的作者扎戈里沃夫也大胆地讲话了，"我也巴不得坐在别墅凉台上喝喝茶呢，谁高兴在这儿受罪！原来不是定在十点开会的吗？"

"这种时候待在克利亚济玛河畔倒是不错！"领航员明知克利亚济玛河畔的作家别墅村佩列雷基诺是谁都非常向往的地方，偏要刺激大家的情绪，"这时候想必该有夜莺叫了。我一般是不住在城市的时候容易写出东西来，尤其是春天。"

"我妻子患突眼性甲状腺肿大。为了能让她去那个天堂疗养，我从三年前就一直在交款，可到现在连个影儿也没有，"短篇小说作家耶罗尼姆·波普利欣也伤心地诉起苦来。

"这种事就得看谁走运，"坐在窗台上的评论家阿巴勃科夫瓮声瓮气地评论着。

领航员乔治的两只小眼睛闪现出快活的火花，她尽量柔和地用女低音说：同志们，咱们用不着忌妒人家。别墅总共二十二套，正在建筑的也不过七套，可咱们'莫文联'的会员有三千呢！"

"三千一百一十一人！"不知谁从角落里订正说。

"就是嘛，你们看，"领航员继续说"有什么办法呢？很自然，只能是给我们中间那些最有才华的人……"

"都是些大将嘛！"剧作家格卢哈列夫也直接加入了战团。

别斯库德尼科夫故意打了个哈欠，起身走出房间。

"在佩列雷基诺别墅村一个人住五间房！"格卢哈列夫冲着他的背影说。

"拉夫罗维奇一个人住六间呢！"杰尼斯金嚷嚷道，"连厨房的墙都镶了柞木护墙板！"

"现在问题不在这儿，"阿巴勃科夫又瓮声瓮气地说，"现在的问题是已经十一点半了。"

人们纷纷哄起来，像在酝酿一场暴动。他们开始往可恨的佩列雷基诺村挂电话。电话接错了地方，挂到了拉夫罗维奇家里。听说拉夫罗维奇到河边去了，人们的情绪更是一落千丈。又不假思索地拨了文艺委员会的分机九三零号。当然，那里的电话没有人接。

"他总该打个电话来讲一声嘛！"杰尼斯金、格卢哈列夫和克万特都大声嚷嚷起来。

唉，白嚷嚷！米哈伊尔·亚历山大罗维奇已经不能再往哪儿打电话了。那个不久前还被称为米哈伊尔·亚历山大罗维奇的躯体，此时此刻正被摆在离格里鲍耶陀夫小楼很远的一个极宽敞的大厅里，它被分放在三张包了锌皮的台子上，好几只千瓦大灯泡把大厅照得亮如白昼。

第一张台子上放着脱去衣服的躯干部分，身上的血渍已干，一只胳膊轧断，胸廓已挤坏；另一张台上放的是碰掉了门牙的人头，它的两只浑浊的眼睛仍然睁着，但已经不再怕这里的强烈灯光了；第三张台子上放着一堆变得粗硬的衣服。

站在无头尸体旁边的是：法医学教授、病理解剖学家和他的助手、尸体解剖专家及侦查机关的代表，还有柏辽兹在"莫文联"的副手文学家热尔德宾，他妻子正患病住院，他是刚从医院被人们用电话叫来的。

侦查人员用小卧车把热尔德宾接走后，首先（大约十二点钟左右）把他带到了死者的住处。在这里他们共同封存了死者的所有文件，然后才一起来到停尸房。

现在，这几个人正站在遗体旁磋商陈尸方案：在格里鲍耶陀夫大厅举行遗体告别仪式时，是把切下的脑袋缝到脖子上好，还是把尸体原样放在那里，只用黑布蒙住全身，一直蒙到下巴好？

是啊，柏辽兹这时已不能再打电话了。所以，杰尼斯金、格卢哈列夫、克万特以及别斯库德尼科夫等人气愤也罢，叫喊也罢，统统无济于事。十二位文学家等到十二点，便都下楼去用餐。进了餐厅，免不了又说上几句米哈伊尔·亚历山大罗维奇的坏话，因为凉台上这时已经真正是"座无虚席"了，他们只得在两个装饰漂亮、但却闷得出奇的大厅里找座位。

午夜十二点整，第一个大厅里轰隆一声，接着便响起了金属的叮当声，像是有什么东西散落在地上，还不停地跳跃。同时，一个男人随着音乐伴奏声扯起尖细的嗓子喊了一声"阿利路亚！！"[10]）这是著名的格里鲍耶陀夫爵士乐队开始演奏了。餐厅中一张张汗津津的脸像是立刻变得精神焕发，连天花板上画的骏马也像活了起来，一盏盏台灯都似乎增加了亮度。于是，两个大厅的人像挣脱开锁链似的突然间都跳起舞来，凉台上的客人也紧接着跳起来。

格卢哈列夫同女诗人塔玛拉·波鲁梅霞茨翩翩起舞，克万特也开始跳舞，长篇小说作者朱科洛夫和一个穿黄连衣裙的电影演员一起跳，德拉贡斯基、契尔达克奇、小个子杰尼斯金和身材魁梧的领航员乔治都跳起来。绰号"法国美人"的女建筑师谢梅金娜被一个穿白色席纹布裤的不知姓名的男人紧紧搂着。总之，大家都在跳：有"莫文联"会员和邀请来的客人，有莫斯科人和外地人，有来自喀琅施塔得市的作家约翰，也有来自罗斯托夫市的维佳·库伏吉克（这人大概是导演，他的半边脸上布满紫红色皮癣）。"莫文联"诗歌组的几个代表人物也都在跳：有帕维阿诺夫、博戈胡里斯基、斯拉德基、施皮奇金以及阿杰尔芬娜·布兹假克[11]等。还有一些不知从事什么职业的年轻人，他们梳着博克式背头，上衣两肩用棉花垫得很高；有一个留着山羊胡的中年人，胡子里还夹着一根葱叶，同他跳的是个患严重贫血症的老姑娘，她的橙黄色绸连衣裙已经揉得皱皱巴巴。

汗流满面的服务员一个个高高举起蒙着水汽的大啤酒杯在餐桌中间穿来穿去，不住地用沙哑的嗓音恶狠狠地嚷着："劳您驾啦，公民！"不知藏在什么地方的扩音器里有个声音指挥着："卡尔斯基，第一！祖布利克，第二！伙计们，好好侍候！！！"那个尖细的男声已经不是在喊"阿利路亚"，而是在悲号了。洗盘女工顺着倾斜坡道往厨房里滑送餐具，杯盘撞击，一片乱响，然而爵士乐队的金钹的轰鸣还是时而盖过了它。总之，这里变成了一座地狱。

译注:

[1] 亚·谢·格里鲍耶陀夫（1795—1829），俄国剧作家。他的诗体喜剧《智慧带来痛苦》（或译《聪明误》）对俄国当时的社会现实进行了尖锐的讽刺，被别林斯基称为"第一部俄国式的喜剧"。

[2] 著名的海滨疗养旅游胜地。这里指去该地的疗养证。

[3] 姓氏字面意义为"假的""伪造的"。

[4] 佩列雷基诺是苏联欧洲部分中部河流克利亚济玛河畔的一个别墅区。别墅主要由文艺工作者使用。

[5] 均为苏联旅游疗养胜地。

[6] "格里鲍耶陀夫餐厅"的营业厅总管事。

[7] 法语"再见"的俄语音译。

[8] 姓氏字面意思为："两面兄弟"。

[9] 姓氏字面意义为："肯定无疑"。

[10] "阿利路亚"（或：哈利路亚），原是基督教徒祷告时赞美上帝的用语。这里指苏联20年代初期和中期流行的一种狐步舞和这种舞的节奏明快的舞曲。

[11] 这里的姓氏大部分都有一定的含义，例如最后这五个姓氏的字面意义分别为：狒狒（狮尾狒）、渎神者、甜言蜜语者、狮子狗崽、胡闹者。

（节选自钱诚译《大师和玛格丽特》，外国文学出版社，1999，第61—71页）

附：*Мастер и Маргарита* 选段原文

Глава 5
Было дело в Грибоедове

Старинный двухэтажный дом кремового цвета помещался на бульварном кольце в глубине чахлого сада, отделенного от тротуара кольца резною чугунною решеткой. Небольшая площадка перед домом была заасфальтирована, и в зимнее время на ней возвышался сугроб с лопатой, а в летнее время она превращалась в великолепнейшее отделение летнего ресторана под парусиновым тентом.

Дом назывался «домом Грибоедова» на том основании, что будто бы некогда им владела тетка писателя – Александра Сергеевича Грибоедова. Ну владела или не владела – мы того не знаем. Помнится даже, что, кажется, никакой тетки-домовладелицы у Грибоедова не было... Однако дом так называли. Более того, один московский врун рассказывал, что якобы вот во втором этаже, в круглом зале с колоннами, знаменитый писатель читал отрывки из «Горя от ума» этой самой тетке, раскинувшейся на софе, а впрочем, черт его знает, может быть, и читал, не важно это!

А важно то, что в настоящее время владел этим домом тот самый МАССОЛИТ, во главе которого стоял несчастный Михаил Александрович Берлиоз до своего появления на Патриарших прудах.

С легкой руки членов МАССОЛИТа никто не называл дом «домом Грибоедова», а все говорили просто – «Грибоедов»: «Я вчера два часа протолкался у Грибоедова», – «Ну и как?» – «В Ялту на месяц добился». – «Молодец!». Или: «Пойди к Берлиозу, он сегодня от четырех до пяти принимает в Грибоедове...» И так далее.

МАССОЛИТ разместился в Грибоедове так, что лучше и уютнее не придумать. Всякий, входящий в Грибоедова, прежде всего знакомился невольно с извещениями разных спортивных кружков и с групповыми, а также индивидуальными фотографиями членов МАССОЛИТа, которыми (фотографиями) были увешаны стены лестницы, ведущей во второй этаж.

На дверях первой же комнаты в этом верхнем этаже виднелась крупная надпись «Рыбно-дачная секция», и тут же был изображен карась, попавшийся на уду.

На дверях комнаты N 2 было написано что-то не совсем понятное: «Однодневная творческая путевка. Обращаться к М. В. Подложной».

Следующая дверь несла на себе краткую, но уже вовсе непонятную надпись: «Перелыгино». Потом у случайного посетителя Грибоедова начинали разбегаться глаза от надписей, пестревших на ореховых теткиных дверях: «Запись в очередь на бумагу у Поклевкиной», «Касса», «Личные расчеты скетчистов»...

Прорезав длиннейшую очередь, начинавшуюся уже внизу в швейцарской, можно было видеть надпись на двери, в которую ежесекундно ломился народ: «Квартирный вопрос».

За квартирным вопросом открывался роскошный плакат, на котором изображена была скала, а по гребню ее ехал всадник в бурке и с винтовкой за плечами. Пониже – пальмы и балкон, на балконе – сидящий молодой человек с хохолком, глядящий куда-то ввысь очень-очень бойкими глазами и держащий в руке самопишущее перо. Подпись: «Полнообъемные творческие отпуска от двух недель (рассказ-новелла) до одного года (роман, трилогия). Ялта, Суук-Су, Боровое, Цихидзири, Махинджаури, Ленинград (Зимний дворец)». У этой двери также была очередь, но не чрезмерная, человек в полтораста.

Далее следовали, повинуясь прихотливым изгибам, подъемам и спускам Грибоедовского дома, – «Правление МАССОЛИТа», «Кассы N 2, 3, 4, 5», «Редакционная коллегия», «Председатель МАССОЛИТа», «Бильярдная», различные подсобные учреждения, наконец, тот самый зал с колоннадой, где тетка наслаждалась комедией гениального племянника.

Всякий посетитель, если он, конечно, был не вовсе тупицей, попав в Грибоедова, сразу же соображал, насколько хорошо живется счастливцам – членам МАССОЛИТа, и черная зависть начинала немедленно терзать его. И немедленно же он обращал к небу горькие укоризны за то, что оно не наградило его при рождении литературным талантом, без чего, естественно, нечего было и мечтать овладеть членским МАССОЛИТским билетом, коричневым, пахнущим дорогой кожей, с золотой широкой каймой, – известным всей Москве билетом.

Кто скажет что-нибудь в защиту зависти? Это чувство дрянной категории, но все же надо войти и в положение посетителя. Ведь то, что он видел в верхнем этаже, было не все и далеко еще не все. Весь нижний этаж теткиного дома был занят рестораном, и каким рестораном! По справедливости он считался самым лучшим в Москве. И не только потому, что размещался он в двух больших залах со сводчатыми потолками, расписанными лиловыми лошадьми с ассирийскими гривами, не только потому, что на каждом столике помещалась лампа, накрытая шалью, не только потому, что туда не мог проникнуть первый попавшийся человек с улицы, а еще и потому, что качеством своей провизии Грибоедов бил любой ресторан в Москве, как хотел, и что эту провизию отпускали по самой сходной, отнюдь не обременительной цене.

Поэтому нет ничего удивительного в таком хотя бы разговоре, который однажды слышал автор этих правдивейших строк у чугунной решетки Грибоедова:

– Ты где сегодня ужинаешь, Амвросий?

– Что за вопрос, конечно, здесь, дорогой Фока! Арчибальд Арчибальдович шепнул мне сегодня, что будут порционные судачки а натюрель. Виртуозная штука!

– Умеешь ты жить, Амвросий! – со вздохом отвечал тощий, запущенный, с карбункулом на шее Фока румяногубому гиганту, золотистоволосому, пышнощекому Амвросию-поэту.

– Никакого уменья особенного у меня нету, – возражал Амвросий, – а обыкновенное желание жить по-человечески. Ты хочешь сказать, Фока, что судачки можно встретить и в «Колизее». Но в «Колизее» порция судачков стоит тринадцать рублей пятнадцать копеек, а у нас – пять пятьдесят! Кроме того, в «Колизее» судачки третьедневочные, и, кроме того, еще у тебя нет гарантии, что ты не получишь в «Колизее» виноградной кистью по морде от первого попавшего молодого человека, ворвавшегося с театрального проезда. Нет, я категорически против «Колизея», – гремел на весь бульвар гастроном Амвросий. – Не уговаривай меня, Фока!

– Я не уговариваю тебя, Амвросий, – пищал Фока. – Дома можно поужинать.

– Слуга покорный, – трубил Амвросий, – представляю себе твою жену, пытающуюся соорудить в кастрюльке в общей кухне дома порционные судачки а натюрель! Ги-ги-ги!.. Оревуар, Фока! – и, напевая, Амвросий устремлялся к веранде под тентом.

Эх-хо-хо... Да, было, было!... Помнят московские старожилы знаменитого Грибоедова! Что отварные порционные судачки! Дешевка это, милый Амвросий! А стерлядь, стерлядь в серебристой кастрюльке, стерлядь кусками, переложенными раковыми шейками и свежей икрой? А яйца-кокотт с шампиньоновым пюре в чашечках? А филейчики из дроздов вам не нравились? С трюфелями? Перепела по-генуэзски? Десять с полтиной! Да джаз, да вежливая услуга! А в июле, когда вся семья на даче, а вас неотложные литературные дела держат в городе, – на веранде, в тени вьющегося винограда, в золотом пятне на чистейшей скатерти тарелочка супа-прентаньер? Помните, Амвросий? Ну что же спрашивать! По губам вашим вижу, что помните. Что ваши сижки, судачки! А дупеля, гаршнепы, бекасы, вальдшнепы по сезону, перепела, кулики? Шипящий в горле нарзан?! Но довольно, ты отвлекаешься, читатель! За мной!...

В половине одиннадцатого часа того вечера, когда Берлиоз погиб на Патриарших, в Грибоедове наверху была освещена только одна комната, и в ней томились двенадцать литераторов, собравшихся на заседание и ожидавших Михаила Александровича.

Сидящие на стульях, и на столах, и даже на двух подоконниках в комнате правления МАССОЛИТа серьезно страдали от духоты. Ни одна свежая струя не проникала в открытые окна. Москва отдавала накопленный за день в асфальте жар, и ясно было, что ночь не принесет облегчения. Пахло луком из подвала теткиного дома, где работала ресторанная кухня, и всем хотелось пить, все нервничали и сердились.

Беллетрист Бескудников – тихий, прилично одетый человек с внимательными и в то же время неуловимыми глазами – вынул часы. Стрелка ползла к одиннадцати. Бескудников стукнул пальцем по циферблату, показал его соседу, поэту Двубратскому, сидящему на столе и от тоски болтающему ногами, обутыми в желтые туфли на резиновом ходу.

– Однако, – проворчал Двубратский.

– Хлопец, наверно, на Клязьме застрял, – густым голосом отозвалась Настасья Лукинишна Непременова, московская купеческая сирота, ставшая писательницей и сочиняющая батальные морские рассказы под псевдонимом «Штурман Жорж».

– Позвольте! – смело заговорил автор популярных скетчей Загривов. – Я и сам бы сейчас с удовольствием на балкончике чайку попил, вместо того чтобы здесь вариться. Ведь заседание-то назначено в десять?

– А сейчас хорошо на Клязьме, – подзудила присутствующих Штурман Жорж, зная, что дачный литераторский поселок Перелыгино на Клязьме – общее больное место. – Теперь уж соловьи, наверно, поют. Мне всегда как-то лучше работается за городом, в особенности весной.

– Третий год вношу денежки, чтобы больную базедовой болезнью жену отправить в этот рай, да что-то ничего в волнах не видно, – ядовито и горько сказал новеллист Иероним Поприхин.

– Это уж как кому повезет, – прогудел с подоконника критик Абабков.

Радость загорелась в маленьких глазках Штурман Жоржа, и она сказала, смягчая свое контральто:

– Не надо, товарищи, завидовать. Дач всего двадцать две, и строится еще только семь, а нас в МАССОЛИТе три тысячи.

– Три тысячи сто одиннадцать человек, – вставил кто-то из угла.

– Ну вот видите, – проговорила Штурман, – что же делать? Естественно, что дачи получили наиболее талантливые из нас...

– Генералы! – напрямик врезался в склоку Глухарев-сценарист.

Бескудников, искусственно зевнув, вышел из комнаты.

– Одни в пяти комнатах в Перелыгине, – вслед ему сказал Глухарев.

– Лаврович один в шести, – вскричал Денискин, – и столовая дубом обшита!

– Э, сейчас не в этом дело, – прогудел Абабков, – а в том, что половина двенадцатого.

Начался шум, назревало что-то вроде бунта. Стали звонить в ненавистное Перелыгино, попали не в ту дачу, к Лавровичу, узнали, что Лаврович ушел на реку, и совершенно от этого расстроились. Наобум позвонили в комиссию изящной словесности по добавочному N 930 и, конечно, никого там не нашли.

– Он мог бы и позвонить! – кричали Денискин, Глухарев и Квант.

Ах, кричали они напрасно: не мог Михаил Александрович позвонить никуда. Далеко, далеко от Грибоедова, в громадном зале, освещенном тысячесвечовыми лампами, на трех цинковых столах лежало то, что еще недавно было Михаилом Александровичем.

На первом – обнаженное, в засохшей крови, тело с перебитой рукой и раздавленной грудной клеткой, на другом – голова с выбитыми передними зубами, с помутневшими открытыми глазами, которые не пугал резчайший свет, а на третьем – груда заскорузлых тряпок.

Возле обезглавленного стояли: профессор судебной медицины, патологоанатом и его прозектор, представители следствия и вызванный по телефону от больной жены заместитель Михаила Александровича Берлиоза по МАССОЛИТу – литератор Желдыбин.

Машина заехала за Желдыбиным и, первым долгом, вместе со следствием, отвезла его (около полуночи это было) на квартиру убитого, где было произведено опечатание его бумаг, а затем уж все поехали в морг.

Вот теперь стоящие у останков покойного совещались, как лучше сделать: пришить ли отрезанную голову к шее или выставить тело в Грибоедовском зале, просто закрыв погибшего наглухо до подбородка черным платком?

Да, Михаил Александрович никуда не мог позвонить, и совершенно напрасно возмущались и кричали Денискин, Глухарев и Квант с Бескудниковым. Ровно в полночь все двенадцать литераторов покинули верхний этаж и спустились в ресторан. Тут опять про себя недобрым словом помянули Михаила Александровича: все столики на веранде, натурально, оказались уже занятыми, и пришлось оставаться ужинать в этих красивых, но душных залах.

И ровно в полночь в первом из них что-то грохнуло, зазвенело, посыпалось, запрыгало. И тотчас тоненький мужской голос отчаянно закричал под музыку: «Аллилуйя!!» это ударил знаменитый Грибоедовский джаз. Покрытые испариной лица как будто засветились, показалось, что ожили на потолке нарисованные лошади, в лампах как будто прибавили свету, и вдруг, как бы сорвавшись с цепи, заплясали оба зала, а за ними заплясала и веранда.

Заплясал Глухарев с поэтессой Тамарой Полумесяц, заплясал Квант, заплясал Жуколов-романист с какой-то киноактрисой в желтом платье. Плясали: Драгунский, Чердакчи, маленький Денискин с гигантской Штурман Джоржем, плясала красавица архитектор Семейкина-Галл, крепко схваченная неизвестным в белых рогожных брюках. Плясали свои и приглашенные гости, московские и приезжие, писатель Иоганн из Кронштадта, какой-то Витя Куфтик из Ростова, кажется, режиссер, с лиловым лишаем во всю щеку, плясали виднейшие представители поэтического подраздела МАССОЛИТа, то есть Павианов, Богохульский, Сладкий, Шпичкин и Адельфина Буздяк, плясали неизвестной профессии молодые люди в стрижке боксом, с подбитыми ватой плечами, плясал какой-то очень пожилой с бородой, в которой застряло перышко зеленого лука, плясала с ним пожилая, доедаемая малокровием девушка в оранжевом шелковом измятом платьице.

Оплывая потом, официанты несли над головами запотевшие кружки с пивом, хрипло и с ненавистью кричали: «Виноват, гражданин!» Где-то в рупоре голос командовал: «Карский раз! Зубрик два! Фляки господарские!!» Тонкий голос уже не пел, а завывал: «Аллилуйя!». Грохот золотых тарелок в джазе иногда покрывал грохот посуды, которую судомойки по наклонной плоскости спускали в кухню. Словом, ад.

(Булгаков М.А. *Мастер и Маргарита*. Глава 5. М.: Высшая Школа, 1989, стр. 57-63)

三、译文评析

————✦————

本章节选部分选自《大师和玛格丽特》第五章《在格里鲍耶陀夫之家》。该部分描写的是"莫文联"的会员们在"格里鲍耶陀夫之家"等待文联主席柏辽兹前来参会时发生的一系列乱象。文学家们等到午夜十二点便失去了耐心，聚集到餐厅吃喝、跳舞、狂欢，直到柏辽兹的死讯传来。接着，只穿着衬裤和短衫的"无家汉"伊万，慌里慌张地向大家讲述了外国特务杀死柏辽兹的故事，令人难以置信，大家都将他当成了疯子，于是立马将他送往莫斯科近郊的一所精神病院。

章节开篇便是作者对"莫文联"精致奢华的办公地点——"格里鲍耶陀夫之家"的描写。作者由近及远地介绍了"莫文联"的各个部门和装潢豪华、物美价廉的内部餐厅。使用带有反讽意味的语言描绘出虚有其表的"莫文联"，也揭露了当时苏联社会里种种不公的社会现实。在作者的笔下，"莫文联"的会员们无心进行文学创作。他们贪图物质、尽情享乐，作家用极尽讽刺的笔调勾勒出了充斥着不公、冷漠、堕落与利己主义的"莫文联"，与被社会主流排斥并且成为牺牲品的"大师"——真正的作家，形成了鲜明的对比。译者恰如其分地还原了布尔加科夫幽默和讽刺的语言风格，译文中有不少值得探讨的策略，在此主要谈其中的三点。

1．用翔实的注释传递源语的文化信息

在《大师和玛格丽特》中，人物的名字都是经过作者精心设计的，每一个人名都蕴含着人物的性格特征，体现着作者对作品中人物的主观评价。作者在写到"格里鲍耶陀夫之家"的几位负责人时，他们的姓氏分别为帕维阿诺夫（Павианов）、博戈胡里斯基（Богохульский）、斯拉德基（Сладкий）、施皮奇金（Шпичкин）以及阿杰尔芬娜·布兹假克（Адельфина Буздяк）。众所周知，俄罗斯人名姓氏在文学作品中时常起着非常重要的修辞作用，具有鲜明的感情评价色彩，是使语言富有表现力的一种手段。赵永华在《俄罗斯文学作品中的人名》一文中列举了几部文

学作品中的人名，对其功能进行了分析：称名功能、表明作者情感评价态度、为文章主题服务等等。①

译者针对这些人名采用了一贯的音译法，但它们不是没有意义的，因此译者添加了详细的注释："这里的姓氏大部分都有一定的含义，例如最后这五个姓氏的字面意义分别为：狒狒（狮尾狒）、渎神者、甜言蜜语者、狮子狗崽、胡闹者。"布尔加科夫给"莫文联"的这些所谓的文学家们起了如此荒唐可笑的姓氏，无非是想表达对"莫文联"这群冠冕堂皇却贪图享乐、迫害善良之人的御用文人的嘲弄。而译者首先采取音译的方法，以"声"为主，简洁顺畅，保留了一定的异域风情，又加之文化注释，详细地阐释了原作中人名的深层内涵。

在描写"莫文联"众人没有等到前来参会的主席柏辽兹，便失去了耐心，打算在大厅唱歌跳舞，用狂欢来打发无聊的时间，作者写道："и тотчас тоненький мужской голос отчаянно закричал под музыку: «Аллилуйя!!»"译者忠实地翻译成："随着音乐伴奏声扯起尖细的嗓子喊了一声'阿利路亚'！！"但是如果这里不加注释，很容易让读者认为"阿利路亚"在这里只是表示欢呼、赞美的宗教术语，如果按照这样的理解，则与故事情节不符。译者于是加写了注释——"原是基督教徒祷告时赞美上帝的用语。这里指苏联20年代初期和中期流行的一种狐步舞和这种舞的节奏明快的舞曲。"无独有偶，译者在翻译"В Ялту на месяц добился"时，除了将表面意思忠实地传达——"捞到一张去雅尔塔的，一个月"，也额外补充了注释，进一步说明——Ялта 是著名的海滨疗养旅游胜地，这里指去该地的疗养证。这里的 Ялта 为转喻用法，是文学作品中被广泛运用的辞格，作者用该地名来代替去这里的疗养证，如果不加注释，对于不熟悉俄语修辞手段的读者也许会造成理解困难。有学者也指出了添加解释性注释的必要性，"用翻译的办法疏解或化解原语的文化信息，这是一种不得已而为之的铺垫手段，……必须用语句加以解释。"②辅以注释，读者才能理解原文的文化内涵。

---

① 赵永华，俄罗斯文学作品中的人名[J]，载《俄语学习》，1996年第1期，第45—47页。
② 刘宓庆，《文化翻译论纲》[M]，北京：中国对外翻译出版公司，2007年，第253页。

这里也需要指出译文中的些许不足，比如作者在描绘"莫文联"会员在餐厅聚会狂欢时，写道："Где-то в рупоре голос командовал: «Карский раз! Зубрик два! Фляки господарские!!»"

钱译："不知藏在什么地方的扩音器里有个声音指挥着：'卡尔斯基第一！祖布利克第二！伙计们，好好伺候！！！'"

其他译本："有人不知道在什么地方用喇叭筒指挥着：'喀拉烤串一份！祖布里克伏特加一份！再来一份老爷牛肠鲜汤！'"

Карский，Зубрик，Фляки 是三道昂贵的俄罗斯美食，布尔加科夫在这里精心安排的菜肴显示出"莫文联"会员们骄奢淫逸的生活。钱诚选择了音译方法，将 Карский 和 Зубрик 译为"卡尔斯基"和"祖布利克"，但没有理解原文里描写的是菜肴，因此造成了误译，疏远了读者与原文的距离。而另一位译者的处理——意译加音译，不仅让读者对这三份菜肴的特征有了一定理解，也能让人体会到作者对腐朽、虚伪、奢侈的"莫文联"会员们的讽刺与批判。

2．对讽刺幽默风格的准确传译

布尔加科夫的作品中，幽默和讽刺是他的语言特色之一，"他的创作继承了以普希金为代表的俄罗斯古典文学的优秀传统，尤其是果戈理、萨尔蒂科夫–谢德林的讽刺艺术，并且吸收了西欧文学的一些表现手法，形成了亦真亦幻、亦庄亦谐，貌似荒诞不经、实则含义深刻的独特艺术风格。"[①]

首先在人物形象的刻画上，布尔加科夫善于运用传神的性质形容词以及"c +五格"的结构对描写对象进行细致入微的描述，如"тощий, запущенный, с карбункулом на шее（瘦削、衣着不整、脖后生着个痈的）""румяногубому гиганту, золотистоволосому, пышнощекому（唇红齿白、金发闪亮、满面红光）"等，这些细节看似烦冗，却在整体上营造出一种艺术的真实和反差对比下的荒诞幽默。译者对布尔加科夫的"在讽刺中幽默，又在幽默中讽刺"的写作风格有巧妙的把握，并将"紧密贴切

---

① 任光宣主编，《俄罗斯文学简史》[M]，北京：北京大学出版社，2006年，第316页。

原作的风格"视为其翻译的基本目标之一。他的译文精准凝练，未通过添设多余的主观限定对原作加以补充和美化，"唇红齿白""金发闪亮""满面红光"等四字格不仅读来朗朗上口，更是精准而简明扼要地再现了生活奢靡、养尊处优、好吃懒做的"莫文联"会员安姆夫罗西，与"瘦削而衣着不整、脖后生着个痈的"生活不如意的福卡之间不对称、不平衡的形象反差，使鲜活的小市民形象跃然纸上。

此外，译者对原文的口语色彩词的生动传译也可圈可点。布尔加科夫善于发掘现实生活中的滑稽可笑，在小说中运用了大量具有口语色彩的词汇，对道貌岸然的文化界人士进行逗乐取笑。比如作者特别描写了在"格里鲍耶陀夫之家"的文学家们的日常生活——每天的主要任务就是享受上等的美食和音乐，讨论怎么住进宽敞的大房子，或去何处旅游度假："«Я вчера два часа протолкался у Грибоедова», – «Ну и как?» – «В Ялту на месяц добился»."钱诚译为："'我昨天在格里鲍耶陀夫那儿挤了两个小时呢！''结果怎么样？''捞到一张去雅尔塔的，一个月！'"译者有意识地使用了汉语中具有口语化色彩、生动的词汇与之对译，将 протолкался 译成"挤"而不是"闲逛"，将 добился 译成带有贬义的"捞"而不是"获得"。

同样，在描述"莫文联"的工作环境时，作者写道："можно было видеть надпись на двери, в которую ежесекундно ломился народ: «Квартирный вопрос»."译者译为："有一扇门的牌子上写着'住房问题'……这里每秒钟都有人拼命往门里挤。"作者没有直接描绘"莫文联"的工作日常，但是从这段带有浓烈反讽意味的话语中，读者一下子就明白了其中否定的意味。"住房问题"门前排着很长的队伍，普通人都居无定所，但是"莫文联"却能够有这样好的办公条件，译文的一个"挤"字何其传神，将原文中的调侃意味展露无遗。这不仅是对现实中莫斯科文坛现状的一种嘲弄，也是对腐朽虚伪的社会现实的批判。

3．恰当运用归化方法以贴近读者

翻译家的语言风格对于文学语言有着至关重要的影响，对于汉语的发展也影响深远。译者意识到了这一点，在把握原作整体风格的同时，也兼顾了汉语的表达特点。其中值得一提的是富有表现力的四字格等修辞手法。比如，"'波克猎夫金娜签证登记处'、'现金出纳'、'短剧作者个人结算'……作家姑母这座小楼的各扇核桃木门上钉的牌子**五花八门**，使得格里鲍耶陀夫的偶然访客**目不暇接**。（Потом у случайного посетителя Грибоедова начинали **разбегаться глаза** от **надписей**, пестревших на ореховых теткиных дверях: «Запись в очередь на бумагу у Поклевкиной», «Касса», «Личные расчеты скетчистов»... ）"在这一段中，译者信手拈来地找到了与 разбегаться глаза 在语义上最为接近的"目不暇接"，又增译了"五花八门"来体现"надписей"的复数意义。虽然"五花八门"原本具有中性的修辞色彩，但是在口语中多用于贬讽义，从中也可以看出译者出色地传达了原文对"莫文联"内设机构烦冗而不务实的讽刺与批判。除了四字格，译者还运用了大量的中文口语体表达，例如，"通俗喜剧的作者扎戈里沃夫也大胆地讲话了，'我也**巴不得**坐在别墅凉台上喝喝茶**呢**，谁**高兴在这儿受罪**！'（смело заговорил автор популярных скетчей Загривов. – Я и сам бы сейчас с удовольствием на балкончике чайку попил, вместо того чтобы здесь вариться. ）"原文的 вариться 一词在口语中指的是"在不舒适的环境中生活"，译者传神地将之翻译成"受罪"，将"Я и сам бы сейчас с удовольствием"处理成同为口语体的"巴不得"，如此一来，"莫文联"油腻不堪的小市民形象跃然纸上，译文读者也能无障碍地体会到作者的创作意图。

第十七章

帕乌斯托夫斯基
《金蔷薇》

一、帕乌斯托夫斯基与《金蔷薇》

康斯坦丁·格奥尔基耶维奇·帕乌斯托夫斯基（Константин Георгиевич Паустовский，1892—1968）是苏联著名的小说家、剧作家、散文家和文艺评论家。代表作有中长篇小说《卡拉－布加兹海湾》（1932）、长篇自传体小说《一生的故事》（1945—1963）、散文集《金蔷薇》（1956）、《面向秋野》（20世纪60年代）等。

帕乌斯托夫斯基生于莫斯科，6岁时举家迁居基辅，在基辅度过了青少年时光。中学毕业后，他进入基辅大学历史语文系学习，随后转到了莫斯科大学法律系。1914年，第一次世界大战爆发，帕乌斯托夫斯基被迫中断学业。进入社会的他做过电车司机、记者，在战地救护队工作过，还有过短暂的入伍经历，人生履历颇为丰富。帕乌斯托夫斯基性喜游历，一生中多次往来于莫斯科和基辅之间，在卫国战争时期遍览南俄诸地，此后的足迹更是遍布西伯利亚、波罗的海、中亚及欧洲诸国。作家在工作和旅途中不仅饱览了壮丽山河，更积累了广博的见闻和丰富的写作素材。

自中学时代起，帕乌斯托夫斯基就对文学表现出了极大的兴趣。有趣的是，他的中学同学中产生了好几位苏联文艺界名人，如作家布尔加科夫、戏剧家罗曼肖夫等。1912年，他的处女作——短篇小说《在水上》在杂志上刊登。不久后，帕乌斯托夫斯基开始创作自己的第一部长篇小说《浪漫主义者》。此时写作还只是他的业余爱好。直到1932年，中篇小说《卡拉–布加兹海湾》问世，帕乌斯托夫斯基才辞去工作，专心从事文学创作。此后的几年间，帕乌斯托夫斯基陆续写出了几部反映当代社会进程的小说，如传记小说《夏尔·朗赛韦的命运》（1933）、《科尔希达》（1934）等。60年代中期，帕乌斯托夫斯基完成了长篇自传体小说《一生的故事》，讲述了自19世纪末直到20世纪30年代的个人经历，总结了自己的创作历程。该书是作家写作生涯的压轴之作。1965年，帕乌斯托夫斯基被提名为诺贝尔文学奖的候选人，虽然奖项的最终得主是肖洛霍夫，但也足以说明帕乌斯托夫斯基不凡的艺术成就和影响力。

帕乌斯托夫斯基被称为"浪漫主义的抒情大师"，其大部分作品定格现实生活中稍纵即逝的美和大自然的秀美壮丽，抒发了个人细腻丰富的情感世界，表达了将艺术与生活融为一体的理想追求。相较于宏大的历史叙事，帕乌斯托夫斯基更擅长描绘普通人的日常生活和变化万千的大自然。在他的笔下，琐碎的生活点滴，平凡的主人公，常见的一草一木，都蒙上了瑰丽的诗意面纱，充满动人的抒情色彩和浪漫气息。这一方面源于作家始终秉承的信念：艺术和美都源自生活。这种信念加上与生俱来的细致入微的观察力，以及天才般的艺术想象力，使得帕乌斯托夫斯基总能在平凡的生活中，在普通人身上捕捉到打动人心的美。另一方面，这也源于帕乌斯托夫斯基对"人的生存状态的诗意化"的不懈追求。在他看来，人的生活本身就是一种艺术创造，而艺术本身也是生活。他曾说道："文学创作对我而言不单单是职业，不仅是工作，而是个人生活的一种状态，我的内心状态。"[1]他不同于主流的艺术思想和追求不仅为厚重肃穆的苏联文学添上了别样的色彩，也使苏联文学在人为"规训"下依然呈现出宝贵的多样性，昭示了文学发展具有自身的内在逻辑和规律。

本章所选的《珍贵的尘土》出自散文集《金蔷薇》。《金蔷薇》是一

---

① Паустовский К. Г. Время больших ожиданий: Повести. Дневники, письма[М]. Новгород: Деком, 2002, стр. 14.

部创作札记，记录了帕乌斯托夫斯基关于文学创作、艺术生命力、作家使命感等问题的诸多体会和感悟。谈到此书出版在当时苏联的重要意义，翻译家戴骢说道："……所以像《金蔷薇》这样一部挣脱条条框框的桎梏，探讨文学创作本身规律的作品的问世，在当时苏联文学界无疑是沙漠中的一泓清泉……"①书中，帕乌斯托夫斯基并未像文艺理论家那样对自己的观点进行陈述和论证，而是以艺术家的独特视角和诗意笔触，将个人创作生涯中的经验和思考娓娓道来，发人深省，充满抒情气息。从这一点上来说，苏联学者列维茨基认为不该把这本书看作是"一本教科书或诗学准则"的观点是恰如其分的。

《珍贵的尘土》是《金蔷薇》的开篇之作，讲述了巴黎清扫工夏米为曾与自己有过短暂际会的少女苏珊娜铸造金蔷薇的故事。在护送团长女儿苏珊娜回法国的途中，为了给少女解闷，大兵夏米讲述了金蔷薇的故事，据说拥有金蔷薇的人一定能幸福。多年后，已经是一名清扫工的夏米再度邂逅苏珊娜。为了让她获得幸福，夏米决定为她打造一朵金蔷薇。他开始收集首饰铺子的灰尘，从中筛出金粉，经年累月，终于收集了足够的金粉，委托首饰匠打造出了一朵金蔷薇。然而苏珊娜这时已经移民去了美国，从夏米的生活中彻底消失。得知这一消息后的夏米郁郁而终，孤独地死在了自己的陋室里。帕乌斯托夫斯基将作家的工作和夏米铸造金蔷薇的过程相联系，指出作家的工作也是如此，日复一日，年复一年，只为从生活的无数尘土中筛出美好、闪光的点滴，锻造成文学作品，唤醒人类的心灵和力量，为幸福和自由而奋斗。

1959年，上海文艺出版社出版了由李时译介的《金蔷薇》，当时的标题为《金蔷薇：关于作家劳动的札记》。1987年，戴骢重译了这本书，并更名为《金玫瑰》。后续戴骢译本多次再版，亦有书名为《金蔷薇》。

戴骢（1933—2020），本名戴际安，资深翻译家，长期从事外国文学的编辑和翻译工作，译有屠格涅夫、蒲宁、左琴科、布尔加科夫、阿赫玛托娃等俄国文学大师作品，堪称译著等身，《金蔷薇》《蒲宁文集》《布尔加科夫文集》《红色骑兵军》《阿赫玛托娃诗选》《贵族之家》《罗亭》等俄

---

① 戴骢，译本序[A] // 戴骢译，《金蔷薇》[M]，上海：上海译文出版社，2010年，第6页。

国经典文学作品，因其精湛译笔和瑰丽文字为广大读者所喜爱。作为浪漫主义大师帕乌斯托夫斯基的代表作，《金蔷薇》在文学史上以"内容之美、文体之巧、语言之妙、容量之大"著称，戴骢以其飘逸、传神的高超译笔让更多华语读者领略到"金蔷薇"的独特芬芳和魅力。

二、《金蔷薇》译文节选

让·夏米当年也曾过过一段好日子。在墨西哥战争[1]期间，他曾在"小拿破仑"[2]的军队里当兵吃粮。

夏米可说是命大福大。他在韦拉克鲁斯[3]得了严重的疟疾病。于是这个病号还未打过一仗，就被遣送回国了。团长借此机会，托夏米把他的女儿苏珊娜，一个八岁的小姑娘，带回法国。

夏米回返法国途中，大西洋上溽暑蒸腾。小姑娘终日一言不发。

夏米尽其所能地照料苏珊娜。他当然知道苏珊娜期待于他的不仅是照料，而且还要抚爱。可是叫他这个殖民军团的大兵能够想出什么抚爱的方式呢？

但又不能老是这样同她默默相对。他终于决定开口，把自己的身世讲给小姑娘听。

夏米认为这些回忆中没有一丝一毫东西能够使苏珊娜开心起来。但叫他奇怪的是小姑娘居然听得津津有味，甚至还没完没了地缠着他把这些故事讲了又讲，而且还要他讲得一回比一回详细。

夏米搜索枯肠，挤出了一个又一个细节，临了连他自己都不敢相信是否真有其事了。其实，这不是对往事的回忆，而是回忆的淡淡的影子。这些影子好似一团团薄雾，早已飘散殆尽。这也难怪夏米，因为他从来没想到过有朝一日还要他重新去回想他一生中这段早已逝去的岁月。

有一天，他隐隐约约地回想起了关于金蔷薇的事。他家乡有个年老的渔妇，在她家那座耶稣受极刑的十字架上，挂着一朵用金子打成的、做工粗糙的、已经发黑了的蔷薇花。但他已记不清，是亲眼看到这朵金蔷薇的呢，还是听旁人说的。

不，大概不是听旁人说的，有一次他好像还看到过这朵蔷薇，他至今还记得那天虽然窗外阴云密布，海峡上空起了风暴，可是这朵蔷薇却微微闪烁着金光。夏米越往下讲，就越清晰地想起那朵金蔷薇的光华——在低矮的天花板下闪烁着点点金灿灿的火花。

全村的人都很奇怪，这老婆子干吗不把这件宝物卖掉，否则准能卖到一大笔钱。只有夏米的母亲一个人要人家相信这朵金蔷薇是不可以卖掉的，因为这是当初，老婆子还是个嘻嘻哈哈的姑娘，在奥迪埃尔纳[4]一家沙丁鱼罐头厂当女工的时候，她的未婚夫为了祝愿她"幸福"馈赠给她的。

"像这样的金蔷薇世上是少有的，"夏米的母亲说，"谁家有金蔷薇，谁家就有福气。不光这家子人有福气，连用手碰到过这朵蔷薇的人，也都能沾光。"

夏米那时还是个孩子，他急切地期待着老妇人交上好运。结果连好运的影子也没见到。老妇人的小屋在风中颤抖，每天晚上屋里连盏灯都点不起。

夏米没等到老妇人时来运转就离开了村子。直到一年之后，夏米才在勒阿弗尔[5]碰到一个在邮船上当司炉的熟人。那人告诉他，老妇人的儿子，一位画家，出人意料地由巴黎回到了家乡。画家留着大胡子，是个快活而又古怪的人。自打他回来后，老妇人的小屋就完全变了样，不但充满了欢笑，而且十分富足。据说这些画家，只消信手涂上几笔，就能赚到一大笔钱。

有一回，夏米坐在甲板上，用他那把铁梳子替苏珊娜梳理被风吹乱了的头发。苏珊娜问他：

"让，会有人送给我一朵金蔷薇吗？"

"世上什么事都可能发生，"夏米回答说，"说不定也会有个傻小子来找你的，苏珊[6]。我们连队有个当兵的。别看他人挺瘦，运气可好哩。这小子在战场上捡到了半副坏了的金牙，就用它来请全连的人喝酒，喝得好痛快呀。那还是越南战争[7]时候的事儿。喝醉了酒的炮手们为了逗乐，一个劲儿地打臼炮，有一发炮弹正巧落进一座死火山的喷火口，在里边炸了开来，可不得了，火山开始爆发了，突突地直往外冒岩浆，我都忘了这座火山叫什么来着！好像是叫喀拉啥塔喀火山[8]。火山爆发得好厉害！有四十个村民给活活烧死。你想想看，就为了这么半副假牙，有这么多人白白地送了命！后来才弄清楚假牙是我们团长丢失的。这事不消说只好悄悄地了掉啦，因为军队的声誉高于一切。反正那一回我们一个个都喝得烂醉如泥。"

"这事发生在什么地方？"苏珊将信将疑地问道。

"我不是告诉你了吗，发生在——安南。在印度支那。那儿的海洋烈焰滚滚，就跟地狱一样，可是海蜇却漂亮得像芭蕾舞女演员穿的那种花边短裙。安南那地方可潮湿哩，一夜的工夫，我们的靴子里就长出了蘑菇！要是我胡诌，就把我吊死！"

夏米把小姑娘带到了鲁昂，当面把她交给一个瘪着蜡黄的嘴唇的高个子女人——苏珊娜的姑妈。

夏米走了。他好几次回过头来望着那幢死气沉沉的房子的窗户，只见挂在那里的窗帘连风都不愿去吹动。在湫隘的街巷中可以听到各家小店铺里时钟匆忙的滴答声。夏米的军用背囊里，藏着苏珊的一件纪念品——她扎辫子用的一条揉皱了的天蓝色缎带。不知为什么这条缎带有一股子淡淡的馨香，仿佛曾在紫罗兰的花篮里放了很久似的。

墨西哥的疟疾使夏米的身体垮掉了。他未能得到士官的军衔就退伍了。他是以一个普通列兵的身份复员回去过平民百姓的生活的。

多少年过去了，夏米始终一贫如洗。他曾换过许多微贱的职业，最后当了巴黎的一名清扫工。从那以后，不论到哪里，他总是闻到一股尘土和污水的气味。甚至从塞纳河上越过重重房屋飘到街上来的微风中，从林荫道上衣着干净的老太婆们兜售的一束束湿润的鲜花中，他闻到的也是这种气味。

逝去的时日连成一片黄腾腾的烟雾。但有时，夏米心灵的眼睛却能在这片浑浊的烟雾中看到一朵玫瑰红的浮云，这是苏珊娜的一件旧衣裳。这件衣裳发出一股春日清新的气息，仿佛也曾在紫罗兰的花篮里放了很久似的。

夏米一直打算去鲁昂探望苏珊娜，但每回都把行期推迟。就这样一再蹉跎，直到最后他才明白即使去也为时已晚，苏珊娜一定早已把他忘掉了。

大家都知道，清扫工是在夜阑人静的时候干活的，这有两个原因：首先，由沸腾的然而并非总是有益的人类活动所产生的垃圾，大都是在一天的末尾积聚起来的，其次，巴黎人的视觉和嗅觉是不容许玷污的。而深更半夜，除了老鼠以外，几乎不会有人看到清扫工干活。

夏米已习惯于夜间干活，甚至爱上了一天之中的这段时间。他尤其爱曙光懒懒地廓清巴黎上空的那个时分。塞纳河上腾起一团团的雾，但这雾却从不超越桥栏。

有一回，也是在这样一个烟雾朦胧的拂晓时分，夏米走过伤残人桥，看到一个少妇，穿着一身镶黑花边的淡雪青色连衣裙，凭栏俯视着塞纳河。

夏米停下来，脱下沾满灰尘的便帽，说道："夫人，这个时候的塞纳河水寒气很大。还是让我送您回家去吧。"

"我现在没有家了，"那少妇一边迅速地回答，一边掉过身来望着夏米。

夏米的便帽落到了地上。"苏珊！"他悲喜交加地说道。"苏珊，女兵！我的小姑娘！我到底见到你啦。你大概已经把我忘了。我是让·欧内斯特·夏米，就是那个把你送到鲁昂可恶的姑妈家去的第二十七殖民军团的列兵。你长得多美呀！你的头发梳得好好看呀！可我这个笨手笨脚的大兵，当初给你梳的是什么头呀！"

"让！"少妇大声叫道，扑到夏米的怀里，搂住他的脖子，失声痛哭起来。"让！你还是跟当初一样心地善良。我什么都记得！"

"暧，尽说傻话！"夏米喃喃地说，"我心地善良管什么用，又不能给别人带来一点儿好处。我的小姑娘，什么事叫你这么难过？"

夏米紧搂住苏珊娜，做了当初他在鲁昂没敢做的事——摸了摸她亮闪闪的头发，并且吻了一下。但马上往后退了一步，生怕苏珊娜闻到他短上衣上耗子的臊味，可苏珊娜却更紧地伏在他的肩上。

"小姑娘，你出了什么事儿？"夏米不知所措地又问了一遍。

苏珊娜没有回答。她已哭得欲罢不能。夏米明白了，眼下什么也不该问她。"我在古堡的墙脚下有个小窝，"他急忙说，"离这儿挺远的。我家里当然什么也没有，只有四堵墙壁。但烧个水，睡个觉什么的还是行的。你可以在那儿洗个脸，歇一会儿。总之你要住多久都行。"

苏珊娜在夏米家住了五天。在这五天之内，巴黎的上空升起了一个非同寻常的奇异的太阳。所有的房子，即使是积满烟臭的旧屋，所有的花园，甚至连夏米的窝棚，都像一颗颗宝石似的，在这轮红日的辉耀下璀璨生光。

谁要是从来未曾听到过沉睡着的年轻女人的依稀可闻的鼻息声，并因此而激动过，谁就不懂得何谓温柔。她的双唇比含露的花瓣还要鲜艳，她的睫毛因夜来的泪珠而熠熠闪光。

是的，苏珊娜的遭遇，正像夏米所料想的那样：她的情人，一个年轻的演员，另有新欢了。但是苏珊娜在夏米家寄居的五天时间，已足以使她同那个演员言归于好。

夏米是参与了这件事的。他不得不为苏珊娜传递书信给那个男演员。

没隔多久，那个男演员便乘了一辆出租马车来接苏珊娜了，并做了这种场合下应该做的一切事情：鲜花、接吻、闪着泪花的笑，悔过和声音微微有些发颤的轻松的谈话。

当这对年轻人要离去时，苏珊娜是那样的迫不及待，竟忘了同夏米告别就跳进了马车。但她马上发觉了自己的疏忽，脸涨得通红，歉疚地把手伸给夏米。

"既然你喜欢给自己选择这样的生活，"夏米最后一次不无责备地说，"那就祝你未来幸福。"

"未来怎么样，我还一点也不知道呢，"苏珊娜回答说，双眸中闪烁着泪花。

"我的小乖乖，你何苦这么激动，"那个年轻演员不满地曼声说道，同时又叫了她一声："我的迷人的小乖乖。"

"要是有人送给我一朵金蔷薇就好了！"苏珊娜叹了口气。"那就一定会幸福了。让，我直到今天还记得你在轮船上讲给我听的那个故事。"

"谁知道！"夏米回答说。"反正这位先生是不会给你金蔷薇的。原谅我说话直来直去，我是个当兵的。我不喜欢花花公子。"

过去，夏米总是把从作坊里扫出来的垃圾一股脑儿倒掉，但自从送别苏珊娜后，他就不再把首饰作坊里的尘土倒掉了。他把这些作坊里的尘土全都偷偷地倒进一个麻袋，背回家去。街坊们都认为这个清扫工"发了精神病"，很少有人知道这种尘土里混有一些金粉，因为工匠们打首饰时总是要锉掉少许金子的。

夏米决定把首饰作坊的尘土里的金子筛出来，铸成一小块金锭，然后用这块金锭打一小朵金蔷薇，送给苏珊娜，祝愿她幸福。说不定这朵金蔷薇还能像母亲当年所说的那样，给许多普通人带来幸福。谁知道！他决定在这朵蔷薇没有打成之前，先不同苏珊娜见面。

夏米做了一个小小的簸扬机，每当夜深人静，他就在院子里簸扬从首饰作坊里背回来的尘土。每回他都焦灼不安地扬着，一直要见到料槽里隐隐出现了金粉才安下心来。

许多日子过去了，金粉日积月累，终于可以铸成一块金锭了。但夏米却迟迟没有把金锭拿去请工匠打成金蔷薇。

倒不是因为他付不起手工费——他只消用三分之一的金锭作为手工费，任何一个工匠都会乐意接下这桩生意的。

问题不在手工费上。问题在于同苏珊娜见面的时刻一天近似一天，然而从某个时候起，夏米却开始害怕这个时刻。

他要把久已深埋在心底的温情全都给予她，给予苏珊娜一人。可是谁会稀罕一个丑陋的老人的温情呢！夏米久已发觉凡是碰见他的人，唯一的愿望便是尽快离开他，忘掉他那张皮肤松弛、目光灼人、干干瘪瘪、灰不溜丢的脸。

他窝棚里有一片破镜子。夏米偶尔也拿起这片镜子来照照，但每回都破口大骂地立刻把镜子扔到一边。还是别看到自己的好，别看到这个瘸着两条患风湿病的腿的丑八怪的好。

当蔷薇花终于打成的时候，夏米得知苏珊娜已经在一年前离开巴黎去了美国，据说这一去就不再回来了。而且谁也告诉不了夏米她在美国的地址。

最初夏米甚至有如释重负之感。但后来那种企望愉快地、充满温情地同苏珊娜见面的心情，不知怎么变成了一块锈铁。这块戳人的锈铁卡在夏米胸中靠近心脏的地方，于是夏米一再祈求上帝让这片锈铁快一点刺入他衰老的心脏，使它永远停止跳动。

夏米不再去打扫作坊。一连好几天他躺在自己的窝棚里，面孔朝墙，默默地不发一声，只有一回，他把破上衣的袖子蒙住眼睛，微微地笑了。但是谁也没见到他笑。邻居们甚至没有人来看望过夏米，因为他们每个人都在为自己的温饱奔走。

只有一个人在注视着夏米的动静，这就是那个老工匠。正是他用金锭给夏米打了一朵极其精致的蔷薇花，蔷薇花旁边有根细枝，枝条上有一朵尖形的小巧的蓓蕾。

果然，有一次老工匠来探望夏米的时候，夏米已经悄悄地死去了。老工匠托起这位清扫工的脑袋，从灰不溜丢的枕头底下拿出了用一条揉皱了的天蓝色缎带包好的金蔷薇，然后掩上吱嘎作响的门扉，不慌不忙地走了。

———————

译注:

[1] 指法国侵略墨西哥的掠夺战争（1862—1867）。

[2] 指法国皇帝拿破仑三世（1908—1973），即路易·波拿巴，是拿破仑一世之侄。他于1852年称帝，1870年被废。"小拿破仑"是雨果在一篇同名政论中给他起的绰号。

[3] 墨西哥东岸重要城市和海港。

[4] 法国西部一小渔港。

[5] 法国西北部海港。

[6] 苏珊娜的昵称。

[7] 指1858至1883年法国侵略越南的战争。

[8] 此处是夏米在胡诌。"喀拉啥塔喀火山"应为喀拉喀托火山。该火山不在越南境内，而是在印度尼西亚。1883年，喀拉喀托火山曾大爆发，引起了剧烈的海啸和地震，毁去所在岛屿的2/3，死亡人数众多。——原编者注

（节选自戴骢译《金蔷薇》，上海译文出版社，2010年，第1—13页）

附：*золотая роза* 选段原文

Когда-то Жан Шамет знал лучшие дни. Он служил солдатом в армии «Маленького Наполеона» во время мексиканской войны.

Шамету повезло. В Вера-Крус он заболел тяжелой лихорадкой. Больного солдата, не побывавшего еще ни в одной настоящей перестрелке, отправили обратно на родину. Полковой командир воспользовался этим и поручил Шамету отвезти во Францию свою дочь Сюзанну – девочку восьми лет.

Во время возвращения Шамета во Францию над Атлантическим океаном дымилась жара. Девочка все время молчала.

Шамет как мог заботился о Сюзанне. Он понимал, конечно, что она ждет от него не только заботы, но и ласки. А что он мог придумать ласкового, солдат колониального полка?

Но все же долго отмалчиваться было нельзя. Тогда он наконец решился и начал нескладно рассказывать ей свою жизнь.

В этих воспоминаниях Шамет не мог найти ничего смешного, чтобы развеселить Сюзанну. Но девочка, к его удивлению, слушала эти рассказы с жадностью и даже заставляла повторять их, требуя новых подробностей.

Шамет напрягал память и выуживал из нее эти подробности, пока в конце концов не потерял уверенность в том, что они действительно существовали. Это были уже не воспоминания, а слабые их тени. Они таяли, как клочья тумана. Шамет, правда, никогда и не предполагал, что ему понадобится возобновлять в памяти это ненужное время своей жизни.

Однажды возникло смутное воспоминание о золотой розе. Не то Шамет видел эту выкованную из почернелого золота грубую розу, подвешенную к распятью в доме старой рыбачки, не то он слышал рассказы об этой розе от окружающих.

Нет, пожалуй, он однажды даже видел эту розу и запомнил, как она поблескивала, хотя за окнами не было солнца и мрачный шторм шумел над проливом. Чем дальше, тем яснее Шамет вспоминал этот блеск – несколько ярких огоньков под низким потолком.

Все в поселке удивлялись, что старуха не продает свою драгоценность. Она могла бы выручить за нее большие деньги. Одна только мать Шамета уверяла, что продавать золотую розу – грех, потому что ее подарил старухе «на счастье» возлюбленный, когда старуха, тогда еще смешливая девушка, работала на сардинной фабрике в Одьерне.

— Таких золотых роз мало на свете, — говорила мать Шамета. — Но все, у кого они завелись в доме, обязательно будут счастливыми. И не только они, но и каждый, кто притронется к этой розе.

Мальчик Шамет с нетерпением ждал, когда же старуха сделается счастливой. Но никаких признаков счастья не было и в помине. Дом старухи трясся от ветра, а по вечерам в нем не зажигали огня.

Так Шамет и уехал из поселка, не дождавшись перемены в старухиной судьбе. Только год спустя знакомый кочегар с почтового парохода в Гавре рассказал ему, что к старухе неожиданно приехал из Парижа сын-художник, бородатый, веселый и чудной. Лачугу с тех пор было уже не узнать. Она наполнилась шумом и достатком. Художники, говорят, получают большие деньги за свою мазню.

Однажды, когда Шамет, сидя на палубе, расчесывал Сюзанне своим железным гребнем перепутанные ветром волосы, она спросила:

— Жан, а мне кто-нибудь подарит золотую розу?

— Все может быть, — ответил Шамет. — Найдется и для тебя, Сузи, какой-нибудь чудак. У нас в роте был один тощий солдат. Ему чертовски везло. Он нашел на поле сражения сломанную золотую челюсть. Мы пропили ее всей ротой. Это было во время аннамитской войны. Пьяные артиллеристы выстрелили для забавы из мортиры, снаряд попал в жерло потухшего вулкана, там взорвался, и от неожиданности вулкан начал пыхтеть и извергаться. Черт его знает, как его звали, этот вулкан! Кажется, Крака-Така. Извержение было что надо! Погибло сорок мирных туземцев. Подумать только, что из-за поношенной челюсти пропало столько людей! Потом оказалось, что челюсть эту потерял наш полковник. Дело, конечно, замяли, — престиж армии выше всего. Но мы здорово нализались тогда.

— Где же это случилось? — спросила с сомнением Сузи.

— Я же тебе сказал — в Аннаме. В Индо-Китае. Там океан горит огнем, как ад, а медузы похожи на кружевные юбочки балерины. И там такая сырость, что за одну ночь в наших сапогах вырастали шампиньоны! Пусть меня повесят, если я вру!

Шамет привез девочку в Руан и сдал с рук на руки высокой женщине с поджатым желтым ртом — тетке Сюзанны.

Шамет ушел. Несколько раз он оглядывался на окна скучного дома, где ветер даже не шевелил занавески. На тесных улицах был слышен из лавчонок суетливый стук часов. В солдатском ранце Шамета лежала память о Сузи – синяя измятая лента из ее косы. И черт ее знает почему, но эта лента пахла так нежно, как будто она долго пробыла в корзине с фиалками.

Мексиканская лихорадка подорвала здоровье Шамета. Его уволили из армии без сержантского чина. Он ушел в гражданскую жизнь простым рядовым.

Годы проходили в однообразной нужде. Шамет перепробовал множество скудных занятий и в конце концов стал парижским мусорщиком. С тех пор его преследовал запах пыли и помоек. Он чувствовал этот запах даже в легком ветре, проникавшем в улицы со стороны Сены, и в охапках мокрых цветов – их продавали чистенькие старушки на бульварах.

Дни сливались в желтую муть. Но иногда в ней возникало перед внутренним взором Шамета легкое розовое облачко – старенькое платье Сюзанны. От этого платья пахло весенней свежестью, как будто его тоже долго держали в корзине с фиалками.

Шамет все собирался съездить в Руан навестить Сюзанну. Но каждый раз он откладывал эту поездку, пока наконец не понял, что время упущено и Сюзанна наверняка о нем позабыла.

Известно, что мусорщики работают по ночам. К этому их понуждают две причины: больше всего мусора от кипучей и не всегда полезной человеческой деятельности накапливается к концу дня, и, кроме того, нельзя оскорблять зрение и обоняние парижан. Ночью же почти никто, кроме крыс, не замечает работу мусорщиков.

Шамет привык к ночной работе и даже полюбил эти часы суток. Особенно то время, когда над Парижем вяло пробивался рассвет. Над Сеной курился туман, но он не подымался выше парапета мостов.

Однажды на таком туманном рассвете Шамет проходил по мосту Инвалидов и увидел молодую женщину в бледном сиреневом платье с черными кружевами. Она стояла у парапета и смотрела на Сену.

Шамет остановился, снял пыльную шляпу и сказал:

– Сударыня, вода в эту пору в Сене очень холодная. Давайте-ка я лучше провожу вас домой.

– У меня нет теперь дома, – быстро ответила женщина и повернулась к Шамету. Шамет уронил свою шляпу.

– Сузи! – сказал он с отчаянием и восторгом. – Сузи, солдатка! Моя девочка! Наконец-то я увидел тебя. Ты забыла меня, должно быть Я – Жан Эрнест Шамет, тот рядовой Двадцать седьмого колониального полка, что привез тебя к этой поганой тетке в Руан. Какой ты стала красавицей! И как хорошо расчесаны твои волосы! А я-то, солдатская затычка, совсем не умел их прибирать!

– Жан! – вскрикнула женщина, бросилась к Шамету, обняла его за шею и заплакала. – Жан, вы такой же добрый, каким были тогда. Я все помню!

– Э-э, глупости! – пробормотал Шамет. – Какая кому выгода от моей доброты. Что с тобой стряслось, моя маленькая?

Шамет притянул Сюзанну к себе и сделал то, на что не решился в Руане, – погладил и поцеловал ее блестящие волосы. Тут же он отстранился, боясь, что Сюзанна услышит мышиную вонь от его пиджака. Но Сюзанна прижалась к его плечу еще крепче.

– Что с тобой, девочка? – растерянно повторил Шамет.

Сюзанна не ответила. Она была не в силах сдержать рыдания. Шамет понял – пока что не надо ее ни о чем расспрашивать.

– У меня, – торопливо сказал он, – есть логово у крепостного вала. Далековато отсюда. В доме, конечно, пусто – хоть шаром покати. Но зато можно согреть воду и уснуть в постели. Там ты сможешь умыться и отдохнуть. И вообще жить сколько хочешь.

Сюзанна прожила у Шамета пять дней. Пять дней над Парижем подымалось необыкновенное солнце. Все здания, даже самые старые, покрытые копотью, все сады и даже логово Шамета сверкали в лучах этого солнца, как драгоценности.

Кто не испытал волнения от едва слышного дыхания спящей молодой женщины, тот не поймет, что такое нежность. Ярче влажных лепестков были ее губы, и от ночных слез блестели ресницы.

Да, с Сюзанной все случилось именно так, как предполагал Шамет. Ей изменил возлюбленный, молодой актер. Но тех пяти дней, какие Сюзанна прожила у Шамета, вполне хватило на их примирение.

Шамет участвовал в нем. Ему пришлось отнести письмо Сюзанны к актеру.

Вскоре актер приехал в фиакре за Сюзанной. И все было как надо:

букет, поцелуи, смех сквозь слезы, раскаяние и чуть надтреснутая беззаботность.

Когда молодые уезжали, Сюзанна так заторопилась, что вскочила в фиакр, забыв попрощаться с Шаметом. Тут же она спохватилась, покраснела и виновато протянула ему руку.

– Раз уж ты выбрала себе жизнь по вкусу, – проворчал ей напоследок Шамет, – то будь счастлива.

– Я ничего еще не знаю, – ответила Сюзанна, и слезы заблестели у нее на глазах.

– Ты напрасно волнуешься, моя крошка, – недовольно протянул молодой актер и повторил: – Моя прелестная крошка.

– Вот если бы кто-нибудь подарил мне золотую розу! – вздохнула Сюзанна. – Это было бы наверняка к счастью. Я помню твой рассказ на пароходе, Жан.

– Кто знает! – ответил Шамет. – Во всяком случае не этот господинчик поднесет тебе золотую розу. Извини, я солдат. Я не люблю шаркунов.

Обыкновенно Шамет выбрасывал весь мусор, выметенный за день из ремесленных заведений. Но после этого случая с Сюзанной он перестал выбрасывать пыль из ювелирных мастерских. Он начал собирать ее тайком в мешок и уносил к себе в лачугу. Соседи решили, что мусорщик «тронулся». Мало кому было известно, что в этой пыли есть некоторое количество золотого порошка, так как ювелиры, работая, всегда стачивают немного золота.

Шамет решил отсеять из ювелирной пыли золото, сделать из него небольшой слиток и выковать из этого слитка маленькую золотую розу для счастья Сюзанны. А может быть, как говорила ему мать, она послужит и для счастья многих простых людей. Кто знает! Он решил не встречаться с Сюзанной, пока не будет готова эта роза.

Шамет построил небольшую веялку и по ночам перевеивал во дворе ювелирную пыль. Он волновался до тех пор, пока не увидел на лотке едва заметный золотящийся порошок.

Прошло много времени, пока золотого порошка накопилось столько, что можно было сделать из него слиток. Но Шамет медлил отдавать его ювелиру, чтобы выковать из него золотую розу.

Его не останавливало отсутствие денег, – любой ювелир согласился бы взять за работу треть слитка и был бы этим доволен.

Дело заключалось не в этом. С каждым днем приближался час встречи с Сюзанной. Но с некоторых пор Шамет начал бояться этого часа.

Всю нежность, давно уже загнанную в глубину сердца, он хотел отдать только ей, только Сузи. Но кому нужна нежность поношенного урода! Шамет давно заметил, что единственным желанием людей, встречавшихся с ним, было поскорее уйти и забыть его тощее, серое лицо с обвисшей кожей и пронзительными глазами.

У него в лачуге был осколок зеркала. Изредка Шамет смотрелся в него, но тотчас же с тяжелым ругательством отшвыривал прочь. Лучше было не видеть себя – эту неуклюжую образину, ковылявшую на ревматических ногах.

Когда роза была наконец готова, Шамет узнал, что Сюзанна год назад уехала из Парижа в Америку и, как говорили, навсегда. Никто не мог сообщить Шамету ее адрес.

В первую минуту Шамет даже испытал облегчение. Но потом все его ожидание ласковой и легкой встречи с Сюзанной превратилось непонятным образом в железный заржавленный осколок. Этот колючий осколок застрял у Шамета в груди, около сердца, и Шамет молил бога, чтобы он скорее вонзился в это хилое сердце и остановил его навсегда.

Шамет бросил прибирать мастерские. Несколько дней он пролежал у себя в лачуге, повернувшись лицом к стене. Он молчал и только один раз улыбнулся, прижав к глазам рукав старого пиджака. Но никто этого не видел. Соседи даже не приходили к Шамету – у каждого хватало своих забот.

Следил за Шаметом только один человек – тот пожилой ювелир, что выковал из слитка тончайшую розу и рядом с ней, на одной ветке, маленький острый бутон.

Ювелир навещал Шамета, но не приносил ему лекарств. Он считал, что это бесполезно.

И действительно, Шамет незаметно умер во время одного из посещений ювелира. Ювелир поднял голову мусорщика, достал из-под серой подушки золотую розу, завернутую в синюю помятую ленту, и не спеша ушел, прикрыв скрипучую дверь.

(Паустовский К.Г. *Золотая роза*. М.: Эксмо, 1955, рр. 6-11)

三、译文评析

---◆---

帕乌斯托夫斯基十分擅长写作短篇小说。他的短篇小说以情节和人物取胜，语言凝练，写意轻盈，《珍贵的尘土》就是这类小说的典型代表。译者在兼顾原文语言风格特点和汉语表达习惯的基础上，通过各种手段在译文中再现了原文的整体风格，语言洗练圆融，细腻之处尽显诗意，幽默之处活泼俏皮，展现了深厚的语言功底。

1．还原不同的叙述口吻

文中存在多个叙述口吻。不同叙述者因各自身份不同，所使用的语言风格各异，使该作品语言富于变化。译者准确地把握了不同叙述口吻的语体色彩和语言风格，使译文读来生动有趣，雅俗共赏。

本文的叙述口吻可以大致分为三类。第一个叙述者是"我"，一位买下金蔷薇并且记录下这段历史的老文学家。他用第三人视角讲述了夏米的一生与金蔷薇的故事，夹叙夹议，笔法飘逸，有很强的发散性。他使用的是标准的俄语书面语，词汇丰富，句式结构紧凑。如：

"Несколько раз он оглядывался на окна **скучного** дома, где ветер даже не шевелил занавески. На **тесных** улицах был слышен из лавчонок **суетливый** стук часов. В солдатском ранце Шамета лежала память о Сузи – **синяя измятая** лента из ее косы. И черт ее знает почему, но эта лента пахла **так нежно**, как будто она долго пробыла в корзине **с фиалками**.（他好几次回过头来望着那幢死气沉沉的房子的窗户，只见挂在那里的窗帘连风都不愿去吹动。在湫隘的街巷中可以听到各家小店铺里时钟匆忙的滴答声。夏米的军用背囊里，藏着苏珊的一件纪念品——她扎辫子用的一条揉皱了的天蓝色缎带。不知为什么这条缎带有一股子淡淡的馨香，仿佛曾在紫罗兰的花篮里放了很久似的。）"

这一段话以长句为主，第一句和最后一句都是复合句。译者在翻译的时候也保留了长句式，并且能够捕捉到原文字里行间的细微情感，并在译文中放大了这种微妙的情感，如 скучного дома 被处理成"那幢死气沉沉的房子"，对 ветер даже не шевелил занавески 则是用拟人的手法处理成"只见挂在那里的窗帘连风都不愿去吹动"，有力地烘托出了姑妈沉闷、刻板的性格，也预示着苏珊和姑妈在一起的生活不会多么快乐。

这一段话中还大量使用了一些具有感情色彩的修饰语，这些修饰语分为两类，一类修饰姑妈的屋子、所在的街道，具有贬义色彩，表达负面的情感，如 скучного（死气沉沉的）、тесных（湫隘的）、суетливый（匆忙的）；另一类修饰语是和苏珊娜有关的事物的丰富细节，如 синяя измятая（揉皱了的天蓝色的）、так нежно（一股子淡淡的馨香）、с фиалками（紫罗兰的），具有细腻温柔的感情特征。

第二类叙述者是以夏米为代表的，处于社会底层的小人物。所有以他们的视角或口吻讲述的故事均采用了口语体，用词灵活生动，富有感情色彩，句式结构简单，以短句为主，语言整体上自然平易，朴实生动，富有生活气息。如：

"Пьяные артиллеристы выстрелили **для забавы** из мортиры, снаряд попал в жерло потухшего вулкана, там взорвался, и от неожиданности вулкан начал пыхтеть и извергаться. **Черт его знает, как его звали, этот вулкан**! Кажется, Крака-Така. Извержение было **что надо**! Погибло сорок мирных туземцев. Подумать только, что из-за поношенной челюсти **пропало** столько людей! Потом оказалось, что челюсть эту потерял наш полковник. Дело, конечно, **замяли**, – престиж армии выше всего. Но мы здорово **нализались** тогда.（喝醉了的炮手们为了逗乐，一个劲儿地打白炮，有一发炮弹正巧落进一座死火山的喷火口，在里边炸了开来，可不得了，火山开始爆发了，突突地直往外冒岩浆，我都忘了这座火山叫什么来着！好像是叫喀拉啥塔喀火山。火山爆发得好厉害！有四十个村民给活活烧死。你想想看，就为了这么半副假牙，有这么多人白白地送了命！后来才弄清楚假牙是我们团长丢失的。这事不消说只好悄悄地了掉啦，因为军队的声誉高于一切。反正那一回我们一个个都喝得烂醉如泥。）"

上述段落是夏米为了给苏珊娜解闷，讲述自己从军时发生过的荒唐事。为了营造出故事的趣味性和荒诞性，夏米不仅使情节发展出乎意料，超出想象，在语言上也大量运用简短的句式和口语化的词汇，使讲述变得生动活泼、幽默有趣、富有激情。译者在翻译这段文字的时候十分注重文字表述的趣味性，使用了大量口语化的表述，并在原文的基础上作适当的发挥，力争还原一个大兵为了逗小女孩开心而采取的夸张、俏皮的口吻。"一个劲儿""可不得了""突突地""活活""白白地""不消说""反正"以及语气词"啦"都大大增加了语言的趣味性和生动性。

文中有几处对主人公夏米的心理活动和情感世界的间接描写，这类描写采用的是第三人视角，结合对景物或一些具有特殊意义的事物的刻画，语言极其优美细腻，充满温情，略带感伤，展露了夏米这个小人物不为人知的、丰富的、温柔敏感的内心世界。如：

"Дни сливались в **желтую муть**. Но иногда в ней возникало перед внутренним взором Шамета **легкое розовое облачко** – старенькое платье Сюзанны. От этого платья пахло **весенней свежестью**, как будто его тоже долго держали **в корзине с фиалками**.（逝去的时日连成一片黄腾腾的烟雾。但有时，夏米心灵的眼睛却能在这片浑浊的烟雾中看到一朵玫瑰红的浮云，这是苏珊娜的一件旧衣裳。这件衣裳发出一股春日清新的气息，仿佛也曾在紫罗兰的花篮里放了很久似的。）"

夏米与苏珊娜分别后，回到了自己原来的生活中。对这些日子作者一笔带过。而对于夏米而言，这些日子是乏善可陈的，唯有与苏珊娜相关的点滴，以及一切与此相关的事物和回忆是为数不多的美好与诗意。这里出现了四个意象，分别是与贫瘠生活相联系的"黄腾腾的烟雾（желтая муть）"，和与苏珊娜相联系的"一朵玫瑰红的浮云（легкое розовое облачко）""春日清新的气息（весенняя свежесть）"和"紫罗兰的花篮（корзина с фиалками）"所形成的鲜明对比。译者非常注重这一点，特意还原了第二句中指代 муть 的代词——"这片浑浊的烟雾"，并加上了原文中本没有的形容词"浑浊"，与该句中的"一朵玫瑰红的浮云"相互映衬。不论是浮云、春日气息还是紫罗兰花篮，都是夏米的联想，是他内心的自然流露。译者用非常优美的文字描摹出了夏米深藏心底的对苏珊娜的珍视之情。

2．突破原文的形式结构

戴骢的译文自然灵动，几无翻译痕迹，这要归功于他敢于打破原文的樊笼，以及深厚的汉语写作功底。他不以句子为单位，逐句进行翻译，而是以一个超句子统一体，乃至一个段落为单位，把握段落的中心思想和最鲜明的语言风格特征，统筹全局，在汉语中寻找贴切的表达方式，使译文既符合译入语的语言习惯，又贴合原文的思想与风格，达到了神似的效果，如：

"Когда-то Жан Шамет **знал** лучшие дни. Он служил солдатом в армии «Маленького Наполеона» во время мексиканской войны.（让·夏米当年也曾过过一段好日子。在墨西哥战争期间，他曾在"小拿破仑"的军队里当兵吃粮。）"

这里将 знал 译为"过过"，和"一段好日子"更匹配，整体上也更符合汉语的表达习惯。"当兵"后补充了"吃粮"，是对"好日子"的进一步说明。在军队服役时有军粮物资的供应，相较于夏米清扫工的清贫生活，的确算得上是好日子。

翻译中难免遇到这种情况，当原文中的某个非常具有表现力的词无法在汉语中找到对应的表达，且同时能和上下文保持风格上的一致，这时译者可以在别的方面适当地做一些调整或弥补，有时甚至要进行创造性的发挥，见译者对下面两句话的处理：

"У нас в роте был один тощий солдат. Ему **чертовски** везло.（我们连队有个当兵的。别看他人挺瘦，运气可好哩。）"

如果照原文的结构，这段可以译为："我们连队有个很瘦的士兵。他特别走运。"这种直译的方式较为平庸。而译者将 тощий 的意思放进第二句中，进行适当的发挥，译成"别看他人挺瘦，运气可好哩"，具有更强的表现力和趣味性。译者的这种发挥是合理的、有依据的。原文第二句的 чертовски 一词是一个非常口语化的词，表达"惊人地，令人难以置信地"的意思，这个词使整个表述不但非常切合夏米这个大兵的身份，符合他的口吻，也突出了叙述的夸张色彩，但译成"惊人地走运"或"令人难以置信地走运"都太过生硬，译者译成"运气可好哩"，并借"别看他人挺瘦"使语调更加活泼有趣。

翻译中常见译者对长句作切割，将其译成多个短句的处理方式。在《珍贵的尘土》中，我们也能观察到此种情况：原文中的一个句子译成了多个句子。如：

"Годы проходили **в однообразной нужде**.（多少年过去了，夏米始终一贫如洗。）"

原文直译是"许多年都在单调划一的贫困中流逝了"，表达的意思是夏米在贫困中度过了很多岁月。原文十分简洁，只用了5个词，但在汉语中却无法生搬硬套。译者的处理十分到位，为了照顾汉语表达习惯，译者将原文拆成了两句，同时不忘追求用词的简洁有力，"始终一贫如洗"就准确传达了 в однообразной нужде 的语义。

译者译笔之灵活，还表现在他对反复出现的同一个词的多样化处理。如对 счастливый 一词的处理：

"Таких золотых роз мало на свете, – говорила мать Шамета. – Но все, у кого они завелись в доме, обязательно будут **счастливыми**. И не только они, но и каждый, кто притронется к этой розе.（像这样的金蔷薇世上是少有的，"夏米的母亲说。"谁家有金蔷薇，谁家就有福气。不光这家子人有福气，连用手碰到过这朵蔷薇的人，也都能沾光。）"

"Мальчик Шамет с нетерпением ждал, когда же старуха сделается **счастливой**.（夏米那时还是个孩子，他急切地期待着老妇人交上好运。）"

此处译者将三处 счастливый 分别译成"有福气""沾光""交上好运"，非常贴合上下文，且同时照顾到了口语化表述的多样性风格。

3．再现典型细节

帕乌斯托夫斯基之所以能使自己作品中的语言凝练，笔力千钧，因为他在描写人物、环境时一般只提取少量的、最典型的细节，用"窥斑见豹"的方式，通过个别的细节让读者来构建对人和物的印象。这也对译者提出了很高的要求，需要在译文中用少量的细节描写来取得同样的效果。如：

"Ты **напрасно** волнуешься, моя крошка.（我的小乖乖，你何苦这么激动。）"

苏珊娜表达自己对未来的不确定和担忧之情时，情人的回应是敷衍的，态度是不以为意的。напрасно 一词表示"白白地，徒劳地"，"何苦"具有更强烈的语气，表明情人完全没有将苏珊娜的担忧放在心上。年轻的演员称呼苏珊娜为 крошка，这个词在口语中可以表示"非常小的人或物；小不点儿，小娃娃"的意思，译者译成"小乖乖"，传神地再现了演员对待苏珊娜的轻佻狎昵之态。仅凭这一句话就暗示了他并不是能为苏珊娜带来幸福的人。

特别值得指出的是，从原文可以明显看出，帕乌斯托夫斯基在写作时的选词是十分谨慎的，往往一个词就蕴含了非常丰富的意义和细节，因此能达到言简意丰的独特效果。而从译文来看，译者也体悟到了每个词背后的含义，并且一一表达了出来，这也是为什么原文中的一个词到了译文中可能就变成了一个词组。如：

"Но девочка, к его удивлению, слушала эти рассказы с жадностью и даже **заставляла** повторять их, **требуя новых подробностей**.（但叫他奇怪的是小姑娘居然听得津津有味，甚至还没完没了地缠着他把这些故事讲了又讲，而且还要他讲得一回比一回详细。）"

заставляла 是未完成体动词，表明小姑娘不止一次地让夏米给她讲这些故事，所以译者用副词"没完没了"和动词"缠"表达了这一层意思，而且一个"缠"字非常生动，读者完全能够仅凭这一个字就能想象出小女孩对着士兵撒娇，让她给自己讲故事的景象。требуя новых подробностей 表示"要求更多的细节"，这里译者将其处理成副词"详细"，达到了简洁的效果。

对动词的生动传译是译文另一个值得称道的地方，除了上述的"缠"字外，作品中诸如此类的出彩译笔还有很多。如：

"Шамет **напрягал память** и выуживал из нее эти подробности, пока в конце концов не потерял уверенность в том, что они действительно существовали.（夏米搜索枯肠，挤出了一个又一个细节，临了连他自己都不敢相信是否真有其事了。）"

напрягал память 表达"尽力回忆"的意思，译者用了"搜索枯肠"这样富有表现力的译法。выуживал 意为"钓出，掏出，（费力地）弄出"，译者用一个"挤"字形象地表达了夏米是如何勉力一遍遍搜刮着自己的记忆，只为能说出几个故事或细节，好让小姑娘开怀。

"В солдатском ранце Шамета лежала память о Сузи – синяя измятая лента из ее косы.（夏米的军用背囊里，藏着苏珊的一件纪念品——她扎辫子用的一条揉皱了的天蓝色缎带。）"

原文中的 лежала 在这里表示物体处于某个位置，译者译成"藏"字，更生动地表现出夏米对这条缎带的珍视之情，因为这条缎带代表苏珊娜，那个得到了夏米全部柔情的小姑娘。

由此可见，戴骢的译文可以说是已达到翻译家傅雷所言的"神似"境界，是难得的上佳译作。

第十八章

法捷耶夫
《青年近卫军》

一、法捷耶夫与《青年近卫军》

在苏联的革命文学和战争文学创作中，亚历山大·亚历山德罗维奇·法捷耶夫（Александр Александрович Фадеев，1901—1956）占有举足轻重的位置。他出身于职业革命家的家庭，很早就接触布尔什维克党，参加过国内战争和革命活动，做过党的宣传和组织工作，这些经历对他后来的创作影响深远。1923年发表的短篇小说《逆流》（后改名为《阿姆贡团的诞生》）标志着法捷耶夫文学生涯的开端，而1927年问世的描写远东游击队斗争的长篇小说《毁灭》则给他带来了广泛的文学声誉；此后他继续创作了《最后一个乌兑格人》（1929—1941）和《黑色冶金业》（1951—1954），以上两部长篇小说均未完成，以及享誉世界的《青年近卫军》（Молодая гвардия，1945）。法捷耶夫同时还从事文艺理论研究，积极参加社会活动和苏联文艺界的组织工作，长期任"拉普"（俄罗斯无产阶级作家联合会，РАПП）的领导人和苏联作家协会总书记和主席。1956年苏共"二十大"之后，法捷耶夫陷入精神危机，最终开枪自杀身亡①。

---

① 这一事件的真相至今尚未完全查明。可参见：张捷，法捷耶夫的悲剧[J]，载《文艺理论与批评》，2002年第1期，28—41页。

　　法捷耶夫是苏联社会主义现实主义文学的奠基人，也是苏联"红色文学"最有影响力的代表人物。他一方面重视文艺创作的社会价值，倡导正确的世界观和价值观对创作的引导作用，自己也通过革命的、历史的方法去描写革命斗争带来的新的社会现实和典型人物；另一方面，他也重视艺术形式和艺术技巧的创新，主张将人道主义、浪漫主义的有益因素引入现实主义的创作，"社会主义现实主义包括了所有能够正确描写处于革命发展中的生活的创作方法，因此它必然要包括革命的浪漫主义，没有这种浪漫主义就没有社会主义的现实主义。"①法捷耶夫的这种思想集中反映在他的两部代表作《毁灭》和《青年近卫军》中，后者也就是本章要介绍的作品。这部小说的创作以伟大卫国战争时期的真实事件为基础：1942年夏战争爆发后，乌克兰的顿巴斯地区被德军侵占，当地小城克拉斯诺顿的进步青年在地下区委的领导下，以共青团为核心成立了抵抗组织"青年近卫军"，与德国法西斯占领军展开了英勇的斗争。然而在顿巴斯解放前夕，该组织不幸遭到叛徒出卖，大部分成员被敌人杀害。小说基于事实写成，但并非纪实文学，其中也融入了作家的想象和再创造，体现出革命浪漫主义与现实主义相结合的特点。小说中对人物群像的塑造尤其令人称道，无论正面角色还是反面角色，都具有高度的典型性和生动性，充分表现了新一代苏联青年热爱祖国的精神和英勇不屈的气概，也揭露了德国法西斯的残酷和丑恶。作为一部兼具高度思想性和艺术性的作品，《青年近卫军》不仅在苏联国内深受好评，还被译成多种文字通行海外，激励着一代代读者为追求光明和理想而不懈奋斗。

　　法捷耶夫是一位与中国有着密切关系的苏联作家，他的作品不仅很早就赢得了中国人民的喜爱，还深刻影响了20世纪上半叶我国的左翼文学创作。例如鲁迅就非常推崇《毁灭》，并首次将这部小说译为中文（1931年，上海大江书铺，上海三闲书屋），该译本后来还得到了毛泽东同志的高度评价（1942年在延安文艺座谈会上的讲话）②。《青年近卫军》的首次翻译是在抗日战争即将结束的1945年，1947年发行了初版，1954年根据原书修

---

① 赵德泉、夏忠宪、陈明至，法捷耶夫与文艺批评[J]，载《武汉大学学报（社会科学版）》，1982年第4期，第79页。
② 参见：叶水夫，纪念法捷耶夫一百诞辰[J]，载《世界文学》2002年第1期，第288页。

订本重新进行了翻译，1975年出版了再次校订的译文，自那之后便多次重印，成为目前最为人所知的一个版本[①]。

译者水夫（1920—2002），真名叶水夫，是我国老一辈俄苏文学翻译家和文学评论家，曾任中国翻译工作者协会会长。他从1942年就开始从事俄语文学翻译工作，代表译作有普希金《驿站长》、乌斯宾斯基《遗街风习》、高尔基的早期作品、法捷耶夫《青年近卫军》和戈尔巴托夫的《不屈的人们》等，对新中国成立后的几代俄语学习者和研究者产生过重要的影响。有研究者评价水夫的译文较为自然、朴素，总是力求准确，努力反映出原著的本来面目[②]；或许这种实事求是、科学严谨的翻译作风也是其译作《青年近卫军》历经数十年仍人气不减的一个重要原因。

下面节选了《青年近卫军》第五章的部分内容，主要描写了德军入侵前夕苏联百姓撤离克拉斯诺顿的情景，以及小说主要角色邬丽亚和奥列格在撤退途中的经历和感受。

二、《青年近卫军》译文节选

自从民族大迁徙[1]以来，顿涅茨草原还不曾见过像一九四二年七月这些日子里那样的大队人马的移动。

在烈日下的公路上、土路上或是草原上，满眼都是带着辎重车、炮队和坦克的撤退的红军部队，保育院和幼儿园的孩子们，畜群，卡车以及逃难的人们。逃难的人们有时排成队列，有时分散，他们推着小车，上面堆着物件，孩子们就坐在包袱上面。

他们走过的时候践踏着快要成熟或是已经成熟的庄稼。无论是践踏庄

---

① 参见：法捷耶夫著，水夫译，《青年近卫军》[M]，北京：人民文学出版社，1994年。
② 张杰，著名翻译家和文学评论家叶水夫先生[J]，载《外语研究》，2000年第2期，第61—62页。

稼的人也好，播种庄稼的人也好，谁都不再爱惜这些庄稼了。这些庄稼已经成为无主之物：留下来也是落到德国人手里。集体农庄和国营农场的土豆地和菜园里，谁爱进去谁就进去。逃难的人们挖出土豆，放在用麦秸或是篱笆燃起的篝火的余烬里烤来吃。步行和乘车的人，个个手里都拿着黄瓜、西红柿、一块一块流着汁水的西瓜或是甜瓜。草原上尘土漫天，望着太阳都不用眨眼。

一个像一粒砂子似的被卷入撤退洪流的人，他反映他的内心活动远远超过他反映周围发生的事件；因此，他的表面看法认为是偶然的、无意义的事，实际上却是由复杂的、有组织的、按照千百个大大小小人物的意志而行动的国家战争机构所调度的庞大的人群和物资的规模空前的移动。

在迫不得已的匆促的撤退中往往如此，除了大批军队与居民的虽然困难然而有计划的主要的、大规模的移动以外，在所有的道路上和草原上，还有逃难的人们，小机关和小团体，在战斗中受创、失去联络、迷失路途的军队的零散队伍和辎重车，以及一群一群因病、因伤、因缺少运输工具而掉队的军人，朝东方和东南方向走去。这些时大时小的队伍，对于前线的实际情况一无所知，只是向他们认为比较妥当合适的方向走去，他们塞满了移动主流的一切空隙和通道，首先是塞满顿涅茨河的渡口；在那里的渡船和浮桥旁边，大群的人、大量的汽车和大车受到敌机轰炸，已经忙乱了一昼夜。

在德军已经在顿涅茨河对岸深入莫罗佐夫斯克的情况下，老百姓再往卡缅斯克那面移动尽管是毫无意义，但是从克拉斯诺顿逃出来的人们，却有相当大的一部分正是直奔这个方向，因为调去加强我们在米列罗沃以南顿涅茨河上防务的那个师的先头部队，就是刚刚离开克拉斯诺顿朝这个方向前进的。邬丽亚、阿纳托里、维克多和他父亲乘的那辆套着两匹枣红色骏马的农村大车，也正是投进了这个洪流。

这辆大车夹在别的汽车和大车中间，已经翻过小丘走下斜坡，庄上的最后几座房屋刚从眼前消失，这时候，高空中突然响起了发动机的怪吼，接着，又有几架德国俯冲轰炸机遮住了太阳，低低地在头顶上飞过，一面用机枪向公路扫射。

维克多的父亲，这个戴着皮帽、满脸是肉、嗓音洪亮、精力充沛的大汉，突然脸色发白。

"到草原上去！卧倒！"他声音可怕地喊道。

其实孩子们已经跳下大车，奔到麦田里。维克多的父亲放下缰绳，也跳下了大车，立刻就像蒸发了一般在原地消失了。仿佛这不是一个穿着笨重皮靴的管林大汉，而是一个无形的幽灵。大车上只剩下了邬丽亚，——她自己也不知道，她为什么不跑。但是就在这一刹那，受惊的马忽然猛力一冲，差点把她从车上摔下来。

邬丽亚打算抓住缰绳，可是她够不着：马儿差一点把胸脯撞到前面的一辆轻便马车上，它身子竖立，又朝旁边一冲，几乎把套索挣断。坚固的、车身长长的、容积很大的大车歪了一歪，但是又站稳了。邬丽亚一手攀住车沿，一手抓着一个沉重的布袋，使尽全身力量不让自己摔出去：否则她马上就会死在周围大车的奔马的马蹄之下。

两匹高大的枣红马，打着响鼻，喷着涎沫，后腿站起，发疯似的在被践踏过的庄稼上、在人群和车辆中间横冲直撞。突然，从前面的轻便马车上跳下一个高大、宽肩、浅色头发、没有戴帽子的青年，一下子似乎钻到了马肚底下。

邬丽亚一时没有明白过来发生了什么事情，但是转眼之间她在两个鬃毛直竖、嘴巴大张的马头中间看见了那个青年的非常年轻的、朝气勃勃的脸。他两颊红润，颧骨突出，目光炯炯，面部表情异常紧张用力。

青年用一只手有力地抓住一匹长嘶的马的马嚼旁边的缰绳，站在马和辕杆中间，使劲压在马身上，免得被车辕压倒。他站在那里，高大，整洁，穿一身熨得很平整的灰色衣服，打着深红色的领带，上装袋口露出自来水笔的白骨笔套。他打算用另一只手从辕杆上面抓住另一匹马的缰绳。只有看到他拉马的那只胳膊的衣袖下面隆起的肌肉和晒黑的手背上突露的血管，才看得出他是费了多大的气力。

"站住……站住……"他的声音不很响，但是带着命令的口吻。

当他抓到另一匹马的缰绳的那一瞬间，两匹马在他手里突然安静下来。它们还抖着鬃毛，斜着眼看他，但是他一直等到它们完全安静下来才撒手。

青年放掉手里的缰绳之后，第一件事就是用大手仔细摸了摸他的几乎没有弄乱的、偏分的浅黄色头发，使邬丽亚看了感到奇怪。接着，他抬起完全汗湿的、孩子般的脸，咧着嘴对邬丽亚天真快活地笑了一笑。他的颧骨高高的，眼睛大大的，长着暗金色的长睫毛。

"好——好马，会把车——车子拉坏。"他满脸带笑地望着邬丽亚，稍微有点口吃地说。邬丽亚仍旧抓着车沿和布袋，鼻孔略微鼓着，黑眼睛里带着敬意望着他。

人们又回到公路上，找寻自己的大车和汽车。有的地方，大概是在死伤的人旁边，拥集了许多妇女：从那里传来了呻吟和号泣。

"我真怕马受了惊，车辕杆会撞伤你！"邬丽亚说，她因为激动，鼻孔微微颤动着。

"我也是怕这个。不过马并不凶，骗过的。"他天真地说，他的手指很长的、晒黑的大手，随便摸了摸靠近他的那匹马的因为流汗而发亮的马脖子。

远处，已经是在顿涅茨河上的什么地方，响起了低沉而又刺耳的轰炸声。

"我真替他们难受。"邬丽亚环顾四周说。

凡是目光可以看到的两面，都已经有人和大车走过，仿佛是一条奔腾作响的大河滚滚而过。

"是的，很难受。尤其是我们那些做母亲的。她们心里不知有多么难受！将来她们不知还要有多大的痛苦呢！"青年说。他的脸马上变得严肃起来，额头露出一道道和他的年龄不相称的明显的皱纹。

"是的，是的……"邬丽亚低声说，她眼前似乎立刻浮现出自己矮小的母亲昏倒在焦干的土地上的情景。

维克多的父亲也像消失时那样突然地出现在马的旁边，带着夸张的关切摸着挽索、皮马套和缰绳。阿纳托里也跟着来了，他微微地笑着，负疚地摇着戴着乌兹别克小帽的脑袋，但是脸上仍然带着平时那种一本正经的表情。阿纳托里后面的维克多，也显得有点不好意思的样子。

"我的吉他没有弄坏吧？"维克多关切地瞅了瞅大车，急急地问。等他看到用衲过的棉被裹着的吉他还在包裹中间，就抬起勇敢而忧郁的眼睛瞅了邬丽亚一下，笑了起来。

那个宽肩膀的青年还站在两匹马中间，他钻过辕杆和马颈，潇洒自如地昂着满头浅色头发、没有戴帽子的大头，走到大车跟前。

"阿纳托里！"他高兴地喊了一声。

"奥列格！"

他们紧紧抓住对方的胳膊，在这当儿奥列格又斜过眼来看了看邬丽亚。

"柯舍沃伊。"他这样自我介绍着，伸出手同她握手。

他的左肩比右肩略高。他非常年轻，还完全是一个孩子，但是他的晒黑的脸，他的高大矫捷的身躯，甚至他的打着深红色领带、露出自来水笔白笔套的熨平的衣服，他的全部举止和略带口吃的言谈，都给人一种朝气勃勃、有力、善良、心地纯洁的感觉，使邬丽亚马上对他产生了信任。他也以青年人那种不自觉的观察力霎时就看清了她的穿着白上衣和深色裙子的苗条的身姿，习惯于田间劳动的农村姑娘的柔韧有力的腰肢，向他注视的黑眼睛，有着波纹的发辫，轮廓美妙的鼻孔，膝盖以下被深色裙子遮住一点的、修长匀称的、晒黑的小腿，——他忽然红了脸，陡地转过身去对着维克多，慌乱地伸出手来同他握手。

……

邬丽亚和莲娜的形象渐渐地都离开了奥列格，一切都被这连绵不断的人流遮蔽了。在这股人流里，套着黄骠马的轻便马车和套着两匹枣红马的大车，就像是两叶破舟，在大海中摇晃着。

无垠的草原向世界所有的角落伸展过去，地平线上不断升起浓烟。仅仅在很远很远的东方，有几朵无比皎洁明亮的卷云，堆在浅蓝的天空，如果从这些云朵里飞出几个手擎银喇叭的白衣天使，也是丝毫不足为奇的。

这时候，奥列格不禁想起了妈妈和她的慈爱而柔软的双手……

……妈妈，妈妈！自从我开始意识到世界上有我的那一刻起，我就记得你的手。夏天，你手上的皮肤总是被太阳晒黑，一直到冬天都不褪，——它是那么柔和、均匀，只在有血管的地方颜色略微深些。也许，你的手略嫌粗糙，因为它们不知干了多少活儿，但我总觉得它们非常柔软，我非常喜欢吻你手上暗色的血管。

是的，从我开始记事的那一刻起，一直到你送我走上艰苦的生活道路时，你疲惫不堪，轻轻地把头最后一次放在我胸口的最后一分钟为止，我记得你的手总是在干活。我记得这双手怎样在皂沫中搓洗我的被单，那时这些被单小得简直像襁褓。我也记得冬天你穿着皮袄用扁担挑水的模样，你把一只戴无指手套的小手放在扁担前面，而你自己也像那只手套那么小，那么柔软。我看见你的骨节略微变粗的手指点着初级读本，我就跟着你念："别——阿——巴，巴——巴。"[2]我看见你的一只有力的手把镰刀贴近麦秆的根部，另一只手抓住一把麦秆让镰刀把它割断，我看见镰刀的不可捉摸的闪光，接着就是双手和镰刀的十分迅速、平稳、柔和的动作，把一束束麦穗轻轻放下，免得弄断紧握着的麦秆。

我记得，当我们孤独地生活着，似乎在世界上是完全孤独的时候，你到冰窟窿里去洗衣服，手被冷水冻得通红僵硬，手指不能弯曲。我记得，你的手能够轻得令人毫不觉察地拔出儿子手指上的刺。也记得，当你一面缝衣服一面唱歌——仅仅是为你自己和为我而唱——的时候，这双手一眨眼就把线穿进针眼。因为世界上没有一样事情是你的手不会做、不能做或是不屑做的！我见过你用手把黏土和着牛粪，去抹农舍的墙；我也见过你的戴着戒指的手从绸衣袖里露出来，举着一杯摩尔达维亚红酒。而当继父跟你闹着玩把你抱起的时候，你的丰腴白皙的双臂又是多么温存地环绕着他的脖颈。这位继父，你教会了他爱我，而我先是因为你爱他就尊敬他，把他当作自己的生父一样。

但是，最使我永记不忘的是，你那双略嫌粗糙的、十分清凉而又令人感到十分温暖的手，在我似睡非睡地躺在床上的时候怎样温柔地抚摩我的头发、脖颈和胸部。我不论什么时候张开眼睛，你总在我身旁，房间里点着夜明灯，你那双深邃的眼睛仿佛从黑暗中凝望着我，你自己则是遍体安详、发光，仿佛披着金装。我要吻你那双圣洁的手。

你——如果不是你，那么就是别的跟你一样的人，——把儿子们送上前线之后，有的儿子你已经再也看不到了。如果这杯苦酒放过了你，它也不会放过别的像你一样的母亲。但是，假如在战争的岁月里，人们还有面包可吃，还有衣服可穿，地里还堆着麦垛，火车还在轨道上奔驰，花园里的樱桃树还在开花，熔铁炉里的火焰还在熊熊发光，还有一种无形的力量使伤病员从地上或床上起来，奋力作战，那么这一切都是出自我的——我的、他的、还有别人的——母亲之手。

年轻人，我的朋友，你也回顾一下，像我这样回顾一下吧，然后你再说说，除了自己的母亲，你一生中还使什么人的感情受过更大的伤害？我们的母亲不是为了我，为了你，为了他，为了我们的失败、错误和痛苦而白了头的吗？总有一天，在母亲的坟前我们的心会因为这一切而受到谴责。

妈妈，妈妈！宽恕我吧，因为只有你，世界上只有你能够宽恕我。像我小时候那样把你的手放在我头上，宽恕我吧……

这样的思想和感情涌集在奥列格心头。他始终不能忘记，他母亲是留在"那边"，还有维拉外婆，"我严峻的岁月中的女友"[3]，她也是个妈妈，是他母亲和柯里亚舅舅的妈妈，也留在"那边"。

于是奥列格的脸变得严肃起来，木然不动了，长着暗金色睫毛的大眼睛也蒙上了一层潮润的薄膜。他弓着背坐着，奔拉着腿，大手的有力的长手指交叉着，额头上又露出了深深的纵皱纹。

柯里亚舅舅、玛丽娜，甚至他们的小儿子，也都安静下来了。同样的寂静也降临到他们后面的大车上。后来连黄骠马和枣红色骏马在这种酷热和拥挤中也感到疲倦了，两辆马车不觉又驰到公路上；公路上的人、汽车和大车的洪流仍旧在不断地滚动。

人们在这条人间苦难的洪流里无论是做什么，想什么，说什么——不管他们是说笑也好，打盹也好，喂孩子也好，交朋友也好，在难得碰到的井旁饮马也好——在这一切的后面和上面都已经张开了一个看不见的黑影，它已经在北方和南方展开双翅，从背后扑来，比这股洪流更为迅速地在草原上扩展着。

他们都觉得自己是被迫离开家园和亲人，此去前途茫茫，而投出这个黑影的力量又会追上他们，使他们粉身碎骨。这样的感觉像石头似的沉重地压在每个人心上。

———————

译注：

[1]　指公元最初几个世纪欧洲斯拉夫人、日耳曼人等的大迁徙。

[2]　这是初学俄语时学的拼音。

[3] 俄国诗人普希金（1799—1837）《给奶娘》一诗中的诗句。

（节选自水夫译《青年近卫军》，人民文学出版社，1994年，第42—50页）

附：*Молодая гвардия* 选段原文

Со времени великого переселения народов не видела донецкая степь такого движения масс людей, как в эти июльские дни 1942 года.

По шоссейным, грунтовым дорогам и прямо по степи под палящим солнцем шли со своими обозами, артиллерией, танками отступающие части Красной Армии, детские дома и сады, стада скота, грузовики, беженцы – то колоннами, то вразброд, толкая перед собой тачки с вещами и с детьми на узлах.

Они шли, топча созревающие и уже созревшие хлеба, и никому уже не было жаль этого хлеба – ни тем, кто топтал, ни тем, кто сеял, – они стали ничьими, эти хлеба: они оставались немцам. Колхозные и совхозные картофельные поля и огороды были открыты для всех. Беженцы копали картофель и пекли его в золе костров, разведенных из соломы или станичных плетней, – у всех, кто шел или ехал, можно было видеть в руках огурцы, помидоры, сочащийся ломоть кавуна или дыни. И такая пыль стояла над степью, что можно было, не мигая, смотреть на солнце.

То, что поверхностному взгляду отдельного человека, как песчинка вовлеченного в поток отступления и отражающего скорее то, что происходит в душе его, чем то, что совершается вокруг него, могло показаться случайным и бессмысленным, было на самом деле невиданным по масштабу движением огромных масс людей и материальных ценностей, приведенных в действие сложным, организованным, движущимся по воле сотен и тысяч больших и малых людей государственным механизмом войны.

Но, как это бывает в вынужденном быстром отступлении, кроме главных, больших, хотя и трудных, но осмысленных движений масс войск и гражданского населения, по всем дорогам и прямо по степи в направлении на восток и юго-восток шли беженцы, мелкие учреждения и коллективы, разрозненные команды и обозы войск, разбитых в боях, потерявших связь, сбившихся с пути, группы военных, отставших по болезни или ранению, по недостатку транспорта. Эти то большие, то меньшие группы, не имевшие никакого представления о том, что же в действительности происходит на фронте, шли, куда им казалось вернее и выгоднее, забивали все поры и вены главного движения и прежде всего забивали переправы через Донец, где у паромов и понтонных мостов, подвергаясь вражеской бомбардировке с воздуха, в течение суток крутились целые таборы людей, машин, подвод.

Как ни бессмысленно для гражданских людей было движение на Каменск в условиях, когда немецкие части уже вышли далеко по ту сторону Донца, на Морозовский, значительная часть беженцев из Краснодона устремилась именно в этом направлении, потому что и этом направлении двигались только что миновавшие Краснодон головные части дивизии, перебрасываемой на подкрепление нашей обороны на Донце южнее Миллерова. И именно в этот поток попала запряженная двумя добрыми гнедыми конями селянская телега, на которой ехали Уля Громова, Анатолий Попов, Виктор Петров и его отец.

Едва скрылись из глаз последние хуторские строения, когда подвода среди других подвод и машин уже перевалила на пологий съезд с холма, из глубины неба внезапно вырвался чудовищный рев мотора, и снова низко над головами, застив солнце, промчались немецкие пикировщики, ударили по шоссе из пулеметов.

Отец Виктора, энергичный большой мужчина в кожаной фуражке, с мясистым лицом и сильным голосом, вдруг побелел.

– В степь! Ложись! – крикнул он ужасным голосом.

Но ребята уже соскочили с телеги и бросились в пшеницу. Отец Виктора, опустив вожжи, тоже соскочил с телеги и тут же на месте исчез, будто испарился, будто это был не мужик-лесничий в тяжелых сапогах, а дух бесплотный. Одна Уля осталась на возу – она сама не знала, почему она не побежала. Но в то же мгновение испуганные кони рванули так, что едва не выкинули ее из телеги.

Уля попыталась поймать вожжи, но не смогла дотянуться: кони, едва не налетев грудью на бричку впереди, взмыли на дыбы и рванули в сторону, чуть не оборвав постромки. Устойчивая, длинная, вместительная телега было опрокинулась, но снова стала на колеса. Уля, уцепившись одной рукой за край телеги, а другой за какой-то тяжелый чувал, напрягала все силы, чтобы не выпасть: ее тут же задавили бы бесновавшиеся вокруг лошади других подвод.

Громадные гнедые кони, обезумев, рвались по вытоптанному хлебу среди людей и подвод, вздымаясь на дыбы, храпя и брызгая пеной. Вдруг с брички впереди соскочил высокий, широкоплечий, светловолосый юноша с непокрытой головой и кинулся, казалось, под самых коней.

Уля не сразу сообразила, что произошло, но через мгновение она увидела меж конских голов с взметенными гривами и оскаленными пастями его очень юное, свежее, сверкающее глазами, с выражением необычайного напряжения и силы, с румянцем на щеках, скуластое лицо.

Схватив сильной рукой одного храпящего коня за вожжу у самых удил, юноша стоял между конем и дышлом, больше напирая на коня, чтобы не быть сшибленным дышлом. Юноша стоял, рослый, аккуратный, в хорошо выглаженной серой паре с темно-красным галстуком и выглядывавшим из карманчика пиджака белым костяным наконечником складной ручки. Другой рукой он поверх дышла пытался поймать за вожжу другого коня. Только по вздувшемуся под серым пиджаком бугру мускулов и по резко обозначившимся жилам у загорелой кисти руки, которой он держал коня, видно было, каких усилий это ему стоило.

– Тпру... тпру... – говорил он не очень громко, но повелительно.

И в тот момент, как ему удалось схватить за вожжу другого коня, оба коня вдруг сразу присмирели в его руках. Они еще встряхивали гривами, косясь на него звериными очами, но он не отпускал их, пока они вовсе не притихли.

Юноша выпустил вожжи из рук, и первое, что он сделал, к немалому удивлению Ули, – он большими ладонями аккуратно пригладил свои почти не растрепавшиеся, расчесанные на косой пробор светло-русые волосы. Потом он поднял на Улю совершенно мокрое от пота скуластое лицо мальчика с большими глазами в длинных темных золотистых ресницах и широко, простодушно и весело улыбнулся.

– Добрые к-кони, могли разнести, – сказал он, чуть заикаясь, глядя с этой своей широкой улыбкой на Улю, которая, все еще держась за край телеги и за чувал, чуть раздувая ноздри, с уважением смотрела на него черными глазами.

Люди возвращались на шоссе, ища свои подводы и машины. В иных местах, должно быть возле убитых и раненых, грудились женщины: оттуда доносились стоны и причитания.

— Я так боялась, что они собьют тебя дышлом! — сказала Уля, чуть подрагивая ноздрями от волнения.

— Я сам того боялся. Да кони не злые, холощеные, — наивно сказал он и большой загорелой рукой с длинными пальцами небрежно потрепал по потной глянцевитой шее коня, ближе к которому стоял.

Вдали, где-то уже на Донце, послышались глухие и одновременно резкие удары бомбежки.

— Очень людей жалко, — сказала Уля, оглядываясь вокруг.

Подводы и люди уже шли мимо с обеих сторон, куда хватал глаз, будто большая шумливая река катилась.

— Да, жалко. А особенно матерей наших. Что они переживают! И что им еще предстоит пережить! — сказал юноша, и лицо его сразу стало серьезным, и на лбу его собрались не по возрасту резкие продольные морщины.

— Да, да... — беззвучно сказала Уля, сразу представив мать свою, как она лежала, маленькая, распластавшись на выжженной земле.

Отец Виктора Петрова так же внезапно, как и исчез, возник возле коней и с преувеличенным вниманием стал ощупывать постромки, шлеи, вожжи. За ним, посмеиваясь и виновато крутя головой в узбекской шапочке и все же не теряя обычного серьезного выражения, показался Анатолий Попов, за ним Виктор, тоже немного сконфуженный.

— Гитара-то моя цела? — быстро спросил Виктор, озабоченно оглянув воз. И, увидев обернутую в стеганое одеяло, заложенную между узлов гитару, взглянул на Улю своими смелыми грустными глазами и рассмеялся.

Юноша, все еще стоявший между коней, поднырнул под дышло и под шею коню и, свободно и легко неся на широких плечах крупную непокрытую голову со светлыми волосами, подошел к возу.

— Анатолий! — радостно воскликнул он.

— Олег!

Они крепко взяли друг друга за руки повыше локтей, и в то же время Олег покосился на Улю.

— Кошевой, — назвал он себя и протянул ей руку.

Одно плечо, левое, было у него чуть выше другого. Он был очень юн, совсем еще мальчик, но от его загорелого лица, высокой легкой фигуры, даже от одежды, хорошо проглаженной, с этим темно-красным галстуком и белым наконечником складной ручки, от всей его манеры двигаться, говорить с легким заиканием исходило такое ощущение свежести, силы, доброты, душевной ясности, что Уля сразу почувствовала доверие к нему. А он с невольной наблюдательностью юноши мгновенно охватил глазами ее облеченный в белую кофту и темную юбку стройный стан с гибкой и сильной талией деревенской девушки, привычной к полевой страде, черные глаза, направленные на него, волнистые косы, ноздри причудливого выреза, длинные, стройные загорелые ноги, едва ниже колен прикрытые темной юбкой, – вспыхнул, резко повернулся к Виктору и, смущенный, подал ему руку.

...

И постепенно образы Ули и Леночки покинули Олега, и все заслонил этот беспрерывный поток людей, в котором, как утлые лодки в море, покачивались бричка, запряженная буланым коньком, и телега с гнедыми конями.

Степь без конца и края тянулась на все концы света, тучные дымы пожаров вставали на горизонте, и только далеко-далеко на востоке необыкновенно чистые, ясные, витые облака кучились в голубом небе, и не было бы ничего удивительного, если бы вылетели из этих облаков белые ангелы с серебряными трубами.

И вспомнилась Олегу мама с мягкими, добрыми руками...

«... Мама, мама! Я помню руки твои с того мгновения, как я стал сознавать себя на свете. За лето их всегда покрывал загар, он уже не отходил и зимой, – он был такой нежный, ровный, только чуть-чуть темнее на жилочках. А может быть, они были и грубее, руки твои, – ведь им столько выпало работы в жизни, – но они всегда казались мне такими нежными, и я так любил целовать их прямо в темные жилочки.

Да, с того самого мгновения, как я стал сознавать себя, и до последней минуты, когда ты в изнеможении, тихо в последний раз положила мне голову на грудь, провожая в тяжелый путь жизни, я всегда помню руки твои в работе. Я помню, как они сновали в мыльной пене, стирая мои простынки, когда эти простынки были еще так малы, что походили на пеленки, и помню, как ты в тулупчике, зимой, несла ведра на коромысле, положив спереди на коромысло маленькую ручку в рукавичке, сама такая маленькая и пушистая, как рукавичка. Я вижу твои с чуть утолщенными суставами пальцы на букваре, и я повторяю за тобой: «бе-а-ба, ба-ба». Я вижу как сильной рукой своею ты подводишь серп под жито, сломленное жменью другой руки, прямо на серп, вижу неуловимое сверкание серпа и потом это мгновенное плавное, такое женственное движение рук и серпа, откидывающее колосья в пучке так, чтобы не поломать сжатых стеблей.

Я помню твои руки, несгибающиеся, красные, залубеневшие от студеной воды в проруби, где ты полоскала белье, когда мы жили одни, – казалось, совсем одни на свете, – и помню, как незаметно могли руки твои вынуть занозу из пальца у сына и как они мгновенно продевали нитку в иголку, когда ты шила и пела – пела только для себя и для меня. Потому что нет ничего на свете, чего бы не сумели руки твои, что было бы им не под силу, чего бы они погнушались! Я видел, как они месили глину с коровьим пометом, чтобы обмазать хату, и я видел руку твою, выглядывающую из шелка, с кольцом на пальце, когда ты подняла стакан с красным молдаванским вином. А с какой покорной нежностью полная и белая выше локтя рука твоя обвилась вокруг шеи отчима, когда он, играя с тобой, поднял тебя на руки, – отчим, которого ты научила любить меня и которого я чтил, как родного, уже за одно то, что ты любила его.

Но больше всего, на веки вечные запомнил я, как нежно гладили они, руки твои, чуть шершавые и такие теплые и прохладные, как они гладили мои волосы, и шею, и грудь, когда я в полусознании лежал в постели. И, когда бы я ни открыл глаза, ты была всегда возле меня, и ночник горел в комнате, и ты глядела на меня своими запавшими очами, будто из тьмы, сама вся тихая и светлая, будто в ризах. Я целую чистые, святые руки твои!

Ты проводила на войну сыновей, – если не ты, так другая, такая же, как ты, – иных ты уже не дождешься вовеки, а если эта чаша миновала тебя, так она не миновала другую, такую же, как ты. Но если и в дни войны у людей есть кусок хлеба и есть одежда на теле, и если стоят скирды на поле, и бегут по рельсам поезда, и вишни цветут в саду, и пламя бушует в домне, и чья-то незримая сила подымает воина с земли или с постели, когда он заболел или ранен, – все это сделали руки матери моей – моей, и его, и его.

Оглянись же и ты, юноша, мой друг, оглянись, как я, и скажи, кого ты обижал в жизни больше, чем мать, – не от меня ли, не от тебя, не от него, не от наших ли неудач, ошибок и не от нашего ли горя седеют наши матери? А ведь придет час, когда мучительным упреком сердцу обернется все это у материнской могилы.

Мама, мама!.. Прости меня, потому что ты одна, только ты одна на свете можешь прощать, положи на голову руки, как в детстве, и прости...»

Такие мысли и чувства теснились в душе Олега. Он уже не мог забыть того, что мать его осталась «там» и бабушка Вера, «подруга дней моих суровых», которая тоже была мамой, мамой его матери и дяди Коли, тоже осталась «там».

И лицо Олега стало серьезным, неподвижным, большие глаза в темно-золотистых ресницах заволоклись влажной пеленой. Он сидел, ссутулившись, свесив ноги, сцепив длинные сильные пальцы больших рук, и резкие продольные морщины легли у него на лбу.

Притихли и дядя Коля, и Марина, и даже их маленький сынишка, и такая же тишина установилась на подводе, следовавшей за ними. Потом и буланый конек и добрые гнедые кони в этой страшной жаре и толчее притомились, и обе подводы незаметно снова выбились на шоссе, по которому все катился и катился поток людей, машин и подвод.

И что бы ни делали, ни думали, ни говорили люди в этом великом потоке людского горя – шутили ли они, придремывали, кормили детей, заводили знакомства, поили лошадей у редких колодцев, – за всем этим и надо всем незримо простиралась черная тень, надвигавшаяся из-за спины, простершая крылья уже где-то на севере и на юге, распространявшаяся по степи еще быстрее, чем этот поток.

И ощущение того, что они вынужденно покидают родную землю, близких людей, бегут в безвестность и что сила, бросившая эту черную тень, может настигнуть и раздавить их, – тяжестью лежало на сердце у каждого.

(Фадеев А.А. *Собрание сочинений в шести томах.* Т. 3. М.: Художественная литература, 1970, стр. 47-51, 53-56)

三、译文评析

———— ❦ ————

通过对比原文和译文，我们认为水夫的翻译中有三点值得分析：

1. 对原文现实主义与浪漫主义相结合的风格特点的忠实反映

如前所述，一方面，法捷耶夫创作的基本风格是社会主义现实主义的，他主张艺术密切联系生活、真实反映生活，要求作家深入群众，"走向生活，热爱生活"，从人民群众中获得创作的灵感和素材；他的创作主题和视野空前宽阔，涉及苏联社会发展中重大的现实问题和矛盾冲突，并能用历史的具体的眼光去分析和描写这些问题。另一方面，如果说早期的法捷耶夫还持有否定浪漫主义的片面观点，那么进入创作成熟期的他则充分认识到了革命浪漫主义的重要性，采用抒情、夸张、丰富的主观描写等浪漫主义的基本手法，讴歌革命者的英勇气概和理想主义精神，赋予作品鲜明的革命英雄主义的浪漫色彩。上述两种因素在作家的创作中相辅相成，他在总结自己的文学道路时也表示，自己的全部思考和探索是"试图确定浪漫主义在社会主义现实主义和在自身创作中的作用、意义和地位"。[①]因此我们说，法捷耶夫的创作具有现实主义与浪漫主义相结合的特点。

上述特点同样体现在《青年近卫军》中，而我们也可以看到，译者充分理解并忠实反映了这种写作风格。以反映浪漫主义风格的部分——奥列格对母亲的思念为例，这段文字聚焦于人物的内心独白，将他对母亲的怀念和热爱表现得淋漓尽致。译者在翻译时则忠实再现了原文的抒情笔法和富有表现力的语言形式，例如具有增强语势效果的排比句式："Но если и в дни войны у людей есть кусок хлеба и есть одежда на теле, и если стоят скирды на поле, и бегут по рельсам поезда, и вишни цветут в саду, и пламя

———————
① 赵德泉、夏忠宪、陈明至，法捷耶夫与文艺批评[J]，载《武汉大学学报（社会科学版）》，1982年第4期，第78页。

бушует в домне, **и** чья-то незримая сила подымает воина с земли или с постели, когда он заболел или ранен... （假如在战争的岁月里，人们还有面包可吃，还有衣服可穿，地里还堆着麦垛，火车还在轨道上奔驰，花园里的樱桃树还在开花，熔铁炉里的火焰还在熊熊发光，还有一种无形的力量使伤病员从地上或床上起来，奋力作战。）"在这里，译者将原文中多次重复的并列连词转化为同义的副词。此外，在处理具有强烈感情倾向的第二人称视角及相关的语言手段如呼语、命令式等，译者同样秉承忠实原则，如将"Мама, мама!.. Прости меня..."译为"妈妈，妈妈！宽恕我吧"。将具有表现力色彩的形容词"полная и белая выше локтя рука"译为"丰腴白皙"的双臂；将"чуть шершавые и такие теплые и прохладные"译为"略嫌粗糙的、十分清凉而又令人感到十分温暖"的手。将"чистые, святые руки твои"译为"圣洁"的手。等等。这种准确的翻译充分调动起了读者的共情，将这首感人至深的母爱颂歌传达到了读者心里。

　　另一方面，小说的现实主义风格集中体现在对百姓背井离乡的描写，这里客观地表现了战争阴云给苏联人民带来的深沉痛苦，作家运用细致而平实的描写手法创造出艺术的真实感。这里我们以邬丽亚碰到惊马的场面为例："Уля попыталась поймать вожжи, но не смогла дотянуться: кони, едва не налетев грудью на бричку впереди, **взмыли на дыбы и рванули в сторону**, чуть не оборвав постромки. **Устойчивая, длинная, вместительная** телега было опрокинулась, но снова стала на колеса. Уля, **уцепившись одной рукой за край телеги**, а другой **за какой-то тяжелый чувал**, напрягала все силы, чтобы не выпасть: ее тут же задавили бы бесновавшиеся вокруг лошади других подвод. （邬丽亚打算抓住缰绳，可是她够不着：马儿差一点把胸脯撞到前面的一辆轻便马车上，它身子竖立，又朝旁边一冲，几乎把套索挣断。坚固的、车身长长的、容积很大的大车歪了一歪，但是又站稳了。邬丽亚一手攀住车沿，一手抓着一个沉重的布袋，使尽全身力量不让自己摔出去：否则她马上就会死在周围大车的奔马的马蹄之下。）"原文描写了较多的细节，但丝毫不显得冗杂混乱，反而给人以如临其境的真实感，这应归功于对动词和形容词的准确选择。而译文也不加夸饰地翻译了原文几个最重要的细节——"身子竖立""朝旁边一冲""攀住车沿""抓着沉重的布袋"（взмыли на дыбы и рванули в сторону... уцепившись одной рукой за край телеги, а другой за какой-то тяжелый чувал），"坚固的、车身长长的、容积很大的"（устойчивая, длинная, вместительная）等，用词朴素而准确，与原文的风格完全一致。据此可以认为，水夫充分理解法捷耶夫的创作特点，创造出的译文也恰如其分地反映了原文的风格。

2．对原文精彩的人物塑造的创造性再现

　　《青年近卫军》的成功与书中精彩的人物塑造是分不开的。小说以群像的手法对战争中的苏联进步青年——奥列格、邬丽亚、谢辽萨、柳芭等人进行了描写，他们身上既有正面角色的典型性，又有各自的性格和心理，形象鲜明突出，仿佛就站在读者眼前。这反映了法捷耶夫对人物塑造的基本观念：他主张多写正面人物，同时又反对"假大空"唱赞歌的倾向，提出应从现实出发描写人物，客观反映正面人物身上的矛盾和缺点，在人物身上体现生活的真实性。另一方面，他对描写人物的语言也相当重视，因为"即使手中掌握具有了一定社会意义的题材，而没有丰富的文学语言和掌握语言的娴熟技巧，还是不能对形象作历历如绘，奕奕传神的描写的"。[①]因此可以说，作家笔下的人物形象是思想性和艺术性相结合的产物，而要再现原文的人物塑造，对译者的理解力和文笔也有很高的要求。我们先以选段中的一个次要角色——维克多的父亲为例，原文的描写是："Отец Виктора, **энергичный** большой мужчина **в кожаной фуражке, с мясистым лицом и сильным голосом**, вдруг побелел."短短的一句话里就突出了几个典型特征，通过大量使用限定和修饰成分，塑造出一位粗犷豪爽的农村汉子形象。而译文在忠实保持原意的基础上调整了修饰语的结构，把原文"两个形容词+三个前置词短语"调整为"四个四字短语+一个定中结构名词"，将其译为"这个戴着皮帽、满脸是肉、嗓音洪亮、精力充沛的大汉"，使得译文结构工整、紧凑，重点突出，朗朗上口，有助

---

① 赵德泉、夏忠宪、陈明至，法捷耶夫与文艺批评[J]，载《武汉大学学报（社会科学版）》，1982年第4期，第80页。

于加深读者对人物的印象。

再看文中对两位主要人物——奥列格和邬丽亚的描写："Одно плечо, левое, было у него чуть выше другого. Он был очень юн, совсем еще мальчик, но от его **загорелого лица, высокой легкой фигуры**, даже от **одежды, хорошо проглаженной**, с этим темно-красным галстуком и белым наконечником складной ручки, от **всей его манеры** двигаться, **говорить с легким заиканием** исходило такое **ощущение свежести, силы, доброты, душевной ясности**, что Уля сразу почувствовала доверие к нему. А он с невольной наблюдательностью юноши мгновенно охватил глазами ее облеченный в белую кофту и темную юбку **стройный стан с гибкой и сильной талией** деревенской девушки, привычной к полевой страде, **черные глаза, направленные на него, волнистые косы**, ноздри причудливого выреза, **длинные, стройные загорелые ноги, едва ниже колен прикрытые темной юбкой**, – вспыхнул, резко повернулся к Виктору и, смущенный, подал ему руку."此处同样出现了较多的细节，译文则保留了原文的两个句法特点，一是罗列名词性结构，如"晒黑的脸……高大矫捷的身躯……烫平的衣服……全部举止和略带口吃的言谈""苗条的身姿……柔韧有力的腰肢……向他注视的黑眼睛……有着波纹的发辫……晒黑的小腿"；二是长定语，如"朝气勃勃、有力、善良、心地纯洁的感觉""膝盖以下被深色裙子遮住一点的、修长匀称的、晒黑的小腿"。这两种用法并不十分符合汉语的表达习惯，特别是一个句子和若干形容词共同作定语的句式，但在这里却有助于突出人物形象和增强描摹性——名词和形容词相对于动词是"静态"的，故大量名词和形容词构成的语句能创造出更强的画面感，这便将两位青年健康、淳朴、朝气蓬勃的面貌刻画得栩栩如生。

由此可见，译者对原文的人物塑造的处理方法并不死板，总体上比较重视准确和忠实，同时又能根据实际需要进行创造性的再现，取得了较为出色的效果。

3．运用"异化"策略对双破折号的处理

　　除了遣词造句之外，文学作品的翻译还需要重视标点符号问题，因为"作为语言文字不可缺少的、强有力的辅助，标点符号也是一种有效的衔接手段，在语言信息的传递与处理过程中起着很重要的作用，具有重要的语篇衔接功能"[①]；选择恰当的标点符号，既有助于增进读者对原文的理解和品味，又有助于再现原文的艺术特点。这里我们以原文中较为特殊的一类标点——双破折号（即"XXX——XXX——XXX"）为例来说明水夫对标点符号的翻译策略。

　　双破折号是欧语文本中十分常见的一种标点用法，其基本功能是指示插入句中的补充说明内容。然而双破折号的用法在汉语中却是不太典型的：汉语文本在这种情况下多用"单破折号+逗号"，如"我国的四大发明——火药、造纸术、指南针、印刷术，是人类文明的瑰宝"；或用括号，如"我国的四大发明（火药、造纸术、指南针、印刷术）是人类文明的瑰宝"。因此译者在碰到类似问题时必须重点考虑要采取怎样的策略：是以"归化"为主，即用具有相同表达效果的、符合汉语习惯的标点符号来代替双破折号，还是以"异化"为主，即在不影响理解的前提下保留原文的双破折号？从这篇译文中可以看出，译者采取的是高度"异化"的策略，一方面是完全保留了原文中的双破折号，如："Ты проводила на войну сыновей, – если не ты, так другая, такая же, как ты, – иных ты уже не дождешься вовеки.（你——如果不是你，那么就是别的跟你一样的人，——把儿子们送上前线之后，有的儿子你已经再也看不到了。）"另一方面，对于原文中某些只有单破折号的语句，译者反而仿照俄语的习惯用了双破折号，如："...и помню, как незаметно могли руки твои вынуть занозу из пальца у сына и как они мгновенно продевали нитку в иголку, когда ты шила и пела – пела только для себя и для меня.（……也记得，当你一面缝衣服一面唱歌——仅仅是为你自己和为我而唱——的时候，这双手一眨眼就把线穿进针眼。）""...все это сделали руки матери моей –

---

① 张庆艳、侯静，再论标点符号的衔接功能及其在翻译中的应用[J]，载《湖北经济学院学报（人文社会科学版）》，2010年第7期，第126页。

моей, и его, и его.（……那么这一切都是出自我的——我的、他的、还有别人的——母亲之手。）"这就进一步加强了译文的"异化"特征。必须承认，这样的汉语文本读起来略有生硬感，如第一句按照最符合汉语习惯的方式来组织应为："你把儿子送上前线——如果不是你，那么就是别的和你一样的人，而有些儿子你已经再也看不到了。"但译者的处理也有自己的优势：一方面，原汁原味地再现了原文的语篇组织方式，突出强调了破折号之间的部分，向读者提示了具有艺术表现力的重点信息；另一方面，具有"陌生化"的效果，促使读者在不习惯的思考中深入体会原文的艺术感。由此可见，水夫采取的"异化"策略有其道理，与他重视忠实、准确的翻译风格也是一脉相承的。

综上所述，水夫翻译的《青年近卫军》是一个高质量的译本，为翻译工作者提供了值得学习的榜样。

第十九章

肖洛霍夫
《一个人的遭遇》

一、肖洛霍夫与《一个人的遭遇》

　　米哈伊尔·亚历山德罗维奇·肖洛霍夫（Михаил Александрович Шолохов，1905—1984）是20世纪俄苏文学史上一位具有独特风格的大师。他出生在南俄的顿河地区，熟悉地方风土人情，尤其是哥萨克的生活方式和性格特点，1920年后作为顿河苏维埃政权的工作人员在当地四处奔走①，这些人生经历为他日后的创作积累了丰富的素材。肖洛霍夫的前中期创作主要表现顿河地区的阶级冲突以及当地人民的命运和抉择。巨著《静静的顿河》（1925—1940）更是以史诗般的恢宏描绘了"革命中的哥萨克"②的悲欢离合，侧面反映了这个阶层乃至整个俄罗斯在革命年代的历史命运，令世界文坛为之轰动。伟大卫国战争爆发后及战后初年，作家转向战争文学创作，并推动了苏联"战壕真实派"的形成。1965年，作家因"描写俄罗斯转折时期的顿河哥萨克的史诗的艺术力量和内在统一性"③而荣获诺贝尔文学奖。

　　肖洛霍夫的创作具有苏联社会主义现实主义的基本特点，即通过革命的、历史的具体的方法去描绘社会现实，同时又以高度的生活真实性、完整性和毫不避讳地直面矛盾冲突而著称。在这一点上，他继承并发扬了19世纪俄国批判现实主义文学的优秀传统。同时代著名作家费定曾说，肖洛霍夫让他想起了"列夫·托尔斯泰年轻时给自己立下的约言，即不仅不要直接地说谎，并且也不要通过避而不谈来消极地说谎。而肖洛霍夫从不避而不谈，他直书了所有的事实。"①肖洛霍夫善于借助心理和情感描写全面细致地刻画人物，并通过栩栩如生的群像来表现俄罗斯人民的力量和智慧，揭露黑暗势力的残酷和丑恶。除《静静的顿河》外，其主要作品还有中短篇小说集《顿河故事》（1926）、长篇小说《被开垦的处女地》（1932）、短篇小说《学会仇恨》（1942）、未完成的长篇小说《他们为祖国而战》（1943）以及下文将介绍的中篇小说《一个人的遭遇》等。

　　《一个人的遭遇》（*Судьба человека*，或译《人的遭遇》《一个人的命运》，1956—1957）基于肖洛霍夫听到的真实故事写成②，是战后苏联军事文学的代表作之一。小说讲述了汽车司机安德烈·索科洛夫的遭遇：战前他曾有一个幸福的家庭，伟大卫国战争爆发后应征入伍，在战场上不幸受伤被俘；等他终于以顽强的意志逃离了俘虏营，却发现自己的妻女已经被法西斯杀害，后来从军的大儿子也在攻克柏林的那一天不幸牺牲。战争结束后，索科洛夫收养了战争孤儿万尼亚，两人相依为命，勇敢地迎接新的生活。这部小说的突出特点在于一反过去的苏联战争文学单纯歌颂英雄主义、突出英雄人物的传统，转而聚焦于一个普通苏联人在战争中的经历和情感，其中蕴含着"关心人、同情人、爱护人的遭遇的深厚的人道主义思想"③。索科洛夫的形象在故事里得到了多方面的呈现，其中既凝结了战争给苏联人民带来的深重痛苦，又代表了人民面对巨大灾难时焕发的英勇不屈、乐观自强的人性光辉，这种真实性和典型性与作家对人的命运的思索

---

① Ковалева В. А. Русская советская литература [M]. М.: Просвещение, 1987, стр. 256-257；孙美玲编选，《肖洛霍夫研究》[M]，北京：外语教学与研究出版社，1982，第29页。

② 这则轶事的详情可参见：Кудрюмова Т. Ф. и др. Литература. 9 класс [M]. М.: Дрофа, 2013, стр. 164.

③ 任光宣主编，《俄罗斯文学简史》[M]，北京：北京大学出版社，2006，第342页；徐家荣，《肖洛霍夫创作研究》[M]，兰州：兰州大学出版社，1996，第108页。

结合起来，便获得了震撼人心的艺术力量。小说具有复杂而严谨的艺术结构，在"故事中的故事"的结构中融合了传统的"第一人称叙述者"、主人公的"对话者"以及"作家"这三层身份①，最大限度地利用了中短篇小说的有限容量，深化了读者对主人公的理解以及对作者历史观和人生观的认识；其语言简练又不失深沉，叙述生动，富于艺术感染力和教育意义，故直到今天仍常被选入俄罗斯和我国的文学类教材，供一代代读者品鉴其经久不衰的艺术魅力。

我国对肖洛霍夫作品的译介历史悠久，早在20世纪30年代初贺非翻译了《静静的顿河》，并由鲁迅校对和撰写后记。《一个人的遭遇》（«Судьба человека»）发表后仅仅过了两个多月，我国的《解放军文艺》杂志上就刊登了正文翻译、戈宝权校对的译文，很快又出现了草婴翻译的《人的遭遇》②；后者于2000年被收入人民文学出版社的八卷本《肖洛霍夫文集》，成为目前最为人所熟知的译本。

草婴（1923—2015）原名盛峻峰，是我国老一辈杰出的俄苏文学翻译家，尤以数十年如一日地翻译和打磨《列夫·托尔斯泰小说全集》的汉译本而知名。此外，他还翻译过戈尔巴托夫、卡达耶夫、尼古拉耶娃、巴甫连科等苏联作家的小说。草婴的译文具有平实晓畅、清新自然的特点，他曾坦言自己更喜欢朴素自然的作品而不太欣赏辞藻华丽的文章③，因此肖洛霍夫那"像草原上的鲜花一样，生机勃勃，色彩鲜艳，素朴，鲜明，所讲的故事使人感同身受，仿佛就在眼前"（苏联作家绥拉菲摩维奇语）④的小说便得到了他的青睐，其中自然也包括《一个人的遭遇》。这部作品高度的真实性、卓越的艺术手法和深刻的思想意义，都成了激发草婴对其进行译介的动力⑤。诚如他的学生章海陵所言，"草婴的译作是他与原书作者托尔斯泰和肖洛霍夫合作的结晶，而他是一位高明的'合作者'"⑥，正是

---

① Ковалева В. А. Русская советская литература [M]. М.: Просвещение, 1987, стр. 265.

② 彭亚静、何云波，肖洛霍夫在中国的译介[J]，载《湘潭大学社会科学学报》，2020年第6期，第96页。

③ 许宗瑞，草婴的翻译思想与翻译精神[J]，载《浙江理工大学学报（社会科学版）》，2016年第2期，第152页。

④ 孙美玲编选，《肖洛霍夫研究》[M]，北京：外语教学与研究出版社，1982，第14页。

⑤ 草婴，《草婴译著全集》（第二十二卷）[C]，上海：上海文艺出版社，第43—45页。

⑥ 草婴，《草婴译著全集》（第二十二卷）[C]，上海：上海文艺出版社，第179页。

由于译者的偏好与作者的风格产生了共鸣，才造就了如今我们所见的优秀译本。

　　本章的选段主要讲述了小说主人公索科洛夫逃离战俘营却落得家破人亡的悲剧，以及他收养孤儿万尼亚后的生活，直到故事的结局。

二、《一个人的遭遇》译文节选

　　……

　　"上校和掩蔽部里的军官，个个都亲切地跟我握手道别。我出来的时候，激动极了，因为两年来没有受到过人的待遇。嗐，再有，老兄，当我跟首长谈话的时候，我的头好一阵习惯成自然地缩在肩膀里，仿佛怕挨打一样。你瞧，在法西斯的俘虏营里把我们弄成什么样啦……"

　　"我立刻从医院里写了一封信给伊琳娜。我很简单地写了写，怎么当了俘虏，又怎么带着德国少校逃回来。嗐，也不知道我怎么会像孩子那样吹起牛来的？我忍不住告诉她说，上校答应要奖赏我……"

　　"我吃吃睡睡地养了两个星期。他们给我吃得很少，但是次数很多，不然，如果让我尽量吃的话，我会胀死的，这可是医生说的。我完全养足了力气。可是过了两个星期，却什么东西也吃不下了。家里没有回信来，说实话，我开始发愁了。根本不想吃东西，晚上也睡不着觉，各种古里古怪的念头尽在脑子里转……第三个星期，我收到从沃罗涅日来的一封信。但那不是伊琳娜写的，而是我的邻居，木匠伊万·季莫菲耶维奇写的。唉，但愿老天爷不要让人家也收到这样的信！……他告诉我说，还在一九四二年六月里，德国人轰炸飞机厂，一颗重型炸弹落在我的房子上。伊琳娜和两个女儿正巧在家里……唉，他写道，连她们的影子都没有找到，在原来的房子那儿只留下一个深深的坑……当时我没有把信念到底。我的眼前一片漆黑，心缩成一团，怎么也松不开来。我倒在床上，躺了一会儿，才又把信念完了。那邻居写道，轰炸的时候阿纳托利在城里。晚上他回到村子里，瞧了瞧弹坑，连夜又回城里去了。临走以前对邻居说，他将请求志愿上前线。就是这样。"

"等到我心松开了，血在耳朵里冲击的时候，就想起我的伊琳娜在车站上怎样跟我难舍难分。这么看来，她那颗女人的心当时就预感到，我跟她再也不能在这个世界上见面了。可我当时却推了她一下……有过家，有过自己的房子，这一切都是多年来慢慢经营起来的，可这一切都在刹那间给毁了，只留下我一个人。我想：'我这悲惨的生活会不会是一场梦呢？'在战俘营里，我差不多夜夜——当然是在梦中——跟伊琳娜，跟孩子们谈话，鼓励他们说：我会回来的，我的亲人，不要为我悲伤吧，我很坚强，我能活下去的，我们又会在一块儿的……原来，两年来我是一直在跟死人谈话呀？！"

讲话的人沉默了一会儿，接着低低地用另一种声音断断续续地说："嗯。老兄，咱们来抽支烟吧，我憋得喘不过气来了。"

我们抽起烟来。在春水泛滥的树林里。啄木鸟响亮地啄着树干。和煦阳光的春风依旧那么懒洋洋地吹动干燥的赤杨花，云儿依旧那么像一张张白色的满帆在碧蓝的天空中飘翔，可是在这默默无言的悲怆时刻里，那生气蓬勃、万物苏生的广漠无垠的世界，在我看来也有些两样了。

沉默很难受，我就问道："那么后来呢？"

"后来吗？"讲话的人勉强回答说："后来我从上校那儿得到了一个月的假期，一个星期以后就来到了沃罗涅日了。我走到我们一家住过的那地方。一个很深的弹坑，灌满了黄浊的水，周围的野草长得齐腰高……一片荒凉，像坟地一样静。唉，老兄，我实在难受极了！站了一会儿，感到穿心的悲痛，又走回火车站。在那边我连一小时也待不下去，当天就回到了师里。"

"不过，过了三个月，我又像太阳从乌云里出来那样喜气洋洋啦：阿纳托利找到了。他从前线寄了一封信给我，看样子是从另一条战线寄来的。我的通讯处，他是从邻居伊万·季莫菲耶维奇那儿打听来的。原来，他先进了炮兵学校；他的数学才能在那边正巧用得着。过了一年毕业了，成绩优良，去到前线，而信就是从前线写来的。他说，已经获得大尉的称号，指挥着一个45毫米反坦克炮兵连，得过六次勋章和许多奖章。一句话，各方面都比做老子的强多啦。我又为他感到骄傲的了不得！不论怎么说，我的亲生儿子当上大尉和炮兵连长了，这可不是开玩笑的！而且还得了那么多光荣的勋章。尽管他老子只开开'斯蒂贝克'，运运炮弹和别的军需品，但那没有关系。老子这一辈子已经完了，可是他，大尉的日子还在前面呐。"

"夜里醒来，我常常做着老头儿的梦：等到战争一结束，我就给儿子娶个媳妇，自己就住在小夫妻那儿，干干木匠活儿，抱抱孙子。一句话，尽是些老头儿的玩意。可是，就连这些梦想也完全落空啦。冬天里我们一刻不停地进行反攻，彼此就没工夫常常写信。等到战事快要结束，一天早晨，在柏林附近我寄了一封短信给阿纳托利，第二天就收到回信。这时候我才知道，我跟儿子打两条不同的路来到了德国首都附近，而且两人间的距离很近。我焦急地等待着，巴不得立刻能跟他见面。哎，见是见到了……五月九日早晨，就是胜利的那一天，我的阿纳托利被一个德国狙击兵打死了……"

"那天下午，连指挥员把我叫了去。我抬头一看，他的旁边坐着一个我不认识的炮兵中校。我走进房间，他也站了起来，好像看见一个军衔比他高的人。我的连指挥员说：'索科洛夫，找你。'说完，他自己却向窗口转过身去。一道电流刺透我的身体，我忽然产生一种不祥的预感。中校走到我的跟前，低低地说：'坚强些吧，父亲！你的儿子，索科洛夫大尉，今天在炮位上牺牲了。跟我一块儿去吧！'"

"我摇摇晃晃，勉强站住脚跟。现在想起来，连那些都像做梦一样：跟中校一起坐上大汽车，穿过堆满瓦砾的街道；还模模糊糊地记得兵士的行列和铺着红丝绒的棺材。想起阿纳托利，唉，老兄，就像此刻看见你一样清楚。我走到棺材旁边。躺在里面的是我的儿子，但又不是我的儿子。我的儿子是个肩膀狭窄、脖子细长、喉结很尖的男孩子，总是笑嘻嘻的；但现在躺着的，却是一个年轻漂亮、肩膀宽阔的男人，眼睛半开半闭，仿佛不在看我，而望着我所不知道的远方。只有嘴角上仍旧保存着一丝笑意，让我认出他就是我的儿子小托利……我吻了吻他，走到一旁。中校讲了话。我的阿纳托利的同志们、朋友们，擦着眼泪，但是我没有哭，我的眼泪在心里枯竭了。也许正因为这个缘故吧，我的心才疼得那么厉害？"
……

"开头他跟我一起坐在车子上跑来跑去，后来我明白了，那样是不行的。我一个人需要些什么呢？一块面包，一个葱头，一撮盐，就够我这样的士兵饱一整天了。可是跟他一起，事情就不同：一会儿得给他弄些牛奶，一会儿得给他烧个鸡蛋，又不能不给他弄个热菜。但工作可不能耽搁。我硬着心肠，把他留在家里，托女主人照顾。结果他竟一直哭到黄昏。到了黄昏，就跑到大谷仓来接我，在那边一直等到深夜。"

"开头一个时期，我跟他一块儿很吃力。有一次，天还没断黑我们就躺下睡觉了，因为我在白天干活干得很累，他平时像小麻雀一样叽叽喳喳说个不停，这次却不知怎的忽然不作声了。我问他说：'乖儿子，你在想什么呀？'他却眼睛盯住天花板，反问我：'爸爸，你把你那件皮大衣放到哪儿去了？'我这一辈子不曾有过什么皮大衣呀！我想摆脱他的纠缠，就说：'留在沃罗涅日了。''那你为什么找了我这么久哇？'我回答他说：'唉，乖儿子，我在德国，在波兰，在整个白俄罗斯跑来跑去，到处找你，可你却在乌留平斯克。''那么乌留平斯克离德国近吗？波兰离我们的家远不远？'在睡觉以前我们就这样胡扯着。"

"老兄，你以为关于皮大衣，他只是随便问问的吗？不，这都不是没有缘故的。这是说，他的生父从前穿过这样的大衣，他就记住了。要知道，孩子的记性，好比夏天的闪光：突然燃起，刹那间照亮一切，又熄灭了。他的记性就像闪光，有时候突然发亮。"

"也许，我跟他在乌留平斯克会再待上一年，可是十一月里我闯了祸：我在泥泞地上跑着，在一个村子里我的车子滑了一下，这时候正巧有条牛走过，就给撞倒了。嗯，当然，娘儿们大叫大嚷，人们跑拢来，交通警察也来了。他拿走了我的司机执照，虽然我再三请求他原谅，还是没有用。牛站起来，摇摇尾巴，跑到巷子里去了，可我却失去了执照。冬天就干了一阵木匠活儿，后来跟一个朋友通信，——他是我过去的战友，也是你们省里的人，在卡沙里区当司机，——他请我到他那儿去。他来信说，我可以先去当半年木工，以后可以在他们的省里领到新的开车执照。哪，我们父子俩现在就是要到卡沙里去。"

"嘻，说句实话，就是不发生这次撞牛的事，我也还是要离开乌留平斯克的。这颗悲愁的心可不让我在一个地方长待下去。等到我的万尼亚长大些，得送他上学了，到那时我也许会安顿下来，在一个地方落户。可现在还要跟他一块儿在俄罗斯的地面上走走。"

"他走起来很吃力吧？"我说。

"其实他很少用自己的脚走，多半是我让他骑在肩上，扛着他走的；如果要活动活动身体，他就从我的身上爬下来，在道路旁边跳跳蹦蹦跑一阵，好比一只小山羊。这些，老兄，倒没什么，我跟他不论怎么总可以过下去的，只是我的心荡得厉害，得换一个活塞了……有时候，心脏收缩和绞痛得那么厉害，眼睛里简直一片漆黑。我怕有一天会在睡着的时候死去，把我的小儿子吓坏。此外，还有一件痛苦的事：差不多天天夜里我都梦见死去的亲人。而梦见得最多的是：我站在带刺的铁丝网后面，他们却在外边，在另外一边……我跟伊琳娜、跟孩子们天南地北谈得挺起劲，可是刚想拉开铁丝网，他们就离开我，就在眼前消失了……奇怪得很，白天我总是显得挺坚强，从来不叹一口气，不叫一声'哎哟'，可是夜里醒来，整个枕头总是给泪水湿透了……"

树林里听到了我那个同志的叫声和划桨声。

这个陌生的、但在我已经觉得很亲近的人，站了起来，伸出一只巨大的、像木头一样坚硬的手：

"再见，老兄，祝你幸福！"

"祝你到卡沙里一路平安。"

"谢谢。喂，乖儿子，咱们坐船去。"

男孩子跑到父亲跟前，挨在他的右边，拉住父亲的棉袄前襟，在迈着阔步的大人旁边急急地跑着。

两个失去亲人的人，两颗被空前强烈的战争风暴抛到异乡的砂子……什么东西在前面等着他们呢？我希望：这个俄罗斯人，这个具有不屈不挠的意志的人，能经受一切，而那个孩子，将在父亲的身边成长，等到他长大了，也能经受一切，并且克服自己路上的各种障碍，如果祖国号召他这样做的话。

我怀着沉重的忧郁，目送着他们……本来，在我们分别的时候可以平安无事。可是，万尼亚用一双短小的腿连跳带蹦地跑了几步，忽然向我回过头来，挥动一只嫩红的小手。刹那间，仿佛有一只柔软而尖利的爪子抓住了我的心，我慌忙转过脸去。不，在战争几年中白了头发、上了年纪的男人，不仅仅在梦中流泪；他们在清醒的时候也会流泪。这时重要的是能及时转过脸去。这时最重要的是不要伤害孩子的心，不要让他看到，在你的脸颊上怎样滚动着吝啬而伤心的男人的眼泪……

（节选自草婴译《一个人的遭遇》，人民文学出版社，2020年，第478—481页，第485—488页）

附：*Судьба человека* 选段原文

...

И полковник и все офицеры, какие у него в блиндаже были, душевно попрощались со мной за руку, и я вышел окончательно разволнованный, потому что за два года отвык от человеческого обращения. И заметь, браток, что еще долго я, как только с начальством приходилось говорить, по привычке невольно голову в плечи втягивал, вроде боялся, что ли, как бы меня не ударили. Вот как образовали нас в фашистских лагерях...

Из госпиталя сразу же написал Ирине письмо. Описал все коротко, как был в плену, как бежал вместе с немецким майором. И, скажи на милость, откуда эта детская похвальба у меня взялась? Не утерпел-таки, сообщил, что полковник обещал меня к награде представить...

Две недели спал и ел. Кормили меня помалу, но часто, иначе, если бы давали еды вволю, я бы мог загнуться, так доктор сказал. Набрался силенок вполне. А через две недели куска в рот взять не мог. Ответа из дома нет, и я, признаться, затосковал. Еда и на ум не идет, сон от меня бежит, всякие дурные мыслишки в голову лезут... На третьей неделе получаю письмо из Воронежа. Но пишет не Ирина, а сосед мой, столяр Иван Тимофеевич. Не дай бог никому таких писем получать!.. Сообщает он, что еще в июне сорок второго года немцы бомбили авиазавод и одна тяжелая бомба попала прямо в мою хатенку. Ирина и дочери как раз были дома... Ну, пишет, что не нашли от них и следа, а на месте хатенки – глубокая яма... Не дочитал я в этот раз письмо до конца. В глазах потемнело, сердце сжалось в комок и никак не разжимается. Прилег я на койку, немного отлежался, дочитал. Пишет сосед, что Анатолий во время бомбежки был в городе. Вечером вернулся в поселок, посмотрел на яму и в ночь опять ушел в город. Перед уходом сказал соседу, что будет проситься добровольцем на фронт. Вот и все.

Когда сердце разжалось и в ушах зашумела кровь, я вспомнил, как тяжело расставалась со мною моя Ирина на вокзале. Значит, еще тогда подсказало ей бабье сердце, что больше не увидимся мы с ней на этом свете. А я ее тогда оттолкнул... Была семья, свой дом, все это лепилось годами, и все рухнуло в единый миг, остался я один. Думаю: «Да уж не приснилась ли мне моя нескладная жизнь?» А ведь в плену я почти каждую ночь, про себя, конечно, и с Ириной и с детишками разговаривал, подбадривал их, дескать, я вернусь, мои родные, не горюйте обо мне, я – крепкий, я выживу, и опять мы будем все вместе... Значит, я два года с мертвыми разговаривал?!

Рассказчик на минуту умолк, а потом сказал уже иным, прерывистым и тихим голосом:

– Давай, браток, перекурим, а то меня что-то удушье давит.

Мы закурили. В залитом полой водою лесу звонко выстукивал дятел. Все так же лениво шевелил сухие сережки на ольхе теплый ветер; все так же, словно под тугими белыми парусами, проплывали в вышней синеве облака, но уже иным показался мне в эти минуты скорбного молчания безбрежный мир, готовящийся к великим свершениям весны, к вечному утверждению живого в жизни.

Молчать было тяжело, и я спросил:

– Что же дальше?

– Дальше-то? – нехотя отозвался рассказчик. – Дальше получил я от полковника месячный отпуск, через неделю был уже в Воронеже. Пешком дотопал до места, где когда-то семейно жил. Глубокая воронка, налитая ржавой водой, кругом бурьян по пояс... Глушь, тишина кладбищенская. Ох, и тяжело же было мне, браток! Постоял, поскорбел душою и опять пошел на вокзал. И часу оставаться там не мог, в этот же день уехал обратно в дивизию.

Но месяца через три и мне блеснула радость, как солнышко из-за тучи: нашелся Анатолий. Прислал письмо мне на фронт, видать, с другого фронта. Адрес мой узнал от соседа, Ивана Тимофеевича. Оказывается, попал он поначалу в артиллерийское училище; там-то и пригодились его таланты к математике. Через год с отличием закончил училище, пошел на фронт и вот уже пишет, что получил звание капитана, командует батареей «сорокапяток», имеет шесть орденов и медали. Словом, обштопал родителя со всех концов. И опять я возгордился им ужасно! Как ни крути, а мой родной сын – капитан и командир батареи, это не шутка! Да еще при таких орденах. Это ничего, что отец его на «студебеккере» снаряды возит и прочее военное имущество. Отцово дело отжитое, а у него, у капитана, все впереди.

И начались у меня по ночам стариковские мечтания: как война кончится, как я сына женю и сам при молодых жить буду, плотничать и внучат нянчить. Словом, всякая такая стариковская штука. Но и тут получилась у меня полная осечка. Зимою наступали мы без передышки, и особо часто писать друг другу нам было некогда, а к концу войны, уже возле Берлина, утром послал Анатолию письмишко, а на другой день получил ответ. И тут я понял, что подошли мы с сыном к германской столице разными путями, но находимся один от одного поблизости. Жду не дождусь, прямо-таки не чаю, когда мы с ним свидимся. Ну, и свиделись... Акурат девятого мая, утром, в День Победы, убил моего Анатолия немецкий снайпер...

Во второй половине дня вызывает меня командир роты. Гляжу, сидит у него незнакомый мне артиллерийский подполковник. Я вошел в комнату, и он встал, как перед старшим по званию. Командир моей роты говорит: – К тебе, Соколов, – а сам к окну отвернулся. Пронизало меня, будто электрическим током, потому что почуял я недоброе. Подполковник подошел ко мне и тихо говорит: – Мужайся, отец! Твой сын, капитан Соколов, убит сегодня на батарее. Пойдем со мной!

Качнулся я, но на ногах устоял. Теперь и то как сквозь сон вспоминаю, как ехал вместе с подполковником на большой машине, как пробирались по заваленным обломками улицам, туманно помню солдатский строй и обитый красным бархатом гроб. А Анатолия вижу вот как тебя, браток. Подошел я к гробу. Мой сын лежит в нем и не мой. Мой – это всегда улыбчивый, узкоплечий мальчишка, с острым кадыком на худой шее, а тут лежит молодой, плечистый, красивый мужчина, глаза полуприкрыты, будто смотрит он куда-то мимо меня, в неизвестную мне далекую даль. Только в уголках губ так навеки и осталась смешинка прежнего сынишки, Тольки, какого я когда-то знал... Поцеловал я его и отошел в сторонку. Подполковник речь сказал. Товарищи-друзья моего Анатолия слезы вытирают, а мои невыплаканные слезы, видно, на сердце засохли. Может, поэтому оно так и болит?...

...

Первое время он со мной на машине в рейсы ездил, потом понял я, что так не годится. Одному мне что надо? Краюшку хлеба и луквицу с солью, вот и сыт солдат на целый день. А с ним – дело другое: то молока ему надо добывать, то яичко сварить, опять же без горячего ему никак нельзя. Но дело-то не ждет. Собрался с духом, оставил его на попечение хозяйки, так он до вечера слезы точил, а вечером удрал на элеватор встречать меня. До поздней ночи ожидал там.

Трудно мне с ним было на первых порах. Один раз легли спать еще засветло, днем наморился я очень, и он – то всегда щебечет, как воробушек, а то что-то примолчался. Спрашиваю: – Ты о чем думаешь, сынок? А он меня спрашивает, сам в потолок смотрит: – Папка, ты куда свое кожаное пальто дел? В жизни у меня никогда не было кожаного пальто! Пришлось изворачиваться: –В Воронеже осталось, – говорю ему. – А почему ты меня так долго искал? Отвечаю ему: – Я тебя, сынок, и в Германии искал, и в Польше, и всю Белоруссию прошел и проехал, а ты в Урюпинске оказался. – «А Урюпинск – это ближе Германии? А до Польши далеко от нашего дома?» Так и болтаем с ним перед сном.

А ты думаешь, браток, про кожаное пальто он зря спросил? Нет, все это неспроста. Значит, когда-то отец его настоящий носил такое пальто, вот ему и запомнилось. Ведь детская память, как летняя зарница: вспыхнет, накоротке осветит все и потухнет. Так и у него память, вроде зарницы, проблесками работает.

Может, и жили бы мы с ним еще с годик в Урюпинске, но в ноябре случился со мной грех: ехал по грязи, в одном хуторе машину мою занесло, а тут корова подвернулась, я и сбил ее с ног. Ну, известное дело, бабы крик подняли, народ сбежался, и автоинспектор тут как тут. Отобрал у меня шоферскую книжку, как я ни просил его смилостивиться. Корова поднялась, хвост задрала и пошла скакать по переулкам, а я книжки лишился. Зиму проработал плотником, а потом списался с одним приятелем, тоже сослуживцем, – он в вашей области, в Кашарском районе, работает шофером, – и тот пригласил меня к себе. Пишет, что, мол, поработаешь полгода по плотницкой части, а там в нашей области выдадут тебе новую книжку. Вот мы с сынком и командируемся в Кашары походным порядком.

Да оно, как тебе сказать, и не случись у меня этой аварии с коровой, я все равно подался бы из Урюпинска. Тоска мне не дает на одном месте долго засиживаться. Вот уже когда Ванюшка мой подрастет и придется определять его в школу, тогда, может, и я угомонюсь, осяду на одном месте. А сейчас пока шагаем с ним по русской земле.

– Тяжело ему идти, – сказал я.

– Так он вовсе мало на своих ногах идет, все больше на мне едет. Посажу его на плечи и несу, а захочет промяться, – слезает с меня и бегает сбоку дороги, взбрыкивает, как козленок. Все это, браток, ничего бы, как-нибудь мы с ним прожили бы, да вот сердце у меня раскачалось, поршня надо менять... Иной раз так схватит и прижмет, что белый свет в глазах меркнет. Боюсь, что когда-нибудь во сне помру и напугаю своего сынишку. А тут еще одна беда: почти каждую ночь своих покойников дорогих во сне вижу. И все больше так, что я – за колючей проволокой, а они на воле, по другую сторону... Разговариваю обо всем и с Ириной и с детишками, но только хочу проволоку руками раздвинуть, – они уходят от меня, будто тают на глазах... И вот удивительное дело: днем я всегда крепко себя держу, из меня ни «оха», ни вздоха не выжмешь, а ночью проснусь, и вся подушка мокрая от слез...

В лесу послышался голос моего товарища, плеск весла по воде.

Чужой, но ставший мне близким человек поднялся, протянул большую, твердую, как дерево, руку:

– Прощай, браток, счастливо тебе!

– И тебе счастливо добраться до Кашар.

– Благодарствую. Эй, сынок, пойдем к лодке.

Мальчик подбежал к отцу, пристроился справа и, держась за полу отцовского ватника, засеменил рядом с широко шагавшим мужчиной.

Два осиротевших человека, две песчинки, заброшенные в чужие края военным ураганом невиданной силы... Что-то ждет их впереди? И хотелось бы думать, что этот русский человек, человек несгибаемой воли, выдюжит и около отцовского плеча вырастет тот, который, повзрослев, сможет все вытерпеть, все преодолеть на своем пути, если к этому позовет его родина.

С тяжелой грустью смотрел я им вслед... Может быть, все и обошлось бы благополучно при нашем расставанье, но Ванюшка, отойдя несколько шагов и заплетая куцыми ножками, повернулся на ходу ко мне лицом, помахал розовой ручонкой. И вдруг словно мягкая, но когтистая лапа сжала мне сердце, и я поспешно отвернулся. Нет, не только во сне плачут пожилые, поседевшие за годы войны мужчины. Плачут они и наяву. Тут главное – уметь во-время отвернуться. Тут самое главное – не ранить сердце ребенка, чтобы он не увидел, как бежит по твоей щеке жгучая и скупая мужская слеза...

(Шолохов М.А. *Собрание сочинений в восьми томах.* **Т. 8. М.: Гослитиздат, 1960, стр. 58-61, 64-67)**

三、译文评析

选段中有不少值得分析之处，因篇幅有限，在此只谈草婴译文的三个突出特点。

1．对原文中具有鲜明表现力的句法手段的忠实反映

肖洛霍夫的语言是朴实而简练的，但这绝不意味着简陋。恰恰相反，他的小说语言具有十分强大的表现力和感染力，让另一位著名作家艾特玛托夫都为之感叹："当我读肖洛霍夫的作品时，我便不禁产生一种愿望，

要把每个词都从纸上扶起来，仔细瞧瞧，是怎样的一种创造奇迹的力量藏在其中？为什么肖洛霍夫的每个字眼都像血管中的血液那样搏动？"[①]在《一个人的遭遇》中，这种艺术力量是通过各种词汇的、形态的、构词的和句法的手段来实现的，这里我们主要围绕目前研究较为充分的一种句法手段——比较结构（сравнительные конструкции），探讨草婴是如何将其忠实地反映在译文中的。

肖洛霍夫作品中的比较结构是多种多样的，有表示比喻的第五格、形容词和副词的比较级、带 чем 的比较结构、比较从句等等。[②]这是一类极具表现力的语言手段，其主要作用在于具体化、形象化，特别是在描写"虚"的人物心理时效果最为明显。当索科洛夫见到前来传达噩耗的中校时，他下意识地产生了可怕的预感："Пронизало меня, **будто электрическим током**, потому что почуял я недоброе..."；他这样形容自己家破人亡的深沉痛苦："да вот сердце у меня раскачалось, **поршня надо менять**..."；当"我"见到万尼亚朝着自己挥手时："вдруг **словно мягкая, но когтистая лапа** сжала мне сердце..."，译者敏锐地捕捉到了这些描写，并在译文中予以忠实的呈现："一道电流刺透我的身体，我忽然产生一种不祥的预感"，形象地写出了人面临灾难的那一瞬间的感受；"只是我的心荡得厉害，得换一个活塞了"，巧妙地结合了汽车司机的行话来形容肝肠寸断的哀思；"仿佛有一只柔软而尖利的爪子抓住了我的心"更是绝妙之笔——原文的比喻使用了矛盾修饰法（оксюморон），一个"爪子"怎能兼具这两种性质呢？译者在保留了这个比喻的基础上将 когтистая "长着利爪的"处理为"尖利的"，与"柔软的"构成更为工整的对立：整个故事极为深刻的悲剧基调让人撕心裂肺，故而"尖利"，但两人不屈服于命运的乐观坚毅又令人动容，故而"柔软"。全文的点睛之笔同样是一个潜在的比较结构："Два осиротевших человека, **две песчинки, заброшенные в чужие края военным ураганом невиданной силы**... Что-то ждет их впереди?（两个失去亲人的人，两颗被空前强烈的

---

① 张定中，《〈一个人的遭遇〉语言艺术赏析[J]，载《外语与外语教学》，1987年第1期，第47页。

② Савенкова Л. Б. и др. «Алмазные россыпи русской речи»: языковое мастерство М. А. Шолохова [M]. Ростов-на-Дону: Издательство Южного федерального университета, 2015, стр. 84.

战争风暴抛到异乡的砂子……什么东西在前面等着他们呢？）"这里译者不加修饰的准确翻译很好地传达了原文的意涵。

选段中也有几处写风景和人物形象的比较结构，如描写春景的："все так же, словно под **тугими белыми парусами**, проплывали в вышней синеве облака.（云儿依旧那么像一张张白色的满帆在碧蓝的天空中飘翔）"；描写万尼亚的："Посажу его на плечи и несу, а захочет промяться, – слезает с меня и бегает сбоку дороги, взбрыкивает, **как козленок**.（多半是我让他骑在肩上，扛着他走的，如果要活动活动身体，他就从我的身上爬下来，在道路旁边跳跳蹦蹦跑一阵，好比一只小山羊。）"译者的忠实翻译同样再现了原文中丰富的抒情色彩。

苏联文学评论家德拉果依说，肖洛霍夫的"微微细笔"让他的小说成了真正具有高度艺术性的作品，而他举的例子正是一个比较结构"Глядя мне прямо в глаза **светлыми, как небушко, глазами**...（那孩子用一双天空一样清澈的蓝眼睛朝我望望）"；这个 как небушко 的比喻"就像珍贵的宝石一样，像晶莹无瑕的金刚钻一样，在这一段文字之中闪闪发光了"[1]。通过考察译文，我们同样有理由认为，译者对这类比较结构的忠实传达也是创造出具有高度艺术性译文的重要条件。

2. 对原文中丰富的口语化成分的恰切传达

前面提到，肖洛霍夫的创作具有高度的生活真实性，这一点同样离不开他的语言技巧。作为一名自小在普通民众中成长、对广大群众怀有深厚感情的作家，他熟悉俄罗斯人民的思想感情、生活习惯和言谈方式，能从中提取鲜活的语言素材并转化为艺术表现的手段。故有学者指出其语言基础是与民间诗歌和日常口语有机结合的现代俄罗斯标准语，其中广泛使用地道的俄罗斯方言、民歌、民谣、谚语、俗语和口语词等[2]。《一个人的遭遇》尤为充分地体现了这个特点：整篇小说的结构基于主人公索科洛夫与叙述者"我"的对话，而日常对话交际恰好是口语体最典型的使用领

---

① 孙美玲编选，《肖洛霍夫研究》[M]，北京：外语教学与研究出版社，1982，第314页。
② 闫维卓，浅析《人的命运》中的口语化词汇[J]，载《青年文学家》，2018年第12期，第118页。

域[①]；不仅如此，主要的讲述者索科洛夫是外省的沃罗涅日人，而且很小就成了孤儿，流离失所，未能接受良好的教育，故他的语言典型地反映了四十年代苏联普通群众的说话方式，"朴实、自然，有时甚至有点粗鲁，但一点也不鄙陋"[②]。在选段中我们不难看到对口语化成分的使用，例如具有鲜明口语色彩的指小词，这类词中有一部分在指小的同时兼具表爱色彩（браток, мальчишка, сынишка Толька, сынок, детишки, Ванюшка 等），也有一部分仅具有指小功能（силенок, хатенка, письмишко, смешинка, краешка хлеба, годик 等）[③]。在翻译的过程中，译者显然充分意识到了二者的共性和区别，并能在考虑汉语表达习惯、感情色彩和语境的基础上进行恰如其分地处理。对于指小兼表爱的名词，译者使用的转换手法是相当鲜明的，他将 сынишка Толька 译为"儿子小托利"而不是"小儿子托利卡"，其高明之处在于理解了指小后缀 -ка 重表义而不重表音的特点[④]，又避开了"小儿子"的轻微歧义（主人公只有一个儿子）；将 сынок 译为"乖儿子"而不是照着字面的"小儿子"或"小子"——事实上这两种译法都略带轻蔑义，与原文的感情色彩完全相悖，而译者添补的"乖"则令主人公对孩子的亲热喜爱之情跃然纸上，又极其符合汉语的表达习惯；将 браток 译为"老兄"而不是"小兄弟"——根据情节可知对话双方年龄相仿，用长辈对晚辈的"小兄弟"称呼对方显然不合体统。对于那些单纯指小的名词，译者选择了平实直译或略加处理，如 силенок 译为"力气"，因前有动词набрать"积蓄起大量的"，故强调指小不妥，смешинка 译为"一丝笑意"，将指小义转移到量词上，краешка хлеба 译为"一块面包"，годик 译为"一年"，此处汉语中缺乏合适的对应，或许也可以考虑译为"……一年半载"。

　　小说口语体的特征还体现在对动词和形容词的使用上，如大量使用带 -нуть 后缀的表示一次性行为的动词（оттолкнуть, рухнуть,

---

① Кожина М. Н. Стилистика русского языка [M]. M.: Просвещение, 1977, стр. 207.

② 张定中，《一个人的遭遇》语言艺术赏析[J]，载《外语与外语教学》，1987年第1期，第48页。

③ Кожина М. Н. Стилистика русского языка [M]. M.: Просвещение, 1977, стр. 212.

④ 此处的构词过程为：大名 Анатолий > 小名 Толя+指小后缀 -ик > 昵称 Толик+指小后缀 -к-а 并缩合 > 昵称 Толька。由此可见，最终派生词 Толька 相比生产词 Анатолий 带上了三层的指小（表爱）色彩，故译者加上的前缀"小"绝非可有可无；若音译为"托利卡"，由于"卡"这个语素对汉语读者而言没有意义，原文的感情色彩顿时丧失殆尽。

блеснуть, качнуться）、带 -ива- 后缀的表示行为反复进行数次的动词
（подбадривать, взбрыкивать）、其他一些描摹具体动作或在此基础上转义
的动词（обштопать, точить слезы, удрать），物主形容词（отцово дело,
стариковская шутка,плотницкая часть）、带评价或描摹色彩的形容词
（улыбчивый, узкоплечий, плечистый），等等①。比照译文不难看出，译者
有意识地使用汉语中具有口语化色彩或具体、生动的词汇和词法手段进行
对译，如将 оттолкнуть 译为"推了一下"而不是"推开"，将 качнуться
译为"摇摇晃晃"而不是"摇晃"，将 взбрыкивать 译为"跳跳蹦蹦"，
借助叠词加强了形象性，将 обштопал родителя со всех концов 译为"在
各方面都超过了老子"；将 отцово дело 译为"老子这一辈子"而不是"父
亲的事业"，将 стариковская шутка 译为"老头儿的玩意"而不是"老人
的东西"，使用略带粗俗意味的"老子""玩意"和儿化赋予口语色彩；
调整 улыбчивый 的位置并译为"总是笑嘻嘻的"，将并列的定语中的一个
转换成后置的小句，避免定语过长的同时又具有凸显的效果，并使用了叠
词加强形象性，这无疑比直译为"经常微笑的"要生动许多。

　　最后，我们还想指出草婴在口语化翻译中的一处匠心，那便是注重保
持篇章修辞风格的整体性，能以灵活的方式将口语色彩体现在恰如其分的
位置和层次上。试举两例：1）索科洛夫讲述自己的梦："Разговариваю
обо всем и с Ириной и с детишками..."这里的主要动词 разговаривать 是
一个中性词，但为什么译者要将其译为高度口语化的"我跟伊琳娜、跟孩
子们天南地北谈得挺起劲"呢？（试比较平实直译的"我跟伊琳娜和孩子
们谈了很多事情"）这显然是因为他理解了整个讲述的语境的连贯性，并
受到了后文的口语指小表爱词 детишки 的影响。2）索科洛夫最后的台
词："Благодарствую. Эй, сынок, пойдем к лодке."这里有两个明显的口
语词——Благодарствую② 和 сынок，而主要动词 пойдем 是中性的，但译
者仍能考虑到整句的语言特征而译为"谢谢。喂，乖儿子，咱们坐船去"，
除了前文分析过的"乖儿子"之外，还使用蕴含在动词变位形式中的人称

① 参见：Кожина М. Н. Стилистика русского языка [М]. М.: Просвещение, 1977, стр. 212-213.
② 注意区别于 благодарить <书>。

代词"咱们"（比"我们"更口语化①）加强了口语色彩。

总而言之，草婴对肖洛霍夫笔下的口语化成分的传达是恰如其分的：既在最大限度上保持了原文的色彩，又能结合汉语的语言实际使用流畅、自然而地道的表达，令读者有所讲的故事仿佛就在眼前之感。

3．对原文动词的生动转化

草婴是一位非常重视文学翻译中的形象问题的翻译家。他指出："人物形象是文学作品的灵魂。作家的水平主要看他塑造人物的能力，翻译家的水平在很大程度上也要看他用另一种语言重新塑造人物的能力。"②为了实现这一目的，他往往字字推敲，精雕细琢，力求通过选择最合适的词句来再现原文的生动形象。正因为如此，他翻译的托翁著作如《安娜·卡列尼娜》《霍尔斯托梅尔》等小说中的形象都栩栩如生，令读者久久难以忘怀③。上述特点在我们对《一个人的遭遇》节选片段的分析中已可窥见一斑，这里我们再集中探讨一下译者对动词的选择方式。

动词是描述行为和动作的词类，故具有最大程度的生动性，选择恰当的动词对于塑造人物形象极有帮助，这一点在语言大师肖洛霍夫的笔下自然也不例外。以选段最后对万尼亚的描写为例："Мальчик **подбежал** к отцу, **пристроился** справа и, **держась** за полу отцовского ватника, **засеменил** рядом с широко шагавшим мужчиной." 此处的一连串动词将天真活泼的小孩子的形象充分地刻画了出来。译者的处理方法是："男孩子跑到父亲跟前，挨在他的右边，拉住父亲的棉袄前襟，在迈着阔步的大人旁边急急地跑着。"可以看到"跑到跟前"（подбежал）、"拉住"（держась）基本是对原文动词的忠实直译，而对另外两个动词的转化则采用了一定的技巧——пристроился 的字面意思是"靠到……上"，此处选择的"挨"突出了"挤，紧靠"义，表现出了万尼亚对索科洛夫的亲热、

---

① 另一个区别是第一人称复数包括式和排除式的区别，但这一点在此处影响甚微。
② 草婴，《我与俄罗斯文学：翻译生涯六十年》[M]，上海：文汇出版社，2003，第164页。转引自：许宗瑞，草婴的翻译思想与翻译精神[J]，载《浙江理工大学学报（社会科学版）》，2016年第2期，第153页。
③ 许宗瑞，草婴的翻译思想与翻译精神[J]，载《浙江理工大学学报（社会科学版）》，2016年第2期，第153页。

喜爱、依赖之情；засеменил 的字面意思是"小步跑"，此处为动词补充了一个修饰语"急急"，一方面既没有失掉"小步"的义素，因为上下文中提到了万尼亚的"小短腿"，想象一下小孩子努力奔跑的样子，自然是"小步跑"，另一方面又让动作显得更具体，描绘出万尼亚努力跟上索科洛夫的样子。

再举一个转化的例子："Посажу его на плечи и несу."按照一般的想法可能会直译为"把他放到肩上带（背）着他走"，或干脆简化为"背着他走"，因为"背"这个动作中就蕴含着把对象放到肩上的步骤，虽然对客观事实的表现无甚损害，但形象性显然打了折扣。而译者对情境作了通盘考虑，按他的说法便是"竭力让形象在头脑中浮现出来"[①]再斟酌字句，最终译为"我让他骑在肩上，扛着他走的。"这种转化的优点在于：动词"骑"巧妙地将读者的注意力转移到了形象上，因为"放到肩上"这一步的描摹作用其实并不突出，重要的是该步骤形成的结果——也就是"骑"，而且这个动词本身就具有鲜明的隐喻性（比较"骑马"），有助于形象的具体化；"扛"相比"背"则更突出了"托举"、"背负"的形象性。译者通过选择合适的动词进行转化，将原文中栩栩如生的形象生动地呈现在了汉语读者眼前。

综上所述，草婴翻译的《一个人的遭遇》是一个优秀的译本，值得翻译工作者学习和借鉴。

---

① 草婴，《我与俄罗斯文学：翻译生涯六十年》[M]，上海：文汇出版社，2003年，第164页。转引自：许宗瑞，草婴的翻译思想与翻译精神[J]，载《浙江理工大学学报（社会科学版）》，2016年第2期，第153页。

第二十章

格罗斯曼
《生活与命运》

一、格罗斯曼与《生活与命运》

瓦西里·谢苗诺维奇·格罗斯曼（Василий Семёнович Гроссман，1905—1964）是著名的苏联犹太裔作家，曾入围"斯大林文学奖"决选名单。他的创作始于20世纪30年代，其处女作《在别尔基切夫城》（1934）和随后的长篇小说《斯切潘·科利丘金》（1937—1940）得到了高尔基和布尔加科夫等人的关注。卫国战争期间，他作为《红星报》记者在前线撰写战地报道。后来这些文字被整理出版为《战争岁月》，深受社会大众的认可。格罗斯曼是第一批进入纳粹集中营的记者，1944年出版的《特雷布林卡地狱》首次将纳粹建立死亡集中营的罪行公之于世。1949年他完成的长篇小说《为了正义的事业》，被后人视为二战文学典范，这是一部讲述斯大林格勒战役的文学作品，但格罗斯曼的个性化思考引起了苏联当局的不满，并受到《真理报》等主流报刊的大力批判。经历了这场风波后，格罗斯曼并未消沉，继续撰写小说的续篇——《生活与命运》（*Жизнь и судьба*），他在这部作品中依然坚持虔诚的创作态度，这也是他创作生涯中成就最高、影响最深远的一部作品。

这部有"20世纪《战争与和平》"之称的文学巨著——《生活与命运》

创作过程历经七年，于1961年完稿。这部小说的命运非常坎坷，手稿被克格勃查封，后经格罗斯曼的友人之手辗转至欧洲才得以出版。1980年，首部《生活与命运》俄文单行本在瑞士出版。此后被译成英、法、德等多国语言，在西方文学界引起巨大反响。1988年，苏联国内出现文学"回归潮"，这部作品终于在作家协会机关刊物——《十月》全文连载，引起社会轰动。近二十年来，在俄罗斯不断出现各个版本的《生活与命运》，可以说它已成为20世纪被阅读最多的长篇小说之一。这部作品的故事背景是二战中著名的斯大林格勒战役，通过描写沙波什尼科夫一家及其亲戚朋友的生活，再现在战争极端环境中人们的"生活"和"命运"。在这部作品中作者不仅再现了斯大林格勒战役的全貌，而且以文学形式将20世纪发生的史实记录在案，包括苏联的集体化运动、1933年乌克兰大饥荒、1937至1938年的大清洗和德国的死亡集中营等。2013年7月25日，俄罗斯联邦国家安全局正式将《生活与命运》的手稿转交至俄联邦文化部，为格罗斯曼这部小说的命运画上了句号。可以说，这部作品是"二十世纪俄罗斯民族苦难乃至整个人类苦难的艺术史诗"[①]。

目前，这部作品在国内已有四个中文译本，其译名也略有差异，分别为严永兴、郑海凌译的《生存与命运》（1989，2000），王福曾译的《生活与命运》（1989），翁本泽等译的《生活与命运》（1993）和力冈译的《生活与命运》（2015，原译名《风雨人生》）。

本章我们将选取最近的译本进行分析。其译者力冈（1926—1997）是我国著名的俄苏文学翻译家，也是国内知名的名著重译先行者。其译著字数高达七百余万，包括《日瓦戈医生》《安娜·卡列尼娜》和《静静的顿河》等。力冈具有精细入微的感受力，以情入理，以生动的语言表现力再现原著的思想内涵。他的译文兼具敏锐的审美感和细腻的文思，将生命体验和理性反思完美结合，使原著中的人道主义精神得以充分展现。

---

① 刘文飞，二十世纪的《战争与和平》——关于格罗斯曼的《生活与命运》[J]，载《读书》，2016年第7期，第153页。

二、《生活与命运》译文节选

这儿的人究竟怎样呢？好也好得使我吃惊，坏也坏得使我吃惊。人与人大不相同，虽然都经历着同样的命运。电闪雷鸣的时候，大多数人都想方设法尽量躲避大雨，但是你要知道，这并不意味着所有人都一样。而且躲雨的方法也各有不同……

施佩林大夫相信，对犹太人的迫害是暂时的，是战争时期的事。像他这样的人是不少的。我看到，一些人越是乐观，器量越小，越是自私。如果在吃饭时候有人来了，阿莉娅和她妈妈都要赶紧把吃的东西藏起来。

施佩林对我态度很好，尤其因为我吃得很少，我带回来的东西总是吃不了。但是我决定离开他们，跟他们在一起很不舒服。我要另找安身的地方。一个人越是悲伤，越不指望活下去，就越是大方、善良，心肠越好。

那些命定要死的穷人、白铁匠、裁缝们，比起那些千方百计积攒吃食儿的人，要高尚得多，慷慨得多，也聪明得多。那些年纪轻轻的女教员、古怪的老教师和象棋高手施皮尔贝格、文静本分的图书馆女管理员、比小孩子还无用然而一直幻想制造土手榴弹把隔离区武装起来的工程师莱维奇，他们都是些多么古怪、多么不实际、多么可爱、多么悲伤、多么善良的人啊。

在这儿我看出来，希望几乎永远跟理智没有什么联系，希望不是出自理智，我觉得，希望出自本能。

维佳，人总是满怀希望地活着，就好像今后还要活很多很多年。无法知道这是愚蠢还是聪明，不过情形就是这样。我也服从这一规律。这里也有两个妇女从镇上来，也对我说了我的朋友舒金对我说的事。附近的德国人见到犹太人就杀，也不怜惜老弱妇孺。德国人和警察常常乘汽车来，抓几十名男子去挖土沟，过两三天，德国人把犹太人赶到土沟边，开枪屠杀，一个不留。城市周围的村镇到处出现这种掩埋犹太人的丘坟。

隔壁住着一个从波兰来的姑娘。她说，在波兰经常杀人，犹太人被杀得一个不留，只是在华沙、罗兹和拉多姆的几个隔离区里还有一些犹太人。我把这一切好好想了想，完全明白了：把我们集中在这里，不是为了像保护比亚沃维扎密林区的欧洲野牛一样把我们保护起来，而是为了便于宰杀。根据计划，再过一两个星期就轮到我们了。可是，你要知道，我虽然知道是这样，还是继续为病人看眼睛，并且说："如果按时用药水洗眼睛，过两三个星期就会好的。"我还在观察着一个老头子的眼睛，过半年到一年就可以为他摘除白内障了。

我还在教尤拉法语，为他的发音不准伤脑筋。

在这里，德国兵常常撞进来抢东西，哨兵为了寻开心，常常在铁丝网外面开枪向孩子们射击，越来越多的人断言，我们的厄运随时会来到。

谁知，至今人们还活着。甚至不久前我们这儿还举行过婚礼。听到几十种传闻。有时，来一位邻居，高兴得喘着粗气说，我军转入反攻啦，德国佬跑啦。有时会飞来消息，说苏联政府和丘吉尔向希特勒提出了最后通牒，希特勒下令不要杀犹太人。有时又有消息说，要用犹太人交换德国战俘。

实在说，哪儿也没有像隔离区里这样多的期望。世界上有各种各样的事情，所有的事情，事情的主旨、起因总是一样的：都是为了解救犹太人。多么富有想象力的期望呀！

这些期望的来源都是一个，即求生的本能，这种本能不顾一切地否认那些一定要我们死绝的可怕的兆头。就像我，望着眼前的一切，就不相信：难道我们都是判了死刑在等死的人吗？理发匠、鞋匠、裁缝、医生、修炉匠，都在干活儿嘛。甚至还开设了小小的产科医院，说确切一点儿，是接生小屋。人们还在洗衣服，晒衣服，做饭，孩子们从九月六日起又上学了，做妈妈的又向老师打听孩子的分数了。

施皮尔贝格老头儿把几本书送去装订。施佩林家的阿莉娅每天早晨做早操，临睡前都要卷头发，跟爸爸争吵，向爸爸要两块夏装衣料。

我从早到晚都很忙，又看病，又教课，缝补衣服，洗衣服，准备过冬，往夹大衣里填棉花絮。我听着一件件犹太人遭殃的事：我熟识的一位法律顾问的妻子，因为给孩子买了一个鸭蛋，被打得失去知觉；药剂师西罗达的小孩子想从铁丝网下面钻出去，捡滚出去的皮球，哨兵开枪打穿了他的肩膀。然后是一个又一个的传闻。

终于传闻不再是传闻了。今天德国人赶着八十名年轻男子去干活儿，据说是挖土豆。于是有些人非常高兴，以为可以带几个土豆给家里人吃了。但我知道挖的是什么样的土豆。维佳，隔离区的夜晚是很特别的时间。孩子，你该记得，我常常教你对我说实话，儿子总是应该对妈妈说实话的。但是，妈妈也应该对儿子说实话。维佳，别以为你妈妈是刚强的人。我是软弱的人。我怕疼，一坐到牙科的椅子上就打哆嗦。小时候怕打雷，怕黑。老来我怕生病，怕孤独，怕我病了不能工作，成为你的负担，是你让我有这种感觉。我怕打仗。维佳，现在每天夜里我都很害怕，怕得心里直发冷。死神在等待着我。我很想向你呼救。

过去你是孩子的时候，常常跑到我跟前要我保护。现在，在我脆弱无力的时刻，多么想把头藏到你的膝盖上，让你这个又聪明又有力的儿子掩护我，保护我。维佳，我不是意志刚强的人，我很软弱。常常想到自杀。但我不知道，是软弱，是刚强，还是渺茫的期望，使我没有死。

不过，不说了。我一睡着了就做梦。常常梦见去世的妈妈，跟妈妈说话。昨夜我梦见萨沙·沙波什尼科夫，梦见当年跟他一起住在巴黎的情景。但是我一次也没有梦见你，虽然我时时想着你，特别是在恐怖不安的时候。这会儿我醒来，忽然看到这顶棚，想起德国人在我们的国土上，我变成了麻风病人，就觉得我并没有醒，而是睡着了，在做梦。

可是过了几分钟，就听见阿莉娅和柳芭争论该谁去挑水，听见有人在说，昨天夜里德国人在附近一条街上把一个老汉的头打穿了。

一个熟识的师范学校女学生来找我，要我去给人看病。原来，她掩护着一位肩膀受伤、又烧伤了一只眼睛的中尉。这个可爱的、痛苦不堪的小伙子说的是口音很重的伏尔加土话。昨天夜里他钻进铁丝网，在隔离区里找到了藏身之地。他的眼睛伤得不重，经过我治疗，就不会化脓了。他讲打仗，讲我们的军队撤退，使我难过起来。他想休息几天之后，就穿过前线到那边去。有好几个小伙子要跟他一块儿去，其中一个就是我的学生尤拉。啊，维克托，我要是能跟他们一块儿走该多好呀！我能为这个小伙子出一点力，实在高兴，觉得就好像我自己也参加了反法西斯战争。

一些人给他送来土豆、面包、豆角，有一个老奶奶还给他打了一双毛线袜。

今天一整天都处于十分紧张的状态中。昨天晚上阿莉娅通过她的俄罗斯女友弄到一个在医院死去的俄罗斯年轻姑娘的身份证。到夜里阿莉娅就要走了。今天，一个熟识的农民从铁丝网外面路过，我们听他说，被派去挖土豆的犹太人挖的是一些很深的坑，在离城四俄里的地方，靠近飞机场，就在去罗曼诺夫镇的路上。维克托，你记住这个地方，将来你可以在那儿找到合葬的坟墓，妈妈就在那里面。

就连施佩林也全明白了。他一整天脸色煞白煞白的，嘴唇不住地哆嗦着，慌乱地问我："有技术的人是不是有希望活下来？"确实有人说，在有些镇上，一些好的裁缝、鞋匠、医生没有被杀害。

到晚上施佩林还是找来一个砌炉子的老头子，在墙上打了一个隐蔽的洞，收藏粮食和盐。晚上我和尤拉一起读《磨坊书简》。你该记得，咱们一起读我最喜欢的那篇《老人们》，那时候咱们互相看看，大笑起来，两个人都笑出了眼泪。然后我给尤拉指定后天要上的功课。需要这样。但是，我看着他那悲戚的脸，看着他抄写语法章节的手指头，我的心情多么沉重啊。

这样的孩子有多少呀。聪明的眼睛，黑黑的卷发，在他们当中，应该有未来的学者、物理学家、医学教授、音乐家，也许还有诗人。

我看着他们每天早晨去上学，那种严肃的样子，完全不像孩子，瞪得大大的眼睛里流露着悲哀的神气。有时候他们也玩起来，打打架，哈哈大笑一阵子，然而并不因此就感到快活些，倒是更觉得可怕。

大家都说，孩子是我们的未来，但是这些孩子又怎样呢？他们再也不能成为音乐家、鞋匠和裁缝了。昨天夜里，我心里非常明晰，可以想象得到，这个由长髯飘飘、心事重重的老大爷和唠唠叨叨、做得一手好甜饼的老大娘构成的熙熙攘攘的世界，一切婚嫁习俗、民谚俚语、节日欢笑，很快就会消失得无影无踪。战争过后生活又会沸腾起来，可是我们不会再出现了，我们消失了，就像当年的阿兹特克人一样。

向我们报告挖坟消息的那个农民还告诉我们，昨天夜里他老婆哭着说："他们又做裁缝又掌鞋，又制皮子又修钟表，又开药铺卖药……把他们全杀了，以后怎么办呀。"

我还清楚地想象到，将来有人从废墟旁路过，可能会说："你该记得，这儿住过犹太人，住过修炉匠鲍鲁赫；礼拜六晚上他的老婆子常常坐在长凳子上，孩子们就在她的身边玩儿。"另一个人会说："在那棵老梨树下面常常有一位女医生，我忘记她姓什么了，她给我治过眼睛，她干完活儿以后，总是搬一张藤椅，坐在那儿看书。"会是这样的，维佳。

就好像一阵可怕的气息从脸上吹过，大家都感到死期近了。

维坚卡，我想告诉你……不，不是这个，不是这个。

维坚卡，我这封信就要写完了，就要拿到铁丝网跟前，交给我的朋友。要给这封信收尾可是不容易的，因为这是我和你最后一次谈话，等我送出这封信以后，就要准备永远离开你，你再也无法知道我死前的情形了。这是我最后的告别。在永远分离之前，在告别的时候，我该对你说点什么呢？在这些日子里，正如在一生中一样，你是我的慰藉。每天夜里我都想起你，想起你小时候的衣服、你最初读的一些小书，想起你的第一封信、你上学的第一天，我一个劲儿地在回想，从你生下来的日子到最后一次收到你的信息，六月三十日的那封电报。我一合上眼睛，就觉得似乎你在保护着我，拦挡着即将来临的灾难。等我一想起周围发生的情况，又觉得庆幸，因为你不在我身边，免于劫难。

维佳，我总是孤身一人。在失眠的夜晚我常常难过得哭起来。可是这一点谁也不知道。一想到我还能对你说说我的一生，就感到快慰。我要说说，为什么我和你爸爸离婚，为什么很多年来我一个人生活。我还常常想，等维佳知道了他的妈妈犯过错误，做过不理智的事，曾经争风吃醋，曾经跟所有的年轻人一样，会感到吃惊。但是等不到跟你好好说一说，就要孤单单地了结此生了，这是我的命运。有时我觉得，我不应该离你这样远，我太爱你了，我以为，我这样爱你，就应该跟你在一起安享晚年。有时我又觉得，我不应该跟你生活在一起，我太爱你了。

好啦，最后……祝你永远幸福，跟你所爱的人、你周围的人、比妈妈更亲近的人在一起，永远幸福！永别了！街上传来妇女们的哭声、警察的喝骂声，可是我看着这一页页的书信，就觉得我被保护了，这苦难深重的可怕世界奈何不了我了。我怎么能结束这封信啊？孩子，哪能甘心到此结束？哪儿有人类语言，能够表达我对你的爱？吻你，吻你的眼睛，你的额头、头发。你要记住，在幸福的日子里，在痛苦的时候，都有母爱伴随着你，任何人不能把母爱杀死。我的好维佳……这就是妈妈给你最后一封信的最后一句话。活下去，活下去，永远活下去……

（节选自力冈译《生活与命运》，广西师范大学出版社，2015年，第74—79页）

附：*Жизнь и судьба* 选段原文

Что сказать тебе о людях, Витя? Люди поражают меня хорошим и плохим. Они необычайно разные, хотя все переживают одну судьбу. Но, представь себе, если во время грозы большинство старается спрятаться от ливня, это еще не значит, что все люди одинаковы. Да и прячется от дождя каждый по-своему...

Доктор Шперлинг уверен, что преследования евреев временные, пока война. Таких, как он, немало, и я вижу, чем больше в людях оптимизма, тем они мелочней, тем эгоистичней. Если во время обеда приходит кто-нибудь, Аля и Фанни Борисовна немедленно прячут еду.

Ко мне Шперлинги относятся хорошо, тем более что я ем мало и приношу продуктов больше, чем потребляю. Но я решила уйти от них, они мне неприятны. Подыскиваю себе уголок. Чем больше печали в человеке, чем меньше он надеется выжить, тем он шире, добрее, лучше.

Беднота, жестянщики, портняги, обреченные на гибель, куда благородней, шире и умней, чем те, кто ухитрились запасти кое-какие продукты. Молоденькие учительницы, чудик – старый учитель и шахматист Шпильберг, тихие библиотекарши, инженер Рейвич, который беспомощней ребенка и мечтает вооружить гетто самодельными гранатами, что за чудные, непрактичные, милые, грустные и добрые люди.

Здесь я вижу, что надежда почти никогда не связана с разумом, она бессмысленна, я думаю, ее родил инстинкт.

Люди, Витя, живут так, как будто впереди долгие годы. Нельзя понять, глупо это или умно, просто так оно есть. И я подчинилась этому закону. Здесь пришли две женщины из местечка и рассказывают то же, что рассказывал мне мой друг. Немцы в округе уничтожают всех евреев, не щадя детей, стариков. Приезжают на машинах немцы и полицаи и берут несколько десятков мужчин на полевые работы, они копают рвы, а затем, через два-три дня немцы гонят еврейское население к этим рвам и расстреливают всех поголовно. Всюду в местечках вокруг нашего города вырастают эти еврейские курганы.

В соседнем доме живет девушка из Польши. Она рассказывает, что там убийства идут постоянно, евреев вырезают всех до единого, и евреи сохранились лишь в нескольких гетто – в Варшаве, в Лодзи, Радоме. И когда я все это обдумала, для меня стало совершенно ясно, что нас здесь собрали не для того, чтобы сохранить, как зубров в Беловежской пуще, а для убоя. По плану дойдет и до нас очередь через неделю, две. Но, представь, понимая это, я продолжаю лечить больных и говорю: «Если будете систематически промывать лекарством глаза, то через две-три недели выздоровеете». Я наблюдаю старика, которому можно будет через полгода-год снять катаракту.

Я задаю Юре уроки французского языка, огорчаюсь его неправильному произношению.

А тут же немцы, врываясь в гетто, грабят, часовые, развлекаясь, стреляют из-за проволоки в детей, и все новые, новые люди подтверждают, что наша судьба может решиться в любой день.

Вот так оно происходит – люди продолжают жить. У нас тут даже недавно была свадьба. Слухи рождаются десятками. То, задыхаясь от радости, сосед сообщает, что наши войска перешли в наступление и немцы бегут. То вдруг рождается слух, что советское правительство и Черчилль предъявили немцам ультиматум, и Гитлер приказал не убивать евреев. То сообщают, что евреев будут обменивать на немецких военнопленных.

Оказывается, нигде нет столько надежд, как в гетто. Мир полон событий, и все события, смысл их, причина, всегда одни – спасение евреев. Какое богатство надежды!

А источник этих надежд один – жизненный инстинкт, без всякой логики сопротивляющийся страшной необходимости погибнуть нам всем без следа. И вот смотрю и не верю: неужели все мы – приговоренные, ждущие казни? Парикмахеры, сапожники, портные, врачи, печники – все работают. Открылся даже маленький родильный дом, вернее, подобие такого дома. Сохнет белье, идет стирка, готовится обед, дети ходят с 1 сентября в школу, и матери расспрашивают учителей об отметках ребят.

Старик Шпильберг отдал в переплет несколько книг. Аля Шперлинг занимается по утрам физкультурой, а перед сном наворачивает волосы на папильотки, ссорится с отцом, требует себе какие-то два летних отреза.

И я с утра до ночи занята – хожу к больным, даю уроки, штопаю, стираю, готовлюсь к зиме, подшиваю вату под осеннее пальто. Я слушаю рассказы о карах, обрушившихся на евреев, – знакомую, жену юрисконсульта, избили до потери сознания за покупку утиного яйца для ребенка; мальчику, сыну провизора Сироты, прострелили плечо, когда он пробовал пролезть под проволокой и достать закатившийся мяч. А потом снова слухи, слухи, слухи.

Вот и не слухи. Сегодня немцы угнали восемьдесят молодых мужчин на работы, якобы копать картошку, и некоторые люди радовались – сумеют принести немного картошки для родных. Но я поняла, о какой картошке идет речь.

Ночь в гетто – особое время, Витя. Знаешь, друг мой, я всегда приучала тебя говорить мне правду, сын должен всегда говорить матери правду. Но и мать должна говорить сыну правду. Не думай, Витенька, что твоя мама сильный человек. Я – слабая. Я боюсь боли и трушу, садясь в зубоврачебное кресло. В детстве я боялась грома, боялась темноты. Старухой я боялась болезней, одиночества, боялась, что, заболев, не смогу работать, сделаюсь обузой для тебя и ты мне дашь это почувствовать. Я боялась войны. Теперь по ночам, Витя, меня охватывает ужас, от которого леденеет сердце. Меня ждет гибель. Мне хочется звать тебя на помощь.

Когда-то ты ребенком прибегал ко мне, ища защиты. И теперь в минуты слабости мне хочется спрятать свою голову на твоих коленях, чтобы ты, умный, сильный, прикрыл ее, защитил. Я не только сильна духом, Витя, я и слаба. Часто думаю о самоубийстве, но я не знаю, слабость, или сила, или бессмысленная надежда удерживают меня.

Но хватит. Я засыпаю и вижу сны. Часто вижу покойную маму, разговариваю с ней. Сегодня ночью видела во сне Сашеньку Шапошникову, когда вместе жили в Париже. Но тебя ни разу не видела во сне, хотя всегда думаю о тебе, даже в минуты ужасного волнения. Просыпаюсь, и вдруг этот потолок, и я вспоминаю, что на нашей земле немцы, я прокаженная, и мне кажется, что я не проснулась, а наоборот, заснула и вижу сон.

Но проходит несколько минут, я слышу, как Аля спорит с Любой, чья очередь отправиться к колодцу, слышу разговоры о том, что ночью на соседней улице немцы проломили голову старику.

Ко мне пришла знакомая, студентка педтехникума, и позвала к больному. Оказалось, она скрывает лейтенанта, раненного в плечо, с обожженным глазом. Милый, измученный юноша с волжской, окающей речью. Он ночью пробрался за проволоку и нашел приют в гетто. Глаз у него оказался поврежден несильно, я сумела приостановить нагноение. Он много рассказывал о боях, о бегстве наших войск, навел на меня тоску. Хочет отдохнуть и пойти через линию фронта. С ним пойдут несколько юношей, один из них был моим учеником. Ох, Витенька, если б я могла пойти с ними! Я так радовалась, оказывая помощь этому парню, мне казалось, вот и я участвую в войне с фашизмом.

Ему принесли картошки, хлеба, фасоли, а какая-то бабушка связала ему шерстяные носки.

Сегодня день наполнен драматизмом. Накануне Аля через свою русскую знакомую достала паспорт умершей в больнице молодой русской девушки. Ночью Аля уйдет. И сегодня мы узнали от знакомого крестьянина, проезжавшего мимо ограды гетто, что евреи, посланные копать картошку, роют глубокие рвы в четырех верстах от города, возле аэродрома, по дороге на Романовку. Запомни, Витя, это название, там ты найдешь братскую могилу, где будет лежать твоя мать.

Даже Шперлинг понял все, весь день бледен, губы дрожат, растерянно спрашивает меня: «Есть ли надежда, что специалистов оставят в живых?» Действительно, рассказывают, в некоторых местечках лучших портных, сапожников и врачей не подвергли казни.

И все же вечером Шперлинг позвал старика печника, и тот сделал тайник в стене для муки и соли. И я вечером с Юрой читала «Lettres de mon moulin». Помнишь, мы читали вслух мой любимый рассказ «Les vieux» и переглянулись с тобой, рассмеялись, и у обоих слезы были на глазах. Потом я задала Юре уроки на послезавтра. Так нужно. Но какое щемящее чувство у меня было, когда я смотрела на печальное личико моего ученика, на его пальцы, записывающие в тетрадку номера заданных ему параграфов грамматики.

И сколько этих детей: чудные глаза, темные кудрявые волосы, среди них есть, наверное, будущие ученые, физики, медицинские профессора, музыканты, может быть, поэты.

Я смотрю, как они бегут по утрам в школу, не по-детски серьезные, с расширенными трагическими глазами. А иногда они начинают возиться, дерутся, хохочут, и от этого на душе не веселей, а ужас охватывает.

Говорят, что дети наше будущее, но что скажешь об этих детях? Им не стать музыкантами, сапожниками, закройщиками. И я ясно сегодня ночью представила себе, как весь этот шумный мир бородатых, озабоченных папаш, ворчливых бабушек, создательниц медовых пряников, гусиных шеек, мир свадебных обычаев, поговорок, субботних праздников уйдет навек в землю, и после войны жизнь снова зашумит, а нас не будет, мы исчезнем, как исчезли ацтеки.

Крестьянин, который привез весть о подготовке могил, рассказывает, что его жена ночью плакала, причитала:

— Они и шьют, и сапожники, и кожу выделывают, и часы чинят, и лекарства в аптеке продают... Что ж это будет, когда их всех поубивают?

И так ясно я увидела, как, проходя мимо развалин, кто-нибудь скажет:

— Помнишь, тут жили когда-то евреи, печник Борух; в субботний вечер его старуха сидела на скамейке, а возле нее играли дети.

А второй собеседник скажет:

— А вон под той старой грушей-кислицей обычно сидела докторша, забыл ее фамилию, я у нее когда-то лечил глаза, после работы она всегда выносила плетеный стул и сидела с книжкой». Так оно будет, Витя.

Как будто страшное дуновение прошло по лицам, все почувствовали, что приближается срок.

Витенька, я хочу сказать тебе... нет, не то, не то.

Витенька, я заканчиваю свое письмо и отнесу его к ограде гетто и передам своему другу. Это письмо нелегко оборвать, оно – мой последний разговор с тобой, и, переправив письмо, я окончательно ухожу от тебя, ты уж никогда не узнаешь о последних моих часах. Это наше самое последнее расставание. Что скажу я тебе, прощаясь, перед вечной разлукой? В эти дни, как и всю жизнь, ты был моей радостью. По ночам я вспоминала тебя, твою детскую одежду, твои первые книжки, вспоминала твое первое письмо, первый школьный день, все, все вспоминала от первых дней твоей жизни до последней весточки от тебя, телеграммы, полученной 30 июня. Я закрывала глаза, и мне казалось – ты заслонил меня от надвигающегося ужаса, мой друг. А когда я вспоминала, что происходит вокруг, я радовалась, что ты не возле меня – пусть ужасная судьба минет тебя.

Витя, я всегда была одинока. В бессонные ночи я плакала от тоски. Ведь никто не знал этого. Моим утешением была мысль о том, что я расскажу тебе о своей жизни. Расскажу, почему мы разошлись с твоим папой, почему такие долгие годы я жила одна. И я часто думала, – как Витя удивится, узнав, что мама его делала ошибки, безумствовала, ревновала, что ее ревновали, была такой, как все молодые. Но моя судьба закончить жизнь одиноко, не поделившись с тобой. Иногда мне казалось, что я не должна жить вдали от тебя, слишком я тебя любила, думала, что любовь дает мне право быть с тобой на старости. Иногда мне казалось, что я не должна жить вместе с тобой, слишком я тебя любила.

Ну, enfin... Будь всегда счастлив с теми, кого ты любишь, кто окружает тебя, кто стал для тебя ближе матери. Прости меня.

С улицы слышен плач женщин, ругань полицейских, а я смотрю на эти страницы, и мне кажется, что я защищена от страшного мира, полного страдания.

Как закончить мне письмо? Где взять силы, сынок? Есть ли человеческие слова, способные выразить мою любовь к тебе? Целую тебя, твои глаза, твой лоб, волосы.

Помни, что всегда в дни счастья и в день горя материнская любовь с тобой, ее никто не в силах убить.

Витенька... Вот и последняя строка последнего маминого письма к тебе. Живи, живи, живи вечно... Мама".

(Гроссман В.С. *Жизнь и судьба*, глава восемнадцатая, Куйбышев: Кн. изд-во, 1990, стр. 73-78)

三、译文评析

————— ✤ —————

《生活与命运》是一部战争史诗巨作，格罗斯曼通过全景式史诗叙事手法，将前线"战争"与后方"和平"的社会百态全部纳入视野，平行地讲述一桩桩看似发生在两个世界的事件，在跳跃的转场中绘制出一幅贯穿整个时代的现实图景。我们这里节选的译文是一位犹太母亲在预感死亡来临之前写给儿子的诀别信，通过译文和原文的对比，我们认为有以下三个方面值得分析和借鉴：

1. 采用四字结构，生动再现战争与和平的世界

《生活与命运》堪比《战争与和平》，"最表面的理由在于外形"[①]。格罗斯曼细致地描绘出"战争"与"和平"这两种极端的世界状态，以及联结在它们之间的微妙社会联系，从前线的激烈战争场面到后方的普通人民生活都被真实地记录下来，生动地再现了二战前后苏联社会的百态景象，使读者仿佛身处战争与和平的双重境况。译者巧妙且恰当地使用四字结构，生动地再现了格罗斯曼笔下战争与和平的激烈碰撞场面。例如，"Немцы в округе уничтожают всех евреев, не щадя **детей, стариков**.（附近的德国人见到犹太人就杀，也不怜惜**老弱妇孺**。）"中，将"детей, стариков"译为"老弱妇孺"，以此控诉德国法西斯毫无人性地残杀百姓，将屠杀者的残暴一览无余地揭露出来，引起读者对他们的痛恨。同时以细腻的笔触刻画了身处苦难的人民形象，引发读者的同情心，增强译文的感染力。此外，在"И я ясно сегодня ночью представила себе, как весь этот **шумный** мир **бородатых, озабоченных** папаш, **ворчливых** бабушек, создательниц медовых пряников, гусиных шеек, мир **свадебных обычаев, поговорок, субботних праздников** уйдет навек в землю, и после войны жизнь снова зашумит, а нас не будет, мы исчезнем, как исчезли ацтеки.（昨

———

① 梁文道，被逮捕的书——《生活与命运》新版序[J]，载《读写月报》，2016年第7期，第7页。

天夜里，我心里非常明晰，可以想象得到，这个由**长髯飘飘**、**心事重重**的老大爷和**唠唠叨叨**、做得一手好甜饼的老大娘构成的**熙熙攘攘**的世界，一切**婚嫁习俗**、**民谚俚语**、**节日欢笑**，很快就会消失得无影无踪。)"一句中，将"бородатых"译为"长髯飘飘"，将"озабоченных"译为"心事重重"，将"ворчливых"译为"唠唠叨叨"，将"шумный"译为"熙熙攘攘"，使用带叠字的四字结构真实地讲述了大屠杀到来之前的平日生活。在贴近中文表达习惯的基础上重现格罗斯曼的写实创作手法，并大大地增强了语言的节奏感和气势。将"свадебных обычаев"译为"婚嫁习俗"，将"поговорок"译为"民谚俚语"，将"субботних праздников"译为"节日欢笑"，通过整齐的四字结构使当下的祥和景象跃然纸上。进而从侧面烘托战争对人们生活的严重破坏，不仅使译文有力地融合中国文化，服务于中文读者，而且重构了原著中战争与和平的对立场面，提升了译文的思想深度。

2．突出内心独白，深刻挖掘人物的心理世界

与其他小说相比，格罗斯曼的长篇小说《生活与命运》在反映事件规模和挖掘心理深度上都有更大的开拓。[①]在格罗斯曼的创作中，在叙述和议论中穿插着大量的内心独白，细致地刻画了厄运来临之前人们的心理活动和内心独白，以此充分证明了在专制统治和战争环境的双重挟持下人们只能任由命运摆布这一事实。例如，"И когда я все это обдумала, **для меня стало совершенно ясно, что** нас здесь собрали не для того, чтобы сохранить, как зубров в Беловежской пуще, а для убоя. (我把这一切好好想了想，**完全明白了**：把我们集中在这里，不是为了像保护比亚沃维扎密林区的欧洲野牛一样把我们保护起来，而是为了便于宰杀。)"一句中，为了突出人物的内心世界，译文将原文中的说明从属句"для меня стало совершенно ясно, что..."以"完全明白了：……"的形式呈现出来，通过增加冒号更加着重强调人物此时此刻的想法，刻画了这位犹太母亲身处

---

① 徐乐，从俄国文学传统看斯大林格勒战役的意义——以瓦·格罗斯曼小说《生活与命运》为例[J]，载《文艺批评与理论》，2015年第4期，第19页。

集中营时的绝望与无助，使读者有身临其境之感，与书中人物共思索共感受，并准确地再现原文中的比喻手法，将集中营中被监禁的犹太人与"保护比亚沃维扎密林区的欧洲野牛"进行对比，打破眼前的和平假象，使读者更加清醒地认识到纳粹集中营的暴力恶行，提醒人们趁早抛弃对法西斯的幻想。另外，在"Мир полон событий, и все события, смысл их, причина, всегда одни – **спасение евреев**.（世界上有各种各样的事情，所有的事情，事情的主旨、起因总是一样的：**都是为了解救犹太人**。）"一句中，译文再次使用冒号突出人物的理性思考，使读者更容易捕捉到作品希望传达的思想内涵，对"都是为了解救犹太人"这一重要信息进行强调，说明犹太人世世代代的悲惨命运，使读者深刻地领会人物当下的所思所想，与书中人物共进退共患难。

3. 灵活转换句式，增强思想内容的抒情性与哲理性

在《生活与命运》这部抒情哲理史诗中，格罗斯曼将深刻的思考与浓烈的抒情相融合。这种抒情既是辽阔而厚重的，同时也是悲凉而沧桑的，它与作者铿锵有力的思想力量相互交织，营造出一种醇厚的史诗感。在本章选段中，译者多次通过灵活转换句式的方式生动地传达了原作中的情节起伏和人物的情感变化。首先，在"Люди поражают меня хорошим и плохим.（好也好得使我吃惊，坏也坏得使我吃惊。）"一句中，译文使用了工整的对比句式，将原句拆分成两个在形式和内容上都相对一致的分句。强调虽然人们都经历着同样的命运，但人与人的本性却大不相同，进而增强译文的哲理性，引发读者的深入思考。其次，在"Беднота, жестянщики, портняги, обреченные на гибель, куда благородней, шире и умней, чем те, кто ухитрились запасти кое-какие продукты.（那些命定要死的穷人、白铁匠、裁缝们，比起那些千方百计积攒吃食儿的人，要高尚得多，慷慨得多，也聪明得多。）"一句中，译文连续使用三个"……得多"的排比句式，强调说明人的道德品性与身份的高低贵贱并无直接关系，反而越是贫穷的人们心地越善良。将原文中三个并列的谓语成分翻译成三个独立的分句，增强语言的表现力和节奏感，这种排比手法有助于凸显原著的中心思想，将译文传达思想内涵的作用发挥到淋漓尽致。另外，在

"Будь всегда счастлив с теми, кого ты любишь, кто окружает тебя, кто стал для тебя ближе матери.（祝你永远幸福，跟你所爱的人、你周围的人、比妈妈更亲近的人在一起，永远幸福！）"一句中，不仅将原句中三个并列的分句进行准确翻译，还在句末添加"永远幸福！"这一感叹句，巧妙地还原了原文中的抒情色彩，将母亲对儿子的美好期望和恋恋不舍传神地表现出来，渲染了悲伤的抒情氛围，有效地调动读者的情绪。在尊重原文的基础上将溢于言表的母子之情置于动荡不安的战争年代，帮助读者切身体会到原著所要表达的情感内涵。

　　《生活与命运》是一部现实主义风格的史诗巨作，它将壮阔的叙述、强烈的抒情和深邃的思索巧妙地融合起来，是作者关于生与死、爱与恨、善与恶、罪与罚、个人与历史、自由与专制等永恒问题的深刻思考。无论是对犹太人，还是对德国人；无论是对苏联政府，还是对平民百姓，格罗斯曼都去除意识形态，以本真的作家态度平等地对待，真实地叙述，理性地议论。在这部作品中，他毫不避讳揭露了法西斯集中营的人间悲剧和战场的残酷环境。译者在翻译的过程中以扎实的中文功底再现了原著的风格与思想，将一个个饱受摧残和痛苦的人生动地刻画出来，并还原了原著中始终围绕的根本性道德问题，即善与恶、生与死、忠诚与背叛、短暂与永恒。延续了格罗斯曼的笔触和脚步，将人的个体责任上升至历史的高度，深度阐释苏联社会的道德本质，从而使读者切身体会到战争与和平、生活与命运中永恒的人生主题。

第二十一章

索尔仁尼琴
《癌病房》

一、索尔仁尼琴与《癌病房》

　　亚历山大·伊萨耶维奇·索尔仁尼琴（Александр Исаевич Солженицын，1918—2008）是20世纪俄罗斯伟大的批判现实主义作家、社会活动家，俄罗斯科学院院士，被称为"俄罗斯的良心"。1970年，"因继承俄罗斯文学传统中的道德力量"而获得诺贝尔文学奖。作为20世纪俄罗斯历史的参与者和见证者，索尔仁尼琴一生致力于描写俄罗斯所经历的悲剧和灾难。作家一生都秉持严格的纪实性原则，尝试以文学的方式解释俄罗斯20世纪悲剧与俄罗斯民族性格之间的关系。他开创了苏联集中营文学，以亲身经历和档案资料为依据，展现了无数悲剧人物的真实生活，揭示了"古拉格现象"发生的文化历史根源。俄罗斯科学院发布的官方讣告指出："（索尔仁尼琴）崇高的精神成就，复兴了伟大的俄国文学的公民传统。"在小说的创作中，索尔仁尼琴采取压缩时间和空间的艺术手法，将故事限定于一座监狱、一间病房、一个村落等狭小的空间内，将时间压缩到数天、几天、甚至一天之内。索尔仁尼琴以促狭紧张的时空隐喻广袤的俄罗斯，围绕某一个焦点展现俄罗斯多个阶层的人物艺术形象的精神特质，以明晰的态度实现了对现实的严肃批判。索尔仁尼琴一生著作等身，主要包括短篇小说《玛特廖娜的家》（1963），中篇小说《伊凡·杰尼索维奇的一天》（1962），长篇小说《癌病房》（1967）、《第一圈》（1968）、《古拉格群岛》（1973）、《红轮》（1976），以及自传体作品《牛犊顶橡树》（1975）等。①

《癌病房》（*Раковый корпус*）是索尔仁尼琴的代表作之一，是以自身患癌治疗经历为素材创作而成。索尔仁尼琴以旁观者的视角将不同社会地位的癌症患者置于生与死之间的极端困境之下，抽去社会赋予人的不同阶层、不同民族、不同血统的标签，赋予每个主人公几乎平等展示自我的地位，以此为基础展开了对人类苦难、受难对象、苦难根源的观察与思考。流放犯奥列格·科斯托格洛托夫坚持思考，实现了灵魂的升华；高官巴威尔·卢萨诺夫投机钻营、坚持等级、反对自由平等，对死亡充满动物般的恐惧；董佐娃医生正直高尚，一生致力于拯救患者的生命；薇加医生美丽、高挑、孤独、忠贞；护士卓娅活泼、轻率……小说通过患者和医生们在治疗过程中展现出的不同的性格特点。通过癌病房中乐观与悲观情绪的交织，希望与绝望的并存，表达了作者对生命、疾病、道德等不同问题的思考。其中整部小说的思想结构中心之一是患者科斯托格洛托夫与女护士卓娅、医生薇加之间没有实现的两段爱情。我们所节选的第二十五章写了薇加和科斯托格洛托夫在换药室对于男女关系问题形成了高度契合的观点，描写了薇加下班后细腻的心理活动和生活细节。索尔仁尼琴通过薇加的生活和心理活动展现了她悲剧的人生经历以及坚定、认真、纯洁、忠贞的性格特点，同时表达了对于现代科学、战争、形式主义等问题的无情批判。②

我国对索尔仁尼琴的译介开始于20世纪60年代。1963年，以内部发行的形式出版了以《伊凡·杰尼索维奇的一天》为名的作品集，可以视为我国翻译和研究索尔仁尼琴的开端。1979年，荣如德在《外国文艺》杂志上发表了《癌病房》的译文片段。1980年，上海译文出版社出版了荣如德根

---

① С. И. 科尔米洛夫主编，《二十世纪俄罗斯文学史：20—90年代主要作家》[M]，赵丹、段丽君、胡学星译，南京：南京大学出版社，2017；刘文飞，索尔仁尼琴：生活与创作[J]，载《俄罗斯研究》，2020年第4期，第118—152页；古澄，中国的索尔仁尼琴译介研究述评[J]，载《外国文学动态研究》，2018年第5期，第93—96页。
② 任光宣主编，《俄罗斯文学简史》[M]，北京：北京大学出版社，2006年。

据1970年巴黎基督教会出版社出版的《Раковый корпус》、同时参考英语译本《Cancer ward》译出的两卷本《癌病房》。除该译本之外，姜明河翻译的《癌症楼》译本同样广受读者好评。对于《癌病房》的理解，我国学界普遍认为癌病房是一种深刻的隐喻。有学者认为，癌病房隐喻具体历史语境之下的人们的心理状态；还有学者认为癌病房超脱了具体的历史环境，隐喻的是整个人类历史中的"无辜受难"现象，是对宗教信仰的拷问。

荣如德（1934—）是我国资深俄语、英语翻译家。1953年，荣如德自华东人民革命大学附设外文专修学校（现上海外国语大学）提前毕业后开始了长达半个多世纪的翻译生涯。因通晓英语和俄语，荣如德的翻译不局限于某一位作家，而是广泛涉猎多国优秀的文学作品，译有英国作家威廉·萨克雷的《名利场》、查尔斯·狄更斯的《雾都孤儿》、乔治·奥威尔的《动物农场》、劳埃德·奥斯本的《金银岛》，俄苏作家费奥多尔·陀思妥耶夫斯基的《卡拉马佐夫兄弟》《白痴》《白夜》、米哈伊尔·布尔加科夫的《屠尔宾一家的日子》、亚历山大·索尔仁尼琴的《癌病房》，亚美尼亚作家阿·伊萨克扬的《希望的旗帜》，捷克作家杨·奥青纳雪克的《公民布里赫》等。

二、《癌病房》译文节选

第二十五章
薇加

她走出医院时喜气洋洋，一边抿嘴轻轻哼着只有自己听得见的调子。她穿一件浅灰色的夹大衣，已经不登靴子，因为街上都干了。她觉得浑身轻松，两条腿尤其轻快，走路毫不费劲，哪怕贯穿全城也没有问题。

傍晚同白天一样阳光灿烂，虽然已有些转凉，但是春意盎然。挤进闷得要命的公共汽车里去太冤了。今天她只想步行。

于是就徒步走去。

他们这座城里没有比开花的杏树更美的了。她忽然心血来潮，一定要赶在春天来临之前看到开花的杏树，哪怕能看到一棵也好，试试运气如何，只要向某处的篱笆后面或土墙里边远远地看上一眼，它那空蒙的粉红色花朵不可能同任何别的花木混淆。

但毕竟还没有到那个时候。树木刚才开始由灰转青，现在正是树上不是毫无绿意、但灰色还显然占着优势的当儿。如果看到某一座土墙里边有一小块顶住城市砖石的围攻保存下来的园地，那里除了刚翻耕的棕红色干土还是光秃秃的。

时令还早。

平时，薇拉乘上公共汽车之前，好像老是匆匆忙忙。可是坐在弹簧已坏的座位上或踮着脚抓住吊环的时候，却总是这样想："我什么也不想做，整整一个晚上什么也不想做。"理性上明知不该如此，晚上的时间却总是胡乱打发过去，第二天早晨再乘公共汽车赶去上班。

今天她不慌不忙地徒步走着，可是心里什么都想做！许多事情一下子都冒了出来：要做家务，要跑商店，还要做衣服、上图书馆，或者做其他愉快的事情——这些事儿谁也没有禁止或妨碍她做，然而迄今为止她不知为什么总是竭力加以回避。现在她每一件都想做，甚至想一下子做好！但是，她偏偏不急于乘车回去赶紧做这些事情，一件也不急于做，反而慢慢腾腾地走着。皮鞋在干燥的沥青路上每跨一步，对于她都是一种享受。

……

今天之所以有节日的心情，是因为她感觉到自己对了。她蕴藏在心底的那些论点尽管自己坚信不疑，却遭到嘲笑，得不到承认，而她还悬在这不绝如缕的一根线上，——如今发现却原来这是一条钢丝绳，它的可靠性竟得到这样曾经沧海、多疑而倔强的一个人的承认，而且这个人自己也毫不犹豫地愿意攀住它。

他们就像在人心叵测的无底深渊上空坐在高架铁缆车里滑行，互相都能充分信任。

这简直使她欣喜若狂！尽管她知道自己精神正常、并非疯癫，但这还不够，还需要听别人说你精神正常、并非疯癫！她只想对他表示谢忱，谢谢他说了这样的话，谢谢他作如是想，谢谢他历经颠沛还能保持这样一颗灵魂。

……

科斯托格洛托夫有一次不客气地对她说，他看不出他那个用药草治病的巫医哪点不如医生，并说医学未必能像数学一般拿出精确的数据。当时微拉几乎生气了。但事后一想，这话也有一部分道理。在用爱克斯光破坏细胞的时候，他们是否知道——哪怕只是约略地知道——遭到破坏的正常细胞占多少百分比，反常细胞又占多少？这比巫医不称分量而用手捆晒干的草根究竟可靠多少呢？再看另一个例子：人们纷纷用青霉素治病，都说青霉素有效；可是医学界有谁真正解释清楚：青霉素的效力究竟何在？这难道不也是一本糊涂账？……必须经常注意医学杂志上发表的文章，多读，多想！这要花多少时间哪！

但今后她什么都有时间去做！

她不知不觉已到了自己家门前的院子里——真快！她登上几级梯阶，跨进栏杆上挂满地毯、门毡的公用长廊，穿过有不少凹坑的水泥地，兴冲冲地用钥匙打开整套公寓合用的门（门上的保护层有些地方已告剥落），沿着幽暗的走廊前进——那里并不是每一盏灯都可以开的，因为分别接在各家的电度表上。

她用另一枚钥匙开了自己房门上的弹簧锁，这间斗室今天在她看来一点也不凄凉：同市内所有的底层窗户一样，窗上也装着防盗贼的栅栏。这时室内被薄暮笼罩，只有早晨才能射进明媚的阳光。薇拉在门口站停，大衣也不脱，看着自己的房间直纳罕，觉得一切都很新奇。在这里日子可以过得挺好、挺快活！大概只要换一块台布就可以了——马上就换。一些地方的尘垢要揩去。墙上的画也许该换上彼得罗巴甫洛夫斯克要塞的白夜和阿卢普卡的黑柏。

但是，她脱去大衣，系上围裙，却先到厨房里去。她朦朦胧胧记得有一件事应该在厨房里开始做。对了！应当把煤油炉点起来，给自己做点东西吃。

可是，邻家的儿子——一个中途辍学的健壮少年——把一辆摩托车塞到厨房里，一边吹口哨，一边拆卸摩托车，把零件一一放在地上涂油。夕阳照进这里来，厨房里还相当亮。当然，要挤到自己的桌子旁边去也可以，但薇拉忽然完全不想在这里张罗了，只想到房间里去，一个人待在那里。

她并不想吃东西，一点儿也不饿！

于是她回到自己房间里去，咔嚓一声把弹簧锁欣然锁上。今天她完全没有必要走出房间。玻璃盆里有巧克力糖，她可以慢慢地咬着吃……

……

她开始谈话，但不出声。她在想象中同他谈话，仿佛他就坐在那里，隔着一张圆桌，也是在闪着绿色微光的暮色中。她在说她必须说的话，并且也听他说。她能正确无误地听到他可能回答的话。他这个人会作出什么反应是颇难逆料的，但她似乎有些习惯了。

她在向他把今天的话讲完——根据他们目前的关系，这话还断乎说不出口，像现在这样是可以的。她在向他阐述自己的关于男人和女人的理论。海明威笔下的超级男人是一些尚未上升到人的生物；海明威，您只是在浅水里游冰。（奥列格一定会没好气地冲着她说：他从来没有读过什么海明威的书。他甚至会夸耀：部队里没有这种东西，劳动营里更不用说了。）女人要求于男人的完全不是这个，女人需要的是温柔体贴，需要感觉到和他在一起可保安全——让他做女人的挡箭牌、避风港。

（不知什么缘故，偏偏跟奥列格这样一个无权的、被剥夺了一切公民资格的人在一起，薇加才能获得这种安全感。）

……她的手在幽暗中也很有把握地摸到了墙上那只镜框，怀着深情把它摘下来凑到调谐度盘前面。即使调谐度盘不放出这点绿幽幽的星光，哪怕立刻熄灭，薇拉仍能看清照片上的一切：这是一个男孩清秀的面庞，一双尚未见过世面的眼睛像万里无云的天空一无遮蔽；雪白的衬衫上系着生平第一条领带，身上穿的是生平第一套西装；上衣的翻领上别着一枚白色圆圈中间有一个黑色侧面头像的徽章（甚至不吝惜在新衣服上扎针眼）。照片是6英寸×9英寸，像章极小极小，但白天还是看得很清楚，现在凭记忆也能看到，这是列宁的侧面头像。

"我不需要别的勋章。"男孩的微笑仿佛在说。

就是这个男孩替她想出了薇加这个名字。

龙舌兰一生只开一次花，以后很快就枯死。

薇拉·甘加尔特的恋爱也是这样。她开始恋爱时年纪还很小，还坐在课桌旁。

可是他——在前线牺牲了。

在这以后，这场战争无论怎样都可以：正义的也罢，英雄的也罢，卫国战争也罢，神圣战争也罢——对于薇拉·甘加尔特反正是最后的战争。在这场战争中，她同未婚夫一起被打死了。

她是多么希望她也被打死啊！当时她中断了医学院的学业，立即要求上前线。但没有被批准，因为她是日耳曼人。

战争爆发后第一年夏天的两三个月，他们还在一起。当时明知道他很快就要去参军。现在，事隔一代之后，任何人都无法解释：当时他们怎么没有结婚？纵使不结婚，他们怎么把这几个月——最后的、仅剩的几个月——也蹉跎了？当一切都在崩塌、断裂的时候，他们面前还有什么障碍？

障碍还是有的。

现在这件事向谁也讲不清楚。包括向她自己。

"薇加！我的薇加！"他从前线大声疾呼，"在你还没有属于我之前，我不能死！现在我已经觉得：只要我能有三天工夫抽出身来——度假！住医院！——我们就结婚！你说是不是？啊？"

"你不要为这件事心里难过。我永远不属于别人。我是属于你的。"

她曾经这样满怀信心写信给他。当时他还活着！

可是他没有负伤，他既没有住医院，也没有得到假期。他是被当场打死的。

他死了，可是他的星在放光。一直在放光……

但是星光在空照。

这不是本身已经熄灭、而它的光还在运行的那种星。这是本身还辉煌灿烂、可是它的光辉已经谁也看不见、谁也不需要的那种星。

她要上前线没有被批准，要死死不成。那就只得活下去。只得回医学院读书。她在大学里还是个小组长。下乡收割庄稼、大扫除、星期日义务劳动——她总是带头。她还有什么可做呢？

她以优异的成绩从医学院毕业，指导她实习的奥列宪科夫医生对她十分满意（是他把薇拉推荐给董佐娃的）。她的事情只剩下治疗和病人。她只能从中得到解脱。

当然，如果站在弗里德兰的水平上考虑问题，那么，念念不忘一个死人而不另找一个活人——那是荒唐、反常、发疯。那是绝对不可能的，因为人体组织的规律、激素的规律、年龄的规律是不可抗拒的。

不可能？但薇加知道，这些规律在她身上统统被推翻了。

倒不是她认为自己被"永远属于你"这一誓言终生束缚住了。但也有这个因素：一个人对你太亲密了，他是不可能完全死灭的。那就是说，他多少能看到一些，多少能听见一些，他是存在的，他还有。他将在无能为力的状态中默默地看到你对他不忠。

如果没有另一个这样的人，如果另一个这样的人没有，哪里还谈得上细胞生长、反应和分泌的规律！这跟细胞有什么相干？这跟反应又有什么相干？

随着年岁的增长，我们变得麻木了，疲倦了。我们在悲痛和忠诚方面都缺乏真正的才能。我们把悲痛和忠诚交给了时间。只有在每天吃饱肚皮、舔舔指头这方面，我们才寸步不让。如果两天不给我们吃饭，我们便会精神失常，我们便会发疯。

瞧，我们人类前进得就那么远！

薇加没有变样，但她的心碎了。

……

好多年寻常的和平生活如水流逝，而薇加始终像戴着防毒面具，脑袋老是被可恶的橡皮套住。她简直要发疯了，她被闷得虚弱不堪——于是把防毒面具扯下。

看起来她的生活好像比较近乎人情了：她允许自己得到别人的好感，开始注意穿戴，不回避与人们见面。

忠贞不渝包含着高度的快感。也许是最高的快感。即使你的忠贞不被人知道也无所谓。

哪怕你的忠贞不被人赏识也不要紧。

但只要它推动着什么就行！

可是，倘若它什么也不推动，倘若谁也不需要呢？……

防毒面具的圆眼孔不管有多大，从里边看出来终究不清楚。现在，摘去了防毒面具的玻璃片，薇拉看得清楚了。

但她没有看清楚。由于缺乏经验，她撞得很疼。由于不够谨慎，她失足了。那一段短暂的、不足道的亲近关系，不仅没有给她的生活带来轻松或光明，反而使她遭到玷污和屈辱，破坏了她的生活的完整和匀称。

可是现在要忘记它、抹掉它却办不到。

不，满不在乎地对待生活不是她的特长。一个人愈是脆弱，就愈需要有几十处、甚至几百处相合才能接近一个跟自己类似的人。每多一处相合，只能把接近的程度提高一点点。然而，只要有一处相左，立刻能使前功尽弃。偏偏这种意见相左总是出现得很早，暴露得很清楚。她找不到一个人商量：该怎么办？日子怎么过下去？

世上有多少个人，就有多少条生活的道路。

……

然而，她也不能同一个陌生人再走一趟这条泥泞的路。

她在圈椅里一直坐到午夜，从傍晚开始急于要做的那些事情一件也没有做好，连灯也没有开。收音机调谐度盘上这点光对她已够亮了，看着这柔和的绿光和黑色的刻度，思路十分通畅。

她听了好多张唱片，其中最动人心弦的几张听了也并不觉得难过。她还听了几首进行曲。放进行曲的时候就好像在她前面的黑暗中举行凯旋式，而她朝一边曲着两条纤细的腿，坐在庄严古朴的高背靠椅里，俨然是一个胜利者。

她穿过了十四片沙漠，总算走到了。她度过了十四个精神错乱的年头，结果证明是对的！

正是今天，她多年的忠贞获得了新的、完全的意义。

她几乎保持了忠贞。可以认为这是忠贞。在主要的方面够得上忠贞。

但正是现在，她只觉得那个死者是个孩子，而不是今天的同龄人，不是一个男人——没有那种只能供女人作防空洞的笨重的男人惰性。他既没有看到战争的全貌，也没有看到它的结束以及战后多年艰苦的岁月，他始终是一个坦率的眼睛一无遮蔽的少年。

她躺到床上，但没有立即入睡，也不担心今夜睡眠不足。入睡后还频频醒来，而且做了好多梦，一宿做这么多梦似乎太多了些。有一些梦毫无道理，有一些她却竭力想保存在脑海中留到天明。

早晨她醒过来，脸上泛起笑容。

公共汽车里她被挤挤压压、推推搡搡，甚至脚上被踩，但她毫不怨恨地忍受着一切。

……

（节选自荣如德译《癌病房》，上海译文出版社，1980年，第462—480页）

附：*Раковый корпус* 选段原文

25

Она вышла из клиники в праздничном настроении и тихо напевала, для себя одной слышимо, с закрытым ртом. В светло-песочном демисезонном пальто, уже без бот, потому что везде на улицах было сухо, она чувствовала себя легко, всю себя и ноги особенно, – так невесомо шлось, можно было весь город наискосок.

Такой же солнечный как день, был и вечер, хотя уже прохладнел, а очень отдавал весной. Дико было бы лезть в автобус, душиться. Хотелось только идти пешком.

И она пошла.

Ничего в их городе не бывало красивее цветущего урюка. Вдруг захотелось ей сейчас, в обгон весны, непременно увидеть хоть один цветущий урюк – на счастье, за забором где-нибудь, за дувалом, хоть издали, эту воздушную розовость не спутать ни с чем.

Но – рано было для того. Деревья только чуть отзеленивали от серого: был тот момент, когда зеленый цвет уже не отсутствует в дереве, но серого еще гораздо больше. И где за дувалом был виден клочок сада, отстоенного от городского камня, – там была лишь сухая рыжеватая земля, вспаханная первым кетменем.

Было – рано.

Всегда, как будто спеша. Вера садилась в автобус – умащивалась на разбитых пружинах сиденья или дотягивалась пальцами до поручня, висла так и думала: ничего не хочется делать, вечер впереди – а ничего не хочется делать. И вопреки всякому разуму часы вечера надо только убить, а утром в таком же автобусе спешить опять на работу.

Сегодня же она неторопливо шла – и ей все-все хотелось делать! Сразу выступило много дел – и домашних, и магазинных, и, пожалуй, шитейных, и библиотечных, и просто приятных занятий, которые совсем не были ей запрещены или преграждены, а она почему-то избегала их до сих пор. Теперь все это ей хотелось, даже сразу! Но она, наоборот, ничуть не спешила ехать и делать их скорей, ни одного из них, а – шла медленно, получая удовольствие от каждого переступа туфелькой по сухому асфальту.

<...>

Праздник в том, чтобы почувствовать себя правой. Твои затаенные, твои настойчивые доводы, осмеянные и непризнанные, ниточка твоя, на которой одной ты еще висишь, – вдруг оказываются тросом стальным, и его надежность признает, уверенно виснет и сам на него такой бывалый, недоверчивый, неподатливый человек.

И как в вагончике подвесной канатной дороги над немыслимой пропастью человеческого непонимания, они плавно скользят, поверив друг другу.

Это просто восхитило ее! Ведь мало знать, что ты – нормальная, не сумасшедшая, но и услышать, что – да, нормальная, не сумасшедшая, и от кого! Хотелось просто благодарить его, что он так сказал, что он сохранился такой, пройдя провалы жизни.

<...>

Костоглотов однажды швырнул ей, что он не видит, чем его знахарь с корешком меньше врач, что мол математических подсчетов он и в медицине не замечает. Вера тогда почти обиделась. Но потом подумала: отчасти верно. Разве, разрушая клетки рентгеном, они знают хоть приблизительно: сколько процентов разрушения падает на здоровые клетки, сколько на больные? И насколько уж это верней, чем когда знахарь зачерпывает сушеный корешок – горстью, без весов?.. А кто объяснил старинные простые горчичники? Или: все бросились лечить пенициллином – однако кто в медицине воистину объяснил, в чем суть действия пенициллина? Разве это не темная вода?.. Сколько тут надо следить за журналами, читать, думать!

Но теперь она все успеет!

Вот уже – совсем незаметно, как скоро! – она была и у себя во дворе. Поднявшись на несколько ступенек на общую большую веранду с перилами, обвешанными чьими-то ковриками и половиками, пройдя по цементному полу в выбоинах, она без уныния отперла общеквартирную дверь с отодранной местами обивкой и пошла темноватым коридором, где не всякую лампочку можно было зажечь, потому что они были от разных счетчиков.

Вторым английским ключом она отперла дверь своей комнаты – и совсем не угнетающей показалась ей эта келья-камера с обрешеченным от воров окном, как все первоэтажные окна города, и где было предсумеречно сейчас, а солнце яркое заглядывало только утром. Вера остановилась в дверях, не снимая пальто, и смотрела на свою комнату с удивлением, как на новую. Здесь очень хорошо и весело можно было жить! Пожалуй, только переменить сейчас скатерть. Пыль кое-где стереть. И, может быть, на стене перевесить Петропавловскую крепость в белую ночь и черные кипарисы Алупки.

Но, сняв пальто и надев передник, она сперва пошла на кухню. Смутно помнилось ей, что с чего-то надо начинать на кухне. Да! надо же было разжигать керогаз и что-нибудь себе готовить.

Однако, соседский сын, здоровый парень, бросивший школу, всю кухню перегородил мотоциклом и, свистя, разбирал его, части раскладывал по полу и мазал. Сюда падало предзакатное солнце, еще было светло от него. Вообще-то можно было протискиваться и ходить к своему столу. Но Вере вдруг совсем не захотелось возиться тут – а только в комнате, одна с собою.

Да и есть ей не хотелось, нисколько не хотелось!

И она вернулась к себе и с удовольствием защелкнула английский замок. Совсем ей было незачем сегодня выходить из комнаты. А в вазочке были шоколадные конфеты, вот их и грызть потихоньку...

<...>

Она стала *разговаривать* – но не вслух. Она воображаемо разговаривала с ним, будто он сидел тут же, через круглый стол, при том же зеленоватом свечении. Она говорила то, что ей надо было сказать, и выслушивала его: верным ухом отбирала, что́ он мог бы ответить. У него очень трудно предвидеть, как он вывернет, но, кажется, она привыкала.

Она досказывала ему сегодняшнее – то, что при их отношениях еще никак сказать нельзя, а вот сейчас можно. Она развивала ему свою теорию о мужчинах и женщинах. Хемингуэевские сверхмужчины – это существа, не поднявшиеся до человека, мелко плавает Хемингуэй. (Обязательно буркнет Олег, что никакого Хемингуэя он не читал, и даже гордо будет выставлять: в армии не было, в лагере не было.) Совсем не это надо женщине от мужчины: нужна внимательная нежность и ощущение безопасности с ним – прикрытости, укрытости.

Именно с Олегом – бесправным, лишенным всякого гражданского значения, – эту защищенность почему-то испытывала Вега.

<...> эту рамочку она уверенной рукой и в полутьме нашла на стене, ласково сняла и поднесла к шкале. Если б шкала и не давала своей звездной зелени, и даже погасла сейчас, – Вера продолжала бы различать на карточке все: это мальчишеское чистенькое лицо; незащищенную светлость еще ничего не видавших глаз; первый в жизни галстук на беленькой сорочке; первый в жизни костюм на плечах – и, не жалея пиджачного отворота, ввинченный строгий значок: белый кружок, в нем черный профиль. Карточка – шесть на девять, значок совсем крохотный, и все же днем отчетливо видно, а на память видно и сейчас, что профиль этот – Ленина.

«Мне других орденов не надо», – улыбался мальчик.

Этот мальчик и придумал звать ее Вегой.

Цветет агава один раз в жизни и вскоре затем – умирает.

Так полюбила и Вера Гангарт. Совсем юненькой, еще за партой.

А его – убили на фронте.

И дальше эта война могла быть какой угодно: справедливой, героической, отечественной, священной, – для Веры Гангарт это была *последняя* война. Война, на которой вместе с женихом, убили и ее.

Она так хотела, чтоб ее теперь тоже убили! Она сразу же, бросив институт, хотела идти на фронт. Но как немку ее не взяли.

Два, и три месяца первого военного лета они еще были вместе. И ясно было, что скоро-скоро он уйдет в армию. И теперь, спустя поколение, объяснить никому невозможно: как могли они не пожениться?

Да не женясь – как могли они проронить эти месяцы – последние? единственные? Неужели еще что-то стояло перед ними, когда все трещало и ломилось?

Да, стояло.

А теперь этого ни перед кем не оправдаешь. Даже перед собой.

«Вега! Вега моя! – кричал он с фронта. – Я не могу умереть, оставив тебя не своей. Сейчас мне уже кажется: если бы вырваться только на три дня – в отпуск! в госпиталь – мы бы поженились! Да? Да?»

«Пусть это тебя не разрывает. Я никогда ничьей и не буду. Твоя.»

Так уверенно писала она. Но – живому!

А его – не ранили, он ни в госпиталь, ни в отпуск не попал. Его – убили сразу.

Он умер, а звезда его – горела. Все горела...

Но шел ее свет впустую.

Не та звезда, от которой свет идет, когда сама она уже погасла. А та, которая светит, еще в полную силу светит, но никому ее свет уже не виден и не нужен.

Ее не взяли – тоже убить. И приходилось жить. Учиться в институте. Она в институте даже была старостой группы. Она первая была – на уборочную, на приборочную, на воскресник. А что ей оставалось делать?

Она кончила институт с отличием, и доктор Орещенков, у которого она проходила практику, был очень ею доволен (он и посоветовал ее Донцовой). Это только и стало у нее: лечить, больные. В этом было спасение.

Конечно, если мыслить на уровне Фридлянда, то – вздор, аномалия, сумасшествие: помнить какого-то мертвого и не искать живого. Этого никак не может быть, потому что неотменимы законы тканей, законы гормонов, законы возраста.

Не может быть? – но Вега-то знала, что они в ней все отменились!

Не то, чтоб она считала себя навечно связанной обещанием: «всегда твоя». Но и это тоже: слишком близкий нам человек не может умереть совсем, а значит – немного видит, немного слышит, он – присутствует, он есть. И увидит бессильно, бессловно, как ты обманываешь его.

Да какие могут быть законы роста клеток, реакций и выделений, при чем они, если: другого такого человека нет! Нет другого такого! При чем же тут клетки? При чем тут реакции?

А просто с годами мы тупеем. Устаем. У нас нет настоящего таланта ни в горе, ни в верности. Мы сдаем их времени. Вот поглощать всякий день еду и облизывать пальцы – на этом мы неуступчивы. Два дня нас не покорми – мы сами не свои, мы на стенку лезем.

Далеко же мы ушли, человечество!

Не изменилась Вега, но сокрушилась.

<...>

Шли долгие годы обычной мирной жизни, а Вега жила и ходила как в постоянном противогазе, с головой, вечно стянутой враждебною резиной. Она просто одурела, она ослабла в нем – и сорвала противогаз.

Это выглядело так, что стала она человечнее жить: разрешила себе быть приятной, внимательно одевалась, не убегала от встреч с людьми.

Есть высокое наслаждение в верности. Может быть – самое высокое. И даже пусть о твоей верности не знают.

И даже пусть не ценят.

Но чтоб она двигала что-то!

А если – ничего не движет? Никому не нужна?..

Как ни велики круглые глаза противогаза – через них плохо и мало видно. Без противогазных стекол Вега могла бы рассмотреть лучше.

Но – не рассмотрела. Безопытная, она ударилась больно. Непредосторожная, оступилась. Эта короткая недостойная близость не только не облегчила, не осветила ее жизни, – но перепятнала, но унизила, но цельность ее нарушила, но стройность разломила.

А забыть теперь невозможно. А стереть нельзя.

Нет, принимать жизнь легкими плечами – не ее была участь. Чем хрупче удался человек, тем больше десятков, даже сотен совпадающих обстоятельств нужно, чтоб он мог сблизиться с подобным себе. Каждое новое совпадение лишь на немного увеличивает близость. Зато одно-единственное расхождение может сразу все развалить. И это расхождение так рано всегда наступает, так явственно выдвигается. Совсем не у кого было почерпнуть: как же быть? как же жить?

Сколько людей, столько дорог.

<...>

Но еще раз пройти этот вязкий путь с чужим человеком она тоже не могла.

Она просидела в кресле до полуночи, ничего не сделав из того, что с вечера просилось в руки, и света даже не зажжа. Вполне было ей светло от шкалы приемника – и очень хорошо думалось, глядя на эту мягкую зелень и черные черточки.

Она слушала много пластинок и самые щемящие из них выслушала легко. И – марши слушала. И марши были – как триумфы, во тьме внизу проходящие перед ней. А она в старом кресле с высокой торжественной спинкой, подобрав под себя бочком легкие ноги, сидела победительницей.

* С легкостью (идиом. – на легкие плечи).

Она прошла через четырнадцать пустынь – и вот дошла. Она прошла через четырнадцать лет безумия – и вот оказалась права!

Именно сегодня новый законченный смысл приобрела ее многолетняя верность.

Почти-верность. Можно принять как верность. В главном – верность.

Но именно теперь она ощутила умершего как мальчика, не как сегодняшнего сверстника, не как мужчину, – без этой косной тяжести мужской, в которой только и есть пристанище женщине. Он не видел ни всей войны, ни конца ее, ни потом многих тяжелых лет, он остался юношей с незащищенными чистыми глазами.

Она легла – и не сразу спала, и не тревожилась, что мало сегодня поспит. А когда заснула, то еще просыпалась, и виделось ей много снов, что-то уж очень много для одной ночи. И некоторые из них совсем были ни к чему, а некоторые она старалась удержать при себе до утра.

Утром проснулась – и улыбалась.

В автобусе ее теснили, давили, толкали, наступали на ноги, но она без обиды терпела все.

<...>

Людмила Афанасьевна всю пятиминутку угловатое что-то чертила на бумаге и даже прорывала пером. А Вера, наоборот, сидела сегодня спокойно, как никогда. Небывалую уравновешенность она чувствовала в себе.

<...>

(Солженицын А.И. *Раковый корпус*, часть вторая, глава 25. Paris: YCMA-Press, 1970, стр. 287-298)

三、译文评析

《薇加》选自《癌病房》第二部第二十五章，展现了薇加医生在对科斯托格洛托夫的感情和对去世的未婚夫的忠贞之间的权衡，索尔仁尼琴以细腻的笔触描写了薇加的生活细节以及心理活动。在薇加的思考中，索尔仁尼琴插入了自己对社会、战争、科学等多方面问题的批判性观点。荣如德译本严格遵守原著的现实主义特色，对作者大量采用无人称句、短句等句式手段的风格进行了精准的还原；此外，译本通过四字格等翻译手段加强了原作中所表达的情感。

1．对人物塑造和生活细节描写的精准传译

《癌病房》是索尔仁尼琴"最具有文学精髓的作品之一"。[①]本章是以旁观者视角对薇加的生活细节和心理活动的描写，展现了索尔仁尼琴独特的现实主义特色。译者以地道的汉语表达，准确地传译了作品语言中流露出的真实感和细节性。这首先体现在本章开端对薇加简笔画式的人物形象勾勒，"她走出医院时喜气洋洋，一边抿嘴轻轻哼着只有自己听得见的调子。她穿一件浅灰色的夹大衣，已经不登靴子，因为街上都干了。她觉得浑身轻松，两条腿尤其轻快，走路毫不费劲，哪怕贯穿全城也没有问题。"该段译文中，为呼应原文中"в праздничном настроении（喜气洋洋）"的特征，将原文中的状态表述"с закрытым ртом, в ...пальто, без бот"分别译作"抿嘴""穿""登"等富于画面感的动词，增加了人物形象的鲜活性，使后文中"轻松""轻快"接续得更为自然。寥寥几句，一位偶遇知音后心情愉快的女性灵动地走向了读者。译者不仅注重人物描写的生动性，对于生活细节的翻译也同样如此。比如，对薇加回家的细节描写"她登上几级梯阶，跨进栏杆上挂满地毯、门毡的公用长廊，穿过有不少凹坑的水泥地，兴冲冲地用钥匙打开整套公寓合用的门（门上的保护层

---

① 任光宣主编，《俄罗斯文学简史》[M]，北京：北京大学出版社，2006年，第372页。

有些地方已告剥落），沿着幽暗的走廊前进……（...она была и у себя во дворе. **Поднявшись** на несколько ступенек на общую большую веранду с перилами, обвешанными чьими-то ковриками и половиками, **пройдя** по цементному полу в выбоинах, она без уныния отперла общеквартирную дверь с отодранной местами обивкой и пошла темноватым коридором...)"译文中除了将原文中的完成体副动词 поднявшись, пройдя 译为动词"登上""穿过"之外，还增译了"跨进"，如此一连串的动作一气呵成，既再现了原文中通过区分动作主次所表现出的连贯性，又保证了生活画面的动感。在对生活细节的翻译中，译者还通过对动作的补译、使用修辞手段等方法增强译文的画面感和真实性。比如："踮着脚抓住吊环的时候（дотягивалась пальцами до поручня, **висла** так）"中以一个细微的动作"踮着脚"对应原文中的"висла"，增添了画面感；而"这时室内被薄暮笼罩（...и где было предсумеречно сейчас）"中使用了富含诗意的"薄暮""笼罩"增添了原文中 предсумеречно, было 的美感。

2．对丰富的句式手段的准确还原

　　索尔仁尼琴善于在叙述中使用丰富的句式手段。首先，在整个第二十五章中对薇加的心理活动描写使用了40多个无人称句。无人称句是俄语中的独特的句子类型，一般是以无人称动词、无人称助动词、谓语副词等词构成单部句，"表示的是外界强加于人身上的，不受本人意志、愿望影响的状态。这种状态的特征是：无意识的、不自由的、本能的"。[①]本章所节选的内容中主要使用了 надо/невозможно 等谓语副词及 хотеться/захотеться 为主的无人称动词构成的无人称句，这些无人称句一方面表现出薇加心理活动的自由状态，另一方面展现了经历过战争创伤的女医生的真实情感。由于汉语中缺乏类似的句子类型，译者在保证译本忠实于原文的情况下，使用了必要的辅助手段表现原文中不受本人意志、愿望影响的感情色彩。比如："她忽然心血来潮，一定要赶在春天来临之前看到

---

① А. Н. 格沃兹兹节夫著，李尚谦、赵陵生译，《俄语修辞学概论》[M]，北京：商务印书馆，1985年，第362页。

开花的杏树……（Вдруг захотелось ей сейчас, в обгон весны, непременно увидеть хоть один цветущий урюк...）"译文中使用成语"心血来潮"表达不受理智思维控制，心中突然出现的想法，传达出了原文中 захотелось 的韵味；又如"她并不想吃东西，一点儿也不饿！（Да и есть ей не хотелось, нисколько не хотелось!）"此处，译者对后半句采用了意译的方式，通过"一点儿也不饿"来表现生理上的感觉，体现了原文中无人称句的客观性。对于谓语副词构成的无人称句，译者保证了对原文的尊重，在一些句子的翻译中实现了感情色彩的神似。比如，"可是现在要忘记它、抹掉它却办不到。（А забыть теперь **невозможно**. А стереть **нельзя**.）"将原文中两个谓语副词"невозможно""нельзя"合在一起，译为"办不到"，表达了主观上的无能为力。

其次，作者使用了大量短句。较之于长句可以从容舒缓地描写细节，具有周详严谨、严肃庄重等特点，短句则类似于口语，易于组织，生动形象，干脆直接，简单有力，能体现文字的力度和快节奏。节选章节中使用了大量短句，其中不少独立成段。独立成段的短句往往与前文构成类似于问答的小片段，以浓缩的方式利落地对前文中的问题或论断做出回答、总结，使前文中的感情更为激烈。译者尊重原著的句式特点，准确还原了原作风格。比如，"战争爆发后第一年夏天的两三个月，他们还在一起。当时明知道他很快就要去参军。现在，事隔一代之后，任何人都无法解释：当时他们怎么没有结婚？纵使不结婚，他们怎么把这几个月——最后的、仅剩的几个月——也蹉跎了？当一切都在崩塌、断裂的时候，他们面前还有什么障碍？（Два, и три месяца первого военного лета они еще были вместе. И ясно было, что скоро-скоро он уйдет в армию. И теперь, спустя поколение, объяснить никому невозможно: как могли они не пожениться? Да не женясь – как могли они **проронить** эти месяцы – последние? единственные? Неужели еще **что-то** стояло перед ними, когда все трещало и ломилось?）"原文若干短句的连用，以一种排山倒海的气势表达薇加强烈的后悔与惋惜。译本延续了原文的短句风格，同时以内含悔恨之意的"蹉跎"对应原文中的 проронить，将 что-то 译作"障碍"增强了反思的意蕴。紧接着这一段内心独白的是一个独立成段的简短答句"Да, стояло."

译文"障碍还是有的"补译了短句中的主语，保证了原文简短有力的特点，同时兼顾了译文中上下文联系的紧密度。短短一句话将薇加从过往中急速拉回现实，跳出了惋惜的情绪。又如，"他死了，可是他的星在放光。一直在放光……（Он умер, а звезда его – горела. **Все** горела... ）""但是星光在空照。（Но шел ее свет впустую. ）"三句话分作两段，前两句给人以希望，译文中将 всё 译为"一直"，增强了希望；后一句单独成段，译本注重原文短句的节奏，以"空照"二字对应"шел... впустую"，精炼有力地将希望彻底击碎。

3. 对原作情感的细致把握

在小说中薇加是一位经历过战争创伤、纯洁忠诚的医生。科斯托格洛托夫是一位饱经风霜、心灵赢得解放与自由的癌症患者。节选片段是两人互生情愫之后的情节。索尔仁尼琴对于情感的表达一向浓烈且直接，他对薇加爱情的肯定，对她身世的怜悯，对形式主义的痛恨，对某些社会问题及人性的嘲讽都直爽且干脆地表达在了文本之中。译者细致地把握了原作的情感，在译本中以四字格、叠词、惯用语等手段予以表达。首先，四字格言简意赅，感情色彩鲜明，同时丰富了原文情节的内涵。比如，"她蕴藏在心底的那些论点尽管自己坚信不疑，却遭到嘲笑，得不到承认，而她还悬在这不绝如缕的一根线上，——如今却发现原来这是一条钢丝绳，它的可靠性竟得到这样曾经沧海、多疑而倔强的一个人的承认，而且这个人自己也毫不犹豫地愿意攀住它。（Твои затаенные, твои **настойчивые** доводы, осмеянные и непризнанные, ниточка твоя, **на которой одной ты еще висишь**, – вдруг оказываются тросом стальным, и его надежность признает, **уверенно** виснет и сам на него **такой бывалый**, недоверчивый, неподатливый человек. ）"尽管在这个片段的翻译中，译者转换了叙述视角，将原文中以第二人称视角表现出的与薇加"面对面"的恳谈变成了旁观者的叙述，但是译者通过使用多个成语，形象地传译出了原文的感情色彩。其中，"不绝如缕"表现出了薇加持有的观点所面临的紧迫处境，同时与原作中的 ниточка（线）完美契合；"曾经沧海"既表现出了科斯托格洛托夫人生阅历丰富，又能引起对我国唐代诗人元稹赞美夫妻恩爱诗句的联想，暗合了薇加和科斯托格洛托夫之间的情愫。又如，在"只有在每天吃饱肚皮、舔舔指头这方面，我们才寸步不让。(Вот поглощать всякий день еду и облизывать пальцы – на этом мы **неуступчивы**.)"一句中，成语"寸步不让"以夸张的方式加重了原文中的讽刺意味。其次，译者使用了形容动作的"不慌不忙""慢慢腾腾"，形容心情的"兴冲冲"，形容环境氛围的"光秃秃""挤挤压压""推推搡搡"等不少叠词，增强了译文的生动性，形象地表达了不同的感情色彩。再次，译文中使用了一些汉语惯用语，比如"这难道不也是一本糊涂账？(Разве это не **темная вода**?)""女人要求于男人的完全不是这个，女人需要的是温柔体贴，需要感觉到和他在一起可保安全——让他做女人的挡箭牌、避风港。(Совсем не это надо женщине от мужчины: нужна внимательная нежность и ощущение безопасности с ним – **прикрытости, укрытости**.)"。惯用语的使用在保证原作感情色彩的同时，更加方便我国读者理解，甚至还增添了些许幽默的意味。

总体而言，荣如德的译本准确传译了原作内容，再现了作者的写作特点及浓烈的感情表达风格，同时大量使用汉语特有的语言手段，兼顾了汉语表达习惯，堪称译文典范。

第二十二章

邦达列夫
《热的雪》

一、邦达列夫与《热的雪》

尤里·瓦西里耶维奇·邦达列夫（Юрий Васильевич Бондарев，1924—2020）是当代俄罗斯著名的战争文学作家。他曾参与苏联卫国战争，亲身体会过战火纷飞、枪林弹雨的生活，具有丰富的战争生活体验，被称为苏联战后军事文学的"战壕真实派"和"全景文学派"的代表人物。他的两部描写"战壕真实"的中篇小说《营队请求火力支援》（1949）和《最后的炮轰》（1949），以及融合"战壕真实"和"司令部真实"的长篇小说《热的雪》（1969）很早就引入到我国，并且有了中文译本。根据他与人合作编写的脚本拍摄的史诗电影《解放》（1970），曾在我国多次放映，广受观众好评。70年代之后的长篇作品《岸》（1975）、《选择》（1980）、《人生舞台》（1985）、《诱惑》（1991）和《百慕大三角》（1999）也先后有了中文译本，在我国文学界产生了相当广泛的影响。

20世纪60年代中期，邦达列夫的战争文学创作达到新的高峰。其长篇小说《热的雪》（*Горячий снег*）是该时期重要作品之一，也是卫国战争文学的"全景小说"中问世最早、社会反响最大的佳作之一。这部作品突破了"战壕真实"框架下从微观视角描写普通士兵的爱国主义和英雄主义的传统，将视野拓宽至整个战争的全貌，从宏观上反映士兵超脱的自我意识和开拓精神，开启了苏联战争文学的新局面。小说全面反映了斯大林格勒保卫战中一场反败为胜的阻击战，生动再现了战场上的激烈交火，使读者深刻体会到战争的残酷与无情。小说通过讲述普罗大众在战争中的动荡命运，剖析他们对战争的切身感受，将笔墨着重放在红军高级指挥员、集团军司令别宋诺夫和最高统帅斯大林的战争生活，以及中高级指挥员的作战活动。这部小说规模宏大，气势恢宏，通过多条故事线较为真实地呈现了斯大林格勒战役的全貌，用细腻的笔触反映了卫国战争时期的历史发展走向。这部小说荣获1975年"俄罗斯联邦国家奖金"，并被收入《苏联战争小说丛书》。它的成功之处不仅在于用一场至关重要的阻击战侧面反映了斯大林格勒战役的全貌，更重要的在于揭示了卫国战争时期的历史进程和走向。因此，无论是在邦达列夫的创作生涯中，还是在俄罗斯战争文学史上，《热的雪》都占据着不可替代的地位。

　　《热的雪》在我国最早的译本是上海外国语学院（现上海外国语大学）《热的雪》翻译组译出的，1976年由上海人民出版社出版。1984年上海译文出版社出版了由朱纯、李德发等人翻译的译本，并于1995年再版，这也是至今较为完善的一个译本。这部译作忠于原文，语言流畅，尤其对环境描写的翻译非常生动，具有强烈的真实感，使读者仿佛置身于战场，与书中人物共进退。邦达列夫的创作语言具有写实风格，没有过多华丽的辞藻和曲折的情节，通过平铺直叙的方式向世人呈现真实的战争历史。该译本遵循了作者的写作特点，采用质朴的语言和清晰明了的短句还原了卫国战争的壮阔场景，在最大程度上保留了原著的语言风格，使读者在阅读中文译本时能够感受到邦达列夫本人的写作手法，这也是译本较为成功的重要原因之一。

二、《热的雪》译文节选

　　雪地上的反光亮得叫人难以忍受。戚比索夫忧郁地曲起了双腿，趴在地上发呆。一颗照明弹掉在他们脚后，在雪地上燃烧着，离他们紧挨着的那辆坦克只有十米左右。照明弹在脚边咝咝地喷着蓝焰，把火星溅到灰色的坦克钢板上和被打得弯弯扭扭的履带上。蓝光照亮了一根带树杈的、结了冰的圆木头，上面有一个磷火似的光点，这根木头就横在戚比索夫绊倒的地方。这原来是一具德国坦克兵的尸体。

　　"戚比索夫，你看看这个弗里茨的手表，"乌汉诺夫悄声说，用胳膊肘推了他一下。"他把好东西丢了，你干吗像山羊尾巴那样摇个不停呀？又冻僵啦？你摸一下扳机，看看有没有知觉。不管怎么样，老爷子，主要是别害怕，大不了是个死呗。你多大年纪了？好像三十岁出头了吧？"

　　"我过了四十八啦。我全身都冻僵了，上士……"

　　"是啊，已经不是小孩子了，伸伸手指吧，要不停地伸手指。稍微忍耐一下，等他们安静下来，我们就前进，从右边再爬一段路，然后冲到山沟前面那两辆装甲运输车跟前去。没问题，能行，老爷子！"

　　照明弹熄了，周围更黑了。远处的火光驱不散这一片突然袭来的黑暗。一点可疑的火光在山岗上闪了一下。风又从高处吹来了断断续续的谈话声，好像德国人在那儿笑。黑影在草原上晃动着，火光似乎就在这些影子间一亮一亮地打着信号。

　　"他们来了！……朝我们走过来了！……开枪吧，上士，开枪吧……"戚比索夫急得牙齿直打战，发疯似的去抓他的冲锋枪，可是枪在手里滑来滑去，老是抓不住。戚比索夫感到即将发生可怕的事情，他的每一个细胞都在紧张地抵抗着恐惧的侵袭。他害怕，他憎恨这些德国人的谈话声和笑声。他们大概就在百步外的山岗上走动。戚比索夫把冲锋枪摸到手，使劲勾了一下扳机。

　　乌汉诺夫眼前突然闪起了一道火焰。前面有人发出惊叫，并开始用冲锋枪回击。几梭子弹从头上呼啸而过，打在坦克的装甲上，碎雪纷纷溅到乌汉诺夫的脸上来。他听见身边有个梦呓般的声音："打他们呀，上士！向他们开枪呀，上士！……"乌汉诺夫还不知道发生了什么事。借着照明弹的亮光，他看见戚比索夫侧身躺在履带前面的雪地上，身子像钟摆那样左右摇晃，一只手按住另一只手的前臂，把那支被某种力量弹出去的冲锋枪往自己身边拖。乌汉诺夫低声怒斥道：

"不准叫！闭嘴，别出声！"他爬到戚比索夫身边，把后者的手从前臂上推开"你嚷什么？受伤了吗？干吗捂着前臂？……"

"你看……手冻僵了，我不能开枪了，上士……"

"不是冻僵了，而是叫子弹碰着了！你没有感觉到吗？让我看看！"乌汉诺夫仔细摸了摸戚比索夫的手臂，发现军大衣的边缘被血沾湿了。他恼火地骂了起来："干吗要开枪，你这个该死的老头？我下过命令吗？我问你为什么乱开枪？"

"请原谅我，上士！……我听不得他们那些叽叽呱呱的说话声……我忍不住了，原谅我吧……"

乌汉诺夫对戚比索夫看了好久，既责怪他，又可怜他，把他从地上扶了起来。戚比索夫惊魂未定，全身打战，显然还没感觉到自己受了伤。乌汉诺夫让他背靠在履带上，气冲冲地说：

"你又想起了当俘虏的事吧？你真走运啊，老头儿，就像快淹死的人抓救命稻草那样，一下子就抓住了一颗子弹！"乌汉诺夫说着，咔嚓一声取下了戚比索夫冲锋枪上的弹盘，然后把枪挂到后者的脖子上。接着，他用戴着冰冷的手套的手在脸上摸了一把，好像这样能使自己冷静下来。"爬到后面去吧！你早该到厨房里去煮玉米粥了，而不该待在这里……贴在地上爬，他们还会补上你一枪的。到后方去吧，老头儿！回去包扎一下，快去！"

乌汉诺夫把戚比索夫从坦克边推开，后者侧着身子，在雪地上一路拖过去，样子显得很难看。戚比索夫在弹坑之间爬着，离坦克越来越远了。乌汉诺夫扑倒在雪地上，咬了一口带点火药气味的雪，好像口渴得要命。

"乌汉诺夫，乌汉诺夫！……"

乌汉诺夫从地上抬起头来。惊慌的叫喊声是从不远的地方——战斗警戒队的堑壕那儿传来的。他向那边望了望，只见库兹涅佐夫和鲁宾弓着身子向他跑来。两人一阵风似的趴倒在乌汉诺夫身边，嘴里还在呼呼地喘气。乌汉诺夫不等发问，连忙用嘶哑的嗓子说：

"戚比索夫受了伤，不重，打在手上。我让他回去了。我们几个人对付得了，中尉。"

"这我已经料到了！"库兹涅佐夫甚至皱了皱眉头。"算了，也许这样反而更好。"他爬得更近些，急急忙忙地讲述起来："听我说，乌汉诺夫，刚才我碰到了战斗警戒队的弟兄们。我跟一个大胡子机枪手聊了一阵。他们在堑壕里收集子弹。机枪里的润滑油都冻住了，他们正在烤暖机枪。我原以为战壕里一个人也没有，可是一看，那儿有人坐着。有好几个人，不过指挥员都牺牲了。据他们讲，从这儿到两辆被击毁的装甲运输车有一百五十米光景。我们等德国人静下来以后再往前走，不能开枪。"

"你们看，人家夹起尾巴一溜，就轻而易举地打完了这一仗！"鲁宾扫兴地说。"这下子可乐坏了！乡下的老婆就会说：'瞧，他可活下来啦……'"

"不能开枪吗，中尉？"乌汉诺夫追问道，一边不停地吐着唾沫，因为他嘴里有一股难闻的梯恩梯火药味。接着，他不慌不忙地伸手拿过戚比索夫冲锋枪上的弹盘，把它塞进怀里。"好吧，我同意。埋葬队只是为了吓唬人才开枪的。我相信一定能冲过去，中尉。"

右面，从镇子边上的一排房屋后，传来了坦克发动机的声音。从那种忽高忽低、特别的金属擦音听来，好像发动机正在空转。轰轰的回声震撼着黑夜的草原，打破了这短暂的寂静。

"他们在给发动机加温，"库兹涅佐夫倾听着，说。"离我们很近，几乎就在旁边。好吧，没关系！……"

鲁宾趴在地上，扭了扭身子，恶狠狠地龇出一排细小的牙齿，又想对此发几句牢骚；但他马上跳了起来，因为库兹涅佐夫断然下了命令："向前，跃进！"

他们用短促跃进的动作跑完了一百五十米的狭长开阔地，接近了停在山岗上的两辆装甲运输车。他们匍匐在雪地上，等了一会儿，然后从星罗棋布的弹坑之间继续向前爬去。德国人的埋葬队已被抛在左后方，他们重新忙着往车里搬死尸，不再打枪了。但是在前面，在坦克声隆隆的南岸镇子的上空，从四面八方升起了一串串照明弹，每隔五秒钟就把草原照亮一次。

岸上的枪声惊动了前面和右面的德国人。他们从两个方向观察着草原，但没有开火，大约是怕误伤了附近的自己人。至少，库兹涅佐夫是这样想的。经过几次跃进，他们终于爬到了装甲运输车跟前，一个个精疲力竭地躺在雪地上。鲁宾大口大口地像打鼾似的吸着气，库兹涅佐夫的脸被风雪吹打得完全麻木了，他上气不接下气地喘息着，心跳得比平时快一倍。他们一动不动地躺了两分钟，累得简直站不起来了。乌汉诺夫第一个喘过气来，用冲锋枪撑起身子，靠在装甲运输车的车帮上，悄悄地说："中尉，弹坑好像在右边五十米的地方。在山沟前面。那儿有一堆乱土，像是被炸弹翻起来的。还可能在什么别的地方呢？周围都是平平的……得爬过去，可是那边亮得像白天一样。德国狗嗅出我们的气味了！……"

库兹涅佐夫把冲锋枪套上胳膊，手指顿时痛得像针扎一样。他同乌汉诺夫并排爬了起来，向装甲运输车后面的空间望去，那儿烈火在燃烧，照亮了雪地上一个灰白色的土堆——侦察兵提到的弹坑可能就在那里。右边镇子上积雪的屋顶好像一排低低的、半圆形草垛，在泛着蓝光，照明弹的火星像爆炸的榴霰弹似的漫天飞舞，映照着闭团滚动的寒雾，洒落在这些屋顶上。德国人离得那么近，简直近得使人难以置信，这使库兹涅佐夫感到胸口发痒，喘不上气来。他仿佛看见了小巷里和前排房屋之间那些发动机正在加温的坦克的炮塔，看见了坦克附近的幢幢人影，并且透过发动机的轧轧声和嗡嗡声，听见人们在互相呼唤。

"不可能！侦察兵不可能在那个弹坑里，不可能离德国人这么近！一定是别的地方有另外两辆装甲运输车，而不是这两辆！……"

库兹涅佐夫以为一定是搞错了方向，跑错了地方，拼死拼活地爬到这里，力气都白花了。他听到德国人在两百米外发动坦克，依旧感到胸口发痒，但拿不定主意，不敢命令大家向弹坑做最后的猛冲。他强制自己下了另一道命令：

"乌汉诺夫，匍匐前进。你先去弄弄清楚，究竟是不是这个弹坑。要不然，碰上弗里茨可就麻烦啦。"

"好像是这个弹坑，中尉。"

"你去看看，我们在这儿等着……"

"是，去看看，中尉。"

乌汉诺夫二话没说，离开了装甲运输车，向前爬去，只见他那宽厚的背脊逐渐消失在飞舞的风雪中。库兹涅佐夫为了防备万一，立即把冲锋枪的枪托紧夹在腋下，脱下手套，用快要失去知觉的手指找到了护圈，摸到了坚硬的扳机，肩膀则紧贴在装甲运输车的车帮上。

"如果我们搞错了方向，我就把鲁宾和乌汉诺夫留在这里，自己去找弹坑……是我把他们带到这儿来的。我再也不能让任何人去冒险了……"库兹涅佐夫的脑海里闪过这个念头。

前面那个白色的土堆很可能是德国人战斗警戒队的前沿战壕的胸墙，库兹涅佐夫身上的每一块肌肉都高度紧张，眼睛紧盯着在风雪中爬行的乌汉诺夫，观察着后者的一举一动，准备一旦德国人从壕沟里开枪，他就用冲锋枪火力掩护乌汉诺夫。在两颗照明弹前后相隔的几分钟时间里，周围突然变黑，令人昏眩，乌汉诺夫也就从他的视野中消失了。一片突然的、奇异的寂静好像朝他头上猛压下来，使他打了个寒噤。不久，镇子上空又升起一颗照明弹，照出了一片明亮、光滑的雪野，下游吹来的风摇撼着草原上的灌木，前面那个蠕动的白影不见了。这时，镇里的发动机停止了轰响。

"鲁宾，你看见乌汉诺夫吗？看得见吗？"

"中尉，怎么变得这样静啊？他不见了，不见了，好像失踪了，"鲁宾喘着气，微微欠起身子，把他那张冰冷的、神色不安的大脸凑向库兹涅佐夫，说："会不会给他们抓去了？啊？中尉……"

但是，就在这时候，从灌木丛间簌簌作声的风雪中，从照明弹熄灭后伸手不见五指的黑暗里，传来了一阵断断续续的、急促的叫喊声，像是欢呼，又像是召唤。

"过来！……过来！"

"鲁宾，前进！"库兹涅佐夫命令道，他也不管"过来"这两个字意味着什么——是危险，还是成功——只觉得背上打了个寒战，就抓紧五秒钟的黑暗间隙，朝乌汉诺夫呼唤的地方奔去。

鲁宾背上冲锋枪，跟着也冲了过去，在库兹涅佐夫背后呼哧呼哧地喘着气。

（节选自朱纯、李德发等译《热的雪》，上海译文出版社，1995年，第386—392页）

附：*Горячий снег* 选段原文

Снег нестерпимо сиял. Чибисов с тоской, обмирая, поджал ноги. Там, за ногами, упавшая ракета догорала на снегу, в десяти метрах позади танка, за которым, оказывается, вплотную лежали они. Ракета, шипя, разбрызгивалась возле ног бенгальским огнем, осыпая искрами серую броню танка, застывшую уродливую толщу гусениц, синевато освещала короткое обледенелое бревно с торчащим вверх сучком с фосфорической искоркой на нем – бревно виднелось как раз на том месте, где споткнулся и упал на хрустнувшее Чибисов: это был труп немца танкиста.

– Смотри, Чибисов, часы у фрица, – чуть подтолкнув локтем, зашептал Уханов. – Добро пропадает. Ты что, как козлиный хвост, трясешься? Опять замерз? Пощупай спусковой крючок, чуешь? В общем, папаша, главное – не робей. Хуже смерти ничего не будет. Сколько тебе лет? А? За тридцать, похоже?

– Сорок восемь мне было. Зазяб я весь, сержант...

– Да, не мальчик. Шевели пальцами, крепче шевели. Теперь малость потерпеть осталось. Успокоятся они – и вперед. Проползем правее – и броском к двум бронетранспортерам перед балкой. Ничего. Обойдется, папаша!..

Ракета погасла, стало вокруг темнее, чем было, а из навалившейся темноты, которую не переборол дальнее зарево, подозрительно мигнул на бугре фонарик; налетевший ветер с поземкой разорванно донес сверху чужой разговор, словно бы ободряющий смех; и опять повторной искоркой посигналил над степью среди, казалось, зазыбившихся теней.

– Сюда они!.. Сюда идут!.. Стреляй, сержант, стреляй!.. – выдавил Чибисов, неудержимо вызванивая зубами, и, как в безумии, схватился за автомат, каждой клеточкой своего тела сопротивляясь ужасу того, что может произойти, с затемненным сознанием от этого ужаса и ненависти к донесшимся голосам, к смеху немцев, которые тенями шли по бугру в сотне шагов от них, нащупал и дернул спусковой крючок автомата.

И в то мгновение Уханова опалило близким пламенем, всполохнулись обрывки каких-то криков впереди, пробили ответные автоматные очереди, высекая над головой звон по броне танка; брызнуло снегом в лицо, а рядом – бредовый голос: «Бей их, сержант! Стреляй их, сержант!..» Еще не понимая, что произошло, он увидел в распадающемся свете ракеты Чибисова, лежащего на боку; тот, трясясь как в тике, одной рукой зажимал предплечье, другой тянул к себе автомат, выбитый, отброшенный в сторону какой-то силой, – и Уханов крикнул яростным шепотом:

– Не ори! Заткнись, ни звука! – и подполз к Чибисову вплотную, отнял его рукавицу от предплечья. – Почему орешь? Ранило? Что плечо зажимаешь?

– Вот... рука онемела, стрелять не могу, сержант...

– Не рука онемела, а задело малость! Не чуешь? Дай-ка посмотрю! – Уханов тщательно ощупал, осмотрел тронутый пулей край чибисовской шинели, уже слегка увлажненный кровью, выругался в сердцах: – Зачем стрелял, чертов папаша? Я подавал команду? На кой дьявол, спрашивается, стрелял?

– Сержант, прости ты меня!.. Не могу я лопотание их слышать... не вытерпел я, прости ты меня...

Некоторое время Уханов глядел на Чибисова с укоризненной жалостью, потом приподнял его с земли, скорченного, дрожащего, видно, вгорячах еще не чувствовавшего ранения, прислонил спиной к гусенице, выговорил зло:

– Плен, что ли, вспомнил? Везет тебе, папаша, как утопленнику! Сразу пулю поймал! – Он отщелкнул диск с автомата Чибисова, повесил автомат ему на шею, потом, охлаждая себя, провел закостенелой на морозе рукавицей по своему лицу, проговорил: – Давай, папаша, ползи назад! Возле кухни тебе пшенку давно варить надо, а не здесь... Прижимайся к земле, а то добавит. В тыл, папаша, Зоя перевязку сделает! Мотай назад!

Он толкнул его; и, после того как боком, нелепо подволакивая тело, Чибисов пополз, заелозил между воронками, стал отдаляться назад, Уханов упал грудью на снег, зубами хватая пресную, пропахшую порохом влагу – жажда мучила его.

– Уханов, Уханов!

Он оторвался от земли, расслышав вблизи тревожный оклик справа, где проходила траншея боевого охранения, и глянул туда – вытянутыми вперед тенями бежали к нему Кузнецов и Рубин; окатив ветром, оба с бега легли возле Уханова, удерживая рвущееся дыхание, и тогда, опережая вопросы, он выговорил сиплой скороговоркой:

– Чибисова ранило, не шибко, в руку. Назад его послал. Обойдемся, лейтенант.

– Так и знал! – Кузнецов поморщился. – Ладно. Может быть, к лучшему. – И быстро заговорил, подползая ближе: – Представь, Уханов, я ребят из боевого охранения встретил. С каким-то пулеметчиком усатым разговаривал. Собирают патроны по всей траншее. В пулеметах смазка замерзла. Отогревают. Думал, уж никого нет, а оказалось, сидят. Несколько человек. Хотя ни одного командира в живых. Сказали, что отсюда до двух подбитых бронетранспортеров метров сто пятьдесят. Подождем, пока немцы успокоятся, и двинем дальше без выстрелов.

– Легко отвоевался, хвост моржовый, скажи ты! – с угрюмым разочарованием произнес Рубин. – Небось рад-радешенек мужичонка: выжил, мол!..

– Без выстрелов, лейтенант? – переспросил Уханов, сплевывая от мерзкого толового вкуса во рту, и с невозмутимым лицом потянулся к автоматному диску Чибисова, затолкал его за пазуху. – Согласен. Эти похоронники только для острастки пуляют. Уверен, проскочим, лейтенант.

Взвывающие звуки танковых двигателей, железорежущие, с перебоями, как бывает на холостом ходу, донеслись справа, из станицы, и эхом раздробили темноту ночи, ее секундное затишье.

– Прогревают, значит, моторы, – сказал Кузнецов, прислушиваясь. – Совсем рядом. Ну что ж!..

Рубин заерзал на животе, хищно обнажил мелкие зубы, мгновенно поднятый резкой командой:

– Вперед! Проскочим!

Сто пятьдесят метров, это узкое пространство степи, оставшееся до двух бронетранспортеров на краю балки, преодолевали короткими перебежками; потом, выжидая, лежали в снегу, переползали среди множества в этом месте воронок. Похоронная команда немцев, собиравшая трупы в машину, прекратила огонь и осталась слева, несколько позади. Однако впереди, над окраиной южнобережной станицы, где гудели прогреваемые танковые моторы, то и дело в разных ее концах стали вздыматься серии ракет, неспокойно иллюминируя степь каждые пять секунд.

Там, впереди и справа, немцы, очевидно, были потревожены стрельбой на берегу, с двух направлений наблюдая за степью, но сами огня не открывали, опасаясь вблизи задеть своих. Так, по крайней мере, представлялось Кузнецову, когда после перебежек подползли наконец к двум бронетранспортерам и, обессиленные, распластались на снегу. Рубин сапно дышал, заглатывая ртом воздух, у Кузнецова вконец одеревенело исхлестанное поземкой лицо, сердце билось, захлебываясь, сдвоенными ударами. Минуты две лежали без движения: подняться было невозможно. Уханов, первым отдышавшись, прикладом автомата уперся в землю и встал, прислонился к борту бронетранспортера, проговорил охриплым шепотом:

– Похоже, лейтенант, воронка метров пятьдесят вправо. Перед балкой. Опять ползти придется. А светят – как днем. Чуют нас они, собаки!..

Перебросив автомат через руку – пальцы покалывало иголочками, – Кузнецов встал рядом с Ухановым, глядя в ядовито и широко воспламеняющееся за бронетранспортерами пространство, где бугрились беловатые выступы предполагаемой воронки. Справа низкими полукруглыми копнами проступали первые синезаснеженные крыши станицы, на которые, взвиваясь, шрапнельно расколов огнями небо, спадали в освещенном морозном клубящемся тумане рассеянные брызги ракет, и Кузнецову с давящим, щекотным ощущением в груди от неправдоподобной близости к немцам явно показалось, что он различает в проулках и между первыми домами темнеющие башни прогреваемых танков и слышит в треске, в гудении моторов перекликающиеся голоса.

–Не может быть! Не может быть, что разведчики в воронке, так близко от немцев! Вероятно, где-то есть другие два бронетранспортера, не эти!..

И, подумав, что они ошиблись направлением, не туда пришли, что все сейчас, в таком упорном отчаянии сделанное ими, напрасно, бессмысленно, Кузнецов, испытывая то же неисчезающее щекотное ощущение в груди, никак не решаясь отдать команду на последний бросок в сторону воронки, с насилием над собой приказал:

– Уханов, ползком вперед – и узнать. Эта ли воронка, черт ее знает. А то наползаем под носом у фрицев.

– Похоже, она, лейтенант.

– Проверь. Будем ждать здесь...

– Узнаем, лейтенант.

Уханов не сказал больше ничего, но как только пополз от

бронетранспортеров и стала медленно растворяться, сливаться со снегом широкая его спина в рябящих переливах накатываемой поземки, Кузнецов наготове, с притиснутым под мышкой прикладом автомата, сдернув рукавицу, нашел почти бесчувственным пальцем спусковую скобу, нащупал твердость спускового крючка, плечо плотнее уперлось в борт бронетранспортера.

–Если мы ошиблись, – прошло в сознании Кузнецова, – оставлю Рубина и Уханова здесь, а сам найду воронку... Я их повел сюда. Не имею права рисковать ни одним человеком!..

Эти заметные впереди выбросы забеленной земли могли оказаться бруствером первых окопов боевого охранения немцев, и Кузнецов в предельном напряжении каждого мускула не отрывал взгляда от ползущего в вихрях снега Уханова, готовый при первом выстреле из немецких окопов прикрыть его автоматным огнем. На долю минуты в темном, как ослепление, промежутке между двумя ракетами он потерял его из поля зрения и даже вздрогнул: остро ударила по нему непонятная тишина; потом новое сияние над крышами станицы – вокруг ровная, озаренная гладь снега, мотание на низовом ветру кустов по степи, без шевелящегося впереди белого бугра. Танковые моторы в станице смолкли.

– Рубин, видишь Уханова? Видишь или нет?

– Лейтенант, чего тихо стало? Нету его, нету, как провалился куда, – задышал Рубин, привставая на корточках, вытягивая к Кузнецову свое большое озябшее тревожное лицо. – Не залапали его? А? Лейтенант...

Но сейчас же спереди, из шелестящей в стеблях кустов зыби снега, из непроглядной тьмы, сомкнутой после химически окрасившего степь света, не то возглас, не то зов, обрывистый, торопящий:

– Сюда!.. Сюда!

– Рубин, вперед! – скомандовал Кузнецов и, уже не сознавая меру опасности или облегчения, с шершавым ознобом в спине, бросился вперед, на зов Уханова в спасительной пятисекундной темноте.

Рубин вскинул автомат, рванулся за ним, тяжко сопя за плечом.

(Бондарев Ю.В. *Горячий снег*, глава двадцать первая. М.: Худож. лит., 1979, стр. 256-260)

三、译文评析

————— ❧ —————

本章节选的是小说即将进入尾声的部分，梅什科瓦河边的阻击战进入白热化阶段，德军发起猛攻，苏军奋力抵抗，用气势恢宏的语言描绘了战役的宏观场景和敌我交火时的严峻态势，通过描写环境和刻画人物的语言、动作和心理活动，完整地呈现了激烈的战事场景。通过对译文的分析并与俄语原文进行对比，译文选段中有以下三个方面值得深入讨论。

1．以精准的环境描写重现战争场景

在这部作品中，邦达列夫在描写战场上的环境时，主要以纯白的雪地、红色的炮火和漆黑的暗夜为基础色调，渲染出一幅写实的战争画卷。在本章选段中，首先描写了以蓝色为底色的德军发射照明弹进攻的场面，象征着决战的一触即发，例如"Ракета, шипя, разбрызгивалась возле ног **бенгальским огнем**（照明弹在脚边咝咝地喷着**蓝焰**）"中将"бенгальским огнем"译为"蓝焰"而不是"蓝火"，生动地再现了照明弹发光的动态景象。在"синевато освещала короткое обледенелое бревно с торчащим вверх сучком **с фосфорической искоркой** на нем（蓝光照亮了一根带着树杈的、结了冰的圆木头，上面有一个**磷火似的**光电）"中将"с фосфорической искоркой"运用比喻修辞翻译为"磷火似的"，而不是直接译为"带着磷火的"，可以看出译者在翻译过程中对战争场面的理解非常到位，充分结合上下文把握环境描写的要义，灵活使用修辞格再现战场上的景象。随着战事的发展，作者笔下的战争环境色彩愈发丰富，照明弹在雪地的映衬下四散，形成了白蓝交错的场景。译者在对"Справа низкими полукруглыми копнами проступали первые **синезаснеженные крыши** станицы, на которые, взвиваясь, шрапнельно расколов огнями небо, спадали в освещенном морозном клубящемся тумане рассеянные брызги ракет...（右边镇子上积雪的屋顶好像一排低低的、半圆形草垛，在泛着蓝光，照明弹的火星像爆炸的榴霰弹似的漫天飞舞，映照着闭团滚动的寒雾，洒落在这些屋顶上。）"一句的处理中，将"синезаснеженные крыши"译为"积雪的屋顶在泛着蓝光"，灵活地将一个形容词分解译成定语"积雪的"和谓语"在泛着蓝光"，忠实还原了原著中的景物和环境，重现了照明弹落向地面的过程。由此可见，小说的色调随着总的情节线索的发展渐渐发生变化①，而从译文中能够发现译者准确地掌握了战场上色彩的变化，不拘泥于俄语的词法限制，并善用修辞手段，使激烈的战斗场景跃然于纸上。

2．以灵活的语气词运用揭示人物性格

　　邦达列夫小说中人物的性格是在复杂的人际关系中确立起来的，通常一个人物会同时充当多个角色。②小说中斯大林格勒阻击战接近尾声时，炮兵戚比索夫慌乱之中误伤了自己，原文通过其他官兵对戚比索夫的态度和言辞侧面反映了人物各自的性格。译者在翻译上士乌汉诺夫对戚比索夫说的话时，恰如其分地在句尾添加了一些语气词，如"Ты что, как козлиный хвост, трясешься?（你干吗像山羊尾巴那样摇个不停呀？）""Опять замерз?（又冻僵啦？）""главное – не робей.（大不了是个死呗）""Сколько тебе лет? А? За тридцать, похоже?（你多大岁数了？好像三十岁出头了吧？）""Плен, что ли, вспомнил? Везет тебе.（你又想起了当俘虏的事吧？你真走运啊。）"……从这些语气词中可以看出乌汉诺夫对戚比索夫贪生怕死的样子极为不耐烦，说明乌汉诺夫是一个性格直爽、直言不讳的军官，对战场上缩头缩尾的行为极为蔑视。然而，当戚比索夫惊慌失措地开枪打伤自己后，乌汉诺夫马上说道"ползи назад!（爬到后面去吧！）"，语气中虽然有些责怪，但也体现出上级对下级的人道主义关怀，说明乌汉诺夫的决策能力较强，不强迫下级带伤作战，根据战况随时调整人员部署。此外，连炮兵鲁宾在背后和别人说起戚比索夫时都说"выжил, мол!（瞧，他可活下来啦！）"，句尾的语气词可以体现出说话人讽刺和不屑的语气，从侧面再次揭示了戚

---

① 沈志文，题目与文学作品——尤·邦达列夫《热的雪》的一个特点[J]，载《西北师大学报（社会科学版）》，1995年第3期，第43页。

② 王培青，试论邦达列夫的文学意识[J]，载《兰州大学学报（社会科学版）》，1991年第2期，第129页。

比索夫的胆小懦弱，也表现了鲁宾虽然对这种行为非常痛恨，从心底瞧不起怯懦之人，但他仍坚守战场，不被他人的行为所左右，以战事大局为重。20世纪60年代中期，苏联文艺界对卫国战争题材的创作提出"既反对抹黑，也反对粉饰"的口号，要求"英雄化"，真实写出英雄人物的形象。①在《热的雪》中，作者以真挚的笔触写出了战争中人们关于生与死、勇敢与懦弱、责任与退缩的选择。威比索夫曾被德军俘虏，虽然年长但却胆小怯懦，甚至在战斗中胡乱开枪误伤了自己，在执行战斗任务的紧要关头，为了保全性命逃回阵地，其他将士对这种行为颇有不满，但也没有排挤和打压他，仍在战斗结束后认可他的英雄地位。译文通过适当地添加"呗""呀""吧"等语气词，侧面展现人物的心理活动，揭示人物深层性格中的复杂与矛盾。可以看出，战士们在平时的作战中难免发生摩擦与不快，但是他们充分意识到苏联人民保卫祖国的神圣职责，以国家大义和民族大义为万事之首，并不被琐事和私人恩怨所牵绊。

3．采用切分长句的手法推动情节发展

邦达列夫在《热的雪》这部作品中如实地描写了战争生活，在一定程度上弱化了曲折的故事情节，多采用长句对人物的一连串动作进行描写。例如，长句"Он **оторвался** от земли, **расслышав** вблизи тревожный оклик справа, где проходила траншея боевого охранения, и **глянул** туда – вытянутыми вперед тенями бежали к нему Кузнецов и Рубин; **окатив** ветром, оба с бега легли возле Уханова, **удерживая** рвущееся дыхание, и тогда, **опережая** вопросы, он **выговорил** сиплой скороговоркой: ...（乌汉诺夫从地上抬起头来。惊慌的叫喊声是从不远的地方——战斗警戒队的堑壕那儿传来的。他向那边望了望，只见库兹涅佐夫和鲁宾弓着身子向他跑来。两人一阵风似的趴倒在乌汉诺夫身边，嘴里还在呼呼地喘气。乌汉诺夫不等发问，连忙用嘶哑的嗓子说：……）"其中作者使用多个副动词使人物动作一气呵成，使小说节奏更为紧凑，从而表现出战事的紧迫性；而

---

① 王培青，论邦达列夫的长篇小说《热的雪》[J]，载《西北师大学报（社会科学版）》，1988年第1期，第70页。

译者在处理这段译文时，将一整段长句拆分为多个以句号结尾的短句，不仅更符合中文的叙述习惯，而且将人物的动作刻画得更加铿锵有力，推动了战斗情节的发展。此外，在选段中还有一个长句，"Уханов не сказал больше ничего, но как только пополз от бронетранспортеров и стала медленно растворяться, сливаться со снегом широкая его спина в рябящих переливах накатываемой поземки, Кузнецов наготове, с притиснутым под мышкой прикладом автомата, сдернув рукавицу, нашел почти бесчувственным пальцем спусковую скобу, нащупал твердость спускового крючка, плечо плотнее уперлось в борт бронетранспортера. (乌汉诺夫二话没说，离开了装甲运输车，向前爬去，只见他那宽厚的背脊逐渐消失在飞舞的风雪中。库兹涅佐夫为了防备万一，立即把冲锋枪的枪托紧夹在腋下，脱下手套，用快要失去知觉的手指找到了护圈，摸到了坚硬的扳机，肩膀则紧贴在装甲运输车的车帮上。)"原文中乌汉诺夫和炮兵排长库兹涅佐夫的一系列动作用一个长句来描写，而译者在这里以人物的切换为节点，将一个长句拆分为两个短句，这种切分方式使人物的动作更加清晰，使读者阅读起来更加清晰明了，同时能够突出不同人物的表现，即乌汉诺夫严格遵守上级指令，库兹涅佐夫则临危不乱、沉着指挥，译文充分体现出无论是将领还是士兵，都对祖国抱有高度的责任感，具有高尚的军人情怀。

邦达列夫通过独特的情节结构"将空间的扩大和时间的限制之间的矛盾统一了起来"[1]，将战斗场景的现实描写和人物的行为活动交织在一起。他在写作手法上继承了列夫·托尔斯泰真实描写战争全貌的传统，不仅采用大量的环境描写反映战场上的艰苦生活和血腥残酷，展现战士们超乎常人的意志力，还通过叙述一桩桩不容辩驳的事实证明了普通士兵和下级指挥员在战争中发挥的重要作用，从而歌颂战士们保卫祖国的英勇事迹，深刻地揭露出德国法西斯侵略者的本质。

通过上述分析我们认为，译者在艺术构思和思想内涵上保留了原著的

---

[1] 陈辽，显示邦达列夫的真正价值——评《邦达列夫创作论》[J]，载《当代外国文学》，2005年第4期，第151页。

开放性，在语言上展现了较高的艺术张力。译文的环境描写以精准的写实手法重现战争场景，在语言描写中以生动传神的语气词塑造立体的人物性格，在动作描写中适当切分长句增强作品的节奏感，这些翻译手法都在相当程度上巧妙地揭示了原著的主旨，值得译界和广大俄语翻译爱好者们学习和借鉴。

第二十三章

舒克申
《怪人》

一、舒克申与《怪人》

瓦西里·马卡罗维奇·舒克申（Василий Макарович Шукшин，1929—1974）是20世纪60—70年代活跃在苏联文坛上的一位富有才华的作家。他出生在西伯利亚南部阿尔泰地区的一个农民家庭，青年时期曾做过农民、技工、水手、中学教师等工作，1954年考入全苏电影艺术学院，从此走上了表演艺术和文学创作的道路。60年代初开始在《十月》杂志和各大文学报刊上发表大量短篇小说，还编导和参演了《有这样一个小伙子》（1964）等电影，均大获成功，引发了评论界的广泛关注，在苏联掀起了一股"舒克申热"[1]。尽管仅从事十余年文学创作便因病早逝，舒克申依然给后人留下了相当丰富的文学遗产。

除了几部中长篇小说和电影剧本之外，舒克申的创作几乎都是短篇小说，却有着"一部完整的反映时代典型和时代问题的百科全书"[2]的美称。他继承了俄罗斯短篇小说的传统特色，故常有研究者将其与19世纪的短

---

① 吴元迈、张捷编，《论当代苏联作家》[M]，北京：外语教学与研究出版社，1982年，第301页。
② 张建华等译，《舒克申短篇小说选》[C]，北京：外国文学出版社，1983年，第477页。

篇小说大师契诃夫进行联系和比较①。舒克申生长在农村，熟悉农村生活，对以农民为代表的普通劳动者怀有深厚的感情，因此他的许多作品都是围绕农村展开的，他也常与阿布拉莫夫、阿斯塔菲耶夫、拉斯普京、别洛夫等人一起被并称为60—80年代苏联"农村散文"流派的代表人物②。一方面，舒克申笔下的农村人大多善良、淳朴、勤劳、正直。其作品的重要主题往往是农村和城市价值观的冲突，二者的对立愈发揭露了当代市侩唯利是图的丑恶嘴脸，以及拜金主义引发道德危机的悲剧性后果。另一方面，作家也并非一味美化农村、贬低城市，而是客观反映了部分农村人中存在的自私自利等不良风气以及因见识短浅闹出的种种笑话。对前者予以尖锐的讽刺，对后者则是轻松幽默的挖苦。由此可见其创作具有鲜明的、具体的社会道德价值取向。③除此之外，他也有部分作品触及更为宏大的主题，如对战争与人的命运、人生意义和人的幸福的思考等等。舒克申的小说人物形象鲜明、不落窠臼，情节发展具有电影的特点，语言简洁明快、生动活泼而又不乏抒情色彩，为广大读者所喜爱。他也是目前我国高校俄语精读教材中入选篇目最多的作家之一。

　　目前我国俄语界对舒克申作品的译介较少，能读到的仅有《舒克申短篇小说选》（多人合译，外国文学出版社，1983）、《伊万·斯捷潘诺维奇我的兄弟》（电影剧本，中国电影出版社，1986）和《红莓》（朱少华译，漓江出版社，1997）。而《怪人》（Чудик，1967）便是其中最为我国读者所熟悉的一部。小说塑造了憨态可掬的"怪人"——农村放映员瓦西里·克尼亚泽夫的形象：此人头脑简单、性格憨厚、举止古怪，进城探亲时不断碰到麻烦，还出于好心办下了不少"坏事"，如把自己掉落的五十卢布误当成别人的失物上交到商店柜台，跟身边的乘客没头没脑地搭话惹得对方厌烦，给妻子发电报不懂规矩引起发报员不快等等，最终惹怒了势利的嫂子而被赶回了家。作家对这样的"怪人"固然不乏揶揄，但

---

① 石洪生，契诃夫与舒克申[A] //《中国首届"海峡两岸俄语教学与研究学术讨论会"论文摘要集》[C]，2005年。

② С·弗雷里赫著，张开译，舒克申的创作风格[J]，载《世界电影》，1986年第6期，69—87页；谢学蓉、万冬梅，俄罗斯"乡村散文"文学流派探究[J]，载《西伯利亚研究》，2020年第4期，73—81页。

③ 吴元迈、张捷编，《论当代苏联作家》[M]，北京：外语教学与研究出版社，1982年，第325页。

也充分肯定了蕴藏在他身上的巨大的精神财富。他说："怪人——他们应该是无限善良的人，天才的人，在生活中不作任何掩饰的人；不故作媚态，不哗众取宠，不阿谀奉承。""他们美丽而有才干……他们的生活十分简单、朴素，但是比起那些讥笑他们的离奇和古怪的人来，他们却显得亲切、纯洁和谦逊。"①可见在这个形象中事实上寄托着作家的道德理想，反映了他在当年苏联社会世风日下的背景下呼吁人们"返璞归真"的良好愿望。

本篇译者张建华（1945—）是我国当代著名的俄苏文学翻译家，主要从事后期苏联文学和当代俄罗斯文学的译介工作，并最早将舒克申作品系统地介绍到我国，译有舒克申的多篇短篇小说、皮耶楚赫《发水记》、波利亚科夫《无望的逃离》、沃洛斯《回到潘日鲁德》等十余部作品，为中俄文化交流作出了卓越的贡献。

下面节选的是小说主人公"怪人"进城探亲却被嫂子当成眼中钉，最后彻底惹怒了嫂子被赶回家的情节。

二、《怪人》译文节选

……

……怪人知道他有个哥哥，还有三个侄儿、侄女……至于还应该有个嫂子，不知怎么搞的竟没有想起来。他从未见过她。可恰恰是她，他的嫂子把一切都破坏了，把整个假期都搅了。不知为什么，她一看到怪人就讨厌他。

傍晚，怪人和哥哥喝了些酒，用颤抖的嗓音唱了起来：

白杨树啊……

---

① 张建华等译，《舒克申短篇小说选》[C]，北京：外国文学出版社，1983年，第466页。

白杨树啊……

他的嫂子索非娅·伊凡诺芙娜从另一个房间探出身子看了看，恶狠狠地问道：

"别大声喊叫行不行？你们又不是在火车站，对不？"随即砰的一声把门关上。

哥哥德米特里挺尴尬的。

"这……那儿有孩子在睡觉。总的来说，她是个好人哪。"

两人又喝了些酒。他们开始回忆年轻的时代，回忆母亲、父亲……

"你还记得不？……"哥哥德米特里高兴地问道。"不过你是谁也不记得喽！那时候你还在吃奶哩。大人把我和你留在家里，我没完没了地亲你。有一次你竟然被我亲得浑身发紫了。为这件事我还挨了骂。这以后就再也不把我们留在家里了。可反正一样，只要他们一转过身去，我就跑到你的身边——又来亲你。天晓得，这算什么习惯。自己还在流鼻涕呐，就已经……这么……亲起别人来了。"

"你还记得不？"怪人也在回忆着。"你把我……"

"你们到底停不停？"索非娅·伊凡诺芙娜又一次气势汹汹、神经质地问道。"谁要听你们那些各种各样的丑事，又是鼻涕、又是亲嘴的。你们可好——越谈还越来劲了。"

"咱们到外面去吧。"怪人说。

他们走到外面，在台阶上坐下了。

"还记得吗？……"怪人继续道。

可这时，哥哥德米特里不知怎么了：他哭了起来并开始用拳头使劲捶着自己的膝盖。

"瞧吧，这就是我过的日子！你看见了吧，这个人有多心狠哟！……多心狠哟！"

怪人安慰起哥哥来。

"算啦，别难过啦。别这样。其实，这些女人心倒一点也不狠，就是有些神经病。我家那口子也是这样。"

"她为什么要讨厌你呢？到底为什么？她是讨厌你，……可是为什么？"

怪人这才明白，是呀，嫂子讨厌他。可是的确，究竟为什么呢？

"就因为你不是个负责干部，不是个领导。我可知道她，这个蠢货。她简直中了她的那些头头的邪了。哼，自己是个什么玩意儿？！不过是机关食堂里一个卖饭的，芝麻大的人物还自以为了不起。在那儿看当官的看多了就开始……她呀，连我都恨得要命，说我不是个负责干部，是个乡下人。"

"她在什么机关呢？"

"在那个……什么矿山……我一下子还说不上来。可为什么要嫁给我呢？又不是不知道我怎么回事。"

这一番话也伤了怪人的自尊心。

"这到底是怎么回事呢？"他大声问道，不是问哥哥，而是好像问着一个旁的什么人。"如果你们也想知道，我可以告诉你们，几乎所有的名人都是从农村出来的。瞧，只要是那些登报的，照片上画着黑框框的人，都是农村出身。应该去读读报纸嘛！……你们懂不懂，是个有点名气的人，就是从农村出来的，他们老早就参加了工作。"

"我对她不知说了多少次：农村人更好，一点也不傲气。"

"你还记得有个叫斯捷潘·沃洛比耶夫的吗？你认识他……"

"认识，怎么啦？"

"那可是个地道的农村人咧！……可是，你瞧，人家是个苏联英雄。打毁过九辆坦克，都是开着坦克去撞的。现在会给他母亲六十卢布的终生养老金。不久前才打听到的，原来以为他是失踪了……"

"还有马克西莫夫·伊里亚呢！……我和他是一起从农村出来的。可你瞧，人家得了枚三级'光荣'勋章啦！不过斯捷潘的事你可别对你嫂子说……别说！"

"好吧！还有一个呐！……"

兄弟俩情绪激昂、吵吵嚷嚷地又谈了许久。怪人甚至舞动着两手，在台阶旁来回走着。

"农村，嘿，有多好啊！……光是那儿的空气就什么也比不上。早晨，一打开窗户——你也知道，那新鲜的空气让人浑身舒坦啊！真想把它咽下去，嘿，那股新鲜劲、那股子香气啊，就甭提了，各种各样花草的香味都有……"

后来，两人说累了。

"咱家的屋顶翻修了吗？"哥哥小声问道。

"翻修过了，"怪人叹了口气，也轻声说道，"还加了个凉台，看上去可漂亮了。晚上，一走上凉台……就会胡思乱想起来：要是父母亲还活着该有多好呀，要是你和孩子们一起来玩玩又有多好呀——大家一起坐在凉台上，喝喝马林果泡的茶。今年的马林果结得可多啦。德米特里，你就别跟嫂子吵了，不然她会更恨你的。我对她再热乎一点，你看，她保准气就消啦。"

"她自己本来也是农村人！"不知为什么德米特里忽然惊讶起来，轻轻地，忧悒地说。"可你瞧，把孩子折腾苦啦，这个傻瓜：非让儿子学钢琴不可，还让女儿学什么花样滑冰。真让人心疼啊，但是你还不能说，一说马上就骂开了。"

"哼！……"怪人也不知为什么又激动起来了。"我简直弄不懂这些报纸为什么要这么写，说什么有那么一个女人，在商店工作，她的态度很粗暴。唉，这些写文章的人啊！……其实，她回到家里还不是一个样。事情糟就糟在这里！我也搞不懂！"怪人也用拳头捶了膝盖一下。"我真不明白，为什么这些女人变得这么凶？"

早晨，怪人醒来时，屋里一个人也没有。哥哥德米特里上班去了，嫂子也走了，大孩子们在院子里玩，小的送了托儿所。

怪人叠好被子，洗完脸，开始思忖起来：该做些什么事让嫂子高兴高兴呢？这时，他看见了一辆童车。"嗨，"怪人想了想说。"我在童车上画点什么不好么？！"他找到了儿童用的颜料、毛笔，画了起来。一小时后大功告成了，简直看不出是一辆童车了。怪人在童车上方画了聚集在一角的仙鹤，下面画了各种各样的鲜花，茂密的青草，还有两只公鸡、一些小鸡……他把童车前后左右地看了个遍——太好看啦。简直不像童车，倒像一个玩具了。他想象着嫂子看到童车后那副高兴和吃惊的神态，笑了。

"可你还说乡下人，怪人，"他一心想与嫂子和好，"小孩睡在里面就跟睡在摇篮里一样。"

怪人在城里整整逛了一天，看了商店的橱窗。他给侄子买了个玩具汽艇，一艘非常漂亮的小汽艇，白色的，上面还装着小灯。"我在汽艇上也来画点。"他想。

大约六点钟，他回到哥哥家。刚走上台阶，他就听到了哥哥德米特里与嫂子吵架。不过，就嫂子一个人在骂，哥哥德米特里却老是重复着这么一句话：

"哎，这有什么呐！……算啦……索涅……算了吧！"

"明天我可不愿在这儿再看见这个傻瓜！"索非娅·伊凡诺夫娜喊道，"明天就让他滚！"

"你算了吧！……索涅……"

"就是不能算！不能算！别让他等着我把他的箱子扔出去，让他见他妈的鬼去，我说话算话。"

怪人赶紧从台阶上走下来……他也不知道接下去该怎么办才好。他心里又难受起来。每当有人恨他时，他心里就万分难受，感到可怕，似乎现在一切都完了，活着还有什么意思。他想到别的地方去，离这些恨他和嘲笑他的人远远的。

"我怎么会这样呢？"他坐在板棚里痛苦地喃喃道，"当时就应该想到，她是不会懂的，她根本不懂民间艺术。"

他在小板棚里一直坐到天黑，心中一直十分痛楚。后来哥哥德米特里来了。他没感到意外，似乎他已经知道，弟弟瓦西里早在板棚里坐着。

"你瞧……"他说，"这个……又吵吵嚷嚷起来啦。那辆童车……唉，你不画就好了。"

"我以为她会喜欢的。哥，我这就走。"

哥哥德米特里叹了口气……一句话也没说。

怪人到家时正下着一场暖意盎然的大雨。怪人走出公共汽车，脱下新靴子，在温暖、潮湿的泥土地上跑开了——一手提着箱子，一手提着靴子。他不时地跳跃着，大声唱道：

白杨树啊……

天空的另一边已经放晴，泛出蔚蓝色，近处一个地方还露出了太阳。雨稀了，大颗大颗的雨点掉在水洼里，激起一个个水泡，接着又破裂了。

怪人在一个地方滑了一下，险些摔跤。

……他的名字——瓦西里·伊戈雷奇·克尼亚泽夫，三十九岁，在农村当放映员，崇拜侦探和警犬，从小就幻想当一名侦探。

（节选自《舒克申短篇小说选》张建华译《怪人》，外国文学出版社，1983年，第157—163页）

附：*Чудик* 选段原文

...

...Знал Чудик, есть у него брат Дмитрий, трое племянников... О том, что должна еще быть сноха, как-то не думалось. Он никогда не видел ее. А именно она-то, сноха, все испортила, весь отпуск. Она почему-то сразу невзлюбила Чудика.

Выпили вечером с братом, и Чудик запел дрожащим голосом:

Тополя-а-а, тополя-а-а...

Софья Ивановна, сноха, выглянула из другой комнаты, спросила зло:

– А можно не орать? Вы же не на вокзале, верно? – И хлопнула дверью.

Брату Дмитрию стало неловко.

– Это... там ребятишки спят. Вообще-то она хорошая.

Еще выпили. Стали вспоминать молодость, мать, отца.

– А помнишь? – радостно спрашивал брат Дмитрий. – Хотя, кого ты там помнишь! Грудной был. Меня оставят с тобой, а я тебя зацеловывал. Один раз ты посинел даже. Попадало мне за это. Потом уже не стали оставлять. И все равно, только отвернутся, я около тебя – опять целую. Черт знает, что за привычка была. У самого-то еще сопли по колена, а уж... это... с поцелуями...

– А помнишь?!– тоже вспомнил Чудик. – Как ты меня...

– Вы прекратите орать? – опять спросила Софья Ивановна совсем зло, нервно. – Кому нужно слушать эти ваши разные сопли да поцелуи? Туда же – разговорились.

– Пойдем на улицу, – сказал Чудик. Вышли на улицу, сели на крылечке.

– А помнишь? – продолжал Чудик.

Но тут с братом Дмитрием что-то случилось: он заплакал и стал колотить кулаком по колену.

– Вот она, моя жизнь! Видел? Сколько злости в человеке!.. Сколько злости!

Чудик стал успокаивать брата.

– Брось, не расстраивайся. Не надо. Никакие они не злые, они – психи. У меня такая же.

– Ну чего вот невзлюбила?!! За што? Ведь она невзлюбила тебя... А за што?

Тут только понял Чудик, что – да, невзлюбила его сноха. А за что действительно?

– А вот за то, што ты – никакой не ответственный, не руководитель. Знаю я ее, дуру. Помешалась на своих ответственных. А сама-то кто! Буфетчица в управлении, шишка на ровном месте. Насмотрится там и начинает... Она и меня-то тоже ненавидит – что я не ответственный, из деревни.

– В каком управлении-то?

– В этом... горно... Не выговорить сейчас. А зачем выходить было? Што она, не знала, што ли?

Тут и Чудика задело за живое.

– А в чем дело, вообще-то? – громко спросил он, не брата, кого-то еще. – Да если хотите знать, почти все знаменитые люди вышли из деревни. Как в черной рамке, так смотришь -выходец из деревни. Надо газеты читать!.. Што ни фигура, понимаешь, так – выходец, рано пошел работать

– А сколько я ей доказывал в деревне-то люди лучше, незаносистые.

– А Степана-то Воробьева помнишь? Ты ж знал его.

– Знал, как же.

– Уже там куда деревня!.. А – пожалуйста: Герой Советского Союза. Девять танков уничтожил. На таран шел. Матери его теперь пожизненно пенсию будут шестьдесят рублей платить. А разузнали только недавно, считали – без вести...

– А Максимов Илья!.. Мы ж вместе уходили. Пожалуйста – кавалер Славы трех степеней. Но про Степана ей не говори... Не надо.

– Ладно. А этот-то!..

Долго еще шумели возбужденные братья. Чудик даже ходил около крыльца и размахивал руками.

– Деревня, видите ли!.. Да там один воздух чего стоит! Утром окно откроешь – как, скажи, обмоет тебя всего. Хоть пей его – до того свежий да запашистый, травами разными пахнет, цветами разными...

Потом они устали.

– Крышу-то перекрыл? – спросил старший брат негромко.

– Перекрыл. – Чудик тоже тихо вздохнул -Веранду построил – любо глядеть. Выйдешь вечером на веранду... начинаешь фантазировать: вот бы мать с отцом были бы живые, ты бы с ребятишками приехал – сидели бы все на веранде, чай с малиной попивали. Малины нынче уродилось пропасть. Ты, Дмитрий, не ругайся с ней, а то она хуже невзлюбит. А я как-нибудь поласковей буду, она, глядишь, отойдет.

– А ведь сама из деревни! – как-то тихо и грустно изумился Дмитрий. – А вот... Детей замучила, дура одного на пианинах замучила, другую в фигурное катание записала. Сердце кровью обливается, а – не скажи, сразу ругань.

– Ммх!..– опять возбудился Чудик. – Никак не понимаю эти газеты вот, мол, одна такая работает в магазине – грубая. Эх, вы!.. а она домой придет – такая же. Вот где горе-то! И я не понимаю! – Чудик тоже стукнул кулаком по колену.– Не понимаю: почему они стали злые?

Когда утром Чудик проснулся, никого в квартире не было; брат Дмитрий ушел на работу, сноха тоже, дети, постарше, играли во дворе, маленького отнесли в ясли.

Чудик прибрал постель, умылся и стал думать, что бы такое приятное сделать снохе. Тут на глаза ему попалась детская коляска.

– Эге! – подумал Чудик. – Разрисую-ка я ее. Он дома так разрисовал печь, что все дивились Нашел ребячьи краски, кисточку и принялся за дело. Через час все было кончено; коляску не узнать. По верху колясочки Чудик пустил журавликов – стайку уголком, по низу – цветочки разные, травку-муравку, пару петушков, цыпляток... Осмотрел коляску со всех сторон – загляденье. Не колясочка, а игрушка. Представил, как будет приятно изумлена сноха, усмехнулся.

– А ты говоришь – деревня. Чудачка. – Он хотел мира со снохой. – Ребеночек-то как в корзиночке будет.

Весь день Чудик ходил по городу, глазел на витрины. Купил катер племяннику, хорошенький такой катерок, белый, с лампочкой. «Я его тоже разрисую», – думал.

Часов в шесть Чудик пришел к брату. Взошел на крыльцо и услышал, что брат Дмитрий ругается с женой. Впрочем, ругалась жена, а брат Дмитрий только повторял:

– Да ну, что тут!.. Да ладно... Сонь... Ладно уж...

– Чтоб завтра же этого дурака не было здесь! – кричала Софья Ивановна. – Завтра же пусть уезжает!

– Да ладно тебе!.. Сонь...

– Не ладно! Не ладно! Пусть не дожидается – выкину его чемодан к чертовой матери, и все!

Чудик поспешил сойти с крыльца... А дальше не знал, что делать. Опять ему стало больно. Когда его ненавидели, ему было очень больно. И страшно. Казалось: ну, теперь все, зачем же жить? И хотелось куда-нибудь уйти подальше от людей, которые ненавидят его или смеются.

– Да почему же я такой есть-то? – горько шептал он, сидя в сарайчике. – Надо бы догадаться: не поймет ведь она, не поймет народного творчества.

Он досидел в сарайчике дотемна. И сердце все болело. Потом пришел брат Дмитрий. Не удивился – как будто знал, что брат Василий давно уж сидит в сарайчике.

– Вот...-сказал он. – Это... опять расшумелась. Коляску-то... не надо бы уж.

– Я думал, ей поглянется. Поеду я, братка.

Брат Дмитрий вздохнул... И ничего не сказал.

Домой Чудик приехал, когда шел рясный парной дождик. Чудик вышел из автобуса, снял новые ботинки, побежал по теплой мокрой земле – в одной руке чемодан, в другой ботинки. Подпрыгивал и пел громко:

Тополя-а а, тополя а...

С одного края небо уже очистилось, голубело, и близко где-то было солнышко. И дождик редел, шлепал крупными каплями в лужи; в них вздувались и лопались пузыри.

В одном месте Чудик поскользнулся, чуть не упал.

Звали его – Василий Егорыч Князев. Было ему тридцать девять лет от роду. Он работал киномехаником в селе. Обожал сыщиков и собак. В детстве мечтал быть шпионом.

(Шукшин В.М. *Собрание сочинений*. Т. 2. М.: Молодая гвардия, 1985, стр. 295-298)

三、译文评析

———————❦———————

通过对比原文和译文，我们认为译文中有三个值得分析的特点：

1．对原文口语化风格的生动传达

　　舒克申是一名出身于劳动人民家庭的作家，熟悉普通群众的生活方式和喜怒哀乐，他笔下的角色多是农村或城市里的小人物，且情节非常贴近现实。与此相应，其语言风格最大的特点便是质朴和真实，"如同口语一样几乎没有文学作品中惯用的修辞特点"①，集中体现为对苏联当代社会各阶层活的口语的灵活运用："他在散文中典型地再现了人民的语言（舒克申主人公的语言可以在比依斯克街头、卡图尼河下游②的村落里听到）……"③这里面包括农村土话及地方方言、城里人的流行语、青年人的俚语行话等，这些要素复杂地交织在一起，大大增强了作品的生活气息和艺术感染力。④具体到本篇中，主人公"怪人"是一个平凡的农村放映员，哥哥德米特里和嫂子索非娅也是城里的普通职工，他们的交际语境是家庭内部、亲人之间这种毫不拘束的环境，其用语自然是典型的农村和城市口语。此外，我们的选段主要由对话构成，而这恰好是口语体典型的使用领域。⑤因此，要传达出原文鲜明的口语化色彩，译者就必须有意识地运用汉语中相应的口语化手段。从译文中不难看出，译者显然对这个特点有充分的认识，以对哥哥德米特里的一段话的翻译为例：

　　– А вот за то, што ты – никакой не ответственный, не руководитель. **Знаю я ее, дуру. Помешалась на своих ответственных. А сама-то кто!**

---

① 张建华等译，《舒克申短篇小说选》[C]，北京：外国文学出版社，1983年，第485页。
② 比依斯克区是阿尔泰山区的一个行政区，舒克申故乡村庄的所在地。卡图尼河为流经阿尔泰山区的大河，舒克申故乡村庄便位于该河下游地区。
③ 张建华等译，《舒克申短篇小说选》[C]，北京：外国文学出版社，1983年，第483页。
④ 参见：邹立泉，舒克申短篇小说的写作技巧及其语言风格[J]，载《外语学报》，1984年第3期，第65页；张建华等译，《舒克申短篇小说选》[C]，北京：外国文学出版社，1983年，第477页。
⑤ Кожина М. Н. Стилистика русского языка [M]. М.: Просвещение, 1977, стр. 207.

Буфетчица в управлении, **шишка на ровном месте**. Насмотрится там и начинает... Она и меня-то тоже **ненавидит** – что я не ответственный, **из деревни**.

（"就因为你不是个负责干部，不是个领导。我可知道她，这个蠢货。她简直中了她的那些头头的邪了。哼，自己是个什么玩意儿？！不过是机关食堂里一个卖饭的，芝麻大的人物还自以为了不起。在那儿看当官的看多了就开始……她呀，连我都恨得要命，说我不是个负责干部，是个乡下人。"）

这段口语具有丰富的感情色彩和表现力，因此译者精心挑选了汉语中一些具有类似特点的语词来对应原文的口语化成分，如用"蠢货"翻译"дура"比译成"傻瓜""笨蛋"等语气更强烈。用"中邪"翻译"помешалась"比译成"着迷"更具表现力且带有明显的贬义。用"自己是个什么玩意儿"翻译"А сама-то кто!"，用"芝麻大的人物还自以为了不起"翻译"шишка на ровном месте"，该熟语用于形容自以为是的小人物，译文采用"芝麻大的"使其更加生动活泼。而对于同一个语境中的某些中性词，译文也采用了口语化的处理，旨在保持语境的连贯性和完整性，如用"头头"翻译"ответственные"比译成"领导"更口语，且略带贬义，符合语境；用"卖饭的"翻译"буфетчица"，类似我们现今说的"食堂大妈"，充分照顾了日常用语习惯；用"恨得要命"翻译"ненавидит"，添补副词"要命"既强调了程度，又增加了口语色彩；用"乡下人"翻译"из деревни"，带有轻蔑之义，符合语境。

再举一例："– **Брось**, не расстраивайся. Не надо. Никакие они не **злые**, они – **психи**. **У меня такая** же.（"算啦，别难过啦。别这样。其实，这些女人心倒一点也不狠，就是有些神经病。我家那口子也是这样。"）"这短短的一句话中译者运用了好几个口语化的要素："算啦"对应"брось"，"心狠"对应"злые"，"神经病"对应"психи"，"我家那口子"对应"（у меня）такая"，使语言变得更生动、活泼。由此可见，译文对原文口语化风格的传达是相当成功的。

2．对原文别具一格的人物塑造的准确再现

苏联文学评论家阿夫恰连科说："在描写最普通的乡村人和城里人的时候，舒克申几乎不描写他们的肖像，不去详细介绍他们的过去，而且在我们看来，主人公身上也没有发生任何通常被看作是特别的事情。似乎他们讲的话也是普普通通，但我们却清楚地听到了他们那独特的声音，清晰地看见了我们面前的人，我们同时代的人。"①这里面究竟有着怎样的奥秘？事实上，这应归功于作家独特的人物塑造技巧：他固然不太描写角色的外貌和经历，但对语言、神态、动作、姿势等方面的描写都非常生动活泼，寥寥数笔便能充分反映出对象的性格，仿佛一个活生生的人物正站在读者眼前；这种手法与他作为电影艺术家的经验是分不开的②。本篇主人公"怪人"在城里处处碰壁，最终不得不打道回府，而作者是这样描写他回家的情景的："Чудик вышел из автобуса, снял новые ботинки, **побежал** по теплой мокрой земле – в одной руке чемодан, в другой ботинки. **Подпрыгивал** и пел громко: Тополя-а а, тополя а..."（怪人走出公共汽车，脱下新靴子，在温暖、潮湿的泥土地上跑开了——一手提着箱子，一手提着靴子。他不时地跳跃着，大声唱道："白杨树啊……"）"只用这一句话中的几个动作，便将"怪人"积极乐观、热爱生活的精神风貌刻画得活灵活现。在处理这段文字时，译者注意到了两个主要动词的特点，因前缀 по-表示行为开始，故把 побежал 译为"跑开了"，运用了动补结构对译，把 подпрыгивал 译为"不时跳跃着"，因为前缀 под-表示程度轻微，后缀-ива-表示重复多次，构成的字面意思是"小跳几次"，从而将原文最具描摹性、最能表现人物形象的部分准确再现了出来。翻译中在处理类似动词时容易只注意到词干的基本意义，而忽略了前后缀带来的附加意义，某些情况下甚至会有损原文的艺术表现力，这段译文的处理为我们提供了一个很好的示范。

作为与"怪人"对立的反面人物，嫂子索菲亚·伊凡诺芙娜在文中的出场次数很少，但依然给人留下了深刻的印象。当多年未见的兄弟俩热烈

---

① 张建华等译，《舒克申短篇小说选》[C]，北京：外国文学出版社，1983年，第471页。
② 参见：吴元迈、张捷编，《论当代苏联作家》[M]，北京：外语教学与研究出版社，1982年，第322—323页。

谈心时，她却两次跳出来叫骂："Софья Ивановна, сноха, **выглянула из другой комнаты**, спросила зло: – А можно не орать? Вы же не на вокзале, верно? – И **хлопнула** дверью...– Вы прекратите орать? - опять спросила Софья Ивановна совсем **зло**, **нервно**. – Кому нужно слушать эти ваши разные сопли да поцелуи? Туда же – разговорились."对应的译文是："他的嫂子索非娅·伊凡诺芙娜从另一个房间探出身子看了看，恶狠狠地问道：'别大声喊叫行不行？你们又不是在火车站，对不？'随即砰的一声把门关上……'你们到底停不停？'索非娅·伊凡诺芙娜又一次气势汹汹、神经质地问道。'谁要听你们那些各种各样的丑事，又是鼻涕、又是亲嘴的。你们可好——越谈还越来劲了。'"其中值得借鉴的处理有：将描摹人物的两个副词 зло 分别译为"恶狠狠"和"气势汹汹"，后者显然是考虑到程度副词 совсем 的影响，且避免用词重复；将 нервно 译为"神经质地"；将动词 хлопнула 译为"砰的一声关上"，添补拟声词，照应表一次性动作的后缀 -ну- 的同时增加了生动性，也暗示了嫂子的凶蛮。将小句 выглянула из другой комнаты 译为"从另一个房间探出身子看了看"，比直译成"从另一个房间里看出来"更流畅也更符合情境。这些准确而又灵活的翻译将原文中惟妙惟肖的泼妇形象呈现在了读者眼前。

3．对句末语气词的大量使用

俄语和汉语语法的一个显著区别是语气词的使用：虽然俄汉语中都有通称"语气词"的词类，但俄语的语气词通常前置，如 не, ну, давай, неужели 等；而汉语的语气词通常后置，如"了、啊、呢、嘛"等，并且俄语语气词翻译成汉语时通常对应的是副词或助词而非语气词，而汉语语气词到了俄语中却很难翻译出来。因此也可以说，这两种语言的语气词之间不存在系统的对应关系。然而这恰恰又是一个使用频率极高的词类（特别是在口语中），故对译者而言是一个较大的难点。通读译文不难看出，这篇译文的突出特点之一便是对句末语气词"啊、吧、啦、呢、咧"等的大量使用。虽然俄语原文中并没有出现这类词语，但为了生成符合原文语境又兼顾汉语表达习惯的日常对话文本，译者仔细揣摩了人物对话的语气，并大量添补对应的句末语气词。试举几例：

– А помнишь? – радостно спрашивал брат Дмитрий. – Хотя, кого ты там помнишь! Грудной был...

"你还记得不？……"哥哥德米特里高兴地问道。"不过你是谁也不记得喽！那时候你还在吃奶哩……"

– Деревня, видите ли!..

"农村，嘿，有多好啊！"

– Да ну, что тут!.. Да ладно... Сонь... Ладно уж...

"哎，这有什么呐！……算啦……索涅……算了吧！"

从以上两例可知，译文中的句末语气词不仅数量多，而且形式丰富，分别对应不同的语境。译者对这类词语的恰当添补和准确选择不仅使译文更符合汉语的表达习惯，也将原文中通过对话反映的人物情感传达得更加清楚、生动。如第一句中的"喽""哩"表示略带夸张的肯定，第二句中的"啊"表示赞叹，第三句中的"呐""啦""吧"表示轻微的感叹和无奈等。这种灵活的翻译方式相比于照着字面直译的处理无疑更胜一筹，同时也进一步还原了原文的口语化风格。

综上所述，舒克申在小说《怪人》中运用的口语化表达和人物塑造技巧，至今仍是值得读者品味和分析的艺术手法，而张建华的译文则不失为一个充分体现了原文风格而又有所创造的优秀译本。

第二十四章

拉斯普京
《告别马焦拉》

一、拉斯普京与《告别马焦拉》

瓦连京·格里高利耶维奇·拉斯普京（Валентин Григорьевич Распутин, 1937—2015），是苏联、俄罗斯著名现实主义作家，俄罗斯农村题材小说的重要代表人物。拉斯普京一生致力于挖掘俄罗斯民族性格，他认为"俄罗斯世世代代的发展都以农村为坚实的根基，振兴俄罗斯首先应从农村开始，那里保留着良好有益的精神基础"[①]。因此，拉斯普京一生的创作几乎都致力于反映西伯利亚地区的农村生活和农村居民的精神面貌，展示农村地区的风俗习惯与道德。索尔仁尼琴曾指出"拉斯普京所有作品中的根本特点在于与俄罗斯大自然、俄语不可分割的相融"，并将拉斯普京称作"独一无二的西伯利亚歌颂者；最坚定的西伯利亚保护者之一"[②]。由于杰出的文学成就，拉斯普京先后荣获苏联国家奖（1977，1987）、俄罗斯国家奖（2012）、俄罗斯总统奖（文学艺术领域，2003）；两度荣获列宁勋章（1984，1987），两度荣获俄罗斯"为祖国服务勋章"（2002年

[①] 瓦·拉斯普京，我的村庄在哪里？[J]，载《俄罗斯文艺》，1997年第3期，70—72页。

[②] Солженицын А. И. Слово при вручении премии Солженицына Валентину Распутину[J] // Новый Мир, 2000, №5, стр. 186-189.

四等，2007年三等）等众多奖项。其主要作品包括中篇小说《为玛丽娅借钱》（1967）、《最后的期限》（1970）、《活着，可要记住》（1974）、《告别马焦拉》（1976）、《失火记》（1985）；短篇小说《下葬》（1995）、《在故乡》（1999）；长篇小说《伊凡的女儿，伊凡的母亲》（2003）等。

　　《告别马焦拉》（*Прощание с Матёрой*）是拉斯普京最重要的作品之一，全书分为23节。300多年来，坐落于西伯利亚安加拉河上的马焦拉岛抚育了数代村民。由于安加拉河下游将修建水电站，马焦拉岛处于蓄水区而面临被彻底淹没的命运，因此村民们不得不搬离世居之地。故事围绕着被迫搬迁展开，描写了老少三代人对于马焦拉的悲惨命运的不同态度。以达丽娅、纳斯塔霞、西玛、鲍戈杜尔为代表的老一代村民对马焦拉充满了深深的眷恋与不舍，对未知生活充满了恐惧与迷茫；以索妮娅、克拉芙卡、安德烈为代表的青年一代对马焦拉的生活表现出了厌倦甚至是痛恨，他们渴望新生活，积极向城市靠拢。达丽娅的儿子巴维尔介于两代人之间，他理解母亲对于故乡深沉的情感，同时深知马焦拉注定的悲惨命运无法更改，因此接受了新村镇的工作与生活。[①]作家通过小说展现了对于俄罗斯乃至全人类所面临的社会问题、生态问题的深刻思考。马焦拉岛（Матёра）在词汇语义层面上具有多重意涵[②]：其一，Матёра 具有宗教内涵，意指俄罗斯民族意识中所信奉的守护俄罗斯的圣母——"大地母亲（мать-земля）"，她护佑着俄罗斯民族奇迹般地数次战胜敌人；其二，Матёра 是俄罗斯历史的参与者与见证者，它见证了高尔察克与苏联红军的对抗、集体农庄的建立，像全国各地一样送自己的青壮年子民走上了保家卫国的战场；其三，Матёра 有足够的平原、财富、美景、野趣，是生于斯、长于斯、逝于斯的村民的整块儿"大陆（материк）"。同时，它也是某种"精神大陆"，人民生活劳动中的喜怒哀乐、信仰、节日充盈其间。马焦拉岛的沉没使人不免联想起永沉洋底的亚特兰蒂斯，借此隐喻了马焦拉先祖之地、应许之地的地位，表达了拉斯普京对于俄罗斯农业文明逝去的哀婉叹息与悼念之情，以及对保护民族文化和传统道德的殷切期望。本

---

① 任光宣主编，《俄罗斯文学简史》[M]，北京：北京大学出版社，2006年。
② Юрьева О. Ю. Хронотоп повести В. Г. Распутина «Прощание с Матёрой»: этнопоэтический аспект[J] // Проблемы исторической поэтики, 2019, №2, стр.289-313.

章节选的是第1节和第12节。其中第1节主要是村民对马焦拉所面对的悲剧的反应以及对马焦拉岛（村）历史、自然地理条件的回顾。第12节描写了达丽娅、巴维尔和安德烈三代人对马焦拉命运的不同态度以及三代人不同的人生观。

　　我国学界对拉斯普京的关注可以追溯至20世纪70年代末。1978年，李廉恕、任达葶翻译的小说《活着，可要记住》出版，可视为我国翻译拉斯普京作品的开端。1982年，外国文学出版社以《拉斯普京小说选》为名结集出版了《告别马焦拉》（王乃倬、沈治、石国雄译）、《最后的期限》（俞虹译）、《给玛丽娅借钱》（冯明霞、马肇元译）三篇译作。1999年，该出版社以《告别马焦拉》为名出版了包含《活着，可要记住》（董立武译）、《告别马焦拉》（王乃倬、沈治、石国雄译）两篇小说的合集。在合集的前言，石国雄提纲挈领地总结了拉斯普京的创作特点："他的每一部中篇小说，都是通过所描绘的农村生活，提出当代社会生活中某些具有普遍意义的问题，思考人类生活中的一些永恒的命题。作者的注意力不在所描绘的事件，而在探索这些事件中的精神和道德内涵。"这既是对拉斯普京小说特点的总结，同时也表明了我国学者对作家的深刻理解。

　　王乃倬（1933—2022），南京大学副研究员，研究方向为俄罗斯文学，主要译著为《活下去，并要记住》（与杨岱勤、吴俊忠合译）、《告别马焦拉》（与沈治、石国雄合译）。沈治（1932— ），南京大学副教授。石国雄（1941— ），南京大学教授，曾任江苏省外国文学委员会委员、江苏省译协理事，出版译著《上尉的女儿》、《克雷洛夫寓言全集》、《托尔斯泰中短篇小说集》、《普里什文作品集》（共5册）、《告别马焦拉》等30余部。

二、《告别马焦拉》译文节选

一

　　春去春来无穷尽，春天又来了。但是，对于有着同一个名字的岛和村——马焦拉岛和马焦拉村——来说，这却是最后一个春天了。解冻的冰又一次在岸边乱纷纷堆起巨大的冰块，随即轰轰地响着，急速漂流而去。安加拉河挣脱了冰甲，展开了浩荡闪光的洪流。马焦拉岛靠上游的岬角边，河水又活跃喧闹起来，它冲上滩头，又向两旁横溢开去。大地和树木又喷吐出绿芽，又已洒下了几场春雨，飞来了雨燕和家燕，每到傍晚，沼泽地里苏醒了的青蛙就咯咯地叫起来，表达着对生活的爱恋。这一切反复过许多次了，马焦拉也许多次经受大自然的变化了，它一天也不落后于时令，也从不超越时令。是的，现在菜园里又栽种了蔬菜，但已不是所有的菜园了：有三户人家秋天就已搬走，分别进了不同的城市；另有三家则离开村子更早，在证明传闻属实之后的头几年就走了。和往年一样，现在也播下了种子，但也不是所有的耕地上都播种了：河那边的耕地上没播，仅仅在这边，在岛上播了，离得近一点。今年大家在菜园里种土豆、胡萝卜，也不是同时动手的，而是谁碰上什么时候有空儿就什么时候种。许多人现在有两个家，一家人也分成了两半，隔山隔水的相距整整十五公里。马焦拉还是那个马焦拉，但也不同以往了：房屋都仍在原地，只有一座小木房和一处澡堂拆掉当柴烧了；一切暂时还都活着，还都动着呢，依然有鸡啼、牛叫、犬吠。然而村子却凋零了，显然像一棵被贴根砍断的树一般凋零了，断了根了，村子脱离了习惯的轨道。一切都在原地，可一切又已面目全非：荨麻更稠密、更放肆地蔓延开来，那些空屋上的窗户死气沉沉的，而且院门大敞着——遵照风俗，人们一次次地关好，但有什么魔鬼却又一次次地把它们打开，让风更强劲地穿过院落，刮得东西吱吱扭扭，乒乒乓乓。处处的板墙和篱笆都歪了，畜栏、谷仓、凉棚变黑了，东倒西歪的，木杆木板无谓地横七竖八——主人那勤于料理，好让东西经久耐用的双手，再也不去碰它们了。

……

村子里有一座小教堂。它照例建在一处清洁的高地上。从两面水边远眺，都可以清楚地看到。过去有集体农庄的时候，这小教堂用作仓库。不错，因为没有神甫，教堂里早在那以前就不做礼拜了。但教堂顶上的十字架依然留着，老太太们每天早晨都向它顶礼祈祷。后来，十字架也被打掉了。在村子靠上游一端的岸畔有一座磨坊，岸下流过的一条小河汊好像是专门为磨坊开出来似的。磨坊的磨粉方法虽说不佳，却不用求人，磨本村的粮食够用的了。近几年来，飞机每星期有两次降落在老牧场上，人们到城里或区里去，已经习惯于腾空飞行了。

马焦拉村就这样马马虎虎地生活着：在左岸的陡崖上守着自己的地盘，迎来送去流水一般的岁月。村民们是在水上跟别地的居民进行交往的，自古以来是在水边觅食为生的。看来，就像奔腾的河水无尽无头一样，村子也将永生永世存在下去：一些人进了坟墓，一些人生了出来；老房子倒了，新房子盖起来。村子就这样熬过各式各样的时代与磨难，度过了三百多个年头。在靠上游的岬角处大概有半俄里的土地，是这三百多年间冲积而成的。可是有一天忽然听到传说，村子的寿命不长了，存在不多久了。安加拉河下游正在建造水电站大坝，大河小溪水位都将被提高，因而溢出两岸，要淹没许多土地。首当其冲的自然是马焦拉岛，纵然一个叠一个摞上五个这样的岛，也仍然会没顶。

……

十二

在天降甘霖开始轻飘细洒，滋润田野和菜园的头一天，达丽娅家突然有客临门，巴维尔的小儿子安德烈回家来了。

……

雨下得正是时候，可以从从容容地坐一坐，聊一聊了；人们没敢擅自休息，上帝倒亲自赐给了这休息的权力。安德烈同父亲一样强壮，是一个在工作上没吃过大苦，没受过大累的青年。部队生活对他显然是有益的——参军时还是一副拱肩缩背，两眼盯着地面，无精打采的模样，回来却成了这样昂首挺胸的棒小伙子。在奶奶往桌上端饭上菜的时候，安德烈忍不住从屋里到院里，从院里到屋里，来回穿梭，把那皮鞋在台阶上踏得嘎嘎直响，他从鞋上所震落的还算不上是泥土，不过是发潮易粘的灰尘。他回忆着、打听着村里人的情况，问目前谁在哪儿，谁要搬到哪儿去。此刻他因为没事可干，就亲昵地同达丽娅打趣起来：

"怎么样，奶奶，你也快撤走了吗？"

"走，走，"她居然没有叹气，就平静、顺从地应道。

"大概不高兴离开这儿吧？"

"这怎么会高兴？在自己这块地方，我们这些老婆子还能慢慢地爬来爬去活一阵子，等着瞧吧，一把我们拉到别处去，一下子就会都死光了。"

"真有意思，是谁会让你们死呢？"

"这我们是不会听别人指挥的。我们自己会，"达丽娅不知不觉自己也挖苦起来，"我们还没想到要委派全权代表，让他来下命令呢。人说死就死，没有事先发通知的。"

"奶奶，你可别生气。你生我的气了，是吗？我是说着玩儿呢。"

"我干吗要生你的气？"

"那你生谁的气呢？"

"谁的气也不生。生我自己的气。是你在生我的气，怪我老让你待在一个地方。把你闷坏啦，看得出来，坐不住，要走啦……"

安德烈笑了。

"奶奶，趁年轻的时候得出去见见世面，到处走走。你在这儿寸步不离地过了一辈子，有什么好的？不该向命运低头，要自己支配命运。"

"支配吧，支配吧……我倒愿意看看你到底怎么支配法。不，孩子，世面那么大，你看也看不完的。哪怕你插上翅膀飞也来不及呀，别指望了。你以为你既然生下来，就什么都能办到吗？啊，安德烈，别那么想。活着活着你就明白啦……"

"咳，奶奶，你这话我可就不同意了。你这是老待在马焦拉的缘故，因为你没到过马焦拉以外的地方。因为你什么都没见过。人真是能干，他能干的事数也数不清啊。人现在掌握着这么大的力量，哎呀呀！想办什么事就一定能办到。"

"能办到，能办到……"达丽娅同意地说。

"那你还有什么可说的呢？"

"我正要说呢。人又能拆，又能盖……可是死神一到，他就得死。安德留什卡，你别跟我争啦。我见得少，可活得久。我一有机会看什么就看个仔细，不像你走马看花的。只要有马焦拉在，我哪儿也不急着去。人，我是看透啦，他们很小。不管他们站得多近，总是很小。他们很可怜哪。你这会儿不可怜自己，这是因为你年轻。你有使不完的劲儿。你以为你有力气，什么都行。不，孩子，我还没见过不可怜的人呢。尽管有的人脑袋特别灵，远看好像是：嘿，他什么都不怕，连魔鬼都斗得过……神气十足……离近点儿一看呢，还是跟旁人一样，哪儿也不出奇。你想脱掉自己身上凡人的皮吗？不行啊，安德烈，脱不掉。还没有过这种人呢。只会把皮撕破，平白无故地受伤。事情照样办不成。趁你拼命脱皮的时候，死神就到了，不会放过你。人们忘了自己的地位是在上帝下边——这就是我要对你说的。咱们不比咱们的前人高明。东西咱们不能背得太多。马能拉多少，你就往车上装多少，要不然再运东西就没马可套了。咱们的地位，上帝可没忘，没忘。他看到人变骄傲了，啊，变骄傲啦。你骄傲吗，你就要倒霉了。那骑着树杈砍树杈满不在乎的人，也自以为了不起呀。可是啪的一声摔下来，就把肝摔坏啦——他是跌到地上摔的，不是跌到天上摔的。怎么也离不开大地。没说的——你们现在力量是很大。是啊，很大！……从这儿，从马焦拉就看得见。可别让它压倒了你们哪，这个力量……它是很大呀，可你们呢，过去很小，现在还是那么小。"

……

"现在是这样一种时代，不能老待在一个地方，"不知他这是在议论呢，还是在辩解，"你们就是想待着不动，也还是有人拉你们站起来，推着你们前进的。现在是一个这样活跃的时代……所谓一切都在运动中。我希望我的劳动成果能叫人看得见，能永世长存。可是工厂里怎么样呢？一个星期都出不了厂门，这还是乘汽车呢。铁块搬来搬去，出这个车间进那个车间，像蚂蚁一样，成天价乱转，东搬西运的，任何一个老头都干得了。工厂，工厂对上年纪的人，对拖家带口的人才合适，将来退休从那儿领养老金。我喜欢满是像我这样年轻人的地方，喜欢事事都另一个样子……都新鲜的地方。等水电站一建成，它就千年不倒了。"

……

"那你别上那儿去了……"

"怎么样，"巴维尔小心翼翼地接过母亲的话说，"说留下就留在这儿吧。我们正需要司机。你可以开一部新汽车。这儿的活儿够你们全厂干的。"

他说完话，睨视着地面，无望地笑了笑：本来就不必提——儿子不会留下来的。果然，安德烈沉默了一会儿，仿佛考虑了一会儿，摇摇头说：

"不——。我离开城市是上你们这儿来的吗？"

这真叫人生气：他生在这儿，长在这儿，在这儿成了人，有什么权利这样议论自己的家乡？可是巴维尔没有生气，看来，他之所以开始这一席谈话，正是为了听听儿子怎么回答，看看他在近几年离家外出独立谋生期间有些什么长进，看看他有什么气派，守什么规矩。不管安德烈等一会儿怎样回答，他都要平心静气地听。真的，为什么就不能在他的话里找一找合理的想法呢，他毕竟是成年人了，而且好像是个不错的人。何况，正是他不久就要在土地上取代父亲，不，最好是别说在土地上，而说在人间。他离别了土地，而且似乎永远不复归来了。如果说巴维尔要将这席谈话继续下去，那可不是为了说服儿子，却是想知道儿子是怎么个回答法。

"你这就不对啦，我们这儿也不那么差，那不是我们所呆的旧村子啦。"巴维尔偷偷看了母亲一眼，生怕无意中惹她伤心。对国营农场的新镇，他自己也没喜欢过，可是对的终归是对的嘛。"我们那儿也要跟城里一样，你到那儿去过，情况你看到了。"

"看到了。当然好得很。可是，你们那儿反正没有意思。"

"你说什么有意思呢？"

"我说过啦……"安德烈微微皱了皱眉，不愿重复说过的想法——这些想法他还没理出头绪，只能使他头晕，因而难于确切表达。"往后我成了家，往后我也许会上这儿来的。趁现在还年轻，没结婚，我愿意到那儿去，到人们所说的第一线去……免得迟了赶不上。青年人都在那儿呢。"

"上第一线——难道是打仗吗?"巴维尔没放过这句话。

"第一线不第一线……我不知道该怎么说。都这么说的。那儿是最紧张的地方,是最需要的建筑工程。现在注意力都集中在那儿。人们从老远的地方都赶去参加,我就在旁边却……不去,有点不好意思,甚至……像躲着似的。将来怕要懊悔一辈子的。对,这个水电站非常需要……报上登了那么多。那么注意……我哪点不如别人呢?"

"工程一结束,就不再注意啦。到那时候怎么办呢?再找一个大家都注意的地方?要知道,那你们会养成出风头的习惯,会被惯坏的,那就会觉得一个太阳都不够亮啦。你呀,以为能够长期待在大家都注意的地方吗?"

"以后就清楚了。"安德烈觉得这样回答还不够,于是更急速、更自信地说下去,流露出一种原来没有的伤心而似抱怨的语调。"你们怎么不理解呀?……奶奶不理解,可以原谅,她老啦。可你呢?"安德烈愣了一会儿,因为他不想叫声"父亲",可又不愿、不肯再用过去那种他觉得幼稚的称呼:"爸爸"。"可你呢,为什么不理解?你自己也开机器,知道现在时代不同了。就像人们常说的,现在搞经济建设,赤手空拳不行。那是没有前途的。只能在马焦拉岛上磨蹭……这个马焦拉有多大用处呢?人家造水电站……人家大概想过为什么要这样干,不是心血来潮。就是说,眼前,正是眼前迫切需要,不是昨天,也不是前天,就是说,非常需要。我就是想到非常需要的地方去。你们怎么老是只想自己,再说,你们多半是回想,你们回想了一大堆,可人家那儿一下子就想到所有的人了。舍不得马焦拉,我也舍不得。它是我们的家乡……就是说,别的出路是没有的。反正它像现在这样——这样古老,对吧——长期存在下去是不可能的。反正得改变,得过新生活。人怎么也活不过一百岁,下一代人会出世的。你们怎么不理解呢?"

巴维尔仔细而惊讶地看了看儿子,似乎直到这时才真正意识到,他面前确实是一个成年人,而且是个深明事理的人,但却不属于他这一代,而属于另一代,下一代了。

"我们怎么不理解?"他沉吟了片刻,才若有所思地说道。"我们倒也稍微理解一点儿。我不是跟你谈水电站需要不需要。这不成问题。我是说这儿也要有人工作。"

"不是有你们在这儿工作吗，工作，好像也按年龄分配。哪儿要有新工程，就是说，哪儿最困难，哪儿就要青年人；哪儿容易些，就要别的人……"

"那你为什么认为这儿就容易些呢？"

达丽娅谁也不冲着，谁也不看着，说道：

"古话说得好……一个当妈的，对孩子要是娇惯这个，亏待那个，就是个坏妈。"

"奶奶，你这话是什么意思？"安德烈哼了一声，他这一声哼流露着高兴，因为奶奶打断了父子间这席不投机、不知心、令人难堪的谈话——就像是他们在谈论女人似的。既然年龄相差三十岁，一个血气方刚，另一个却年迈力衰，这怎么能投机得起来呢？

"没什么意思。"达丽娅把薄薄的嘴唇一瘪，绝口不答了。

……

（节选自王乃倬、沈治、石国雄译《告别马焦拉》，外国文学出版社，1999年，第235—238页，第332—341页）

附：Прощание с Матёрой 选段原文

1

И опять наступила весна, своя в своем нескончаемом ряду, но последняя для Матёры, для острова и деревни, носящих одно название. Опять с грохотом и страстью пронесло лед, нагромоздив на берега торосы, и Ангара освобожденно открылась, вытянувшись в могучую сверкающую течь. Опять на верхнем мысу бойко зашумела вода, скатываясь по релке на две стороны; опять запылала по земле и деревьям зелень, пролились первые дожди, прилетели стрижи и ласточки и любовно к жизни заквакали по вечерам в болотце проснувшиеся лягушки. Все это бывало много раз, и много раз Матёра была внутри происходящих в природе перемен, не отставая и не забегая вперед каждого дня. Вот и теперь посадили огороды – да не все: три семьи снялись еще с осени, разъехались по разным городам, а еще три семьи вышли из деревни и того раньше, в первые же годы, когда стало ясно, что слухи верные. Как всегда, посеяли хлеба – да не на всех полях: за рекой пашню не трогали, а только здесь, на острову, где поближе. И картошку, моркошку в огородах тыкали нынче не в одни сроки, а как пришлось, кто когда смог: многие жили теперь на два дома, между которыми добрых пятнадцать километров водой и горой, и разрывались пополам. Та Матёра и не та: постройки стоят на месте, только одну избенку да баню разобрали на дрова, все пока в жизни, в действии, по-прежнему голосят петухи, ревут коровы, трезвонят собаки, а уж повяла деревня, видно, что повяла, как подрубленное дерево, откоренилась, сошла с привычного хода. Всё на месте, да не всё так: гуще и нахальней полезла крапива, мертво застыли окна в опустевших избах, и растворились ворота во дворы – их для порядка закрывали, но какая-то нечистая сила снова и снова открывала, чтоб сильнее сквозило, скрипело да хлопало; покосились заборы и прясла, почернели и похилились стайки, амбары, навесы, без пользы валялись жерди и доски – поправляющая, подлаживающая для долгой службы хозяйская рука больше не прикасалась к ним.

<...>

Была в деревне своя церквушка, как и положено, на высоком чистом месте, хорошо видная издали с той и другой протоки; церквушку эту в колхозную пору приспособили под склад. Правда, службу за неимением батюшки она потеряла еще раньше, но крест на возглавии оставался, и старухи по утрам слали ему поклоны. Потом и крест сбили. Была мельница на верхней носовой проточке, специально будто для нее и прорытой, с помолом хоть и некорыстным, да не заемным, на свой хлебушко хватало. В последние годы дважды на неделе садился на старой поскотине самолет, и в город ли, в район народ приучился летать по воздуху.

Вот так худо-бедно и жила деревня, держась своего места на яру у левого берега, встречая и провожая годы, как воду, по которой сносились с другими поселениями и возле которой извечно кормились. И как нет, казалось, конца и края бегущей воде, нет и веку деревне: уходили на погост одни, нарождались другие, заваливались старые постройки, рубились новые. Так и жила деревня, перемогая любые времена и напасти, триста с лишним годов, за кои на верхнем мысу намыло, поди, с полверсты земли, пока не грянул однажды слух, что дальше деревне не живать, не бывать. Ниже по Ангаре строят плотину для электростанции, вода по реке и речкам поднимется и разольется, затопит многие земли и в том числе в первую очередь, конечно, Матёру. Если даже поставить друг на дружку пять таких островов, все равно затопит с макушкой, <...>

12

В первый день, когда дождь только еще направлялся, побрызгивая манной небесной, угодной полям и огородам, в Дарьин дом нагрянул гость – приехал Андрей, младший сын Павла. <...>

Дождь оказался кстати: можно было посидеть, поговорить не торопясь; не решались отважиться на передышку своей властью, так ее спустил сам бог. Андрей, здоровый рядом с отцом, невыболевший, не потратившийся на работе парень, которому армия пошла явно на пользу – уходил туда согнутый, заглядывавший в землю нескладень, а воротился этакий вот молодец с выправленной спиной и поднятой головой,– Андрей без терпения, пока бабушка собирала на стол, шил туда-обратно из избы во двор и со двора в избу, громко топал на крыльце ботинками, сбивая с них еще и не грязь, а только смоченную и налипающую пыль, вспоминал и спрашивал о деревенских, кто где есть, кто куда переезжает, и от нечего делать по-свойски, ласково задирал Дарью:

– Что, бабушка, скоро и ты эвакуируешься?

– Куируюсь, куируюсь, – даже и без вздоха, спокойно, послушно отвечала она.

– Неохота, наверно, отсюда уезжать?

– А какая тут охота? На своем-то месте мы бы, старухи, ишо ползали да ползали полегоньку, а вот погоди, сковырнут нас, и зараз все перемрем.

– Кто это, интересно, позволит вам умирать?

– А уж на это мы команду спрашивать не будем. Как-нить сами, – незаметно в свою очередь задираясь, говорила Дарья.– На это уполномоченных, чтоб приказы подавал, ишо не додумались назначать. Вот и мрут люди как попадя, что разнарядки такой нету.

– Да ты не обижайся, бабушка. Обиделась, что ли, на меня? Я так говорю.

– Пошто я на тебя-то буду бижаться?

– А на кого ты обижаешься?

– Ни на кого. На самуё себя. Это ты на меня бидься, что я тебе тут одно место крапивой жарила, чтоб ты на ём сидел. Плохо, видать, жарила, что не усидел, поскакал отсель...

Андрей смеялся.

– Пока молодой, надо, бабушка, все посмотреть, везде побывать. Что хорошего, что ты тут, не сходя с места, всю жизнь прожила? Надо не поддаваться судьбе, самому распоряжаться над ней.

– Распорядись, распорядись...Охота на тебя поглядеть, до чего ты под послед распорядишься. Нет, парень, весь белый свет не обживешь. Хошь на крыльях летай. И не надейся. Ты думаешь, ежели ты человек родился, дак все можешь? Ох, Андрей, не думай. Поживешь, поживешь и поймешь...

– Э-э, бабушка, тут я с тобой не согласен. Это у тебя от Матёры, оттого, что ты дальше Матёры носа не высовывала. Что ты ничего не видела. Человек столько может, что и сказать нельзя, что он может. У него сейчас в руках такая сила – о-ё-ёй! Что захочет, то и сделает.

– Это сделает, сделает...– соглашалась Дарья.

– Ну, так что ты тогда говоришь?

– То и говорю. И помнет, и подымет... А смерть придет, помирать будет. Ты со мной, Андрюшка, не спорь. Я мало видала, да много жила. На че мне довелось смотреть, я до-о-олго на его смотрела, а не походя, как ты. Покуль Матёра стояла, мне торопиться некуды было. И про людей я разглядела, что маленькие оне. Как бы оне ни приставлялись, а маленькие. Жалко их. Тебе покуль себя не жалко, дак это по молодости. В тебе сила играет, ты думаешь, что ты сильный, все можешь. Нет, парень. Я не знаю ишо такого человека, чтоб его не жалко было. Будь он хошь на семь пядей во лбу. Издали вроде покажется: ну, этот ниче не боится, самого дьявола поборет... гонор такой доржит... А поближе поглядишь: такой же, как все, ничем не лутше. Ты из своей человечьей шкуры хочешь выскочить? Ан нет, Андрюшка, не выскочишь. Не бывало ишо такого. Только обдерешься да надсадишься без пути. И дела не сделаешь. Покуль выскакивать пыжиться будешь, смерть придет, она тебя не пустит. Люди про свое место под богом забыли – от че я тебе скажу. Мы не лутчей других, кто до нас жил... Накладывай на воз столь, сколь кобыла увезет, а то не на чем возить будет. Бог, он наше место не забыл, нет. Он видит: загордел человек, ох, загордел. Гордей, тебе же хуже. Тот малахольный, который под собой сук рубил, тоже много чего об себе думал. А шмякнулся, печенки отбил – дак он об землю их отбил, а не об небо. Никуды с земли не деться. Че говореть – сила вам нонче большая дадена. Ох, большая!.. И отсель, с Матёры, видать ее. Да как бы она вас не поборола, сила-то эта... Она-то большая, а вы-то как были маленькие, так и остались.

<...>

– Сейчас время такое, что нельзя на одном месте сидеть, – то ли доказывал, то ли оправдывался он. – Вы вот и хотели бы сидеть, все равно вас поднимают, заставляют двигаться. Сейчас время такое живое... все, как говорится, в движении. Я хочу, чтоб было видно мою работу, чтоб она навечно осталась, а на заводе что? По неделе с территории не вылазишь... Это на машине-то. Железяки с места на место, из цеха в цех, как муравей, крутишься, развозишь. Это любой старик может. Завод, он для пожилых, для семейных, чтоб на пенсию оттуда уходить. Мне охота, где молодые, как я сам, где все по-другому... по-новому. ГЭС отгрохают, она тыщу лет стоять будет.

<...>

– Ну и не ездил бы туды...

– А что, – осторожно подхватил слова матери Павел. – Взял бы и остался здесь. Нам шоферы нужны. Новую машину получишь. Работы здесь хватит на весь ваш завод.

Он сказал и без надежды усмехнулся, скосив глаза вниз: не стоило и предлагать – не останется. И верно, помолчав, словно бы подумав, Андрей покачал головой:

– Да не-ет. Из города уехал и к вам?

Можно бы возмутиться: какое право он взял, родившись здесь, поднявшись и став здесь человеком, говорить так о своей родине, но Павел не возмутился, он для того, казалось, и начал этот разговор, чтобы слышать, что имеет ответить сын, что нажил он за последние, не связанные с домом годы самостоятельной жизни, чем дышит и какими правилами руководится. И что бы сейчас ни ответил Андрей, все следовало принимать спокойно и раздумчиво. А почему, правда, и не поискать в его словах разумный смысл – ведь он как-никак взрослый и вроде неплохой человек, и это он заменит скоро отца на земле – нет, лучше сказать, не на земле, а на свете. От земли он отошел и, похоже, никогда к ней не вернется. И если Павел продолжал говорить, так не для того, чтобы убедить сына, а чтобы знать его ответы.

– Это ты зря. У нас не так уж и плохо. Это не старая деревня, где мы с тобой сидим. – Павел покосился на мать, боясь ненароком обидеть ее; к новому совхозному поселку он и сам не испытывал любви, но что верно, то верно. – У нас там будет как в городе, к тому дело идет. Ты был, видел, что творится.

– Видел. Здорово, конечно. А все равно неинтересно у вас.

– Какой тебе нужен интерес?

– Я уж говорил...– Андрей легонько поморщился от нежелания повторить то, что и не выстроилось в порядок, а только кружило голову, и о чем, стало быть, трудно сказать определенно. – Потом семьей обзаведусь, потом, может, и сюда приеду. А пока молодой, неженатый, охота туда, на передний, как говорится, край... чтоб не опоздать. Вся молодежь там.

– Война, что ли: передний край? – не пропустил Павел.

– Передний, не передний... я не знаю, как сказать. Так говорят. Где горячее самое место, самая нужная стройка. Сейчас все внимание туда. Люди вон из какой дали едут, чтобы участвовать, а я тут рядом и – мимо. Как-то неудобно даже... будто прячусь. Потом, может, всю жизнь буду жалеть. Сильно, значит, нужна эта ГЭС... Пишут о ней столько. Такое внимание... Чем я хуже других?

– Закончат – снимут внимание. Потом как? Другое место искать, которое под вниманием? Привыкните ведь на виду, избалуетесь, одного солнца мало покажется. Ты-то, как думаешь, надолго туда, под внимание?

– Там видно будет. – И почувствовав, что этого мало для ответа, заговорил быстрей и уверенней, с какой-то новой у него, печальной и словно бы обиженной интонацией: – Как вы не понимаете?.. Бабушка не понимает – ей простительно, она старая. А ты-то? – Андрей чуть споткнулся, не решившись сказать «отец», но и не захотев, отказавшись вернуться к прежнему и, как казалось ему, детскому «папа». – Ты-то почему не понимаешь? Сам на машинах работаешь, знаешь, что теперь другое время. Пешком теперь, если хозяйство вести, как говорится, нельзя. Далеко не уйдешь. Разве что по Матёре топтаться... Много ли толку от этой Матёры? И ГЭС строят... наверно, подумали, что к чему, а не с бухты-барахты. Значит, сейчас, вот сейчас, а не вчера, не позавчера, это сильно надо. Значит, самое нужное. Вот я и хочу туда, где самое нужное. Вы почему-то о себе только думаете, да и то, однако, памятью больше думаете, памяти у вас много накопилось, а там думают обо всех сразу. Жалко Матёру, и мне тоже жалко, она нам родная... По-другому, значит, нельзя. Все равно бы она такой, какая она сейчас есть, такой старой, что ли, долго не простояла. Все равно бы перестраиваться пришлось, на новую жизнь переходить. Люди и то больше чем сто лет не живут, другие родятся. Как вы не понимаете?

Павел посмотрел на сына внимательно и удивленно, будто только теперь по-настоящему осознав, что перед ним действительно взрослый и вполне разумный человек, но уже не из его – из другого, из следующего поколения.

– Почему не понимаем? – задумчиво и не сразу сказал он. – Маленько и мы чего-то понимаем. Я с тобой не о том говорю, нужна или не нужна ГЭС. Об этом спору нету. Я говорю, что и здесь кому-то работать надо.

– Вот вы и работаете. Работа, она тоже вроде как по возрастам. Где новые стройки, где, значит, трудней всего – там молодежь. Где полегче, попривычней – другие. Все-таки не сравнить – там или здесь, условия-то разные. Туда люди для того и едут, чтоб одну большую работу всем вместе сделать, она для них – самое главное, они там и живут только для этой работы, а вы здесь вроде как наоборот, вроде как работаете для жизни. Ты говоришь, внимание. Внимание, оно от важности, от нужности, ничего в нем особенного нет. По-моему, всегда так было. У тебя тоже... если тебе требуется что-то сделать в первую очередь, ты же из внимания это не выпустишь, хочешь не хочешь, а будешь думать, пока не сделаешь. А там это в масштабе, значит, всей страны, там, может, от этой стройки много чего другого зависит. Стройка-то под вниманием, а люди, они просто работают, и все. Не для славы, а для дела. Ну, может, получше работают, чем в другом месте... Так требуется...

– Вот это-то, парень, и плохо, что в одном месте мы требуем работать получше, а в другом считаем, что можно как попало.

– Плохо, конечно, – не задумываясь, думая над тем, что еще

возразить отцу, кивнул Андрей. – Вспомни, как было, например, тридцать или двадцать лет назад и как теперь. Сколько всего понастроили да напридумывали! Когда-то, наверно, и на нашу Матёру, казалось, зачем идти? Земли, что ли, без нее не хватало? А кто-то пришел и остался – и вышло, что земли без Матёры и правда не хватало. А сын его пошел дальше – не все же тут задерживались. А сын сына еще дальше. Это закон жизни, и его не остановить, и их, молодых, тоже не остановить. На то они и молодые. Пожилые, значит, остаются на обжитых местах, остаются еще больше их обживать, а молодые, они так устроены, наверно, они к новому стремятся. Ясно, что они первыми идут туда, где труднее...

– А почему ты думаешь, что здесь полегче?

Ни к кому не обращаясь, ни на кого не глядя, Дарья сказала:

– В старину как говаривали... Мать, ежли она одного ребенка холит, а другого неволит, – худая мать.

– Это ты о чем, бабушка? – хмыкнул Андрей, хмыкнул весело и обрадованно, что она встряла и перебила этот несогласный и какой-то неоткровенный, стыдливый разговор между отцом и сыном – точно говорили о бабах.

– А не об чем, – отказалась Дарья, поджимая тонкие, острые губы.

<...>

(Распутин В.Г. *Прощание с Матёрой*. Глава 1 и глава 12. Иркутск: Восточно-Сибирское книжное издательство, 1983, стр. 258-261, 325-332)

三、译文评析

　　作为热爱家乡、歌颂家乡，对科技发展持保守主义观点的优秀作家，拉斯普京通过细致入微的环境描写展现了西伯利亚的自然风光，通过生活细节描写塑造了淳朴的田园生活，通过大量的动作描写以及符合人物性格特点的对话描写丰满了不同年龄的村民形象，增强了难以调和的代际矛盾

的张力。译者对于原作特点把握到位，再现了其中的自然气息、生活气息、鲜活的人物形象以及作者对科技迅猛发展的谨慎态度。同时，译者兼顾了汉语表达习惯，如使用四字格，对原文中的句子进行拆分、整合等。

1. 对西伯利亚农村描写的准确传译

　　《告别马焦拉》是拉斯普京最负盛名的现实主义作品，是对现代文明冲击下的传统西伯利亚农村生活饱含深情的赞颂与惋惜。其主要特点是：以马焦拉岛和马焦拉村为小说核心，通过对自然环境、农村生活细节细致入微的观察与描写为读者营造身临其境的现场感，以期激发读者对马焦拉悲剧命运的共情。译者在翻译的过程中，对拉斯普京的饱满情感理解深刻，紧紧抓住了作品特征，通过生动的语言准确传达出了原作中的真实感和细节性描写。这首先体现在小说开篇对于马焦拉岛春日风光的描写。作家将马焦拉的春色定格在河水、植物和动物上，译者忠实于原著："Опять на верхнем мысу бойко зашумела вода, скатываясь по релке на две стороны; опять запылала по земле и деревьям зелень, пролились первые дожди, прилетели стрижи и ласточки и любовно к жизни заквакали по вечерам в болотце проснувшиеся лягушки. Все это бывало много раз, и много раз Матёра была внутри происходящих в природе перемен, не отставая и не забегая вперед каждого дня.（马焦拉岛靠上游的岬角边，河水又活跃喧闹起来，它冲上滩头，又向两旁横溢开去。大地和树木又喷吐出绿芽，又已洒下了几场春雨，飞来了雨燕和家燕，每到傍晚，沼泽地里苏醒了的青蛙就咯咯地叫起来，**表达**着对生活的爱恋。这一切反复过许多次了，马焦拉也许多次经受大自然的变化了，它一天也不落后于时令，也从不超越时令。）"在这段译文中，除准确地将原文中动词谓语 зашумела（喧闹）、запылала（喷吐）、пролились（洒下）、прилетели（飞来）译成汉语之外，译者还将原文中的副词"бойко（活跃）"进行了动词化处理；将副动词"отставая（落后）""забегая（超越）"构成的短语译成了独立的句子；补充了富有动感的"横溢"、拟人色彩的"表达"；将原文中表达状态的动词"была"译作了具有拟人色彩的"经受"。简而言之，译者通过多种手段将安加拉河上这座小岛的生机勃勃、与时令同步的春色以十足的动态感呈现出来，带给读者身临其境的感觉。其次，作家在对农村生活的描写中，不仅通过被弃置的房屋、任由其荒芜的土地等细节表现马焦拉村村民对故乡命运的接受，同时通过对历史的追溯增添马焦拉岛的现实感与衰败感。如文中对小教堂的描写："村子里有一座小教堂。它照例建在一处清洁的高地上。从两面水边远眺，都可以清楚地看到。过去有集体农庄的时候，这小教堂用作仓库。不错，因为没有神甫，教堂里早在那以前就不做礼拜了。但教堂顶上的十字架依然留着，老太太们每天早晨都向它顶礼祈祷。后来，十字架也被打掉了。(Была в деревне своя церквушка, как и положено, на высоком чистом месте, хорошо видная издали с той и другой протоки; церквушку эту в колхозную пору приспособили под склад. Правда, службу за неимением батюшки она потеряла еще раньше, но крест на возглавии оставался, и старухи по утрам слали ему поклоны. Потом и крест сбили.)"原文中是两个长句和一个短句，第一个长句介绍了教堂的地理位置和在集体农庄时代所扮演的角色。第二个长句介绍教堂人员配置缺失，但老年村民信仰犹存。短句简短有力地道出十字架被打掉，实则内涵了传统信仰的崩塌。译者在忠实于原文的同时，将三句话译成了七个短句。其中，每个短句只负责传递一条主要信息，彼此独立却又环环相扣，强化了叙述节奏的紧凑感，迅速且简要地展现了教堂的历史与惨淡紧张的现状，呼应了马焦拉村所面临的紧迫命运。

2. 对人物形象的细致还原

拉斯普京在《告别马焦拉》中主要通过话语风格完成对人物形象的塑造。在节选中我们可以注意到对马焦拉的沉没命运持不同立场的老中青三代人，其中老年一代和青年一代的代表人物——达丽娅和安德烈的形象更为丰满，因为其话语风格更具鲜明色彩。拉斯普京曾说："上帝给了我财富——民间的俄罗斯语言。靠着它我才踏上了通向'农村'文学的坦途，没有它我未必能成为一个作家。"[①]对达丽娅，拉斯普京基于生活观察选择

---

① 张建华，拉斯普京"寻根小说"的文化取向及价值迷失[J]，载《俄罗斯文艺》，2008年第4期，34—41页。

了兼具东正教信仰和西伯利亚方言色彩的话语风格，甚至以方言发音为依据拼写了许多非标准俄语的方言、口语词汇，如"пошто, самоё, ишо, говореть, лутше, лутчей"。对安德烈的塑造则相反，作家更注重铿锵有力、认同社会宣传的话语风格。祖孙之间的话语风格差异既增强了代际冲突的张力，又暗示了传统必将走向没落与消亡的命运。译者对于祖孙的话语风格进行了细致的揣摩。尽管译文未能精准传达出原文中的方言色彩，但准确地传译出了两者的话语差异，还原了原文中所塑造的丰满的人物形象。

达丽娅在表达观点时倾向于使用与宗教信仰相关或贴近农村生活的各种表达手段。如"你想脱掉自己身上凡人的皮吗？不行啊，安德烈，脱不掉。（Ты из своей человечьей шкуры хочешь выскочить? Ан нет, Андрюшка, не выскочишь.）"译者基于达丽娅整段话语中所表现出的宗教信仰色彩，将原文中的"человечья шкура"译为"凡人的皮"；"那骑着树杈砍树杈满不在乎的人，也自以为了不起呀。（Тот малахольный, который под собой сук рубил, тоже много чего об себе думал.）"对这句贴近生活的比拟，译者将原文中隐含的"骑着树杈的"状态进行了补足，对口语化的俗语"много о себе думал"的翻译增添了语气词"呀"；"古话说得好……一个当妈的，对孩子要是娇惯这个，亏待那个，就是个坏妈。（В старину как говаривали... Мать, ежли она одного ребенка холит, а другого неволит, – худая мать.）"生活经验丰富的达丽娅以恰当的、贴近生活的俗语进行说理，译文以口语化的称谓"当妈的"、以简洁的"这个""那个"对应原文中的韵脚（холит, неволит），一定程度上还原了老年农妇朴素的语言风格和以生活经验说理的特点。当然，达丽娅的语言中也使用了政治性强烈的词语"全权代表（уполномоченные）"，很明显略带讽刺意味。概而言之，作家通过达丽娅的语言风格刻画了一位生活经验丰富、睿智且有涵养的老年农妇形象。与达丽娅的语言风格相对立，安德烈更多使用宣传口号式且政治性强的语言。这种语言充满力量感和节奏感，使安德烈更富于蓬勃的朝气和新时代的活力。如："不该向命运低头，要自己支配命运。（Надо не поддаваться судьбе, самому распоряжаться над ней.）"将原文中两句十音节的短句译作两个七字短句，保证了原文中的节律感和激昂充沛的感情。"就像人们常说的，现在搞经济建设，赤手空拳不成。(Пешком теперь, если хозяйство вести, как говорится, нельзя.)"译文调整了句序，将"вести хозяйство"译为"搞经济建设"，"пешком"译为"赤手空拳"，既保证了原文的意涵，又符合汉语政治语言平实的表达习惯。此外，还有一些散见于安德烈话语中有强烈宣传意义、夸张的词汇短语，如"第一线（ передний край ）""千年不倒（ тыщу лет стоять будет ）""永世长存（ навечно осталась ）"。译本对人物话语的细致传译除了还原祖孙俩的形象以外，还清晰地传递出了拉斯普京对于传统和现代的矛盾所秉持的态度——朴实的达丽娅奶奶备受推崇，年轻的安德烈则是被批判的"初生牛犊"。

3．对汉语表达习惯的恰当运用

翻译文学作品不仅需要忠实于原著，而且需要贴近译入语的表达习惯。译者不仅注重传递原作的创作风格和饱满感情，同时使用了汉语中所独有的富有表现力的四字格、叠词等修辞手段，保证了译文的美感，拉近了读者和"马焦拉"之间的时空距离。译者善于在景物描写中使用四字格，比如："Всё на месте, да **не всё так**: гуще и нахальней полезла крапива, **мертво застыли** окна в опустевших избах, и растворились ворота во дворы – их для порядка закрывали, но какая-то нечистая сила снова и снова открывала, чтоб сильнее сквозило, скрипело да хлопало; покосились заборы и прясла, почернели и **похилились** стайки, амбары, навесы, без пользы **валялись** жерди и доски – поправляющая, **подлаживающая для долгой службы** хозяйская рука больше не прикасалась к ним. (一切都在原地，可一切又已面目全非：荨麻更稠密、更放肆地蔓延开来，那些空屋上的窗户死气沉沉的，而且院门大敞着——遵照风俗，人们一次次地关好，但有什么魔鬼却又一次次地把它们打开，让风更强劲地穿过院落，刮得东西吱吱扭扭，乒乒乓乓。处处的板墙和篱笆都歪了，畜栏、谷仓、凉棚变黑了，东倒西歪的，木杆木板无谓地横七竖八——主人那勤于料理，好让东西经久耐用的双手，再也不去碰它们了。)"在这一段马焦拉村走向衰败的描写中，译者使用了"面目全非"进行概括，使用"死气沉沉""东倒西歪""横七竖八"等成语进行扩展，以"经久耐用"与萧索破败形成反差，通过贴近读者语言习惯的方式勾勒出了马焦拉惨淡的图景，传译出了原作流露出的惋惜之情，言简意赅且铿锵有力地凸显了作家对于现代文明毁弃传统文化的强烈控诉与不满。在上述译文中，译者还使用了"吱吱扭扭""乒乒乓乓"两个叠词。除此之外，我们在译文中还发现了不少叠词，如"乱纷纷""马马虎虎""可以从从容容地坐一坐，聊一聊了""嘎嘎直响""奶奶，趁年轻的时候得出去见见世面，到处走走""笑了笑"等20余个叠词。这些叠词以独特的修辞效果或描写状态和动作，或反映声音和形状、样貌，使译文语言变得丰富形象，兼具动感色彩与音响效果。

通过分析可知，译者深刻理解了拉斯普京在小说中流露出的饱满情感，把握了原作的语言特色和写作风格，同时巧妙兼顾了中文的表达习惯，恰当运用汉语修辞手段，为读者呈现了精彩的歌颂异域田园生活的文学作品译本，启发我们对现代文明与传统文化矛盾关系的深刻思考。